DERECHA

DERECHA

Poder, corrupción y engaño

ALEJANDRO PÁEZ VARELA Y ÁLVARO DELGADO

Grijalbo

Derecha

Poder, corrupción y engaño

Primera edición: septiembre, 2024

D. R. © 2024, Alejandro Páez Varela y Álvaro Delgado

D. R. © 2024, derechos de edición mundiales en lengua castellana:
Penguin Random House Grupo Editorial, S. A. de C. V.
Blvd. Miguel de Cervantes Saavedra núm. 301, 1er piso,
colonia Granada, alcaldía Miguel Hidalgo, C. P. 11520,
Ciudad de México

penguinlibros.com

ISBN: 978-607-384-828-2

Impreso en México – *Printed in Mexico*

Índice

Para los Delgado y los Gómez.
Y siempre para Vianey, Eugenio y Mauricio.
ÁLVARO DELGADO GÓMEZ

A la memoria de mis padres.
Para Dani, mi compañera, y para su extraordinaria familia.
Para Aurelio y Alejandro y para mis hermanas y mi hermano.
ALEJANDRO PÁEZ VARELA

Prólogo

El gran engaño

La derecha mexicana es, con mucho, el proyecto más sólido, más constante y más hábil de tres siglos (XIX, XX y XXI) de México independiente. Partamos de allí. Y no es posible contarlo en un siglo o acotarlo a ciertos momentos de la Historia. Quizá pueda analizarse para ayudar a su comprensión, porque ha sido gobierno; ha dominado los poderes formales y los de facto; ha operado las políticas públicas y las finanzas de la nación; se ha regulado a sí misma y ha disputado el control del poder político entre sus fracciones durante tanto tiempo que es difícil definir sus fronteras. Se ha apropiado del pensamiento crítico, de la academia; ha sido revolución, movimiento, contrarrevolución, Legislativo, Ejecutivo y Poder Judicial. Ha usado el centro y hasta a la izquierda; ha corrompido, comprado y convencido; ha cometido fraudes electorales. Ha manejado sus propios recursos y los recursos de las mayorías como propios. Ha recibido ayuda desde el extranjero y se ha atrincherado en el nacionalismo. Ha sido radical y moderada. Se ha beneficiado de los recursos nacionales y los ha repartido a discreción. Y se ha vuelto maestra del disfraz.

Este proyecto en constante evolución, la derecha, es político, cultural, económico, de gobierno, educativo y todo lo anterior y está sobre todo lo anterior y mantiene su libertad para no perder movilidad y adaptarse a los tiempos. Y pepenarlo entre los años y describirlo no es fácil porque es resbaladizo, se oculta y se fusiona, actúa con sigilo y evade las etiquetas para conservar su principal virtud: no ser nombrado. Habita en el conservadurismo, pero tiene un campo

9

natural más amplio: el centro, por ejemplo. Es un proyecto católico y laico, protestante o netamente económico. Está por encima de las leyes, actúa sin limitantes jurídicas; ejerce la fuerza y negocia, según sea el caso. Y siempre lo hace en nombre de valores democráticos.

La atención de México (y de la prensa, por supuesto) estaba fija en la ultraconservadora Unión Nacional Sinarquista cuando decide fundar una colonia (de corte fascista) en Baja California Sur, mientras que el presidente Manuel Ávila Camacho, a nombre de la izquierda, emprendía una contrarrevolución para "descontaminar" al país de las políticas socialistas de su antecesor, Lázaro Cárdenas. El país veía asombrado hacia Chile cuando, en septiembre de 1973, Augusto Pinochet instauraba una terrible dictadura; y mientras, acá, el supuesto revolucionario izquierdista Luis Echeverría encabezaba una campaña de aniquilamiento contra los movimientos sociales de izquierda y sus líderes con las típicas herramientas de una dictadura de derechas: la persecución, la tortura, la desaparición forzada, el encarcelamiento, la ejecución sumaria. Son apenas dos momentos entre tres siglos (XIX, XX y XXI) de vida independiente de la nación. La derecha mexicana ha sabido camuflarse y casi siempre con enorme éxito.

La derecha en México, con todos sus matices, intensidades y hasta divergencias, es una sola y muy cohesionada: no ha renunciado al viejo proyecto conservador de instaurar un gobierno católico ni ha dejado de combatir el laicismo, la educación sexual y la secularización de la sociedad, pero ha priorizado los grandes intereses económicos, públicos y privados, nacionales y trasnacionales, con una tendencia cada vez más acentuada a la corrupción.

Sobre todo en el periodo definido como neoliberal, que va de Miguel de la Madrid a Enrique Peña Nieto, la acción de la derecha como gobierno, con su predominio en todas las instituciones del Estado, ha sido el desmantelamiento del sector público en beneficio del privado, en una estrategia que ha sido transversal a los partidos políticos históricos que terminarían por unificarse política y electoralmente en la segunda década del siglo XXI ante un intruso en el esquema de carácter oligárquico: Andrés Manuel López Obrador.

Fue en el nuevo siglo que la derecha en el poder y luego en la oposición se exhibió déspota, clasista, racista, rabiosa, vil, intolerante, tramposa, mentirosa, represiva y fraudulenta, pero a todo lo superó el ansia por robar.

Derecha. Poder, corrupción y engaño es la entrega final de una trilogía que incluye *La disputa por México* e *Izquierda. 1923-2023: La terca travesía*. Va al siglo XIX para rescatar las raíces del pensamiento conservador; camina sobre la fundación del neoliberalismo en el siglo XX y sobre los últimos presidentes de derechas en México: Miguel de la Madrid, Carlos Salinas de Gortari, Ernesto Zedillo, Vicente Fox, Felipe Calderón y Enrique Peña Nieto. Persigue la ambición de más de un siglo sobre la riqueza en el subsuelo del país y la paulatina victoria cultural de los grandes capitales (y sus gobiernos afines) sobre la defensa nacionalista del petróleo. Este libro desnuda los gobiernos "revolucionarios" al tiempo que es un reclamo a la última generación de académicos e intelectuales comparados por los "apapachos" desde las distintas presidencias. Exhibe la actitud entreguista de la prensa, su corrupción, su rendición ante los poderes económico y político, y visibiliza la mano de Estados Unidos sobre los gobiernos para jalarlos, cada vez más, hacia su *derechización*.

Como los anteriores libros, no es una historia lineal sino la explicación de cómo se derechizó México en el tiempo; cómo un clan conocido como "la tecnocracia" se fue apoderando del poder público y no a partir de Miguel de la Madrid, sino desde mucho antes. No es, como los anteriores no lo fueron, un libro sobre "conjuras" sino sobre hechos, y al mismo tiempo es una guía para que un lector, el que sea, se interese y vaya más a fondo. Es un libro de citas y autores, de fechas y nombres, de relectura de eventos que en su momento quedaron narrados a espaldas de la verdad.

Y sin más, esto es *Derecha. Poder, corrupción y engaño*.

ÁLVARO y ALEJANDRO
Ciudad de México
Junio de 2024

PRIMERA PARTE

Por Alejandro Páez Varela

Ahora me pregunto, señor Braniff: Después de todo, ¿quién es más presidente, usted o yo?

PORFIRIO DÍAZ a THOMAS BRANIFF

¡Pobre engendro de nuestra imposible democracia! Logró deslumbrar con sus vidrios de colores a la masa expoliada que creía haber sacudido, de una vez, la fatalidad de su incurable miseria [...] desfile de gangas que prendió ambiciones en el oscuro porvenir de los fracasados y de los famélicos que no habían tenido asiento en la mesa oficial del presupuesto. Oráculo ranchero de esos que predicen las lluvias por las orejas de los pollinos y que anuncian las granizadas por la efervescencia de los hormigueros, reivindicación de la plebe y purificación de la mugre [...] música de tamborazo y borrachera de pulque.

JESÚS M. RÁBAGO sobre FRANCISCO I. MADERO

¿México puede esperar algo de las derechas? La derecha mexicana, como la de todo el mundo, no es la mano cordial; carece de la comprensión y de la generosidad de que tanto necesita nuestro desdichado país. Por añadidura, nada nos ofrece que sea nuevo o mejor de lo que ahora tenemos. Desde este punto de vista, México no podría encontrarse en una situación ni más angustiosa ni más desesperada, pues no se encaminaría mejor acudiendo a la fórmula, después de todo tan simple, de cambiar de régimen y de signo político.

DANIEL COSÍO VILLEGAS

Yo tengo pendiente, cuando acabe el gobierno, hablar con el presidente [López Obrador] de muchas cosas. Como él dice, diferimos en varias cosas. Ya quedamos de hablar cuando acabe de lo que diferimos, empezando por Porfirio Díaz. Yo creo que fue un gran presidente. Modernizó al país. Bueno, gobernó 30 años, se le fue la mano. Pero no nos metamos en eso...

CARLOS SLIM HELÚ

Capítulo 1

Un proyecto de tres siglos

El desguace del Ypiranga

El 17 de septiembre de 1950 un barco confiscado al Imperio alemán y luego vendido a la compañía British Iron & Steel Corporation se desprendió de su remolque y se hundió frente al pequeño puerto de Campbeltown, Escocia. La nave se llamaba Brisco y realizaba una última travesía para su desguace. Fue un final trágico e inesperado para un buque de carga también conocido como Asiria y previamente como Ypiranga.

Apenas 11 años antes de hundirse había transportado al presidente Óscar Carmona, de Portugal, a su visita oficial a Mozambique y África del Sur. Durante su vida útil, el navío fue usado para llevar mercaderías y pasajeros distinguidos, pero los mexicanos no lo recordarán por su extensa ruta naviera, sobre todo por el Atlántico, de América a Europa y viceversa. Tampoco porque, todavía al servicio del Imperio alemán, había ignorado los llamados de auxilio del trasatlántico Titanic, recibidos a las 10:28 horas del 14 de abril de 1912, a muy buen tiempo para prestar ayuda. Mil 496 personas morirían congeladas en el mar durante las siguientes horas.

En México se recordará al Ypiranga porque el 31 de mayo de 1911 fue abordado por Porfirio Díaz y su familia en un viaje sin retorno, gratis, con derecho a los camarotes del capitán y del segundo oficial. Con 138 metros y 20 centímetros de proa a popa, y con un peso aproximado de 8 mil 142 toneladas, el Ypiranga fue considerado

17

"colosal" en su tiempo. Construido en el astillero Germaniawerft para la empresa naviera Hamburg America Line, fue botado en aguas alemanas el 8 de agosto de 1908, así que cuando Díaz y su familia lo abordaron para huir a Europa era relativamente nuevo y ya tenía resuelto un problema de origen: en mar abierto era inestable. Se le agregaron dos depósitos de agua para centrarlo.

La Historia es una pelota que pega en las paredes de la casualidad y la suerte, pero también en los muros (en este caso de agua) que se levantan con paciencia. Después de cobrar cierta fama por llevar al dictador y a su familia al exilio, el barco reapareció en la vida pública de México el 26 de abril de 1914. Transportaba, desde el puerto de Hamburgo, un cargamento de armas y municiones destinadas a las fuerzas del presidente Victoriano Huerta, quien un año y un mes antes, entre el 9 y el 19 de febrero de 1913, había conspirado contra Francisco I. Madero con ayuda de generales, de agentes extranjeros y, en particular, del embajador de Estados Unidos en México. Militares leales al sátrapa asesinaron al presidente Madero y también a su segundo en el gobierno, el vicepresidente José María Pino Suárez, después de retenerlos. Aquel largo golpe de Estado, conocido como la Decena Trágica, recibió apoyo estadounidense pero también del Imperio alemán, que tenía planes expansionistas: para el 28 de julio de ese 1914 se desataría la Gran Guerra —conocida también como Primera Guerra Mundial—, apenas 14 días después de que el mandatario espurio había dejado la presidencia.

El barco varias veces renombrado sobreviviría a los dos dictadores mexicanos a los que sirvió. Los hombres desguazaron mucho antes: Porfirio Díaz, el 2 de julio de 1915 en París, Francia; Huerta, poco más de seis meses después del primero: el 13 de enero de 1916, en El Paso, Texas. Los rebotes de la Historia llevarían a los dos expresidentes a puntos distantes de la geografía, aunque un pegamento poderoso los mantuviera unidos en la muerte: el repudio social.

Victoriano vería una sola vez el Ypiranga. Fue en el Puerto de Veracruz, en los días finales de mayo de 1911, porque fue el encargado de escoltar, desde la capital hasta el Golfo de México, a Porfirio Díaz y a su familia. Huerta, con un fuerte problema de alcoholismo que lo acompañaría (y lo llevaría) hasta la tumba, daba clases de matemáticas cuando recibió la orden de llevarlos a la frontera de agua para que se fueran y no regresaran, y ese hecho lo revivió con el mismo rango militar con el que se había licenciado. No hay casualidad en que la Historia rebotara en él. Huerta era fiel al déspota y se habían acompañado en el campo de batalla y en los pasillos de la burocracia, y en los momentos de mayor presión por la inminente guerra civil, Huerta se había hecho notar como "el leal" mientras empujaba de lado a José Yves Limantour, el secretario de Hacienda del porfiriato, eterno precandidato a la presidencia, miembro prominente de la corriente económica y de pensamiento que agrupaba a Los Científicos[1] y principal operador del régimen supuestamente liberal que se había puesto al servicio y había sacado provecho personal de la oligarquía.

México venía de una fuerte tradición liberal. Entre la Constitución de 1824 y la de 1857, el credo dominante de la política, diría David Brading,[2] era un liberalismo influenciado fuertemente por tendencias de Estados Unidos, Inglaterra y Francia. Brading, en *Los orígenes del nacionalismo mexicano*, dice:

> Si todo el país seguía siendo conservador y católico, los reaccionarios de la década de 1849 —el único "partido" conservador— formaban apenas algo más que una camarilla clerical. La verdadera división de la política mexicana residía entre las diferentes facciones del liberalismo; su único competidor fuerte era el cesarismo de [Antonio López de] Santa-Anna. La mayoría de los liberales suscribía más o menos el mismo cuerpo de abstracciones; creían en la libertad y en la soberanía de la voluntad general, en la educación, la reforma, el progreso y el futuro.

---

[1] Como Los Científicos se identificó a una élite de mexicanos del entorno de Porfirio Díaz. En teoría eran positivistas anclados en el pensamiento de Auguste Comte; en los hechos era un club de hombres blancos (o más blancos que la mayoría), educados, que tenían acceso a los privilegios del poder e influían en él. (Como los tecnócratas que rodearon a Carlos Salinas de Gortari, un siglo después). Fue una generación que esperaba que un cambio generacional les heredara el poder público pleno. Había periodistas, filósofos, políticos y empresarios de gran tamaño. Sobre ellos se habla en el capítulo 3 de este libro.

[2] David Brading, *Los orígenes del nacionalismo mexicano*, México, Ediciones Era, 1973.

Después vino un periodo de fuerte inestabilidad política, aunque el liberalismo se mantuvo como eje. Las Leyes de Reforma establecieron el Estado laico; el mismo Imperio de Maximiliano se ratificó liberal y luego Sebastián Lerdo de Tejada profundizó. Más adelante, el porfiriato combinó el liberalismo y el conservadurismo con la promesa de la paz y la estabilidad. Terminó abrazado de las fuerzas de derecha.

Allí estaba el barco en el puerto, pues, cuando Huerta acompañó a Díaz a Veracruz. Y allí estaba también Weetman Dikinson Pearson, constructor de ese puerto y del Gran Canal del Desagüe de la capital mexicana; del Ferrocarril Nacional de Tehuantepec y de los puertos de Salina Cruz y de Coatzacoalcos, entre otras grandes obras. La dictadura lo había metido a México por la puerta grande, con contratos multimillonarios que lo cobijaron desde 1889 y hasta entrada la Revolución y que transformaron la S. Pearson and Sons en un imperio global de proyectos de ingeniería; un corporativo de cuatro continentes que adquirió fama, poder y dinero aprovechando los tres negocios más importantes del momento en México y en el mundo: la infraestructura, los ferrocarriles y el petróleo.

Las últimas noches de Porfirio Díaz en suelo mexicano las pasó en casa de Pearson en Veracruz y la Historia escogió ese mismo lugar para marcar el fin de la dictadura. Victoriano Huerta se despidió entre lágrimas del envejecido militar, político y empresario que se había apropiado de la presidencia; que gobernó con mano dura en nombre de la "modernidad" y que provocó un país tan desigual que todavía a principios del siglo xx persistía la esclavitud.

En la primera plana del *New York Times*, el 1º de julio de 1911, apareció una nota sin firma que decía:[3]

VERACRUZ, 31 de mayo.- El expresidente Porfirio Díaz zarpó esta noche desde este puerto en el vapor Ypiranga, con destino a Havre. El vapor pasará por La Habana y el destino final del general Díaz es España.

El barco estaba sólo un poco alejado cuando se encendió el reflector de la fortaleza que custodiaba el puerto. Con vasos en mano, entre un pequeño grupo en la popa, Díaz estaba de pie,

---

[3] Archivo histórico del *New York Times*, edición 19,486, 1º de julio de 1911.

algo apartado, cerca de la barandilla. Díaz era claramente discernible, lanzando su mirada de despedida a su tierra natal.

Las últimas palabras del expresidente dirigidas a quienes había dejado en tierra fueron: "Moriré en México". Esto fue pronunciado en tono de profecía y con expresión de convicción inspirada.

Y así partieron Porfirio Díaz y su familia en el Ypiranga a un viaje que marca el fin de una era. Atrás quedó un país convulso, fragmentado en fuerzas que, huyendo en espiral del centro que las había congregado por más de tres décadas, buscaron mantener el *statu quo* para no desarticular ese capítulo de un proyecto político, social, económico e ideológico que se ha mantenido sólido en México a través del tiempo: la derecha.

La renuncia del *hombre fuerte* generó, ciertamente, un ambiente de zozobra en la élite formada por familias que venían desde el Virreinato; "nuevos ricos" que crearon fortunas formidables y corporativos que se tornaron internacionales con los negocios que repartió la dictadura. Porfirio Díaz y su poderoso secretario de Hacienda las habían mantenido unidas en torno a su "proyecto de modernización" y más adelante las agrupó en el Jockey Club de México, núcleo de poderes que se repartían los beneficios de la nación mexicana y se preparaban para controlar los negocios que nacían con el nuevo siglo, aunque la guerra civil no les dio tiempo para consolidar lo que habían soñado.

Porfirio Díaz ideó y desarrolló una escuela de negocios-al-amparo-del-poder que fue tan poderosa y próspera que marcó a las siguientes generaciones de políticos mexicanos. Hasta nuestros días. Él mismo fue maestro en ocultar no sólo su riqueza, sino las operaciones que le permiten amasarla. En su investigación *Empresario y dictador. Los negocios de Porfirio Díaz (1876-1911)*,[4] el catedrático mexicano Jorge H. Jiménez pone el foco en lo que la historiografía mantuvo como un misterio: el cómo el dictador hizo fortuna. Y fue con una gran diversidad de mecanismos y con una técnica recurrente del siglo por venir: compartir parte de las ganancias con otros; hacerlos

---

[4] Jorge H. Jiménez, *Empresario y dictador. Los negocios de Porfirio Díaz (1876-1911)*, México, Editorial RM, 2013.

cómplices. Dentro de esas familias beneficiadas estuvieron los Madero, quienes se beneficiaron del arreglo, aunque después reclamaron una democracia electoral que les permitiera acceder a los primeros niveles de decisión. Esta exigencia fue robusteciéndose conforme el dictador se fue haciendo viejo y se elevaba la posibilidad de que los principales espacios de poder se abrieran con su muerte.

De origen humilde, astuto, calculador y de armas tomar, Díaz fue un cazador de oportunidades, como su padre José Faustino Díaz. El general cuenta en sus memorias tempranas:[5]

> Mi padre era pobre cuando se casó. Mirando que a su mujer no le gustaba vivir en la sierra de Ixtlán, se lanzó a correr fortuna y se trasladó a la costa que el estado de Oaxaca tiene en el Pacífico sin más fondos que el valor de los caballos y mulas con que llegó al distrito de Ornetepec; se estableció en él y se decidió a sembrar caña de azúcar. Vio que el terreno era a propósito para ese cultivo y arrendó una extensión de tierras del pueblo de Xochistlahuaca, pagando por toda renta unas cuantas libras de cera al año, para la fiesta del Santo Patrón de aquel pueblo. Hizo desmontes y sembró caña. Tenía dificultad para pagar mozos porque contaba con poco dinero, y él mismo construyó su trapiche. Era hombre atrevido y emprendedor, y le gustaba afrontar y vencer dificultades. Ocurrió un incidente que le permitió ganar algún dinero. Un ganado cabrío que pastaba por aquellos campos, se envenenó probablemente con algunos pastos, y empezaron a morirse centenares de cabezas. Sabedor de esto mi padre fue con los pocos hombres de que pudo disponer a quitar violentamente pieles porque se descomponían pronto, comprometiéndose los pastores a darle la mitad de las pieles que quitara; se hizo dueño de muchas pieles por este medio, y compró las demás a muy bajo precio, quedándose al final con todas, entonces [se] le ocurrió la idea de curtirlas. Se puso a buscar libros para ver cómo se hacía esa operación, y estableció allí una curtiduría con muchas dificultades porque no tenía

5 Porfirio Díaz, *Archivo del general Porfirio Díaz. Memorias y documentos*, tomo I, prólogo y notas de Alberto María Carreño, México, UNAM-IIH, 1947. Formato digital publicado en línea el 3 de septiembre de 2016.

material con qué hacer las tintas ni las substancias necesarias para la operación. Labró en una roca una gran taza para las operaciones consiguientes; quemó piedra para hacer cal, y suplió el salvado que se usa en las curtidurías, con la fécula del arroz, que obtuvo de un molino construido por él mismo y a su manera. Con algunos centenares de pieles curtidas de que hizo buenos cordobanes se dirigió a un lugar de la costa a donde supo que se esperaba un buque contrabandista, al que acudieron otros muchos compradores de mercancías pues la guerra de Independencia no permitía al gobierno cuidar sus costas; cambió sus cordobanes por varios efectos, y después de haberse provisto de los que necesitaba, puso una tienda en el pueblo de Xochistlahuaca.

NOSOTROS LOS RICOS

En la segunda mitad del siglo XX, cuando el positivismo y el liberalismo económico regresaron como eje de la presidencia de Carlos Salinas de Gortari, nuevas generaciones de historiadores, intelectuales, políticos y empresarios rescataron a Porfirio Díaz. Lo hicieron ver como un hombre de avanzada, aunque maltratado por la Historia; defendieron la dictadura como un periodo de prosperidad y obviaron que se trató de una versión profundamente corrupta del "capitalismo de cuates"; escatimaron los datos sobre la profunda desigualdad con la que México entraba al siglo XX y arrinconaron la Revolución de 1910 en una "pulsión salvaje" de los enemigos de la modernidad. Ese revisionismo no pudo, sin embargo, transformar la realidad: el porfirismo trasladó la riqueza de la nación a pocas manos mientras que las mayorías fueron expoliadas y el racismo y el clasismo se normalizó. Jorge H. Jiménez cuenta cómo el dictador impulsó la antigua idea —sobrevive casi un siglo y medio después— de que una élite de "gente educada" es la única habilitada para decidir los destinos de la República y que las mayorías están condenadas a observar, desde la periferia, cómo se toman las decisiones.[6] Y esta noción no

---

[6] Jiménez dice en el prólogo para la primera edición: "Espero que el libro *Empresario y dictador. Los negocios de Porfirio Díaz (1876-1911)* ayude a

fue fácil de borrar en los años por venir, a pesar de una guerra civil que se levantó contra esa idea.

Los conservadores de medio siglo XIX, cuyos capitales se habían amasado durante el Virreinato y aún después de la Independencia, se trajeron a un emperador desde el extranjero y Maximiliano de Habsburgo perdió la vida en el intento por establecerse en México; muchas de esas familias de la élite se quedaron con el desprestigio y en el desamparo. Sin embargo, Porfirio Díaz abrió la convocatoria para una nueva clase alta que estuviera dispuesta a acoplarse al régimen en fundación. Lo logró. En la nueva élite porfirista quedaron incorporados todos, incluso familias que habían apoyado la invasión extranjera. El dictador fue moldeando una nueva clase de políticos-políticos, empresarios-políticos y empresarios a secas que tuvo acceso a todos los beneficios, explícitos y sin explicitar.

Jiménez dice:

> Inicialmente se acercó a los intelectuales positivistas, como Jorge Hammeken y Mexía, que combinaba su intelecto con los negocios, y Manuel Romero Rubio, un político empresario. Hammeken era hijo de uno de los primeros empresarios ferrocarrileros estadounidenses que llegaron a México, y Romero Rubio un político liberal que en un principio se opuso al golpe de Estado de Díaz contra el presidente Sebastián Lerdo de Tejada, de quien era asesor. Para incorporarlos a su régimen, en 1881 Díaz constituyó la Compañía Limitada de Canalización y Desagüe de la Ciudad y Valle de México, con Hammeken y Mexía y Romero Rubio como socios, además de Antonio Mier y Celis, perteneciente al

---

clarificar cómo detrás de los estados autoritarios y las llamadas modernizaciones de ayer y hoy se ocultan, y no del todo, grandes conflictos de interés y corrupción, así como una entrega de recursos nacionales a manos extranjeras con la mínima retribución a cambio. No han faltado quienes perseveran en revivir la modernidad porfiriana como modelo para el presente y consideran cualquier movimiento en contra como una resistencia anacrónica al cambio. Finalmente, la lucidez de la resistencia popular va a imponerse de nuevo, y el mundo se llenará de nuevos exilados con grandes cuentas en el extranjero, o agentes intelectuales o industriales de los imperios vendiendo sus modernidades en otra parte".

conglomerado ferrocarrilero denominado Grupo de los Catorce e importante miembro de la comunidad española radicada en la Ciudad de México. Después de la muerte de Hammeken en 1884, Manuel Romero Rubio se convirtió en el principal intermediario entre los diferentes bandos de liberales y los grupos económicos tradicionales.

En ese contexto nació el Jockey Club de México, un sindicato patronal que será el antecedente de la Confederación Patronal de la República Mexicana (Coparmex), establecida en 1929; del Consejo Mexicano de Hombres de Negocios (después Consejo Mexicano de Negocios —CMN—), que se inició en 1962, y del Consejo Coordinador Empresarial (CCE), fundado en 1976. Estos organismos nacieron para responder a momentos políticos y procesos sociales muy específicos; para contrarrestar las fuerzas de la República que jalaban hacia la izquierda y para tener una representación formal ante los distintos gobiernos. Después formarían parte del sistema; lo aprovecharían y se harían uno con él para marcar agendas públicas y establecer políticas que les beneficiaran.

En un texto de 1978[7] Enrique Semo sostiene que, de hecho, al menos hasta entonces, México había vivido siempre bajo el orden del *capitalismo monopolista de Estado*, cuando los grandes grupos económicos privados y el aparato del Estado burgués alinean sus intereses y operan como una sola fuerza.

> Así por ejemplo, en 1910 había en México 24 bancos. Tres de ellos, el Banco Nacional de México, el Banco de Londres y México, y el Banco Central Mexicano, controlaban 63.2 por ciento de los activos, 47.3 por ciento del capital y 69.7 por ciento de los préstamos sobre prendas. En México actuaban subsidiarias de algunos de los consorcios internacionales más grandes del mundo, tales como American Smelting and Refering Co., Mexican Eagle Oil Co., Mexican Light and Power Co., etcétera. Las ramas más dinámicas del país: la minería, los ferrocarriles y los servicios

---

[7] Enrique Semo, *Historia mexicana. Economía y lucha de clases*, México, Ediciones Era, 1978.

públicos, estaban controladas por un puñado de empresas extranjeras. Durante ese periodo se formaron algunos de los grupos monopolistas mexicanos más poderosos del país. Isaac Garza, de origen español, formó junto con la familia Sada lo que después llegaría a ser la base del poderoso grupo de Monterrey. Carlos Prieto e Isaac Garza fundaron en 1903 la primera fundidora moderna de América Latina. Pugibet y Basagoitia fundaron "La Tabacalera" y "El Buen Tono". En 1900 surgió el grupo Textil Cidosa, dirigido por [Thomas] Braniff. Salinas y Rocha se inician en el ramo del algodón, etcétera. Ya en aquel entonces, funcionarios importantes del gobierno aparecían como presidentes y consejeros de algunas de las empresas más conocidas. Tal era el caso del ministro de Relaciones Exteriores Enrique C. Creel; el ministro de Guerra y expresidente, Manuel González; el gobernador del Distrito Federal, Guillermo de Landa; el presidente del Congreso en 1907 y 1910, Pablo Escandón, etcétera.

El detalle sobre cómo las élites mantuvieron el control de la economía y la política será tema central de este mismo libro.

Aunque la idea de crear el Jockey Club de México fue primordialmente de Porfirio Díaz, quien lo puso en la mesa fue Pedro Rincón-Gallardo y Rosso, militar liberal, latifundista, un porfirista que venía de las familias aristócratas del Virreinato, varias veces embajador y legislador y amplio beneficiario de los negocios de la dictadura. Un verdadero sobreviviente de las tempestades que azotaron la nación durante el siglo XIX, ejemplo de cómo el capital se acomoda entre una corriente de pensamiento y otra. Los fundadores imaginaban un club social como los que había en Nueva York o Londres para que las élites se divirtieran, hicieran negocios y resolvieran, entre ellas, los destinos del país. Como Rincón-Gallardo y Rosso había sido presidente del Cabildo del Ayuntamiento en la capital mexicana propuso que allí mismo, en el edificio público, se le abriera espacio. La idea causó fuertes críticas, pero la dictadura tenía muchas habilidades, entre ellas la de resolver conflictos potenciales entre amigos y de manera fluida.

Jorge H. Jiménez dice:

Con el nombramiento de Romero Rubio como secretario de Gobernación en el gabinete de la segunda presidencia de Díaz (1884-1888), las viejas disputas entre liberales se disiparon gradualmente y se sellaron nuevas alianzas mediante matrimonios arreglados o sociedades en nuevos negocios. El caso de Romero Rubio es ejemplo de cómo Díaz resolvió los problemas que generó entre los liberales su manera violenta e ilegal de tomar el poder, porque Romero Rubio apoyó al presidente Lerdo de Tejada hasta el final. Díaz celebró nupcias con la hija de Romero Rubio y lo integró a sus proyectos empresariales asociándolo con Carlos Pacheco, quien fuera compañero de armas de Díaz y adversario político de Romero. Más adelante, Díaz estableció vínculos estrechos con familias de la sociedad tradicional conservadora de México, como los Pimentel-Fagoaga y Landa-Escandón. Para consolidar dichas alianzas, Fernando Pimentel y Fagoaga fue nombrado presidente municipal de la Ciudad de México, y Guillermo de Landa y Escandón gobernador del Distrito Federal, cargos que mantuvieron hasta el final del régimen. Pimentel y Landa controlaron el desarrollo del negocio de los bienes raíces en la Ciudad de México y durante el porfiriato se convirtieron en promotores del crecimiento de la capital del país. Fernando Pimentel y Fagoaga fue, además, la conexión de Díaz con los más importantes empresarios nacionales. Pimentel constituyó innumerables compañías, incluyendo una de las más importantes empresas inmobiliarias de la Ciudad de México, que involucraron a los más importantes bancos y líderes empresariales del país. La familia Escandón integraba a importantes terratenientes que desde 1830 poseían empresas de diligencias y se convirtieron rápidamente en empresarios ferrocarrileros por medio de operaciones de compra y venta de concesiones del gobierno y de la expansión de la agroindustria basada en grandes latifundios y haciendas.

La familia Madero, en particular, amasó fortuna con el contrabando, las industrias artesanales, la minería y el comercio. Y luego le entró al petróleo. Jiménez detalla en un pie de página de *Empresario y dictador. Los negocios de Porfirio Díaz (1876-1911)* que miembros del clan Madero participaron en el Banco de Nuevo León, Banco Central

Mexicano, Banco de la Laguna, Ferrocarriles Nacionales, Compañía Industrial Jabonera de La Laguna, Compañía Agrícola La Laguna, Compañía Ganadera La Merced, y las compañías mineras Compañía Nacional Explotadora de Carbón y Coke, Compañía Metalúrgica de Torreón, Compañía Carbonífera de Sabinas, La Purísima Concepción y Anexas, Angustias, Dolores y Anexas en Pozos, Santa María de la Paz, Nueva Quebradilla y Anexas, Compañía Minera y Beneficiadora El Edén, Compañía Exploradora y Beneficiadora de Zacatecas, Ramón Corona de Naica y Santa María de la Paz.

Francisco I. Madero demostraría, en el poco tiempo que fue presidente de México, que era un conservador menos interesado en la democracia económica y más convencido de que una democracia electoral permitiría oxigenar la vida pública, agregando nuevos rostros y nuevos apellidos a cada cambio de gobierno. Rostros y apellidos de la élite, en realidad. Su entorno era constitucionalista y liberal, pero no era menos "científico" que los porfiristas. Justo Sierra o Emilio Rabasa bien pudieron ser parte del primer gabinete de la Revolución sin provocar chispas, por ejemplo. Y aunque no lo utilizó en su discurso político, Madero actuó con la esperanza de que las cosas se mantuvieran como estaban; generar un cambio gradual y permitir que la democracia electoral hiciera el resto. Su fórmula de gobierno mezcló punciones antidemocráticas y de mano dura más cercanas al porfirismo que al pensamiento de la Revolución. De alguna manera, el Partido Revolucionario Institucional (PRI), que gobernó el país por más de 70 años, aplicó la idea del maderismo: un ritual bien acotado que renovaba cuadros cada seis años, aunque no se tratara de democracia plena sino de una coreografía para asfixiar cualquier oposición política y conservar el poder en unas cuantas manos.

Después del rechazo a que ocupara un edificio público, el Jockey Club de México tuvo que rentar la Casa de los Azulejos, en el centro de la capital mexicana. Con la anuencia de Porfirio Díaz, se estableció a finales de la década de los 1870. Allí se discutían y celebraban contratos gubernamentales; era punto de reunión para la clase política y hasta se resolvían matrimonios por conveniencia. Era básicamente el lugar para repartirse los negocios del país, aunque, formalmente, fue creado para promocionar carreras de caballos. El dictador fue miembro desde 1883 y Romero Rubio, su suegro, fungió como uno de sus presidentes.

El Congreso aprobó impulsar la cría de caballos hasta 1901; claramente no estaba en las prioridades del club porque, siendo el *hombre fuerte* parte de él, no avanzó en la iniciativa hasta entonces. Los hombres más ricos tenían en las colonias Peralvillo y Vallejo una pista de carreras y hasta 1903 se adquirieron terrenos para el Hipódromo de la Condesa. Es decir: por más de 30 años, el Jockey Club de México fue en realidad el centro neurálgico del porfirismo y lo de los caballos era apenas un parapeto. Los socios del club, según el acta notarial del 9 de julio de 1913, eran los dueños del país: general Porfirio Díaz, Thomas Braniff, José Y. Limantour, Fernando Pimentel y Fagoaga, José Sánchez Ramos, Joaquín D. Casasús, Carlos González de Cosío, Guillermo de Landa y Escandón, Francisco W. de Landa y Escandón, Ignacio de la Torre y Mier, Weetman Harold Miller Pearson, John B. Body, Bernard Clive Pearson, Ramón Alcázar, Hugo Scherer, Jr., Ricardo Honey, Ernesto Schroeder, Julio Aspe, Jesús Salcido y Avilés, Andrés Bermejillo, Luis Bermejillo, José Antonio Pliego Pérez, Henry Campbell Waters, Sebastián Camacho, José M. Gargollo, Sebastián B. De Mier, Luis G. Tornell, Javier Torres Rivas, Agustín Torres Rivas, Joaquín Adalid, Juan B. Rincón Gallardo, Carlos Rincón Gallardo, Francisco Rincón Gallardo, Antonio Riba y Cervantes, Luis Riba y Cervantes, Fernando de Teresa y Miranda, José de Teresa y Manuel González, padre e hijo.

El Jockey Club de México desapareció con la guerra civil, que justamente había estallado en 1910 por eso: porque el país estaba en manos de una élite cerrada de políticos-empresarios. La composición del club revelaba cómo los capitales allí representados habían nacido en el porfirismo, aunque, como ya se vio, no todos. Varios venían desde Maximiliano de Habsburgo y más atrás: desde el primer periodo de Benito Juárez. La familia de José Yves Limantour, por ejemplo, había hecho riqueza con los bienes de la Iglesia católica y con la venta de armas durante los largos periodos de inestabilidad y guerras. Y Francisco Somera —un caso notable entre todos ellos— había servido a los invasores franceses y al emperador austriaco, y luego, al disolverse por las armas el Imperio, se había convertido en un desarrollador inmobiliario gracias a sus conexiones políticas y a la Reforma juarista.

María Dolores Morales Martínez, profesora del Instituto Nacional de Antropología e Historia y autoridad en la evolución de la capital mexicana durante el siglo XIX, cuenta cómo la desamortización de los bienes de la Iglesia ya había generado nuevas concentraciones de capital[8] desde antes incluso del porfirismo. Con la Ley de Desamortización de 1856, detalla, la nacionalización de bienes eclesiásticos dejó sólo 0.18 por ciento de la propiedad a la Iglesia. Los privados se quedaron con 98.99 por ciento y el gobierno 0.76 por ciento. La tenencia comunal quedó en 0.01 por ciento. En 1848 la Iglesia tenía mil 701 fincas vinculadas a 103 propietarios; para 1864 eran siete fincas. Es decir, la política liberal abrió una fuente de negocios para un puñado de políticos y empresarios. Es exactamente lo que sucedería después —empezando con Miguel de la Madrid Hurtado y hasta Enrique Peña Nieto— con la política de desincorporación de empresas y bienes nacionales que llegó con el neoliberalismo de finales del siglo XX y principios del XXI. La élite mexicana aprovechó la venta de bienes y empresas públicas para hacer una riqueza que nunca antes habría visto si hubiera concentrado su esfuerzo sólo al ámbito privado.

La profesora Morales Martínez usa justamente a Francisco Somera como ejemplo. Este individuo que había servido a los invasores franceses se transformó en el gran desarrollador urbano del porfirismo. Sirvió al Imperio, luego se acomodó con los liberales y después con el porfirismo. Somera adquirió bienes que fueron de la Iglesia, traficó con influencias, aprovechó sus puestos en la administración pública y, entre otros desarrollos, es el fundador de la Colonia de los Arquitectos —que hoy se conoce como San Rafael—, sobre tierras del ejido de la Horca. La propiedad se la adjudicó en 1850 siendo funcionario del Ayuntamiento de la Ciudad de México y luego fue adquiriendo otras propiedades aledañas. En 1862 fue beneficiario de la exención de impuestos y luego, por sus gestiones, sus propiedades fueron urbanizadas y recibieron todos los servicios. La investigadora dice que había pagado 6 mil 899 pesos por el terreno; en 1889 le había redituado un millón 642 mil 548 pesos. Y ese es apenas uno de sus muchos negocios.

---

[8] María Dolores Morales Martínez, *Ensayos urbanos. La Ciudad de México en el siglo XIX*, México, UAM-X, CyAD, 2011.

Erika A. Alcantar García, profesora e investigadora, detalla cómo el negocio inmobiliario, exclusivo de una élite, se extendió por toda la capital mexicana impulsado además por los ferrocarriles.[9] Cuenta en su ensayo *La estación Colonia: de un negocio inmobiliario ligado al ferrocarril a espacio público*:

Unos de estos primeros actores en advertir la oportunidad de hacer negocio con estos terrenos en los márgenes de la ciudad fueron los hermanos Flores. Estos parientes formaron la que sería la primera compañía fraccionadora, conocida como La Sociedad Flores Hermanos, la cual adquirió propiedades en toda la periferia poniente de la Ciudad de México: haciendas como la Teja, Santa Catarina y ranchos como Santa María la Ribera de San Cosme, El Ahuehuete, Potrero de en medio, Indianilla, Romita y San Miguel Chapultepec pasaron a sus manos. Comenzaron fraccionando la que sería la segunda colonia de la capital en la década de 1850, la colonia Santa María la Ribera. Como los hermanos Flores, también surgieron nuevos fraccionadores, quienes al igual que ellos compraron tierras no urbanas para fraccionar en la entonces periferia de la Ciudad de México. Así, nuevos nombres comenzaron a figurar en este nuevo mercado de tierras e inmobiliario: Francisco Somera, los Escandón, Rafael Martínez de la Torre, Salvador Malo y Francisco Lascuráin, fueron algunos de los personajes que invirtieron en una primera etapa de la expansión de la ciudad ligada a fraccionamientos como la Colonia de los Arquitectos, la colonia Guerrero, Santa María la Ribera, Violante, etcétera.

Uno de los grandes beneficiarios fue el suegro de Porfirio Díaz: Romero Rubio brincó de Benito Juárez a Sebastián Lerdo de Tejada y luego a Díaz, donde tuvo su logro mayor: que su protegido, Limantour, se mantuviera a cargo de la hacienda pública durante toda la dictadura.

---

[9] Erika A. Alcantar García, "La estación Colonia: de un negocio inmobiliario ligado al ferrocarril a espacio público", *Mirada Ferroviaria*, Centro Nacional para la Preservación del Patrimonio Cultural Ferrocarrilero, 2022.

La Casa de los Azulejos, que albergó al Jockey Club, sobrevivió hasta nuestros días como símbolo involuntario del vínculo de las élites económicas y el poder político. Construida como dos casonas señoriales durante el Virreinato, pasó a manos de una familia con título nobiliario —Luis de Vivero, hijo del primer Conde del Valle de Orizaba, Rodrigo de Vivero y Aberrucique— y cruzó la Independencia sin problema hasta 1871, cuando fue puesta a la venta. La adquirió un abogado de apellidos Martínez de la Torre, quien la conservó seis años y luego fue adquirida por la familia Yturbe Idaroff, que es la última en darle uso residencial antes de rentarla para el Jockey Club de México.

Con la Revolución, los inversionistas del Jockey Club emprendieron una venta de pánico de sus acciones antes de que se disolviera; entre los tenedores estaba el dictador Díaz y estaban todos los que se habían enriquecido durante su mandato. La Casa de los Azulejos fue incautada con la guerra civil y entregada a la Casa del Obrero Mundial (COM), organización sindical fundada el 22 de septiembre de 1912 por los grupos de izquierda magonistas y anarcosindicalistas. Su idea era convertirla en un centro para formar obreros y fomentar sindicatos que defendieran sus derechos. Duró poco el sueño de los obreros anarcosindicalistas. Muerto Madero, expulsado Huerta, la familia Yturbe Idaroff recuperó el edificio. Lo restauró y lo rentó a los hermanos Walter y Frank Sanborn, que lo convirtieron en farmacia, fuente de sodas, tabaquería, cafetería, restaurante y tienda de regalos y publicaciones bajo la licencia de Sanborns American Pharmacy. Así se inauguró en 1919.

Más de medio siglo después, en 1985, uno de los grupos económicos y financieros más poderosos del mundo, representativo de los negocios del neoliberalismo, lo adquiere: es Grupo Carso, de Carlos Slim Helú, el mexicano de origen libanés que escaló hasta los primeros lugares en la lista global de multimillonarios. La Historia es una pelota que pega en las paredes de la casualidad y la suerte, pero también en los muros (en este caso forrados de azulejos) que se levantan con paciencia. El 12 de febrero de 2024, a propósito de las elecciones presidenciales en puerta y en el México gobernado por Andrés Manuel López Obrador (presidente de izquierda), Carlos Slim diría: "Yo tengo pendiente, cuando acabe el gobierno, hablar con el presidente de muchas cosas. Como él dice, diferimos en varias cosas. Ya quedamos de hablar cuando acabe de lo que diferimos, empezando por Porfirio Díaz. Yo creo que fue un gran presidente. Modernizó al país. Bueno, gobernó 30 años, se le fue la mano. Pero no nos metamos en eso…".[10]

LA CONTRARREVOLUCIÓN

Cuando vino la Revolución, la fuerza centrífuga fragmentó el *statu quo* y luego permitió el reacomodo del conservadurismo y el nacimiento de nuevas fuerzas que lo fortalecieron. Y esa Historia que pega en las paredes de la casualidad y la suerte marcó justo 1910 como el año de nacimiento de Salvador Abascal Infante, uno de los pilares de la derecha católica radical del siglo xx. Vio la luz muy lejos de los eventos de la capital mexicana y aún más lejos de Veracruz: en Morelia, Michoacán. Fue 13 días antes —el 18 de mayo de 1910— de que Porfirio Díaz tomara el Ypiranga.

Abascal Infante, un católico radical, antisemita, anticomunista y anticapitalista, nacionalista y reaccionario, fundaría con otros la Unión Nacional Sinarquista (uns)[11] para enfrentar a Lázaro Cárdenas

---

[10] Álvaro Delgado Gómez, "Los gobiernos de Calderón y Peña Nieto 'hicieron barbaridad y media' con el petróleo: Slim", *SinEmbargo*, 12 de febrero de 2024.

[11] El origen de la palabra *sinarquista* es confuso. Jean Meyer escribe: "El vocablo ha sido forjado sobre el modelo de 'sindicato' (*syn diké*), del griego (*syn arké*), y significa 'con autoridad, con poder, con orden'. Hemos de señalar para la historia menuda que cierto Tomás Rosales, teósofo, más exactamente 'teogonista', presentó sus ideas sobre la 'Sinarquía', en 1914, en la Sociedad Mexicana de Geografía y de Estadística y en la Convención de Aguascalientes. 'Sinarquía es lo contrario de Anarquía'". El origen mismo de la Unión Nacional Sinarquista es confuso. Hay que considerar que muchos de los movimientos e individuos que allí convergen operan en la clandestinidad durante aquellos años debido a la represión. Algunos vinculan a la uns directamente con el fascismo alemán y otros con la doctrina social de la Iglesia católica. Los investigadores más destacados del movimiento coinciden en que fue voluble ideológicamente y se acomodó a los tiempos. Esta elasticidad fue virtuosa algunas veces y en otras su perdición. Como sea, arrastró masas, sobre todo en el campo, pero no sólo allí.

del Río, el primer y único presidente de izquierda durante el siglo XX mexicano. Abascal vio a la Unión Soviética como una amenaza, pero se concentró en Estados Unidos y la "decadencia de la democracia sionista". Se abrazó de una versión del nacionalismo al tiempo que simpatizó con los extremismos de derecha radical que se gestaron en el ombligo del siglo XX más allá del Atlántico, en Europa. Y fue padre de 11 hijos. Entre ellos Carlos Abascal Carranza, quien sirvió como secretario de Gobernación en el gobierno de Vicente Fox Quesada y fue miembro de una organización secreta de ultraderecha poderosa e influyente en México y en el mundo: El Yunque, cuya existencia se mantuvo en secreto hasta que el periodista Álvaro Delgado Gómez la puso al descubierto.[12]

Abascal Infante bien vale un viaje a mediados del siglo XIX y de regreso, porque si bien este libro explica cómo el pensamiento de derecha en México se estableció a lo largo de tres siglos como un proyecto calladamente de Estado —oculto detrás del liberalismo, el periodo revolucionario o el neoliberalismo—, en este apasionado personaje convergen ideologías, geopolítica, un sistema político en formación, la manipulación de las masas y la contrarrevolución desde la Revolución misma. El automóvil para este viaje bien podría ser la Iglesia católica, pero también las redes de los distintos (otros) poderes que se han disputado las riendas de la nación desde la Independencia hasta nuestros días.

El conservadurismo religioso había quedado fuertemente aboyado por las Leyes de Reforma (promulgadas entre 1855 y 1863 por los presidentes Juan Álvarez, Ignacio Comonfort y Benito Juárez) que separaban a la Iglesia del Estado, eliminaban el fuero eclesiástico y, quizá lo que más dolió, terminaban con su poderío económico. La llegada de Maximiliano de Habsburgo dio esperanzas al clero de que estas leyes podrían revertirse, pero tampoco el Imperio operó a su favor, porque el archiduque de Austria se consideraba a sí mismo un liberal. Ya con la dictadura de Porfirio Díaz —quien se sentía liberal, como Álvarez, Comonfort, Juárez y Maximiliano—, el reparto de los bienes de la Iglesia se tradujo pura y llanamente en un negocio

---

[12] Álvaro Delgado Gómez, *El Yunque. La ultraderecha en el poder*, México, Plaza y Janés, 2003.

lucrativo para la élite en el poder. Y luego vino la Revolución, que nació de la emergencia social y mantuvo y profundizó la idea del Estado laico. Es decir, durante medio siglo (hasta entonces) los religiosos fueron obligados a sus templos y conventos que, por otra parte, ya no eran de ellos, sino bienes nacionales.

Durante todos estos años, sin embargo, el catolicismo se mantuvo organizado y cercano de la política, los medios de comunicación, la academia, las élites intelectuales, el activismo social y, por supuesto, anidó en la oligarquía mexicana. Los ultraconservadores religiosos aspiraron a participar en la política varias veces dentro del México que se reorganizaba: en 1911, por ejemplo, con Francisco I. Madero en el poder nació el Partido Católico Nacional (PCN). Luego, cuando Plutarco Elías Calles apretó aún más a la Iglesia con controles sobre el culto, se organizaron en los pueblos y se lanzaron a la sangrienta guerra cristera, que entre 1926 y 1929 arrojó miles de muertos. Posteriormente vinieron las movilizaciones sinarquistas, una expresión con el mismo origen de la Cristiada pero con inspiración en los fascismos europeos (España, Italia) e incluso en el nazismo alemán; decía "defender a México del comunismo y del sionismo", se oponía a la democracia liberal, alertaba sobre una supuesta conspiración judeo-masónica-marxista y alertaba sobre la decadencia de Estados Unidos, "protestante y dominado por judíos".

En esa apresurada línea de tiempo, los sinarquistas dieron un paso más: en 1946, cuando el gobierno apresuraba el rumbo hacia la derecha después del gobierno de izquierda de Cárdenas, se agrupó en el Partido Fuerza Popular (PFP). Fue demasiado. Se le proscribió. Sus líderes se vieron obligados a hacer trabajo de campo, como lo hizo el mismo Carlos Abascal, quien participó en la creación de uniones campesinas y de colonos; en sindicatos de derecha y en grupos de jóvenes que, en algún momento, intentaron un cambio violento y se organizaron en la clandestinidad como fuerzas de choque y como una "guerrilla urbana" pero de extrema derecha de corte religiosa y fascista.

En el tránsito nació también el Partido Acción Nacional (PAN), en 1939, que se formó para defender intereses de la élite económica —con dinero de los grandes capitales— y de inmediato atrajo lo mismo al catolicismo radical que al conservadurismo. El PAN entendió que el racismo y el antisemitismo no eran aceptables en una sociedad cambiante y procuró no volverlo bandera, como sí lo fue para los sinarquistas. Como sea, el PAN compartió con el resto de las derechas su rechazo a la educación laica, su alarma por "el comunismo", una defensa de la libre empresa y una cercanía al pensamiento fascista de la primera mitad del siglo XX. Después incorporó términos como "libertad", "familia" y "patria", que probaron ser exitosos en otros movimientos políticos similares alrededor del mundo.

Francisco Alejandro García Naranjo escribe:

> En México el fascismo italiano, el nazismo alemán y la España franquista se convirtieron precisamente en alternativas que bien podían agregarse a valores imperecederos como la fe católica, para tratar de "revertir" la creciente "degradación moral" de la nación mexicana que la Revolución estaba "provocando" a través de la Constitución de 1917, de la retórica jacobina y la acción de los gobiernos de la posrevolución en la cuestión agraria, en el sector educativo, en materia religiosa y en la organización y beligerancia de los sectores populares. De esa manera los fascismos fueron abrazados o al menos, fueron bien vistos. Fueron considerados como opciones posibles y válidas frente a la "amenaza" del colectivismo socialista, a la "estandarización" del comunismo y, fundamentalmente, a la "descatolización" de la sociedad mexicana que la Revolución y el "comunismo internacional" estaban promoviendo en la nación. Rasgos que se veían expresados en la aplicación de los preceptos de la Constitución de 1917, en las medidas anticlericales del presidente Calles, en la promoción de la enseñanza laica, en la educación sexual, en la aplicación de la educación socialista del régimen cardenista.[13]

García Naranjo resume:

> Para la mentalidad católica y conservadora de la primera mitad del siglo XX, el gobierno del presidente Cárdenas constituía la cima de

---

[13] Francisco Alejandro García Naranjo, "Entre la histeria anticomunista y el rencor antiyanqui: Salvador Abascal y los escenarios de la Guerra Fría en México", *Historia y Memoria*, 2015.

un largo proceso de "degradación" que empezará con la Revolución de 1910 (o antes, si se piensa en el avance del comunismo y el marxismo a fines del siglo XIX). Por eso el franquismo, el fascismo y el nazismo en su guerra a comunistas, masones y judíos atrajeron la atención de la derecha mexicana, pues combatían a los mismos demonios. Justamente la construcción simbólica de los "monstruos" posrevolucionarios y los "demonios" cardenistas, lo mismo que la percepción de "degradación moral" de la nación mexicana y la "descatolización" del país, al igual que el combate contra la "amenaza comunista" y el "judaísmo internacional" representado por los Estados Unidos, conformaron a grandes rasgos la mentalidad de un testigo del siglo XX mexicano que navegó en contrasentido de la modernidad, el cambio y la transformación del país. Ese es el caso de Salvador Abascal Infante, intelectual conservador que desde el extremismo católico condenó por igual el tiempo de la posrevolución y el México de la modernidad que se fue conformando en la segunda mitad del siglo XX.

Los primeros gobiernos de la Revolución, desde Francisco I. Madero hasta el Maximato, no fueron socialistas ni comunistas ni de izquierdas; estuvieron preocupados por (y ocupados en) la aprobación de Estados Unidos, y para mantenerse en esa línea que no los confrontara con la potencia pero que les permitiera ponerle límites, se acomodaron en el nacionalismo. Por eso fue más cómodo reconocer como revolucionario a un hijo de la oligarquía, Francisco I. Madero, y dejar a Ricardo Flores Magón el papel secundario de "precursor" del levantamiento armado, aunque hay y había información suficiente para atribuirle los orígenes de la Revolución años antes de 1910, con las primeras acciones anarquistas, anarcosindicalistas y abiertamente socialistas. Lázaro Cárdenas del Río, sin embargo, rompe con la "tradición revolucionaria": en 1934 se define de izquierda y opera contra los intereses de los poderes de facto: los oligarcas, que mantenían el control sobre la tierra y la industria; o los capitales extranjeros, que habían amarrado, desde Porfirio Díaz, su presencia en los sectores estratégicos. Un dato importante es que Cárdenas resuelve con pragmatismo y pulcritud los conflictos con la Iglesia o con el mismo Calles y los despeja como obstáculo para su proyecto popular.

En cambio, entiende que deberá enfrentarse a los grandes intereses económicos y ese será su más grande reto.

El movimiento sinarquista es marginal durante el mandato de Cárdenas, aunque se fecha su nacimiento en él, en 1937. El escenario global era propicio para distintas corrientes del fascismo que tienen, en México, simpatizantes no sólo en la Unión Nacional Sinarquista sino en distintos sectores, incluyendo los oficiales. La maquinaria de guerra de Hitler en Alemania se preparaba para invadir en Polonia; Italia se abrazaba de Benito Mussolini y Francisco Franco tomaba España a sangre y fuego, mientras en México se desarrollaba una segunda revolución social después de dos periodos desde la caída de la dictadura: entre 1910 y 1920, cuando se vivió una revuelta social, el despertar violento de las fuerzas conservadoras, una Constitución liberal pero pocos indicios de un cambio de fondo; entre 1920 y 1934 una camarilla controladora (Álvaro Obregón y Plutarco Elías Calles) impone la estabilidad política con una mezcla de instituciones y cacicazgos civiles y militares fuertes, al tiempo que elimina líderes populares como Emiliano Zapata y Francisco Villa, que encarnan el deseo de la justicia social. Luego aparece el general Cárdenas, que no oculta su intención de virar el modelo hacia un *socialismo mexicano* porque, considera, es el único que puede realmente poner en marcha los postulados de la Revolución.

Entre 1926 y 1929 se desató un gran conflicto interno cuando Calles determinó imponer los criterios de la Constitución liberal de 1917 a la Iglesia: cerró escuelas religiosas, presionó a los curas para que se registraran en un padrón que era, a su vez, el desconocimiento jurídico de la institución católica, y deportó a los religiosos extranjeros. Y vino el levantamiento armado. Jean Meyer lo cuenta así, en *El sinarquismo, ¿un fascismo mexicano?*:[14]

La Iglesia, creyéndose más fuerte de lo que en realidad era, y subestimando la fuerza de Calles, contestó iniciando el 31 de julio de 1926 una huelga del culto que había de durar tres años. El centro-oeste del país, Jalisco, Michoacán, Colima, y las regiones

---

[14] Jean Meyer, *El sinarquismo, ¿un fascismo mexicano?*, México, Cuadernos de Joaquín Mortiz, 1979.

limítrofes se levantaron en nombre de Cristo Rey y los cristeros organizaron unas partidas de guerrilleros escurridizas que exasperaban al ejército y le causaban grandes pérdidas, sin amenazar por ello gravemente al gobierno central. Movimiento complejo, abandonado a sus propias fuerzas, y que arrastraba componentes regionalistas, económicos y religiosos, el movimiento cristero era expresión de la mentalidad del ranchero. El ranchero, pequeño propietario, huraño e individualista, había luchado siempre, con mayor o menor éxito, contra la gran propiedad, y había salvaguardado la libertad que este "hombre a caballo" ponía por encima de todos los bienes; profundamente enraizado en una fe católica patriarcal, la persecución de los sacerdotes y el cierre de las iglesias le llegaba a lo más profundo, y nadie tuvo que incitarlo a levantarse.

Meyer dice que

la política de la tierra quemada, la concentración de las poblaciones rurales que perecen de hambre y de epidemias, atrocidad de la guerra civil, con la añadidura de la guerra de religión, todo hacía de ella una lucha inexpiable, y fueron necesarios largos años para que la calma se restableciera. Sólo el presidente Cárdenas, revolucionario convencido y originario de Michoacán, supo apaciguar los ánimos por la profunda comprensión que tenía de aquellos hombres, y por la honradez de su política: mientras que el restablecimiento oficial de la paz en 1929 había sido seguido por el cobarde asesinato de numerosos jefes cristeros de regreso en sus campiñas, Cárdenas llevó efectivamente a buen término la dura tarea de desarmar los odios, o al menos de volverlos inocuos. El conflicto pudo encontrar un final honorable para ambas partes caídas en el mismo lazo de la intransigencia gracias al embajador norteamericano, Dwight Morrow, a quien México es deudor de la conclusión de los arreglos, solución pragmática que ponía oficialmente término a la crisis. Numerosos católicos estiman que Morrow era instrumento del protestantismo norteamericano y los arreglos una catástrofe para la Iglesia católica. A la luz de los acontecimientos que siguieron, y considerando la situación actual de la

Iglesia en México (las leyes anticlericales siguen existiendo, pero ¿quién las aplica?), esta visión de las cosas es inaceptable; Dwight Morrow, movido por una sincera amistad a México —lo que no era frecuente en la embajada norteamericana— y deseoso de ver restablecida la paz, desempeñó el papel de intermediario entre el episcopado mexicano apoyado por Roma y el gobierno de México. El gobierno reconocía el patriotismo de los obispos y prometía una interpretación más abierta de las leyes, y el episcopado ponía fin a la huelga del culto e imponía el "alto el fuego" a los cristeros a cambio de la seguridad de la amnistía. Victoria del gobierno en lo inmediato, esta solución resultó ser muy ventajosa para ambas partes.

¿Hacia dónde vira el conflicto con Cárdenas, un revolucionario y socialista? El giro es más que interesante. Las decisiones del general tienen como contexto realidades que no se pueden ignorar. Luis González y González dice, por ejemplo, que la religiosidad de los mexicanos nunca desapareció a pesar de (para entonces) casi un siglo de "liberalismo" transformado en dictadura y transformado en Revolución. El general fortalecía el movimiento obrero y muchos de sus líderes eran anticlericales y "compartían con un gran número de políticos y de cultos los rumores de que la Iglesia protegía al capital contra el trabajo, a la ignorancia contra la sabiduría y a la familia y demás institutos del instinto contra el Estado". Pero los obreros no aceptaban que sus dirigentes estuvieran en contra de la libertad de culto y esto hacía sentir a la Iglesia como "un roble frente a los ataques de sus enemigos. Ni el leñador líder ni el leñador intelectual ni el leñador político lograron entonces que sus hachas penetraran mayormente en el tronco eclesiástico".

González y González escribe:

Aunque el gobierno redujo la cifra autorizada de sacerdotes; aunque la autoridad civil de casi todos los estados sólo permitió el ejercicio de un sacerdote en toda la entidad, o de un sacerdote por cada 100 mil o 50 mil o 25 mil fieles; aunque en Chiapas la Ley de Prevención Social, promulgada en 1934, consideró malvivientes a "los sacerdotes de cualquier denominación religiosa" que ejerciera sin autorización legal y a las personas que celebraran actos de culto en lugares públicos o impartieran dogmas religiosos a la niñez; aunque en Tabasco la lucha desfanatizadora del gobernador [Tomás Garrido Canabal] llegó hasta la clausura de los templos, la expulsión de los sacerdotes y la quema de las imágenes de los santos por una milicia *ad hoc* llamada de los "Camisas Rojas"[15] y aunque la confiscación de bienes eclesiásticos se reanudó vigorosamente en 1931, el cura siguió contemplando a su pueblo desde las torres parroquiales y haciéndolo a la rienda desde el confesionario y el púlpito.

Cárdenas mide sus fuerzas y comprende que no tiene caso mantener abierto el frente contra la Iglesia mientras con una mano pelea con Calles y con la otra redacta el futuro de un México más cargado a la izquierda, donde los obreros y campesinos movilizados serán parte importante del juego. Entonces lanza señales a los religiosos, una a una, de que la guerra había terminado.

El sinarquismo que florece hasta finales de la presidencia de Cárdenas se alimenta de rescoldos de la guerra pasada y también de la pobreza que la Revolución no ha resuelto; de un renovado

---

[15] Aquí la anotación vale tanto como el cuerpo de texto. Tomás Garrido Canabal es un personaje clave. Se inicia muy joven en la disidencia política como simpatizante de Madero y luego de una estancia en Veracruz regresa a su estado, Tabasco, cuando el general Francisco J. Múgica cambia el nombre de la capital de San Juan Bautista a Villahermosa y, en seguimiento al anticlericalismo de Álvaro Obregón, quema imágenes religiosas. Otras dos influencias afianzan su carácter: Salvador Alvarado y Felipe Carrillo Puerto, dos políticos de la región que se habían abrazado de la Revolución y luego viraron hacia el socialismo. Garrido Canabal crece primero como militar y en 1919 deja el ejército por la política. Llega a la gubernatura y emprende una serie de reformas sociales que hacen ver a Tabasco como "el Belén del amanecer socialista en América". Ya con Calles en el poder, en plena campaña contra la Iglesia, funda un grupo de choque que se conoce como Camisas Rojas, compuesto por jóvenes de armas tomar a quienes algunos autores consideran un movimiento fascista y otros una fracción comunista radical que tenía por himno La Internacional. Los Camisas Rojas de Garrido Canabal protagonizan distintos choques violentos no sólo con religiosos, sino también con otras facciones de la Revolución. Con Cárdenas llega a la Secretaría de Agricultura pero debe renunciar, debido a que era un incondicional de Calles.

sentimiento anticlerical y de los planes para una educación socialista; de los fascismos armados que llevan a un conflicto global y de los reclamos de fraude electoral que lanzan los partidarios de Juan Andreu Almazán, quien va por la presidencia para las elecciones de 1940 contra Manuel Ávila Camacho, el candidato del oficialismo.

Éste es un momento importante para México, y no necesariamente por el rol que juegan los sinarquistas, sino porque el conflicto derecha-izquierda se pronuncia. Hay un reagrupamiento de las fuerzas conservadoras, ahora identificadas en dos bandos claros: la que está dentro del gobierno mismo, y otras, menos importantes, que son más radicales y operan desde las periferias.

Almazán, apoyado por el Partido Acción Nacional y los sinarquistas, es un tren que tiene empuje desde adentro del gobierno. En él se representan los militares-políticos-empresarios que sustituyeron a los oligarcas que no pudieron transitar del porfiriato a la Revolución. Siendo él mismo militar y luego político, amasó una enorme fortuna al amparo del poder público —como muchos otros en su posición— y se convirtió en el nuevo polo de las derechas. Los financieros del PAN, banqueros y grandes empresarios, ven allí una rendija para romper desde adentro al régimen que, con Cárdenas, ha dado pasos agigantados para moverse hacia la izquierda.

Por el otro lado está Manuel Ávila Camacho, también de derechas o más al centro que Francisco J. Múgica, el favorito del presidente que no llega a la candidatura por el momento que vive el país, como el mismo Cárdenas consideraría en sus memorias.[16] No sólo influye en la decisión el hecho de que Almazán representa un viraje profundo hacia la derecha y hay que detenerlo con alguien de centro (Ávila Camacho) que le reste electorado; también está la presión que ejercen Estados Unidos, Gran Bretaña y otras potencias por la expropiación petrolera en proceso.[17]

---

[16] Cuauhtémoc Cárdenas Solórzano, *Cárdenas por Cárdenas*, México, Debate, 2016.

[17] Para conocer más sobre Cárdenas y la decisión respecto a Francisco J. Múgica, se recomienda consultar a Álvaro Delgado Gómez y Alejandro Páez Varela en *Izquierda. 1923-2023: La terca travesía*, México, Grijalbo, 2023.

Almazán y sus seguidores alegan fraude electoral y la evidencia dice que lo hubo, pero Estados Unidos, en efecto, decide no apoyarlos porque, aunque no le simpatizaba el rumbo que había tomado Cárdenas, veía en Ávila Camacho una posibilidad de que el nuevo camino político de México le favoreciera. De hecho, el director de la campaña oficial, Miguel Alemán, tiene conversaciones con Sumner Welles, subsecretario de Estado estadounidense. Alemán "le comunicó que si la administración de Cárdenas había podido cometer algún exceso, la de Ávila Camacho se encontraba dispuesta no sólo a que no los hubiera, sino a arreglar de manera amistosa y equitativa las controversias pendientes entre ambos gobiernos".[18] Además, Washington seguía de cerca a los sinarquistas y a los panistas y tenía desconfianza por sus simpatías por el fascismo. Con el mundo en guerra, no quiere en la presidencia mexicana a alguien que tenga olor al Eje Berlín-Roma.

Ávila Camacho llega, sin embargo, muy acotado. Decide armar un gabinete con restos del callismo, piezas del cardenismo (incluyendo el mismo general Cárdenas), algo del almazanismo y los propios. Esto acentúa el pleito izquierda-derecha dentro del oficialismo.

Luis Medina Peña cuenta en *Historia de la Revolución mexicana. 1940-1952*:

Consecuencia de ello fue que: el sexenio de 1940-1946 habría de caracterizarse por un juego político en el que se enfrentarían las dos corrientes extremas del ámbito oficial, derecha e izquierda, con el arbitraje del grupo formado por el presidente Ávila Camacho. Dentro de la primera militaban figuras políticas que habían alcanzado significación nacional antes del cardenismo y cuyo mejor exponente y líder conspicuo era el general Abelardo L. Rodríguez. Incluía sobre todo a prominentes elementos callistas que retornaron a la vida activa gracias a la política de unidad nacional propiciada por el presidente Ávila Camacho. En cambio, la izquierda la formaban fundamentalmente los directivos de la

---

[18] Luis Medina Peña y Blanca Torres, *Historia de la Revolución Mexicana. 1940-1952*, México, El Colegio de México, edición digitalizada en 2015.

CTM [Confederación de Trabajadores de México] y algunas personalidades y grupos que desde diversas posiciones coincidían con la actitud ideológica de esa organización obrera y de sus líderes. Ambas representaban, a la vez, prolongaciones de regímenes anteriores y concepciones divergentes sobre el futuro del país y el papel del Estado

Así, la derecha insistía en una concepción de estirpe callista que quería un país donde la iniciativa privada fuera el motor fundamental en los ámbitos económico y social, y el Estado mantuviera un papel arbitral de acuerdo con esa finalidad, limando asperezas, reduciendo la lucha de clases y propiciando la armonía social. La izquierda, en cambio, heredera del cardenismo, deseaba un compromiso mayor con las causas sociales, compromiso que suponía un Estado que actuara como agente promotor de postulados derivados de la vaga ideología de la Revolución para provocar así el cambio social. Una y otra se movían dentro de una serie de circunstancias y limitaciones dadas por la coyuntura internacional —la guerra mundial— que imponía, debe subrayarse, contradicciones fundamentales, válidas sobre todo para la izquierda. Su lucha y enfrentamientos se dirigían, en última instancia, a ganar la atención del presidente de la República, cúspide de la pirámide política que incluía ambas facciones.

Este capítulo de la lucha entre las dos grandes corrientes políticas que se disputan históricamente México deriva en el triunfo de la derecha, como veremos más adelante. Y este triunfo marca el resto del siglo XX y hasta el XXI. Los siguientes tres presidentes (Miguel Alemán Valdés, 1946-1952; Adolfo Ruiz Cortines, 1952-1958, y Adolfo López Mateos, 1958-1964) empujan la agenda del país hacia el liberalismo económico, y sin proponérselo expresamente, México entra a un periodo (1964 a 1982) en el que una versión de derecha extrema tiene el control del país y en nombre de la Revolución. Gustavo Díaz Ordaz, Luis Echeverría Álvarez y José López Portillo recurren al espionaje, al uso de una policía política, a la represión, al control de la prensa y al sometimiento de los Poderes de la Unión y hasta de sectores más distantes, como la Iglesia y el empresariado; utilizan los movimientos oficialistas de obreros y campesinos para arroparse al tiempo que recurren a la tortura, la desaparición forzada y el asesinato contra la disidencia política. La dictadura revolucionaria tocaba uno de sus momentos más dramáticos.

El sinarquismo, por su parte, tiene distintos momentos notables durante la segunda mitad del siglo xx pero siempre en tercer plano, hasta la formación de su propia fuerza política, el Partido Demócrata Mexicano (PDM), que nació en 1975 y murió en 1997. Sus dirigentes se fueron mimetizando con Acción Nacional o se dispersaron en grupúsculos más pequeños que mantuvieron su radicalidad.

Sobre Abascal, Francisco Alejandro García Naranjo concluye en su ensayo:

> La sociedad mexicana cambió por diversas causas: con la industrialización y la urbanización al promediar el siglo xx que trajeron otras formas de vivir, mismas que eran llevadas al medio rural en un intercambio acelerado; con la educación laica y la secularización que generaron una nueva mentalidad y construyó nuevos ciudadanos menos crédulos; con las formas de la cultura que mediante la literatura, el teatro, el cine y el arte cuestionaron atavismos, costumbres y tradiciones; con la masificación de los medios de comunicación que a través de la televisión, la radio y la prensa promovían nuevos patrones de consumo y de entretenimiento (las modas, los bailes y la música), y un tipo de ser social basado en el culto a las formas del cuerpo y a los modos del confort y el placer, cuya inmediatez como recompensa se volvía válida y éticamente aceptable.
>
> Todo eso fue real, y no culpa de las ideologías. Tampoco de la infiltración soviética. Como tampoco lo fue del comunismo o el judaísmo. Pero sí fue resultado de la hegemonía de las maneras de la vida burguesa y del triunfo del capitalismo. Algo en lo que sí acertó Abascal. La suya, entonces, fue una acre desaprobación a la modernidad liberal y burguesa, contra la sociedad libre, plural y diversa moralmente hablando que ya se asomaba, dejando hábitos o rompiendo cánones sociales. La suya, fue una defensa del México viejo contra las nuevas costumbres de la modernidad.

* * *

La derecha dentro del *tiempo mexicano* (Jean Meyer *dixit*)[19] ha cruzado tres siglos por carriles claramente identificados. El primero, desde adentro del Estado mismo: los liberales del siglo XIX y hasta entrado el siglo XX le abrieron la puerta a la oligarquía y se hicieron uno con ella; dejaron que los corrompiera y amoldaron las políticas públicas para facilitar el reparto de privilegios que se garantizan con el control político. La Revolución trajo la oportunidad de mover la aguja del *monitor izquierda-derecha* más hacia la izquierda, en favor de las clases desposeídas, pero el pensamiento de derecha se apoderó del régimen —otra vez— y aprendió a renovar rostros para aparentar democracia durante más de 70 años y así manipular a las masas en beneficio de intereses privados. Así fue como los llamados "gobiernos de la Revolución" y luego los abiertamente neoliberales renovaron camarillas políticas y afianzaron a las élites en el poder, que con gran habilidad operaron con un disfraz de centro y a veces, incluso, de izquierda.

Un segundo carril por el que la derecha se ha desplazado en el tiempo —y con gran éxito— ha sido controlando el rumbo económico. La clave ha estado en sobreponerse a los cambios de administraciones modificando las leyes para garantizarse largos periodos de ventajas y oportunidades. La mejor manera de hacerlo es participando directamente de la toma de decisiones desde el poder político. Las élites económicas se movieron sólidas durante los siglos XIX, XX y XXI e incluso durante los gobiernos izquierdistas de Lázaro Cárdenas y López Obrador. Encontraron cardos en su camino (las nacionalizaciones, por ejemplo) y días de sol radiante (el posterior pago de todas sus deudas, en un episodio en torno al Fobaproa),[20] pero aprendieron que si controlaban el rumbo económico y podían generar cambios

---

[19] Jean Meyer, "La Iglesia católica en México, 1929-1965", en Erika Pani (coord.), *Conservadurismo y derechas en la historia de México*, t. II, México, FCE, 2009.

[20] Fondo Bancario de Protección al Ahorro. Lo crearon las autoridades financieras en 1990 para responder a presiones extraordinarias y supuestamente para proteger a los ahorradores bancarios. Sirvió, durante el sexenio de Ernesto Zedillo, para rescatar a los grandes empresarios con dinero público e incluso con una enorme deuda, cuya cobertura se endosó a los contribuyentes mexicanos.

constitucionales se daban periodos de estabilidad más largos para el goce de beneficios.

Luego vino, y sobre eso escribo más adelante, la idea genial de educar generaciones de mexicanos en Estados Unidos para que luego regresaran a gobernar México con un pensamiento proclive al país huésped.

Un tercer carril por el que se ha desplazado el conservadurismo en México es el de la extrema derecha religiosa que condujo a una guerra civil cuando se transitaba por otra: la Revolución de 1910. Esa versión radical ha sido denostada por otros sectores, dentro y fuera del oficialismo, e incluso desde otras derechas. Se le ha condenado de muchas maneras, y en particular desde la narrativa de los gobiernos "revolucionarios", que la usaron para desviar la mirada sobre su propia adaptación hacia la derecha. El conservadurismo religioso y radical ha sido el perfecto pararrayos de un régimen hipócrita que se hizo ver de centro o centroizquierda, como puede verse en el libro *Izquierda*.[21] Uno de los mejores ejemplos de lo anterior es el gobierno de Luis Echeverría Álvarez: mientras abrazaba a la izquierda internacional reprimía los movimientos en casa, al punto de desaparecer guerrilleros, encarcelar luchadores sociales y corromper y ahogar a los partidos de izquierda. Y —tal cual— no sólo Echeverría. Otro caso extremo es el de Gustavo Díaz Ordaz, a quien se ha analizado desde la "punción autoritaria" que derivó en la matanza del 2 de octubre de 1968 pero no como consecuencia de un régimen de derecha radical que antes de apretar el puño contra los estudiantes —las matanzas que se iniciaron en 1968— había trabajado arduamente, desde 1940 aunque en sigilo, para revertir las conquistas sociales y los derechos adquiridos por las luchas desde las aulas, en los movimientos sociales, con los trabajadores y los campesinos en todo el siglo XX.

En México, la izquierda siempre tuvo el gusto de llamarse a sí misma izquierda, pero la derecha nunca se ha asumido como tal, salvo excepciones muy particulares y distanciadas en el tiempo. Ser catalogado "de extrema izquierda" puede ser un cumplido para un militante de izquierda, y ser llamado "de extrema derecha" puede

---

[21] Álvaro Delgado Gómez y Alejandro Páez Varela, *Izquierda. 1923-2023: La terca travesía, op. cit.*, que es complementario a esta obra.

ser lo mismo que una maldición. Las élites intelectuales y académicas más poderosas de las últimas décadas del siglo XX y las dos primeras del XXI trabajaron de la mano de gobiernos neoliberales o neoconservadores —y disfrutaron los privilegios del poder—, al tiempo que se llamaron a sí mismas "liberales", "de centro" e incluso "de izquierda". Nunca se asumieron de derecha, aunque, en los hechos, se robustecieron en ella, por ella y para ella.

Incrustada en la médula de casi todos los gobiernos desde 1810; vinculada o no con las iglesias, y en particular con la Iglesia católica; agrupada en sindicatos patronales, en sociedades laicas y religiosas o en partidos políticos como Acción Nacional; punta de lanza de la ofensiva ideológica de otras naciones, o suelta, en entidades económicas poderosas que trascienden incluso el ámbito local, la derecha ha sido, sin duda, el proyecto político y económico más robusto del México independiente. Y la izquierda, despojada de sus luchas por gobiernos corruptores y simuladores, apenas ha sobrevivido en estos tres siglos, con retoños notables como el gobierno de Lázaro Cárdenas o el de Andrés Manuel López Obrador, pero con todas las fuerzas coordinadas en contra, incluyendo los otros poderes de la Unión —notablemente el Judicial— y al vecino omnipresente: Estados Unidos.

Los abusos de la Iglesia católica y el sentimiento anticlerical que se incrustó en la sociedad mexicana sirvieron al discurso oficial para voltear los ojos del colectivo hacia el radicalismo religioso, al que etiquetaron como "la derecha". El paso del tiempo ha permitido reclasificar estos movimientos, con más claridad, como "extremistas", sí, pero no en automático de derecha. Jean Meyer lo explica bien en su ensayo "La Iglesia católica en México, 1929-1965", publicado en el libro *Conservadurismo y derechas en la historia de México*. Dice que no "nos autoriza" catalogar la Iglesia como de derecha, de izquierda, partida entre derecha(s) e izquierda(s).

Entonces ¿dónde estuvo? Buscaba la famosa "tercera vía", tan ridiculizada por los fascistas, los nazis, los socialistas y los comunistas; probablemente la siga buscando. Experimentó el catolicismo social, la democracia cristiana (el Partido Católico Nacional), la Acción Católica; utilizó al mismo tiempo la UNS [Unión Nacional

Sinarquista] y el PAN, de modo que la ambigüedad ha sido, probablemente, su característica fundamental. Se encuentra en constante mutación, es institución, obra apostólica, celebración, fuente de sacramentos y ritos, organización social, cultura, escuela, universidad… Es oportunista, elitista y plebeya; adapta los medios a unos fines que no cambian. Es Proteo y no logramos amarrarla en la cama de torturas de la ciencia política.

Ese conservadurismo entreverado en la sociedad y en la médula de los gobiernos; acurrucado en la oligarquía y fundamental para la Iglesia; aprovechado por las élites intelectuales, académicas y mediáticas y disfrazado como "centro" e incluso como "izquierda", ha hecho de México una nación generosa con una minoría y tacaña con las mayorías, y lo anterior queda demostrado con indicadores económicos más simples, como el de la pobreza o el de la desigualdad.[22]

EL CARRO COMPLETO

En los días previos al 31 de mayo de 1910, cuando Porfirio Díaz aborda el Ypiranga, muy lejos de Veracruz y de la capital mexicana, los revolucionarios que habían forzado su renuncia celebraban en eventos públicos y fiestas en la frontera entre Ciudad Juárez y El Paso, aunque no pudieron ocultar sus discordancias. El jefe máximo, Francisco I. Madero, se abrazaba del derrotado general porfirista Juan J. Navarro, jefe de las fuerzas federales en Ciudad Juárez, a quien sentó a su lado en la recepción de la victoria que le ofreció, en el lujoso Hotel Sheldon, el alcalde de El Paso. La ciudad texana había servido de guarida, cuartel general y bodega de pertrechos a las fuerzas levantadas en armas.

Pascual Orozco, quien se había lanzado a la toma de Ciudad Juárez desobedeciendo a Madero, odiaba al general Navarro, a cargo

---

[22] Para datos complementarios sobre la evolución de la pobreza, desigualdad y falta de oportunidades en México durante el siglo comprendido entre 1923 y 2023, se recomienda consultar *Izquierda. 1923-2023: La terca travesía, op. cit.*

del ejército que defendió la plaza del lado de la dictadura. Francisco Villa también lo odiaba. Orozco y Villa tenían cuentas pendientes con él y saboreaban el momento de tenerlo en sus manos para juzgarlo por crímenes de guerra. Pero cuando cayó la ciudad, Madero se apresuró a salvar al general con su propio cuerpo. Lo acompañó a la frontera para que se fugara hacia Estados Unidos y antes lo mantuvo en resguardo. Algunos historiadores creen que es allí, en los primeros instantes de la Revolución, cuando Orozco toma la decisión de no acompañar incondicionalmente al hacendado de Coahuila, en quien había creído y por quien se había levantado con un altísimo costo personal y familiar. Pocos años después se confirmaría que tenía razón: el asesino de Madero, Huerta, haría senador a Juan J. Navarro, quien luego se retiraría al caer la dictadura.

La historia personal entre Orozco y Navarro inició el viernes 18 de noviembre de 1910, cuando un grupo de individuos se había reunido en la casa de Albino Frías, suegro de Pascual. Durante los días previos se habían compartido copias arrugadas del Plan de San Luis y las habían leído —casi todos eran protestantes— con la pasión con la que se leen los Evangelios. Los apóstoles de una religión proscrita se aprendieron las proclamas de memoria y ese día, por la noche, a la luz de velas y quinqués, decidieron lanzar el primer ataque de la Revolución maderista. Y será un día antes de lo previsto porque las fuerzas federales estaban alertadas del levantamiento: el manifiesto, fechado el 5 de octubre de 1910 y firmado por Madero, proclamaba "sufragio efectivo, no reelección" y daba hora y día exactos —hasta con cierta inocencia— para el levantamiento. Decía:

> El Gobierno actual, aunque tiene por origen la violencia y el fraude, desde el momento que ha sido tolerado por el pueblo, puede tener para las naciones extranjeras ciertos títulos de legalidad hasta el 30 del mes entrante en que expiran sus poderes; pero como es necesario que el nuevo gobierno dimanado del último fraude, no pueda recibirse ya del poder, o por lo menos se encuentre con la mayor parte de la Nación protestando con las armas en la mano, contra esa usurpación, he designado el domingo 20 del entrante noviembre, para que de las seis de la tarde en adelante, en todas las poblaciones de la República se levanten en armas bajo el siguiente plan.

Los federales se habían preparado para recibirlos en distintos puntos del país y de Chihuahua, pero no podrían cubrirlo todo. Los conspiracionistas de San Isidro adelantaron la fecha por supervivencia y seleccionaron un pueblo cerca, con estación de tren: Miñaca. Y sin proponérselo dejaban asentado que sería una guerra civil sobre rieles; la primera del naciente siglo XX.

Esos primeros ataques armados tuvieron una carga personal para muchos, y en especial para Pascual Orozco. Muy personal. Su primo, Francisco Antiñón, era el jefe político de la dictadura en la región y tenía intereses en ese pueblo; se había beneficiado del despojo de tierras y era parte del abuso contra los pequeños emprendedores. Orozco se lo tomaba personal porque había germinado un deseo de revancha: una clase media sufrida había visto cómo la ambición de unos cuantos les despojaba de paz, dignidad y pan. Porfirio Díaz había concesionado a una élite hasta el transporte de mercaderías y ya era imposible, para Pascual Orozco y su familia, sobrevivir. Los carros llegaban ya cargados a los pueblos: "Carro completo", decían. Y ellos, arrieros de las sierras de Chihuahua, no podían sacar a los caminos ni siquiera sus propios productos porque las familias beneficiadas del porfirismo —entre ellas los Escandón— eran dueñas de las únicas diligencias autorizadas para recorrer los caminos.

"Carro completo" se volverá el sinónimo del abuso de poder. El "carro completo" sería reinstaurado por el PRI, el partido de Estado que mantuvo en un puño al país. Para vergüenza de México y sin reparar en el trasfondo de la frase, el "carro completo" será celebrado durante décadas por el priismo como un logro después de cada elección, aunque su significado fuera la asfixia política.

El "carro completo" es el símbolo de cómo los viejos hábitos de la dictadura no terminaron con ella. Enrique Semo dice, en *Historia mexicana. Economía y lucha de clases*, que durante el porfiriato se produjo un importante desarrollo del capitalismo y se promovía "por una vía acorde con los intereses conservadores de los terratenientes aburguesados, los grandes comerciantes y los monopolios extranjeros". El modelo económico del dictador no sólo produjo desigualdad, sino que llevó al país a endeudarse a niveles imposibles de sostener. Semo da un dato: cuando Porfirio Díaz se subía al Ypiranga, la deuda externa de México llegaba a los mil 26 millones de pesos. Pero los llamados "gobiernos de la Revolución" hicieron lo mismo que Porfirio Díaz: se apalancaron en la deuda para poder funcionar hasta dejar endeudado el futuro de los mexicanos para las décadas por venir.

Y ese es un debate que Enrique Semo asume para sí y contrasta con otros autores: las condiciones de la dictadura que llevan a una Revolución, y la respuesta misma de la Revolución que regresa al país a las condiciones de la dictadura. El porfiriato recibe de la Independencia, la Guerra de Reforma y del Imperio un México liberal, republicano y democrático, y todo eso, dice, "aceleró el desarrollo del capitalismo en el país y permitió que su inserción en el sistema imperialista a partir de la década de los 80, en el siglo XIX, se hiciera en condiciones más favorables". Luego acota: "Muchos de los resultados de la Revolución de 1910 se dejaron sentir lentamente. La mayor parte se materializó sólo 15 o 20 años más tarde. En realidad, sin el periodo de Cárdenas, la historia de la Revolución hubiera sido completamente diferente. Pero este no es un caso único: la gran revolución socialista rusa tardó 11 años en producir sus primeros efectos transformadores importantes en la estructura social y económica".

"El periodo que conocemos como el porfiriato no fue de retroceso o estancamiento. Una vez más se equivoca Octavio Paz cuando sostiene que la 'dictadura de Porfirio Díaz es el regreso al pasado', que 'el porfirismo es heredero del feudalismo colonial' y que 'enmascarado, ataviado con los ropajes del progreso, la ciencia y la legalidad republicana, el pasado vuelve, pero va desprovisto de fecundidad'", sostiene Semo y contraviene: en esas tres décadas, dice, hubo un "desarrollo capitalista notable, una transformación limitada pero ascendente de la economía y la sociedad".

Semo recuerda los signos del progreso porfirista: la red ferroviaria, nuevos sectores en la economía orientados hacia la exportación en la agricultura y la minería; un crecimiento del comercio exterior; auge en la industria de transformación y modernización, en algunas regiones, de la agricultura, los caminos para comercializar las mercaderías del campo, etcétera.

Pero ese desarrollo capitalista no se realiza por una vía revolucionaria, sino por la más reaccionaria de las vías. Los latifundios tradicionales no son abolidos, sino que sirven de base para la eclosión zigzagueante de la producción capitalista. Los peones no son liberados para transformarse en asalariados, sino que sobre sus viejas cargas vienen a sumarse nuevas exigencias de productividad y eficiencia que sólo agravan su situación. La industria nace bajo la égida del capital extranjero, circunscrita a enclaves, con tendencias monopolistas muy marcadas. La Revolución de 1910 es una rebelión contra ese modelo de desarrollo capitalista. Se trata de implantar una reforma agraria que destruya los latifundios y el poder de los terratenientes: crear un capitalismo de Estado capaz de actuar como contrapeso al capitalismo extranjero y promover el desarrollo de la burguesía mexicana: colocar en el poder nuevas capas de la burguesía, interesadas en una vía de desarrollo más revolucionaria del capitalismo en la agricultura y la industria: modificar o restringir el dominio del imperialismo sobre la economía del país.

Y luego, Enrique Semo suelta el balde de agua fría:

La Revolución de 1910 no logró sustituir el desarrollo "desde arriba", por la vía revolucionaria de instauración del capitalismo, pero su resultado fue un híbrido, una amalgama muy peculiar de soluciones revolucionarias y reaccionarias. Este balance de las secuelas positivas de las revoluciones mexicanas de ninguna manera constituye una evaluación de estas. Sólo demuestra que fueron virajes auténticos en la vida de la nación. Se ha insistido mucho —y con razón— en que la continuidad entre el "antes" y el "después" de cada revolución es persistente. ¿Pero qué revolución burguesa no ha conocido en mayor o menor grado la dialéctica entre continuidad y ruptura? ¿Cuál de ellas ha dejado de conciliar con las fuerzas del pasado? Los fracasos y limitaciones de las tres revoluciones son, en última instancia, los fracasos y limitaciones de la burguesía mexicana.

Pascual Orozco no sabía lo que vendría con la Revolución. En ese sentido, la emergencia de corto plazo lo colocaba en una disyuntiva: luchar contra la dictadura o morir. También lo sabían quienes se levantaron con él un día antes de lo estipulado en el Plan de San Luis. El régimen de Porfirio Díaz los tenía acorralados: 91 por ciento de los 13.5 millones de habitantes de México era pobre, 8 por ciento era de la clase media y sólo 1 por ciento estaba en la cumbre, como cuenta Raymond Caballero en *Pascual Orozco, ¿héroe o villano?*[23]

> Entre millones de mexicanos, solamente 700 familias privilegiadas estaban entre las beneficiarias de la riqueza. En el régimen de Díaz, 86 por ciento de los mexicanos eran analfabetos, y la salud pública se deterioró tanto que 50 por ciento de los niños moría en su primer año de vida. Muchas familias numerosas vivían en casas de adobe de un solo cuarto; esas viviendas tenían pisos de tierra y carecían de ventanas, lo que las hacía oscuras, sin ventilación e insalubres. En esas viviendas podían tener como muebles una mesa y nada más. Para vestir se usaban simples trapos. La viruela, la fiebre tifoidea y el sarampión fueron endémicos; la dieta del mexicano estaba basada en maíz y frijol, lo que era equivalente a una nutrición pobre. En muchas haciendas, como en las plantaciones henequeneras de Yucatán, los trabajadores eran encadenados y sufrían azotes; vivían en condiciones muy cercanas a la esclavitud.

Además, 96.6 por ciento de los mexicanos no tenía tierra en una economía fundamentalmente agrícola, y un puñado de 840 hacendados controlaban la superficie productiva en México.

Detalla Caballero:

> Los claramente beneficiarios durante el porfiriato fueron los que pertenecían a la clase política, así como los inversionistas extranjeros. Las políticas del porfiriato abiertamente preferían a una minoría sobre las grandes mayorías; se privilegiaba a los extranjeros sobre los ciudadanos del país y a los europeos sobre las poblaciones indígenas y mestizas. Estas acciones intencionalmente sesgaban la economía y producían enormes disparidades económicas que promovían la acumulación sin límite de capitales a expensas

[23] Raymond Caballero, *Pascual Orozco, ¿héroe o villano?*, México, Siglo XXI Editores, 2019.

de las capas medias y bajas de la sociedad y de esto Chihuahua era un ejemplo. La raza, la casta y la clase determinaron las preferencias. En la milicia, los mestizos tenían las jerarquías bajas, mientras que las castas europeas obtuvieron las posiciones y las concesiones más importantes. Lo mismo sucedió con la justicia: las decisiones favorecían a los prósperos terratenientes por encima de los pobres. Los hacendados eran libres en cuanto al trato de sus trabajadores y tenían a su disposición a los rurales para mantener la seguridad y el control. Las comunidades indígenas tuvieron un final rápido: perdieron sus propiedades y se les negó justicia. Para 1910 más del 9 por ciento de las poblaciones indígenas había perdido sus tierras comunales. El porfiriato atrajo y dio preferencia a los inversionistas extranjeros y a los inmigrantes.

Entre 1877 y 1884 Díaz entregó 40 concesiones ferroviarias, casi todas ellas a firmas extranjeras; para 1911 las empresas estadounidenses habían construido dos terceras partes de más de 25 mil kilómetros de vías ferroviarias.

El académico agrega:

Igualmente, las empresas estadunidenses eran mayoritarias en la operación de la minería y poseían 78 por ciento de las minas, 72 por ciento de las fundidoras, 58 por ciento de la producción petrolera y 68 por ciento del caucho. Empresas de otros países también participaban en la economía y dejaban a los mexicanos como minorías en su propio país. Por ejemplo, los nacionales solamente tenían el 2.6 por ciento de la minería y sólo un 30 por ciento de la inversión total en México.

En los primeros momentos, la Revolución maderista sonó como quien pisa una nuez en un bosque. Entre el 19 y el 20 de noviembre de 1910 hubo derrotas militares notables para los revolucionarios en el resto del país, aunque en Chihuahua los serranos se aferraban a la idea a pesar de las múltiples bajas. Madero se imaginaba entrar a México en hombros desde Texas y no fue así. Había planeado que su tío Catarino Benavides lo recibiera en Ciudad Porfirio Díaz, después Piedras Negras, con armas y cientos de hombres.

Raymond Caballero escribe:

[Pero] a la hora acordada, caminó veinte kilómetros desde un rancho lejano hacia el río, donde sería el encuentro, situado tres kilómetros al norte de Eagle Pass. Cuando Madero y sus pocos hombres cruzaron para encontrarse con Benavides, en lugar de ver a varios cientos de seguidores armados, observaron a Catarino con sólo cuatro hombres y pocas armas. Las fuerzas federales casi arrestan a Madero antes de que cruzara el río a Eagle Pass. Un desalentado Madero continuó hasta San Antonio y luego siguió hacia Nueva Orleans donde permaneció hasta diciembre. Madero dijo a Francisco Vázquez Gómez que la Revolución había fallado y que todo había terminado, a lo que Vázquez Gómez contestó que era muy pronto para decir eso y que aquello era el inicio de la Revolución en Chihuahua.

En esos primeros días de la Revolución, Weetman Dikinson Pearson, empresario porfirista de origen inglés, salió a dar la cara. Estaba en Londres y se apuró a dictarle a un reportero: "Transmite que este asunto estará olvidado en un mes". Lo mismo dijo a la prensa el gobernador Enrique Creel, cinco días después del inicio de hostilidades en la sierra de Chihuahua. Ambos eran parte de las raíces profundas del porfirismo: Pearson y Creel estaban unidos en muchos negocios; el gobernador de Chihuahua incluso estaba en el consejo de administración de la empresa petrolera El Águila, y también estaba Guillermo de Landa y Escandón, político y empresario, gobernador del Distrito Federal y brazo robusto del conservadurismo mexicano: José María Landa Martínez y María Francisca Escandón Garmendia, sus padres, habían defendido a Maximiliano. Landa y Escandón huiría de la Revolución con una fortuna inimaginable: en 1922 —por ejemplo— compró el Castillo de Lickleyhead en Escocia para su hija, quien luego se casaría con William Douglas Arbuthnot-Leslie.

Por fortuna, la Revolución no había fallado, como imaginaba Madero. Pronto se expandieron las noticias de lo que sucedía en Chihuahua y el heredero de Coahuila tomó apresurado un tren rumbo a El Paso para, desde allí, dirigir a los levantados a cargo de

Orozco y Villa. Mantener viva la esperanza había costado la sangre de las primeras familias que veían a Madero como redentor; las que habían guardado el Plan de San Luis y lo leían en voz alta, en reuniones clandestinas, para que todos supieran que había una luz en el horizonte.

Por eso es que, después de la toma de Juárez, para los revolucionarios era difícil ver recién bañado al hijo de un hacendado en un hotel de lujo y junto al alcalde de El Paso. Hubo fuertes reclamos al jefe revolucionario porque la tropa sufría hambres mientras esperaban las decisiones de su Estado Mayor. Lo más difícil, para Orozco y Villa, era verlo abrazado del general porfirista vencido horas antes. En los primeros días, cuando eran apenas un puñado luchando por la libertad, Juan J. Navarro había renunciado al honor. Orozco quería que se hiciera justicia a los ofendidos y humillados, y no podía perdonarlo. Madero, según varios testimonios, lo sabía, y aun así decidió abrazarse del primer militar de alto rango derrotado en combate por la Revolución.

Después de una serie de victorias —en Pedernales, Chihuahua, las fuerzas federales habían sufrido la primera derrota de la Revolución—, Orozco conoció en Cerro Prieto el horror y la deshonra en los ojos del general Navarro. Había enviado un grupo de 240 rebeldes a enfrentar a los federales encabezados por el militar porfirista, a quien acompañaba una fuerza de más de mil efectivos. Los rebeldes fueron derrotados y forzados a la retirada. Pascual decidió ir personalmente al frente de batalla con otro grupo. No pudo.

Caballero cuenta:

> Superado en número, Orozco y sus hombres batieron en retirada, y las fuerzas federales capturaron a veinte rebeldes, incluidos su tío Alberto Orozco, Graciano y Antonio, hijos de Albino Frías, los hermanos Morales y Solís, así como José, hermano de Marcelo Caraveo, todos de San Isidro. Navarro llevó a los hombres al cementerio de Cerro Prieto donde fueron ejecutados sumariamente: los que no estaban heridos fueron fusilados, los heridos fueron muertos a bayonetazos en el abdomen, y algunos quemados vivos.

En *El Rebelde del Norte*, Michael C. Meyer detalla que después de la masacre el régimen porfirista intentó hacer control de daños utilizando su poder sobre los medios de comunicación.

> Uno de los prisioneros ejecutados por Navarro en Cerro Prieto fue Alberto Orozco, tío de Pascual. Después de las ejecuciones en Cerro Prieto se hizo uso del control que Díaz ejercía sobre la prensa. El 15 de diciembre de 1910, el *Mexican Herald* reportó que el general Navarro, cumpliendo sus órdenes, no había tomado prisioneros; "las bayonetas terminaron el trabajo de las balas". Al día siguiente el *Herald* se retractó de sus declaraciones en un editorial: "No puede haber garantía para la declaración de que a los prisioneros se les mata a sangre fría o se les balacea".[24]

Así fue como, menos de 20 días antes de que Porfirio Díaz tomara el Ypiranga, el 13 de mayo de 1911 y con Ciudad Juárez como capital provisional del país, Madero enfrentó la primera revuelta de su liderazgo. Orozco, acompañado de Villa, interrumpió una reunión del gabinete provisional en la Casa de Aduanas y exigió, entre otras cosas, que el general Navarro fuera juzgado como criminal de guerra. Meyer dice que salieron a relucir las armas y otros historiadores afirman que Orozco apuntó la suya al pecho del presidente provisional y líder de la Revolución.

Díaz seguía en México cuando ese primer escándalo subió a la portada del *New York Times*, que daba seguimiento diario al levantamiento armado. "Orozco arresta a Madero en disputa por el gabinete", cabeceó.[25] Otra nota desde la capital mexicana reseñaba, también en la portada del *Times*, que Díaz había aceptado dejar el poder.

El encontronazo era previsible. Antes de que Madero y Orozco tuvieran ese desencuentro se había dado otro por la toma de Juárez. El jefe de la Revolución no quería acción militar porque aspiraba a una transición sin sangre; Orozco y Villa se adelantaron porque la tropa estaba desesperada y con hambre y porque querían verle

---

[24] Michael C. Meyer, *El rebelde del norte: Pascual Orozco y la Revolución*, México, UNAM-IIH, 1984.

[25] Archivo histórico del *New York Times*, edición 19,468, 14 de mayo de 1911.

la cara de derrota al general Navarro. Pero cuando tomaron la plaza, Madero se acercó a los federales derrotados y los felicitó por su valentía porque, agrega la misma nota del *Times* más adelante, quería "agradar con su humanismo" a los estadounidenses y además enviar el mensaje de que todos los militares que se rindieran serían recibidos en un nuevo ejército que estaba prefigurando.

Y además, Madero dejó a Orozco fuera de su gabinete provisional. Suficiente. El serrano estalló.

—Usted es un inútil, incapaz de alimentar a la gente. ¿Cómo puede usted ser presidente? Es un mentiroso; mintió cuando dijo que sus hermanos gastaron recursos en la Revolución, cuando ellos no han gastado un solo centavo —le gritó Orozco mientras Madero se subía a su auto. Le apuntaba con la pistola al pecho.

—Aquí estoy, mátame si quieres —respondió Madero.

Luego vio hacia la multitud que se congregaba y gritó a la tropa:

—¿Quién declaró la Revolución? ¿No fui yo? ¿No la he sostenido yo con mi vida y mi fortuna? Si es así, ¿no soy el jefe?

En el jaloneo, ya en el edificio de la Aduana (adonde sesionaría el primer gabinete), Madero reconoció a Villa. "¿Tú también?", le dijo. Villa después diría que él no estuvo al tanto de la decisión de Orozco de derrocar al jefe de la Revolución y arrestar al gabinete. Pensó, dijo, que sólo irían a demandar la cabeza de Navarro. Los ánimos se tranquilizaron cuando Orozco se dio cuenta de que la tropa, que antes lo había vitoreado, estaba del lado de Madero. Pero el escándalo fue informado puntualmente al gobierno federal, es decir, a Díaz. Con el tiempo se sabría que los dos enviados a negociar tenían la misión de infiltrar el movimiento revolucionario.

Michael C. Meyer cuenta:

Si los relatos de lo que ocurrió entre Orozco y Madero difieren, las que se ha sugerido como razones de la "insubordinación" de Orozco, varían aún más. Sin duda, obró sobre el general una combinación de factores. Es probable que haya sufrido un desencanto al no recibir un puesto en el gabinete provisional pero su ascenso del anonimato a la prominencia nacional había sido demasiado rápido. Y tal como a veces el fracaso conduce a rebajar el nivel de las aspiraciones, su éxito lo había hecho elevar las suyas. Su falta de preparación académica para un puesto de gabinete debe haberle parecido a Orozco menos importante que el respeto y la adulación de las masas. Además, hay poca duda de que Orozco estaba conmovido por la situación de sus hombres. Finalmente, la evidencia sugiere que personas interesadas en dividir las fuerzas de la Revolución se aprovecharon del descontento de Orozco y lo animaron a tomar la actitud que tomó. Estas personas eran los emisarios de paz de Porfirio Díaz: Toribio Esquivel Obregón y Óscar Braniff, quienes se encontraban en Ciudad Juárez en esos días y con frecuencia han sido señalados como los culpables. En sus memorias, Esquivel Obregón dice que él habló con Orozco una vez por teléfono y personalmente tres veces en el tiempo transcurrido entre la toma de la ciudad y el incidente con Madero.

Madero, quien se imaginaba que los dos representantes del gobierno federal estaban detrás del asunto, dijo a la prensa que "Orozco, excitado por la victoria y por los malos consejos de personas interesadas en causar desunión entre nosotros, cometió un error que afortunadamente no tuvo consecuencias". El conflicto en la evidencia sobre el papel de los representantes no oficiales del gobierno federal en la insubordinación de Orozco impide una determinación positiva. El gobierno federal, desde luego, fue avisado inmediatamente del incidente. Aunque el gobierno no hubiera instigado el asunto, debe haber estado complacido con los primeros informes; si la reconciliación no hubiera sido pronta, la causa de la Revolución hubiera sufrido, sin duda alguna, un severo retraso.

La Historia pega en paredes curvas, con rebotes inciertos. Pero en esta historia hay poco margen para las casualidades.

Toribio Esquivel Obregón era un abogado conservador que, sin embargo, pasaba por liberal. Militante del Partido Nacional Antirreeleccionista de Madero, después de participar en las negociaciones de Ciudad Juárez reapareció como secretario de Hacienda en el gabinete de Victoriano Huerta. Depuesto el golpista, Esquivel se va al exilio hasta 1924, cuando volvió a México para dar clases en la Escuela Libre de Derecho. En 1939, con Lázaro Cárdenas del Río como presidente y en medio de la algarabía popular por la expropiación petrolera, Esquivel Obregón se reincorporará en la práctica política, ahora como fundador del Partido Acción Nacional, la fuerza de derechas que cruza hasta el siglo XXI como aliado de otro dictador de muchos rostros: el Revolucionario Institucional.

Óscar Braniff, por su parte, era la cabeza de una familia que se había vuelto inmensamente rica en los años de Porfirio Díaz. De hecho, no eran dos enviados a las pláticas con Madero sino uno, porque Esquivel Obregón era entonces un operador de Braniff, es decir, era su subordinado. Como todos los oligarcas del momento, la familia Braniff tenía una conexión directa con José Yves Limantour Marquet, el secretario de Hacienda de la dictadura, quien lo envió a Ciudad Juárez acompañado de Toribio Esquivel. Para ellos, Pascual Orozco era apenas una pieza manipulable.

La falta de pericia o cálculo político, o de plano su inocencia, arrastró a Orozco —a quien en algún momento Emiliano Zapata invitó a acaudillar la Revolución— a su muerte. Política y física. La vorágine conservadora detrás del golpe de Huerta contra Madero lo engulló completo. Se dejó manipular por la oligarquía de Chihuahua (en particular por Luis Terrazas) y por el presidente Huerta y luego, cuando todo se le vino abajo, les dio la espalda a los constitucionalistas y se fue al exilio en El Paso, Texas, donde planeaba un regreso armado a México. Se vio involucrado en una intriga internacional y luego fue asesinado y su cuerpo mancillado por rancheros texanos. Fue un final amargo para un hombre que se había lanzado a las armas porque estaba realmente convencido de que la guerra civil sería necesaria, por el bien de la República.

La siguiente etapa de la Revolución se inició con el derrocamiento de Huerta y la llegada de Venustiano Carranza a la presidencia. Pero Carranza no supo o no quiso alinear sus intereses con Francisco Villa y con Emiliano Zapata, y la inestabilidad política y la agitación social aceleraron desenlaces violentos y la quiebra, básicamente, del país. Michael C. Meyer cuenta en ese mismo texto que hacia marzo de 1915 la Revolución

> prácticamente había consumido los escasos y mal organizados recursos financieros de México. Los mexicanos habían estado luchando durante cuatro años y medio, miles de ellos habían

perdido la vida supuestamente por un ideal; pero el país y la gente se encontraban en peores condiciones de las que habían estado en 1910. Bajo Díaz había habido paz y estabilidad —aunque a expensas de la libertad personal— pero en 1915 no había ni paz ni estabilidad. Aún dentro de la definición estrecha de patriotismo, había lugar para pensar que cualquier medida drástica sería justificable. Solamente si todas las divididas facciones eran subyugadas por una embestida arrolladora proveniente del norte, podría la paz retornar a México. Cuatro años y medio de lucha constante parecían indicar que tal paz no sería otra paz sin justicia social. No se consideraba la posibilidad de que la nueva revolución pudiera dividirse en dos facciones.

Mientras las fuerzas revolucionarias se acercaban y distanciaban, el conservadurismo no perdió tiempo. Félix Díaz, sobrino del dictador derrocado, preparaba desde Nueva Orleáns una conspiración contra Carranza. Fuerzas políticas y militares alineadas a la derecha se congregaron a lo largo de la frontera, del lado estadounidense, intentando un reagrupamiento y reuniendo armas para una retoma violenta del poder. Era una contrarrevolución conservadora que encontró en Victoriano Huerta una figura de renombre que le diera cohesión.

Meyer detalla:

Huerta y su familia habían salido de México el 20 de julio de 1914, y después de breves estancias en Jamaica e Inglaterra habían establecido su residencia permanente en Barcelona. A fines de marzo de 1915, el expresidente fue visitado por Enrique Creel, enviado por los líderes revolucionarios de San Antonio con el expreso propósito de informar a Huerta de sus planes y, de ser posible, obtener su apoyo. A su vez, el expresidente había estado considerando su regreso a México, y el benefactor en potencia de su rehabilitación política era el Káiser Wilhelm II. Huerta había cultivado una estrecha relación con el Káiser durante el tiempo que fue presidente. Después que estalló la revuelta constitucionalista y la hostilidad de los Estados Unidos se empezó a manifestar, Alemania había sido una valiosa proveedora de armas para el gobierno federal; en verdad, un gran embarque de armas alemanas en abril de 1914 había sido uno de los motivos de la ocupación militar de Veracruz por los Estados Unidos.

Ese barco repleto de armas era el Dresden, antes conocido como Ypiranga.

A mediados de abril de 1915 Huerta entró a Nueva York desde España a pesar de las protestas oficiales de los representantes de México en Washington. Entrevistado por la prensa, el expresidente negó planear su traslado a suelo mexicano y dijo que estaba en un viaje personal que incluía varias ciudades. Nadie podía creerle, por supuesto: al mismo tiempo se reunía con representantes y diplomáticos alemanes, que soñaban con la idea de establecer una base de apoyo militar en México. Orozco viajó en mayo a Nueva York y al mismo tiempo Huerta recibió 895 mil dólares en distintas cuentas bancarias y la promesa de Alemania de otros 12 millones de dólares. La contrarrevolución tenía fecha: 28 de junio de 1915. Pero era una que no convenía a Estados Unidos, que tenía suficiente información como para sospechar de las verdaderas intenciones de los alemanes.

El episodio termina con el arresto de Orozco y Huerta cerca de El Paso, Texas; fueron encerrados por violar las leyes de neutralidad. El levantamiento fue conjurado. Pascual se fugó y luego fue abatido por rancheros en la zona conocida como Big Bend. Victoriano murió poco después a consecuencia de los padecimientos de su profundo alcoholismo. Meyer concluye:

> La muerte de Orozco y el encarcelamiento de Huerta pusieron fin a un movimiento significativo y bien planeado que bien pudo haber alterado el curso de la Revolución. Sólo podríamos especular sobre el triunfo o el fracaso del movimiento, si no hubiera sido frustrado a última hora, pero es posible que la llegada de Orozco y Huerta al territorio mexicano hubiera sido aclamada con simpatía y hallado considerable apoyo. A pesar de sus muchos errores, Orozco aún era muy popular en el norte de México, y Huerta no era universalmente considerado como el villano que apuntó a Madero con una pistola. Con el ilimitado respaldo financiero

de que gozaban, y divididas como estaban las diferentes facciones revolucionarias dentro de México, la conspiración de Orozco y Huerta tenía sus posibilidades [...] La muerte de Pascual Orozco puso fin a una significativa y memorable carrera, pero no a una época en la historia mexicana: la guerra civil continuó.

Capítulo 2

Poderoso caballero es don Dinero

El fabuloso señor Braniff

Óscar Braniff lleva a un pasado inmediato; a los años posteriores a la Independencia, marcados por la inestabilidad política, el atraso y la rapiña; cuando la ambición de los grupos conservadores en México lleva de una guerra a otra, de una república a un imperio, el Segundo Imperio: el de Maximiliano de Habsburgo.

Braniff, quien secretamente hablaba con Pascual Orozco, era un agente doble, triple: representaba los intereses de Porfirio Díaz, de Limantour Marquet y también los suyos o, más preciso aún, los del imperio económico iniciado por su padre, un aventurero que encontró oro en California y luego encontró más: una nación, la mexicana, donde la desigualdad y la deshonestidad abrían oportunidades para los más ambiciosos.

Óscar Braniff lleva a su padre: Thomas Braniff. Y lleva a los días finales del Imperio que son, también, los momentos finales de la vida de Maximiliano de Habsburgo. Lleva a un viaje sin retorno en otro barco: el vapor-correo Impératrice-Eugénie.

Fernando del Paso cuenta en *Noticias del Imperio*:

Dos días antes de partir, el 7 de julio [de 1866], Carlota se ciñó por última vez en México la diadema imperial al asistir a un *tedeum* cantado en la catedral en ocasión del onomástico de Maximiliano. Después de la ceremonia, la señora Pacheco pidió permiso para

65

abrazarla, y lo mismo hicieron otras de sus damas, con lágrimas en los ojos. Como parte del dinero para el viaje, según dice Émile Ollivier, Carlota dispuso de sesenta mil piastras del fondo destinado a proteger a la Ciudad de México contra las inundaciones. El 9 de julio de 1866, muy de mañana, partió la emperatriz. Llovía, y algunos caminos estaban intransitables. Maximiliano la acompañó hasta Ayotla, una pequeña población situada en el camino a Puebla en una de las estribaciones de la Sierra Nevada, y conocida entonces por la dulzura de sus naranjas. Allí, y quizá a la sombra de los naranjos, Maximiliano besó por última vez a Carlota: nunca más volverían a verse.[1]

En el cortejo para ese viaje a Veracruz iba, discreto, un individuo en el que pocos reparan. Es Thomas Braniff, cazafortunas y simpatizante del Imperio. Iba en secreto. De hecho, los biógrafos de María Carlota Amelia Augusta Victoria Clementina Leopoldina de Sajonia-Coburgo-Gotha (como era su nombre de nacimiento) no lo consignan, salvo menciones que van directamente a Percy F. Martin, narrador y viajero, quien escribe *Mexico of the Twentieth Century*.[2] En ese libro detalla un episodio del empresario de origen irlandés y nacido en Estados Unidos.

"El señor Braniff —cuenta— se reunió con el presidente de la República, su cercano y valioso amigo de muchos años, y al saludarlo como 'señor presidente', el general Porfirio Díaz, con su ingenio y buena naturaleza, respondió: 'Ahora me pregunto, señor Braniff: Después de todo, ¿quién es más presidente, usted o yo?'".

Es justamente Percy F. Martin el que detalla las simpatías del aventurero estadounidense con el Imperio: "Fue el señor Thomas Braniff quien, conduciendo él mismo en un coche de dos plazas, con un pasaporte extendido a su nombre en su calidad de Superintendente de Construcción del ferrocarril mexicano, transportó en secreto a la emperatriz Carlota de Córdoba a Veracruz, temprano en el año 1867 [*sic*], al partir de México en su funesto viaje a Europa, destinada, ¡pobre mujer!, a no volver jamás".

[1] Fernando del Paso, *Noticias del Imperio*, México, Mondadori, 1987.
[2] Percy F. Martin, *Mexico of the Twentieth Century*, Percy Falcker, 1907.

Thomas Braniff nació en Staten Island, Nueva York, en 1830. A los 20 años decidió probar su suerte en la fiebre del oro de California y allá conoció a un ingeniero de apellido Meggins, que lo convenció de involucrarse en el naciente negocio de los ferrocarriles. Pronto viajaron a Perú y Chile, donde participaron en la construcción de las primeras vías de tren, y luego la suerte lo empujó a México: en 1865 Braniff recibió la propuesta de trabajar en la construcción de la vía Veracruz-México. La primera concesión fue otorgada desde 1837 y 20 años después, dado que no avanzaba a los ritmos requeridos por la inestabilidad de esos primeros gobiernos independientes —el presidente era Anastasio Bustamante—, en 1857 se dio el encargo a los hermanos Manuel y Antonio Escandón, cuya compañía quedó atrapada entre el gobierno de Benito Juárez y la invasión francesa.

Se puede estimar que Braniff llegó a México a finales de 1864 o principios de 1865, según las referencias que existen. Hay registro de que, para febrero de este último año, ya trabajaba bajo las órdenes de William Lloyd, ingeniero jefe de la Smith Knight and Company, subcontratada por los Escandón para cumplir con lo encomendado por el gobierno. Para mayo, las cosas marchaban aún mejor y había, como el mismo Braniff, cerca de mil extranjeros bien pagados en la obra.

Thomas Braniff tenía 35 años cuando inició su primer gran negocio en México: el contrabando. La empresa constructora había conseguido un permiso del gobierno para importar, sin aranceles, artículos no suntuosos y de primera necesidad para sus contratistas, y eso fue aprovechado por Thomas y por otros directivos para establecer una ruta de fayuca que amparaban en un decreto de 1865 que otorgaba facilidades limitadas. María del Carmen Collado registra en su libro *La burguesía mexicana. El emporio Braniff y su participación política, 1865-1920* cómo el negocio irregular es detectado por la Secretaría de Hacienda. Hay varios oficios donde se detalla la existencia de una red de tiendas de distribución en varios estados del país, pero no queda claro si el contrabando fue detenido o por cuánto tiempo continuó. A finales del año, según los oficios, todavía era un negocio en litigio.[3]

---

[3] María del Carmen Collado, *La burguesía mexicana. El emporio Braniff y su participación política, 1865-1920*, México, Siglo XXI Editores, 1987.

Braniff pisó México en medio del Segundo Imperio y acompañó a la emperatriz Carlota de Orizaba al puerto de Veracruz porque esos caminos los conocía bien y porque algunos tramos estaban bajo su observancia, debido a que por esa región cruzaba la vía de tren que construía. Fusilado Maximiliano y con la República Restaurada, Benito Juárez decidió continuar con las obras y entregó una nueva concesión de ferrocarriles que beneficiaron el entorno del estadounidense. El brinco que dio la fortuna de Braniff en esos años fue, simplemente, espectacular. El aventurero que venía de Perú y Chile se vuelve socio de una compañía poderosa, metida en una industria que el gobierno mexicano consideraba estratégica para la modernización del país.

En 1866 quebró Smith Knight and Company, la empresa que lo contrató. Uno de los socios, George B. Crawley, tomó el contrato gubernamental y Thomas creció en la naciente empresa: para 1869 ya era el ingeniero constructor y en 1873, un año después de la muerte de Benito Juárez, Sebastián Lerdo de Tejada inaugura el ferrocarril México-Veracruz, que habrá de empujar al país hacia una nueva era. Para entonces, el estadounidense es parte de la comitiva presidencial del viaje inaugural.

El país está por dar dos vueltas en el aire y sin malla de protección, pero Thomas Braniff no se preocupa: en la turbulencia ha amasado una de las más formidables fortunas de su tiempo. Y los mejores años se abrían paso a velocidad de tren: Porfirio Díaz preparaba el asalto al poder.

Díaz inició su mandato en 1877 con un primer periodo. Luego facilitó el ascenso de su compadre Manuel González en 1880, y una vez que lo tuvo en la presidencia le impuso una agresiva agenda de grandes obras de infraestructura. González inició el Ferrocarril Central Mexicano y la línea Ciudad de México-Paso del Norte; impulsó los telégrafos y una ruta marítima Veracruz-Tampico-Brownsville. Incluso en su periodo nació el Banco Nacional de México (Citibanamex, un siglo y medio después). Los planes de Díaz se hicieron notar cuando aspiró a volver al poder: la prensa que él mismo había ayudado y alimentado con dinero público inició una campaña difamatoria contra González para evitar que se quedara más tiempo que el establecido para su mandato. El dictador oaxaqueño regresó con aclamaciones. Mientras, el presidente, su compadre, se fue entre escándalos familiares, algunos ciertos aunque menores, y otros inventados.

Porfirio Díaz inició su segundo periodo en 1884 y ya no dejaría la presidencia de México hasta meses después de estallar la Revolución de 1910. Duró, como *hombre fuerte*, más tres décadas. Desde el arranque no perdió tiempo: mientras creaba un culto a su personalidad, aplastó a los periodistas independientes y creó una prensa incondicional y corrupta; tomó el Congreso y las jefaturas políticas de los estados —gobernadores, alcaldes— con sus propios hombres; conjuró cualquier síntoma de disidencia y con ayuda de sus incondicionales en todos los rincones del país escuchaba con atención, preveía y reprimía a tiempo. Y fue creando redes empresariales a las que no dudaba en pedirles favores y de las que obtenía ganancias económicas. Y Thomas Braniff se volvió, claro, uno de los empresarios favoritos.

María del Carmen Collado detalla:

La nueva burguesía fue, sin duda, uno de los principales sostenes del gobierno de Díaz. Tomó parte activa en la política y apoyó decididamente al hombre que le daba toda clase de facilidades y garantías a sus inversiones. Cada vez que se preparaba una nueva reelección, la clase económica dominante daba su apoyo al Presidente. Thomas Braniff, como miembro de esa clase social y como presidente del Banco de Londres y México, se unió a los adinerados empresarios, banqueros y comerciantes que respaldaron a Díaz para su quinta reelección. En esa ocasión Braniff, junto con Rafael Ortiz de la Huerta (presidente del Banco Nacional), José de Teresa Miranda (del Banco Internacional Hipotecario) y Joaquín D. Casasús (director del Banco Central) crearon una comisión directiva encargada de organizar las manifestaciones públicas de apoyo a Díaz en [la reelección de] 1900. Aunque Thomas nunca ostentó cargo oficial, su hábil participación en la política hizo que el presidente siempre lo tuviera en cuenta.

Antes, la autora sostiene:

El régimen político-económico implantado por Porfirio Díaz fue propicio para el desarrollo del capitalismo y para la atracción de capitales extranjeros. Fue durante este régimen cuando Thomas Braniff formó y consolidó su gran fortuna y, con el tiempo, se convirtió en uno de los empresarios más importantes. A su vez, la familia que procreó en México llegó a ser uno de los múltiples sostenes del régimen, al igual que tantas otras familias de la burguesía porfirista.

La oligarquía y la clase política se fusionaron, pues, garantizando el control de Porfirio Díaz sobre la población y otorgándose gobernabilidad y márgenes amplios de maniobra. Jorge Braniff, hijo mayor de Thomas, fue funcionario del Ayuntamiento del Distrito Federal junto con otros miembros de la misma clase empresarial. El régimen de opresión, profundamente antidemocrático, compró y creó élites y poderes de facto: los medios, los intelectuales, los empresarios y los poderes de la Unión (Judicial y Legislativo) servían a sus propósitos. No es casualidad que los hermanos Flores Magón se iniciaran con un semanario dedicado a tratar los problemas de la gente de a pie en juzgados y tribunales: la justicia estaba negada para las mayorías, mientras que las élites tenían siempre el favor de los juzgadores.[4]

El régimen porfirista conoció, de manera temprana, el valor de corromper medios de comunicación para que le ayudaran a mantener la imagen de "modernizador". El equipo de logística del dictador viajaba con columnas, arcos y monumentos falsos con los que "se embellecían" los pueblos y ciudades que visitaba. Los embellecían para las fotos, por supuesto. Luego se desmontaba el escenario para el siguiente destino. Porfirio Díaz mantuvo este teatro durante gran parte de su mandato, pero sobre todo en la última década.

Los gobiernos del siglo XX y el inicio del XXI repitieron exactamente las mismas prácticas. Díaz viajaba, como Luis Echeverría (1970-1976), Vicente Fox Quesada (2000-2006) o Enrique Peña Nieto (2012-2018) —por citar—, con gastos pagados para reporteros

---

4 *Regeneración*, de los hermanos Flores Magón, apareció el 7 de agosto de 1900 con el lema "Periódico Jurídico Independiente". Jesús Flores Magón y Antonio Horcasitas eran los editores y Ricardo Flores Magón el administrador. A finales de ese año cambió el lema por el de "Periódico independiente de combate".

de los grandes medios, que se prestaban a publicar la "cara bonita del desarrollo". En 1909 Díaz visitó Ciudad Juárez para entrevistarse con el presidente William Howard Taft, de Estados Unidos. Decenas de columnas imperiales adornaban su paso hacia el puente internacional. Luego se desmontaron cuidadosamente porque eran escenografía. Lo mismo sucedió cuando visitó Guanajuato, Mérida, Guadalajara, etcétera.

Gerardo Martínez Delgado y Manuel Almazán documentan lo anterior en su trabajo "Porfirio Díaz se va de gira. Propaganda, producción y circulación fotográfica en el ocaso del régimen: Guanajuato en 1903".[5] En octubre de ese año Guanajuato "vivió un acontecimiento festivo de gran impacto social y mediático: dos jornadas de 'suntuosas fiestas' que congregaron multitudes en las calles para recibir al presidente Porfirio Díaz. [En] Esos días se inauguraron el Palacio Legislativo, el Monumento de la Paz, la estatua a Miguel Hidalgo, una planta eléctrica y el teatro Juárez, un conjunto de obras emblemáticas para el sello urbano que trataba de dar el régimen a la ciudad", cuentan. El evento tuvo una cobertura mediática generosa, con innumerables fotos. Un siglo antes de que nacieran las redes sociales, el dictador daba lecciones de cómo usar los medios disponibles para mantener el engaño de un gobierno depredador disfrazado de popular. La fiesta la disfrutaba un puñado, pero aunque la pagaban las mayorías, se hacía ver como que era para todos.

Los autores dicen:

No se reparó en gastos para construir arcos del triunfo, iluminar calles, edificios y cerros, para las tribunas especiales en la Presa de la Olla, los honores militares ni los banquetes. *El Imparcial* calculó que los gastos ejercidos ascendieron a cerca de 500 mil pesos. ¿Qué tanto dinero era? Ese año el gobierno de Guanajuato dedicó 138 mil pesos a las obras públicas de todo el estado, y para entonces el presupuesto anual de todo el estado de Aguascalientes era inferior al destinado para el festejo presidencial. *El Mundo Ilustrado*

---

[5] Gerardo Martínez Delgado y Manuel Almazán, "Porfirio Díaz se va de gira. Propaganda, producción y circulación fotográfica en el ocaso del régimen", *Secuencia. Revista de historia y ciencias sociales*, 2019.

se deleitó: "Diremos que pocas veces —si no es que ninguna— se habrá hecho en el país un derroche que supere al de galantería y esplendidez hecho en esta ocasión por Guanajuato". El semanario tenía razón, es difícil encontrar algún antecedente de "derroche" y una visita presidencial a un estado del país tan vistosa como la que entonces ocurrió en Guanajuato.

No contamos aún con una relación exhaustiva de las giras y/o viajes de Porfirio Díaz por el país, pero al final del siglo XIX había hecho al menos cuatro importantes. La primera fue en enero de 1896, para inspeccionar trabajos del ferrocarril de Tehuantepec. En diciembre del mismo año se reunió en Guadalajara con la élite regional. En 1898 emprendió un viaje ambicioso para visitar Tampico y San Luis Potosí, y en otra ocasión estuvo en Monterrey. Como siempre, aprovechó para ser saludado y celebrado por miles de personas en las estaciones por las que pasó. De ambas giras hubo algunas fotografías en *El Mundo Ilustrado*, pero ninguna en que apareciera el presidente en actividad, lo que revela la menor disponibilidad económica y las mayores dificultades técnicas que existían para el traslado de reporteros, equipo, negativos y para la reproducción de imágenes.

Los invitados especiales eran muchos, siempre. Se les transportaba, atendía y hospedaba con gasto al erario, por supuesto. Eran "la crema de la crema" de la sociedad —incluyendo a los representantes de los medios—: los rostros visibles de las élites que ayudaban a mantener un régimen opresor. Para esa ocasión, de acuerdo con los testimonios recabados por los dos investigadores, estuvieron en Guanajuato Ignacio de la Torre, Pablo Escandón, Antonio Rivas Mercado, Roberto Gayol, Eduardo Liceaga, José Porrúa y Amado Nervo. Y, claro, estuvieron Thomas Braniff y su hijo Óscar, quienes se habían convertido en una de las familias más ricas de México y, quizá, de América Latina.

La burguesía de la época, como sucedería durante el siglo XX y parte del XXI con los gobiernos del PRI y el PAN, se benefició de las oportunidades, de créditos blandos, de condonaciones de impuestos y de concesiones del Estado para participar prácticamente en todos los sectores económicos sin necesidad de demostrar dominio o experiencia. El modelo que creó la riqueza de los Braniff fue replicado durante el neoliberalismo, un siglo después, por Carlos Salinas de Gortari y los presidentes subsecuentes. Como la fortuna de los Braniff crecieron las de Carlos Slim Helú, Roberto Hernández, Claudio X. González, Alberto Baillères González, Ricardo Salinas Pliego, Germán Larrea y otros, que consolidaron su poder económico en una generación, participando en todas las ramas de la economía, muchas veces por encima del beneficio público. Y tuvieron siempre privilegios extraordinarios, como no pagar impuestos: de acuerdo con el presidente Andrés Manuel López Obrador, sólo en los sexenios de Felipe Calderón y Enrique Peña Nieto los grandes contribuyentes "se beneficiaron con condonaciones por 366 mil 174 millones de pesos y sólo 58 de ellos, de mil millones a más, dejaron de pagar 189 mil 18 millones de pesos".[6]

López Obrador afirma, en 2021, que los gobiernos del neoliberalismo metieron a las élites intelectuales, mediáticas y académicas "hasta la cocina" para beneficiarlas del presupuesto público y mantenerlas de su lado. Como Porfirio Díaz.

El dirigente de izquierda escribe en *A la mitad del camino*:

Un ejemplo claro fue la eliminación de 187 fideicomisos, instrumentos que se fueron constituyendo para otorgar concesiones a grupos de intereses creados, tanto empresariales como académicos y del ámbito de los intelectuales defensores del régimen de corrupción y privilegios. Es un hecho demostrable que con becas, financiamiento para estudios y otros mecanismos se cooptaba a quienes defendían el pensamiento oficial. El Consejo Nacional de Ciencia y Tecnología (Conacyt), por ejemplo, entregaba dinero a investigadores deshonestos, a empresas (que en el sexenio anterior recibieron casi 30 mil millones de pesos) y a organizaciones de la llamada sociedad civil que nunca han creado algo en beneficio del interés general. Una buena cantidad de los recursos públicos manejados por el Conacyt durante el neoliberalismo (casi mil millones de pesos durante la administración pasada) terminó

[6] Andrés Manuel López Obrador, *A la mitad del camino*, México, Planeta, 2021.

siendo utilizada para realizar construcciones faraónicas sin función económica o social alguna, sólo para beneficio de funcionarios, seudocientíficos y contratistas que edificaron estos elefantes blancos que han quedado como símbolos de corrupción de la época de la llevada y traída "innovación tecnológica".

Posteriormente, López Obrador explica cómo los grandes capitales se metieron, durante los primeros años del siglo XXI, hasta en el negocio de las cárceles. Narra que encargó en 2020 a la secretaria de Seguridad y Protección Ciudadana, Rosa Icela Rodríguez, un estudio de los ocho contratos de prestación de servicios (CPS) de ocho centros penitenciarios federales suscritos en 2010 durante el gobierno de Felipe Calderón, cuando Genaro García Luna, encontrado culpable de narcotráfico por una corte de Estados Unidos, era titular de Seguridad Pública.

> Tras jalar varias cuerdas y pegar un par de gritos, la secretaria de Seguridad obtuvo la información [...] La investigación interna sobre este negocio millonario duró varios días y noches, hasta que se culminó en un resumen ejecutivo con los antecedentes del caso, el número de personas privadas de la libertad que el Gobierno Federal tiene que mantener en cada penal, el monto de los recursos pagados durante estos años a los contratistas, el costo total pendiente por erogar proyectado a 20 o 22 años y las cláusulas leoninas de los contratos.

En resumen, los ocho reclusorios privatizados representaban 288 mil millones de pesos que el gobierno federal debía pagar en al menos 20 años de prestación de servicios de las empresas particulares y al finalizar el periodo de vigencia de los contratos "las edificaciones, en lugar de volverse parte de los bienes del Gobierno, seguirían en manos de los privados". Entre los beneficiarios estaban desde un familiar de un expresidente hasta dueños de los grandes medios de comunicación: Hipólito Gerard Rivero, excuñado de Carlos Salinas de Gortari; Olegario Vázquez Aldir, dueño una red de hospitales y de cadenas de radio; Marco Antonio Slim Domit, hijo de Carlos Slim Helú, entre otros.

Thomas Braniff, como los magnates de un siglo y medio después, tuvo acceso a negocios en las comunicaciones, la banca, la minería, la energía, el comercio, la industria, las fábricas de hilados y tejidos (o de las que fuera) y hasta en las haciendas, la base de la explotación del campesinado, que era mayoría en un México básicamente rural. Mucha de esta última inversión, como lo hizo en zonas urbanas, fue para especulación inmobiliaria. Aunque él no quiso comprar haciendas, sí lo hizo su esposa Lorenza, como cuenta María del Carmen Collado: "En diciembre de 1904, unos meses antes de que muriera su esposo, compró las haciendas de Jaltipa y sus anexas de Tlatelpan, San Juan Atampa, rancho de Rivero o de Buenavista, las del Sabino, Almaraz y La Corregidora en el distrito de Cuautitlán, en el Estado de México".

Braniff se hizo socio del Banco de Londres, México y Sudamérica, fundado el 1º de agosto de 1864, con Maximiliano como emperador. En 1865 se convirtió en la primera institución crediticia y financiera en expedir billetes en México, y 130 años después se volvió un dolor de cabeza para los mexicanos. La Historia rebota y, a veces, no da oportunidades al azar: después de varias vueltas en el pastel accionario, en 1982 pertenecía —ya como Banco Serfin— al empresario regiomontano Eugenio Garza Lagüera cuando el presidente José López Portillo lo nacionalizó. Carlos Salinas lo entregó en 1992 a otro clan familiar de Monterrey, encabezado por Adrián Sada González, quien lo convirtió en un hoyo negro por la pésima administración y los vaivenes financieros del país. Para "salvar al sistema financiero", durante la década de los 1990 requirió gigantescas inyecciones de recursos públicos. Fue uno de los grandes beneficiarios del rescate ordenado por Ernesto Zedillo Ponce de León (presidente de 1994 a 2000), con un alto costo para las familias: los contribuyentes mexicanos pagarán el rescate de los más ricos en dos o tres generaciones, al menos hasta finales del siglo XXI.

La revista *Expansión*, especializada en negocios, explica:

Ningún otro banco [mexicano] gozó de tanto respaldo oficial, a juzgar por las acciones y los montos destinados por las autoridades. Entre 1995 y 1998, el Fobaproa realizó nueve compras de activos —entre créditos hipotecarios y de infraestructura; valores de renta fija; títulos accionarios; créditos gubernamentales— por un valor nominal superior a 50 mil millones de pesos [...] El 8 de julio de 1999, Sada y su grupo reconocieron parcialmente las pérdidas y renunciaron a su derecho a suscribir más capital; el IPAB [entidad que sustituyó al Fobaproa] anunció una inyección inicial de 13 mil millones de pesos, con lo que asumió la propiedad de Serfin y procedió a capitalizarlo y sanearlo para prepararlo para su venta. Al principio, la Comisión Nacional Bancaria y de Valores estimó que para sanear el banco y colocarlo en una ruta de rentabilidad, el IPAB necesitaría alrededor de 20 mil millones de pesos. A la postre, el costo del saneamiento resultó mucho mayor.[7]

Los rebotes que da la Historia en las paredes del Banco de Londres, México y Sudamérica, después Banco Serfin, parecen producto de la casualidad. Pero no. Su historia pone en evidencia cómo los periodos publicitados como de "modernización" y "crecimiento" terminan por generar altos costos para los más vulnerables. Las élites tienen todas las oportunidades y muchas veces las usan para la expoliación, pero al mismo tiempo el sistema cierra la puerta a la movilidad social, uno de los indicadores más sensibles para medir la capacidad de un modelo económico para repartir la riqueza, encoger la banda de desigualdades (económica, social, de oportunidades, etcétera) y generar oportunidades a los que más las necesitan.

En pleno siglo XXI, con un gobierno de izquierda, México mantenía índices de movilidad social no tan alejados del porfirismo,[8] por el terrible peso del legado que dejó el neoliberalismo iniciado, según la mayoría de los estudios, a principios de la década de 1980.

Braniff padre fue brincando de sector en sector, y dejando su huella. Fue uno de los fundadores de la papelera San Rafael y, por un

---

[7] "Un parto financiero", *Expansión*, 20 de septiembre de 2011.

[8] Centro de Estudios Espinosa Yglesias (CEEY) con datos de la ESRU-EMOVI 2017. "74 de cada 100 mexicanos que nacen en los hogares más pobres se quedan en pobreza; alguien que nace en un hogar muy pobre en el norte tiene tres veces más posibilidades de salir de la pobreza que quien nace en el sur en la misma situación; 75 de cada 100 mujeres que nace en un hogar muy pobre se mantienen pobres y un mayor número de mujeres que nacen en hogares de mayor riqueza no logran mantenerla".

tiempo, el socio mayoritario. Independientemente de la historia de la empresa, este negocio permite explicar cómo el favor de los políticos empuja a las élites hacia ganancias vertiginosas. Así sucedería durante los gobiernos de la posrevolución y así funcionaría hasta entrado el siglo XXI. Thomas se asocia con José Sánchez Ramos, y la Compañía de las Fábricas de San Rafael y Anexas, S. A., nace oficialmente el 1º de marzo de 1894, con un capital de un millón de pesos divididos en mil acciones de mil pesos, como explica la investigadora Andrea Silva Barragán en su ensayo "Fábrica San Rafael. El legado físico de la industria papelera y su valor como tema de estudio, 1894-1910".[9]

Los accionistas pidieron una concesión al gobierno para construir una vía de tren; Braniff —quien era gerente general de la compañía del Ferrocarril Mexicano— y sus socios fundaron Ferrocarril de Xico y San Rafael, S. A., y fueron ellos los que crearon el ramal, con las respectivas ganancias. Los dos hijos de Thomas, Óscar y Jorge, eran socios con su padre de una importadora de maquinaria pesada (G. y O. Braniff) que permitía suministrar a esta empresa y a otras el equipo extranjero necesario para funcionar. También allí hicieron dinero. Y Braniff era, además, socio en las primeras empresas de electrificación en México. Y él, con Sánchez Ramos y Henry Campbell Waters, era accionista de la Agrícola de Xico, S. A., encargada de la explotación industrial-agrícola de las siete haciendas de Chalco propiedad de Íñigo Noriega que se necesitaban para la papelera. Negocio redondo.

Y luego vino la depredación, con autorización expresa de Porfirio Díaz. La papelera transforma para siempre una de las regiones más hermosas e icónicas de México, rodeada de volcanes y riqueza, porque la empresa estaba basada no en el desarrollo humano, sino en la acumulación de capital.

La investigadora Silva Barragán explica:

El paisaje sufrió las terribles modificaciones debido al desmonte de vastas zonas; algunos recursos se desviaron para su aprovechamiento, lo que generó disputas y malos entendidos entre habitantes del

---

[9] Andrea Silva Barragán, "Fábrica San Rafael. El legado físico de la industria papelera y su valor como tema de estudio, 1894-1910", *Revistas INAH*, 2012.

pueblo y dueños de la fábrica. Es bien sabido que el abastecimiento de las fábricas de papel exige la posesión de vastos y numerosos bosques que los surtan de materia prima. Por esta razón, en las faldas del Iztaccíhuatl y del Popocatépetl la Compañía adquirió importantes propiedades forestales. En efecto, la fábrica contó con el apoyo presidencial para utilizar libremente los recursos hidráulicos y forestales de montes cercanos al pueblo y otros de la Sierra Nevada; para esa época contaba con sus propios bosques, como los Santa Catalina, Apapasco, Guadalupe y Zavaleta; así obtenía la materia prima para su producción. Además inició un acaparamiento de depósitos y caídas de agua con los que construyó grandes canales para la producción papelera. Para 1930 el total de canales construidos arroja un total de 18 kilómetros de materiales de mampostería y ladrillo, atravesando en algunas partes túneles.

Así nació un monopolio depredador que le permitió controlar no sólo el papel, sino también los medios de comunicación. La prensa aliada de la dictadura recibía subsidios del Estado, y los que no se ponían al servicio de los poderes de facto simplemente no imprimían. A cambio de disponer de la riqueza forestal e hídrica, el gobierno sólo pedía a los socios que le dieran a precio especial los productos papeleros que requiriera. Y falta la otra rama del negocio que quizá nunca conoceremos: la exención de impuestos, los permisos especiales de importación, las subvenciones directas del Estado y, además, los préstamos cruzados, un manejo financiero que tuvo que redituar a los socios y muy probablemente a los funcionarios a cargo, en un sistema acostumbrado a los sobornos y la corrupción. Cuando San Rafael necesitaba dinero, por ejemplo, lo pedía al Banco de Londres… donde Thomas Braniff ya era socio. La casa no: las élites siempre ganan. El modelo que se armó durante el porfiriato, del que los Braniff fueron pioneros —aunque no sólo ellos— serviría a políticos y empresarios durante los siguientes 150 años.

Muchos de los negocios de los Braniff tendrán consecuencias no sólo en el siglo XIX, durante el porfiriato, sino en el siglo y medio venideros, como ya se vio. Y eso es en lo que se refiere a Thomas, apenas uno de los consentidos de Porfirio Díaz. Más tarde en esta historia, el control de precios del monopolio papelero afectará a la prensa y los libros en general, y "no fue sino hasta que el alza de precios afectó el costo de textos escolares cuando el gobierno de Lázaro Cárdenas pensó en un posible cierre del monopolio papelero", como cuenta Sebastián Hernández Toledo en *El papel del Estado. La política papelera mexicana: de San Rafael a PIPSA (1932-1937).*[10]

San Rafael traería dolores de cabeza a los dueños de medios, al mismo gobierno y a los contribuyentes. Cárdenas se ve obligado a acabar de golpe con el monopolio y establecer la Productora e Importadora de Papel, Sociedad Anónima (PIPSA), en 1935. "El fin al monopolio papelero significó la aprobación y apoyo de varios sectores de la intelectualidad a favor de Cárdenas. Uniones estudiantiles, magistrados, periodistas, economistas, profesores, editores y escritores, entre otros, aplaudieron el acuerdo de PIPSA y resaltaron la disminución en un 15 por ciento del costo bruto en la producción de papel, el apoyo a las artes gráficas, la buena administración y el fomento a la cultura", agrega en su ensayo el investigador.

El monopolio (ahora) de Estado comprometerá —además— la libertad de prensa. Los gobiernos del PRI usarán el papel para controlar y presionar a los medios críticos. La batalla por la libertad se librará más de 100 años después de la fundación de San Rafael, hasta que en la década de 1990 se rompe el control estatal cuando se abre la importación de papel a las empresas de medios. Los gobiernos por venir recurrirán a otras tretas para controlar a los dueños de la prensa en México, como el reparto de la publicidad oficial, pero es historia para más adelante.

Desde 1881 Thomas puso los ojos en otra industria: la textil. La década fue de consolidación para él en ese ramo de la economía y conforme la demanda se fue haciendo más grande, por el trato preferencial del régimen porfirista, recurrió a fusiones, alianzas y adquisiciones para acrecentar aún más su presencia. Para cuando muere, en 1905, había colaborado en la creación de otro monopolio que tendrá graves e inmediatas consecuencias sociales. Asociado con capitales franceses participa en la Compañía Industrial de Orizaba, S.

---

[10] Sebastián Hernández Toledo, "El papel del Estado. La política papelera mexicana: de San Rafael a PIPSA (1932-1937)", *Cuadernos de Historia*, Universidad de Chile, 2020.

A. (CIDOSA), que se vuelve la mayor controladora de la industria; al mismo tiempo, el patriarca Braniff se mantiene como presidente del consejo de la fábrica de papel de San Rafael y Anexas, S. A., y ya muy avanzado en edad, es gerente de la Compañía Mexicana de Gas y Luz Eléctrica: preparaba el salto de la familia al sector energético.

Ya no hay sector productivo donde Braniff no tenga un pie metido, si no es que el cuerpo completo. Pocos años antes de la caída de la dictadura tenía banco para iniciar un negocio, el que fuera; podía abrirle un ramal de ferrocarril; estaba en condiciones de proporcionarle electricidad o gas, según se requiriera; podía importar incluso los equipos que requiriera para operar. Todo. El mundo era suyo.

María del Carmen Collado cuenta en *La burguesía mexicana*:

En 1896 Thomas Braniff fundó, junto con Henry T. Bischoff, la empresa G. y O. Braniff, que se dedicó a la venta de maquinaria pesada de importación y que en poco tiempo creció considerablemente. Pero años más tarde, en 1903, el señor Bischoff se retiró de la sociedad y entonces dos de los hijos de Thomas (Jorge y Óscar) se convirtieron en sus socios. En realidad fue la única empresa comercial en la que participó Thomas. [La compañía] G. y O. Braniff se dedicó principalmente a la importación de maquinaria para la agricultura, la minería y la electrificación; vendía instalaciones hidráulicas para fábricas textiles, molinos de harina, aserraderos, vías férreas y material rodante; representaba a las firmas más prestigiadas de Estados Unidos y también a algunas de las más conocidas de Europa; se especializó en la colocación de equipos eléctricos como el de las fábricas de San Ildefonso, de Río Blanco, de San Rafael, La Hormiga, Santa Teresa y El Porvenir; instaló el alumbrado eléctrico de la ciudad de León, de la Penitenciaría, del Palacio Nacional de México y del Palacio de Gobierno de Oaxaca, y se encargó además de instalar algunas líneas telefónicas. De esta manera los Braniff realizaban un negocio redondo: valiéndose de las relaciones del jefe de familia podían encargarse de comprar la maquinaria para la instalación de fábricas de las que ellos mismos eran accionistas.

Las relaciones políticas y las economías de escala hacen todo más fácil. Dinero llamaba dinero. La industrialización de México, aunque no era una tarea exclusiva de él, de alguna u otra manera pasaba por sus bolsillos. Y los rebotes que da la Historia: los intereses de los Braniff se toparán con un nombre del porvenir, Ricardo Flores Magón, porque Thomas, el aventurero que viajó al sur en busca de suerte y quien había encontrado en México el cofre de un tesoro inagotable, fue uno de los dueños de la mayor fábrica de textiles del momento, icono de la explotación obrera durante el porfirismo: la de Río Blanco. Porfirio Díaz la inauguró en 1892 y ya era un enorme complejo de hilados y tejidos ubicado en la población de Río Blanco, en Veracruz. Allí germinará, tempranamente, la semilla de la Revolución.

El levantamiento de finales de 1906, que formalmente se volvió huelga el 7 de enero de 1907 en Veracruz, Puebla, Tlaxcala y la Ciudad de México, derivó en una terrible represión y en el asesinato de trabajadores y sus familias. Fue una confrontación entre dos bloques bien definidos: los círculos obreros secretamente agrupados en torno a la Junta Revolucionaria del Partido Liberal Mexicano (PLM) encabezado por Flores Magón —exiliado en St. Louis Missouri por la persecución del régimen— y el sindicato de patrones organizado en el Centro Industrial Mexicano. Pero también fue un choque entre dos ideas de nación: una que consideraba desarrollo lo que beneficiara a unos cuantos, y otra que reclamaba crecimiento con igualdad.[11] Pero los empresarios, apoyados en Porfirio Díaz, endurecieron el puño y se mancharon de sangre a pesar de que sus empleados eran víctimas de explotación y crueldad: trabajaban más de 14 horas diarias sin descanso; se recurría a mano de obra infantil y hasta de madres con hijos; el ambiente laboral era precario e insalubre y además se les humillaba con castigos corporales y multas, retención de salarios o expulsiones injustificadas.

---

[11] Álvaro Delgado Gómez y Alejandro Páez Varela, *Izquierda. 1923-2023: La terca travesía*, México, Grijalbo, 2023. Los autores abordan ampliamente cómo el liberalismo económico y su hijo, el neoliberalismo, dañaron profundamente a las mayorías en México en indicadores como igualdad, pobreza, crecimiento y salario, mientras que las élites acumularon riqueza desmedida. Para ahondar en el tema se recomienda el capítulo VII.

Mujeres y hombres se organizaron para detener la marcha de las fábricas textiles y la respuesta del dictador fue una masacre: los líderes del movimiento, Rafael Moreno y Manuel Juárez, fueron fusilados; al menos 200 obreros fueron asesinados y otros 400 fueron detenidos. Pero la huelga cambiaría México para siempre. La Revolución estaba en marcha.

En los siguientes tres años se fortalecería la lucha por las libertades democráticas —de las que Francisco I. Madero fue símbolo y pieza clave— y luego, cuando todos los oídos se cerraron —Porfirio Díaz creía poder sofocar la "revuelta"—, no hubo más opción que llamar a las armas. Así lo hizo Madero en 1910, con el Plan de San Luis.

El semanario *Revolución* dijo sobre el levantamiento obrero en Río Blanco, en su número 2, fechado el 8 de junio de 1907:

La revolución actual tiene en verdad hondas raíces, ya ningún hombre inteligente quiere la paz, la vergonzosa paz porfirista; paz de zahúrda donde medran los cerdos con el hocico en el fango, y nadie quiere ya la paz, no porque se ame la guerra, no porque sea cosa adorable la matanza, la destrucción, el incendio; se quiere la guerra como medio para librarse del yugo de la miseria y de la tiranía; es el clavo quemante al que se afianza un pueblo que no quiere morir; que quiere vivir y se resiste a cerrar su historia en la presente página de esclavitud y muerte.

Los hijos de Thomas Braniff, Tomás y Óscar, encontraron en la inestabilidad política y social una oportunidad para crecer políticamente. Su padre ya no estaba y entendían que ninguna fortuna —en un país desigual y bajo una dictadura— podría mantenerse sin participar en la política. Lo mismo sucedió durante todo el siglo XX y parte del XXI: los empresarios formaron parte del régimen no sólo para tener voz en las transiciones políticas, sino para decidir sobre políticas públicas. Por eso, después de la toma de Juárez, Óscar Braniff se propuso a sí mismo para las negociaciones del armisticio. El multimillonario se reunió con el presidente Díaz y le propuso viajar a El Paso para encontrarse con Madero y los sublevados, y proponerles una vía pacífica. Díaz lo vio bien.

Y aunque la Historia ha metido en un cajón a esta familia tan influyente, Óscar buscó la presidencia de México y, con un poco de suerte, la habría obtenido. Pero no la tuvo. Daniel Cosío Villegas[12] cuenta que después de recibir el beneplácito de Díaz y al salir de su reunión con Limantour, el secretario de Hacienda y quien llevaba las negociaciones de Ciudad Juárez, el cachorro Braniff recibió una cucharada de política que muy probablemente le movió adentro: personas lo esperaron y fueron a despedirlo para ofrecerle la presidencia. Y él la juzgaba viable, agrega.

María del Carmen Collado cuenta:

En adelante Braniff usaría toda su influencia para obtener el apoyo de Estados Unidos en su empresa. El 18 de abril de 1911, con el pretexto de analizar y pronosticar la situación del país, le escribió una carta a C. A. Coffin, prominente abogado de Wall Street. Este señor, por encargo del propio Braniff o por su iniciativa, le envió dicha carta a Philander Knox, secretario de Estado. En ella Óscar se mostraba partidario de una reforma "que conduzca a un nuevo gobierno, al sufragio efectivo, a una administración de justicia eficaz, a una distribución más lógica de la tierra y a un programa educativo enérgico; pero el pueblo no cree que una victoria de las armas revolucionarias asegure esas reformas". En abril de 1911 llegaron los dos [Braniff y Esquivel] representantes "semioficiosos" a Washington. Allá, mientras Toribio trató en vano de llegar a un acuerdo con Francisco Vázquez Gómez [de parte de los maderistas], Óscar habló con el señor Cormy Tompson, amigo de negocios y allegado al gobierno del presidente [William Howard] Taft. En sus pláticas Óscar aseguró que según Tompson la situación fronteriza se había tornado tan difícil que no tardarían en invadir las tropas norteamericanas "para proteger las vidas e intereses de los ciudadanos norteamericanos". Como no lograron nada en Washington, Braniff y Esquivel Obregón partieron hacia El Paso, Texas, ciudad a la que llegaron el 19 de abril. Al día siguiente se entrevistaron en Ciudad Juárez con Madero, que puso como

---

[12] Daniel Cosío Villegas, *Historia moderna de México. El porfiriato. La vida política exterior. Parte 2*, México, Hermes, 1963.

condición para el armisticio la renuncia de Díaz y concedió una tregua de 24 horas para que se comunicaran con el gobierno. De inmediato lo hicieron y Limantour contestó que era inaceptable aquella condición.

Lo que Madero buscaba, en realidad, era una transición pacífica sin cambios de fondo. En esa etapa y en las que vinieron. El último pliego de demandas que presentó a Braniff y Esquivel Obregón planteaba, por ejemplo, libertad de presos políticos, grados militares para sus hombres y que el Estado les pagara sus salarios, y la renuncia del vicepresidente Ramón Corral Verdugo. Ya no incluía la salida de Porfirio Díaz. Óscar Braniff vio que resultaba barato avanzar por esa vía y no dudó en extender 15 mil dólares "en préstamo", que dio a los jefes de la Revolución para que tranquilizaran a la tropa. Limantour se enojó y le hizo reclamos, pero el rico heredero ya había avanzado en sus propios planes: le dijo a Madero que el dictador renunciaría si firmaban el armisticio. Quedaba bien con él. Pensaba en los negocios del futuro.

Luego vino el jaloneo; aquella escena donde Pascual Orozco le puso la pistola en el pecho al jefe de la Revolución. Madero culpó a Esquivel y a Braniff. Al primero le envió una carta en la que le prohibía acercarse a su campamento y atribuía el cambio de actitud del revolucionario de Chihuahua a la insidia de ambos. Se acabó la mediación: el mismo Díaz anunció, el 8 de mayo, que se iba. Y a finales de ese mismo mes tomaría el Ypiranga rumbo al exilio.

Los herederos no tuvieron el mismo talento que el padre para la política. Ni el olfato para los negocios. Al tiempo que participó de la industrialización, Thomas Braniff se rehusaba a invertir en las haciendas que serán, más adelante, uno de los focos de la Revolución (aunque no necesariamente la bandera de los primeros líderes revolucionarios). Francisco I. Madero y Venustiano Carranza, hijos de hacendados, no veían urgente la necesidad de una reforma agraria y el problema les estalló en las manos. Dirigentes sociales como Emiliano Zapata, el mismo Pascual Orozco o Francisco Villa lo tenían claro. El origen de unos y otros marcaron su destino.

Thomas tuvo aprecio por la tierra y siempre mostró interés en los bienes raíces. Pero las compras de terrenos y propiedades que hizo su esposa Lorenza o las que él mismo realizó a través de las distintas sociedades tenían interés especulativo, más que productivo, como lo exigían las haciendas. Un ejemplo fue su énfasis en adquirir propiedades en la capital. Era difícil adivinar en el porfiriato que Paseo de la Reforma, construido durante el imperio de Maximiliano como Paseo de la Emperatriz, fuera a convertirse en el corazón financiero de México más de 100 años después. Pero el empresario estadounidense vio allí un gran negocio. Se hizo, originalmente, de 331 mil 125 metros cuadrados colindantes que bajaron luego a 292 mil 717 metros cuando se realizó la ampliación de esa emblemática avenida que da al Castillo de Chapultepec. De todas maneras era muchísimo.

Rafael Fierro Gossman narra en su blog *Grandes casas de México*, capítulo "Casa Braniff-Ricard en Paseo de la Reforma", citando fuentes directas, que desde 1866, antes de la derrota de Maximiliano,

el señor Braniff había recibido como Reconocimiento Imperial un "dominio llano de 500 varas" en el Paseo de la Emperatriz que para 1876 se consolidó con varias propiedades que el matrimonio adquirió sobre el Paseo Degollado [como lo llamó Benito Juárez antes de que Sebastián Lerdo de Tejada lo renombrara como se conoce hoy], y que para 1880 ya se llamaba Paseo de la Reforma. En 1886, don Thomas encargó al arquitecto inglés Charles James Scultorp Hall —miembro del Royal Institute of British Architects y que ganaría fama como autor del edificio para el Ayuntamiento de Puebla en 1897 y las estaciones ferroviarias de San Luis Potosí, Aguascalientes, Mérida y Monterrey— un proyecto de exhibición para su residencia en el recién remodelado Paseo de la Reforma, donde para 1888 se inició la construcción sobre un terreno que llegó a alcanzar los 4 mil 300 metros cuadrados con la fusión de dos predios con frente a la calle del Ejido (o Patoni, hoy Avenida de la República).

Fierro Gossman muestra en su trabajo un plano de la Ciudad de México de 1892, levantado por el alcalde de la capital Manuel María Contreras, donde ya aparecen los terrenos de la mansión de los Braniff. Dice:

El proyecto, que Israel Katzman cataloga como "eclecticismo afrancesado" y que guarda relación con la arquitectura que producían Cudell & Blumenthal en Chicago o Richard Morris Hunt en Nueva York, marcaría un parteaguas en la arquitectura de la Ciudad de México, que con sus altas mansardas rematadas al estilo inglés, provocaría la adhesión estilística de profesionales como Antonio Rivas Mercado, Eleuterio Méndez, Emilio Dondé, Manuel Gorozpe, Hugo Dorner y Mauricio M. Campos.

También detalla que, con la Revolución de 1910, las fuerzas que tomaron la capital expropiaron las propiedades de las principales familias del porfiriato, como sucedió originalmente con la Casa de los Azulejos. Álvaro Obregón se quedó la Casa Braniff.

Thomas se casó con Lorenza Ricard Werdalle, nacida en Francia, y tuvieron siete hijos: Jorge, Óscar, Tomás, Arturo, Lorenza, Alberto y Rafael. El padre dejó en su testamento que la mitad de su fortuna fuera para la esposa y el resto, que era mucho, se repartiera entre los hijos. La decisión sobre la herencia diluyó el imperio económico. Algunos herederos hicieron negocios juntos y otros no. Las propiedades de Paseo de la Reforma quedaron, casi en su mayoría, en un fondo que luego se disolvió. La Casa Braniff, que se diseñó como un verdadero palacio de cortinas oscuras de terciopelo —y herrerías, pasillos, escaleras y esculturas *art nouveau*—, fue devuelta a la familia ya muy maltratada en 1927. Y en 1932, dos años antes de que Lorenza falleciera en Buenos Aires, se demolió.

La familia sufrió un vendaval durante la Revolución y en los siguientes años quedó en el olvido y la Historia se encargó de perforar la pared de falso plafón, e hizo un agujero en ella —100 años después— que permitió ver, al recordarse los 100 años del levantamiento armado, el centenario del primer vuelo mecanizado en México y América Latina. Estuvo a cargo de Alberto Braniff, uno de los hijos más pequeños de Thomas. Fue el 8 de enero 1910. A bordo de un avión biplaza Voisin se elevó a los cielos. Los terrenos desde donde levantó el vuelo, "los llanos de Balbuena", eran, por supuesto, de su familia. Allí mismo se construiría el Aeropuerto Internacional de la Ciudad de México (AICM). En 1911 se inauguró como Aeródromo de Balbuena, luego cambió el nombre por Puerto Aéreo Central, después por Aeropuerto Central, y antes de su nombre actual se le nombró Aeropuerto Internacional Benito Juárez. Nunca llevó el apellido Braniff, pero tampoco el del Benemérito de las Américas: Ernesto Zedillo, uno de los presidentes mexicanos impulsores del neoliberalismo, "olvidó", en 1998, publicar el cambio de nombre en el *Diario Oficial de la Federación*.

Nadie puede negar, tampoco, que el patriarca Braniff fue coautor del "protocolo empresarial" del porfirismo, que se extendería durante todo el siglo xx y parte del xxi. La compra de funcionarios para acceder a los contratos, las redes de complicidades para generar fortuna desde el erario o alcanzar "beneficios compartidos" para las élites en el gobierno y en la iniciativa privada, fueron parte de sus prácticas. Lo mismo sucedió durante el neoliberalismo de finales del siglo xx mexicano. La pobreza aumentó al tiempo que caían los salarios y un puñado de individuos acumulaba una riqueza que no se justifica más que en la explotación. La fórmula, capitalismo salvaje, explica la Revolución de 1910 y más de 100 años después el regreso de la izquierda al poder en México, con López Obrador en la presidencia.

La línea que se tiende entre el porfirismo y el neoliberalismo quedan explicitados por López Obrador en su libro *Neoporfirismo. Hoy como ayer*,[13] que publica cuatro años antes de la elección que lo llevó a la presidencia. El líder de izquierda dice que si bien en apariencia fue exitosa la estrategia económica,

> sus resultados, al final de cuentas, demostraron su poca efectividad para garantizar el bienestar colectivo y la paz social; baste decir que de no ser cierto lo anterior, no habría estallado la Revolución. Por eso, conviene saber por qué el modelo económico aplicado en aquella época y reproducido en la actualidad, sólo puede ser viable para conseguir la prosperidad de pocos, pero como no alcanza para beneficiar a muchos, atenta contra la estabilidad política y social. En primer término, debe quedar completamente definido lo siguiente: Es una falacia pensar que el Estado no debe promover

[13] Andrés Manuel López Obrador, *Neoporfirismo. Hoy como ayer*, México, Grijalbo, 2014.

el desarrollo, o no buscar la distribución del ingreso, sino dedicarse en exclusiva a crear las condiciones que permitan a los inversionistas hacer negocios, pensando que los beneficios se derramarán en automático al resto de la sociedad. Porfirio y sus allegados partieron de ese criterio, pues, como lo explicó en uno de sus informes, estaba "convencido de que la acción particular estimulada por el interés privado, es mucho más eficaz que la oficial". Esta manera de pensar, vigente y de moda hoy como ayer, considera con desfachatez que ningún gobierno del mundo puede tener como propósito buscar la felicidad del pueblo y que siempre habrá unos que se beneficien más que otros.

Más adelante, López Obrador detalla: "Es falso que si les va bien a los de arriba necesariamente les irá bien a los de abajo, como si la riqueza fuese similar a la lluvia que primero moja las copas de los árboles y después gotea y salpica a los que están debajo de las ramas. La inmensa riqueza generada durante el Porfiriato quedó en manos de un pequeño grupo; es decir, prevaleció la fórmula de que la prosperidad de unos pocos se logró a costa del sufrimiento de muchos".

López Obrador exhibe una lista de políticos del porfiriato de fortuna sospechosa —o muy probablemente producto de la corrupción—, elaborada por Francisco Alonso de Bulnes, quien fue diputado y senador con Porfirio Díaz, trabajó en el gobierno de Victoriano Huerta y vivió buena parte de sus últimos años en el exilio.[14] La mayoría de los políticos que se volvieron ricos son militares en esa lista; muchos de los apellidos cruzarán al siglo XX sin mancha y hay varios extranjeros, como Thomas Braniff, pero sus datos mueven a la duda porque marca al multimillonario con un capital de origen de dos millones de pesos y uno de cierre ("adquirido, derrochado o conservado") de 10 millones. En realidad, la mayoría de sus biógrafos indican que Braniff llega como empleado y muere como multimillonario. Y la lista no incluye el caso de otro extranjero que creó un imperio económico desde México: Weetman Pearson. Apenas hace una mención menor, como "casa Pearson".

[14] Francisco Alonso de Bulnes, *El verdadero Díaz y la Revolución*, México, Editorial Eusebio Gómez de la Puente, 1920.

Cuando Weetman despide en el muelle a Porfirio Díaz y su familia, después de hospedarlos en su casa de Veracruz, ya había hecho una enorme fortuna con contratos de gobierno y bien podría comprender que la caída del dictador marcaba el fin de un periodo de bonanza. Su empresa, S. Pearson & Son, se había convertido en una especie de Secretaría de Obras durante el porfiriato desde que obtuvo un primer contrato para el Gran Canal de Desagüe de la Ciudad de México, la víspera de la Navidad de 1889, y entró al nuevo siglo como un corporativo global.

Pearson tenía 32 años cuando le asignaron la primera obra. Y de allí para adelante. El levantamiento armado no acabó de tajo sus negocios en el país aunque, como eran tantos sus intereses y muchos en sectores estratégicos, sí tuvo que recurrir a un plan de retirada forzada que incluyó intensas negociaciones y duró varios años.

EL ÁGUILA IMPERIAL Y EL PETRÓLEO

La llegada de Weetman Dikinson Pearson a México en 1889 debe entenderse en su contexto. En 1861 el presidente Benito Juárez había declarado una moratoria al pago de la deuda externa debido al debilitamiento de las finanzas públicas por las guerras intestinas como la de Reforma, que duró tres años: de 1858 a 1861. Francia, España y Gran Bretaña decidieron invadir México, aunque las ambiciones imperiales de Francia prolongaron su estancia en el país. Después de la derrota de Maximiliano, con la posterior liquidación de la deuda, los ingleses restablecieron relaciones con los mexicanos. Era 1884. Y entonces llega Pearson y cae en blandito, porque la política de Porfirio Díaz y de José Yves Limantour en Hacienda era retomar el reconocimiento internacional dañado por la suspensión de pagos y facilitar el ingreso de capitales foráneos para acelerar la modernización de México y para, como se verá adelante, engordar sus propias finanzas.

Pearson, o Lord Cowdray, se había iniciado en la construcción con su padre y su abuelo, y aunque había dejado la escuela a los 16 años, fue "para aprender ingeniería, contabilidad y administración como parte de sus responsabilidades diarias"[15] dentro de las empresas familiares.

Además, demostró no sólo ser capaz sino también diligente y trabajador y, en 1874, a los 18 años de edad, su padre lo puso a cargo de la fábrica de ladrillos de la firma en Cleckheaton [...] En el verano de 1875, en parte como una recompensa por su diligencia y aplicación en Cleckheaton y en parte como una oportunidad para buscar nuevos mercados, George Pearson envió a su hijo a un recorrido por Estados Unidos. El viaje resultó ser una experiencia memorable, tanto desde el punto de vista de su desarrollo personal como de su exposición a la abundancia de oportunidades comerciales disponibles en el continente americano para los contratistas a fines del siglo XIX, como lo registró en sus diarios personales con gran detalle. Viajó de Nueva York —donde quedó muy impresionado por la primera etapa de la construcción del puente de Brooklyn— a Montreal, Toronto y Chicago. En St. Louis lo impresionó tanto el puente sobre el río Misisipi, que lo describió como "la mayor hazaña de la ingeniería en el mundo". Viajó en un vapor de paletas a Nueva Orleans y, por primera vez, aunque sin duda no la última, visitó el Golfo de México —el futuro sitio, muchos años después, de su empresa petrolera—, al que, significativa y, quizá, proféticamente, describió como un "paraíso terrenal".

En efecto, Pearson encuentra el paraíso en México: las oportunidades se abrieron con el petróleo. ¿Cómo se involucró en el negocio? Una parte fue suerte; la otra, el olfato y la ambición. Paul H. Garner retoma un relato de 1918 escrito por John Body, socio y parte del equipo de dirección de Pearson, cuando la empresa está en los trabajos del Ferrocarril Nacional de Tehuantepec:

En 1899, mientras buscaba los materiales de construcción para levantar los muros de contención del lecho del río en Coatzacoalcos

---

[15] Paul H. Garner, *Leones británicos y águilas mexicanas. Negocios, política e imperio en la carrera de Weetman Pearson en México, 1889-1919*, México, FCE, 2011.

(la terminal del ferrocarril en el Golfo de México), John Body había descubierto nódulos de petróleo en la roca; asimismo, unos habitantes del Istmo de Tehuantepec lo habían llevado a ver un "chapopote" (yacimiento natural de petróleo). Body escribió un informe sobre sus hallazgos a Pearson. Este lo recordó cuando, en abril de 1901, debido a la demora de un tren, se encontró temporalmente varado en Laredo, Texas, en medio de la fiebre especulativa que siguió al reciente descubrimiento del famoso borbollón de petróleo en Spindletop, también en Texas, en enero de ese mismo año. Tiempo después, Body explicó que el motivo inicial para tratar de explotar el petróleo fue el poder encontrar un combustible alterno para las "locomotoras y otra maquinaria [...]". Aun cuando la explicación de Body indica que el interés inicial de la compañía en el petróleo surgió de las necesidades específicas del Ferrocarril Nacional de Tehuantepec, es evidente que, ya desde el inicio mismo de su empresa petrolera, el propio Pearson abrigaba grandes ambiciones y, en la misma carta que le envió de Texas en 1901, había comentado a Body que era de "la firme opinión de que se podía hacer un negocio espléndido".

Weetman no se quedó en la valoración: de inmediato repartió tareas. A Body le encargó que comprara tierras con reservas potenciales e incluso las que estuvieran disponibles a la redonda. Lo instruyó para que, en su caso, recurriera al arrendamiento con derechos de explotación, con pagos por regalías. Estaba naciendo la Compañía de Petróleo El Águila, constituida formalmente el 31 de agosto de 1908. Y nacía como los grandes negocios del porfirismo: repartiendo dinero a las élites y regateando a los campesinos y a las comunidades los precios de sus tierras con petróleo[16] al tiempo que era

---

[16] Paul H. Garner revela correspondencia interna de R. D. Huchison, secretario de El Águila, sobre las regalías pagadas en tierras para usufructo, "ya fuesen particulares o comunidades, y que, en la práctica, no siempre cumplían estrictamente con esas directrices generales, por lo que el resultado de las negociaciones fue invariablemente favorable a El Águila". Huchison informa: "Pagamos rentas anuales por hectárea que varían de nada a 1 235 pesos mexicanos, pero, por lo general, la renta se incluye en las regalías cuando hay producción, por lo que la mayoría de los gastos en renta se

generoso con las élites. En la cacería de superficies explotables pronto se encontró con que Agustina Castelló, viuda de Manuel Romero Rubio y suegra de Porfirio Díaz, tenía 77 mil hectáreas en Minatitlán, Veracruz; en esos terrenos quedó la primera refinería de la petrolera. Y luego se le acercó el secretario de Hacienda, Limantour. Tenía tierras. Y lo mismo: regalías de 20 por ciento o 10 centavos por barril de petróleo producido y vendido.

Paul H. Garner, biógrafo de Lord Cowdray, concluye que "la extensión y el fortalecimiento de la red de clientelismo de Pearson proveyeron los mecanismos fundamentales mediante los que se estableció su empresa de petróleo. Una vez más, como ya se exploró en los casos del Gran Canal y el Ferrocarril Nacional de Tehuantepec, la relación más significativa sería la de José Yves Limantour, el secretario de Hacienda". Luego cuenta: "Desde las primeras etapas del interés de Pearson en el petróleo, cuando dio órdenes de que se empezaran a buscar tierras petrolíferas y concesiones en 1901, explicó a Body: 'Es esencial mantener satisfecho al Sr. Limantour […] y dejarlo convencido de que somos absolutamente honestos en todos nuestros actos".

Pero además estaban las relaciones con Porfirio Díaz y su familia. Pearson no dudaba en contratar a los familiares del dictador como "agentes" o "consejeros" y les pagaba sobornos que simulaba como "salario", "primas por negocios" y "honorarios". Existe el registro de que Porfirio *Porfirito* Díaz, hijo del presidente, negoció el traslado de terrenos federales a El Águila para su explotación; y que Ignacio Muñoz, sobrino de Díaz, fue empleado de Pearson para gestionar tierras del gobierno de Veracruz. Lord Cowdray recurrió al espionaje industrial para sacar a su competencia. Incluso logró que el Congreso modificara leyes para facilitar la acumulación de concesiones, propiedades, derechos de explotación, derechos exclusivos

---

recuperan de esa manera". Luego agrega que llegó a la conclusión de que las rentas pagadas por los usufructos de 275 mil hectáreas de tierra en el Istmo de Tehuantepec, Tabasco y Chiapas en 1911 sumaron 37 mil 711 pesos mexicanos o, en otras palabras, "menos de 15 centavos mexicanos por hectárea". En *Leones británicos y águilas mexicanas* da plenos detalles de este y otros acuerdos.

e incentivos fiscales. La razón misma de que la empresa tuviera un nombre en español —subsidiaria del grupo con sede en Inglaterra— y tuviera socios mexicanos poderosos fue para cubrirse y aceitar ese "protocolo empresarial" del porfirismo, basado en el reparto de coimas, que tanta riqueza procuró a Thomas Braniff, a Pearson y a otros como ellos.

En *Leones británicos y águilas mexicanas* dice Garner:

> La legislación más directamente favorable para Pearson fue la Ley de petróleo de 1906, la cual otorgó a S. Pearson and Son una concesión exclusiva para explotar el subsuelo de lagos, lagunas, ríos y baldíos en los estados de Campeche, Tabasco, Veracruz, San Luis Potosí y Tamaulipas (un total de más de 400 mil hectáreas). Además, se otorgó a la firma la importación gratuita de todos los materiales y la maquinaria necesarios para la exploración de las tierras y la refinación de productos e incluso el derecho de expropiar tierras privadas para los propósitos de la concesión (como la necesidad de tender oleoductos). Las concesiones debían durar 50 años, un plazo significativamente mayor que los 10 otorgados a la Mexican Petroleum Company de Doheny, pero, también significativamente, el mismo plazo que se había otorgado a Pearson en 1898 en el contrato del Ferrocarril Nacional de Tehuantepec. Asimismo, incluían una exención fiscal municipal, estatal y federal (los derechos de patente) en el estado de Veracruz sobre el capital invertido en la exploración y la explotación. La única obligación que se impuso a S. Pearson and Son fue el pago de un impuesto sobre las regalías de la extracción de crudo conforme a las concesiones federales (de siete por ciento a la tesorería federal y tres por ciento a la tesorería estatal), que se debería pagar sobre la producción de 10 mil barriles diarios o más, y el compromiso de gastar una suma acordada en un tiempo acordado en la exploración y la explotación.

Las prácticas de los empresarios extranjeros en México, desde la Independencia y hasta el porfiriato, fueron llamadas "capitalismo tributario" por el profesor emérito de la Universidad de Murray (Estados

Unidos) William Schell.[17] También se le ha descrito como "adaptación al protocolo empresarial mexicano". Pero era (y es) corrupción. Pearson operaba en muchos niveles para recompensar a los servidores públicos por sus favores: desde darle empleo a algún hijo de funcionario en sus empresas en el extranjero hasta compartir posiciones en las juntas de administración o dar participación directa de las utilidades a quienes quería tener cerca.

En El Águila, la joya de la corona, estuvieron el hijo del presidente y empresarios poderosos que le garantizaban influencia política. Uno de ellos fue Guillermo de Landa y Escandón, quien jugaba a ser intermediario, empresario y servidor público, sin que hubiera reclamo y sin, por supuesto, código de ética de por medio. Unos y otros normalizaron prácticas que llegaron hasta nuestros días: un ejemplo de peso es el expresidente Felipe Calderón Hinojosa (2006-2012), quien entró, en julio de 2016, a la multinacional energética española Iberdrola.[18] No sería el único alto exfuncionario mexicano en participar de grandes corporativos extranjeros apenas dejaron sus empleos; más bien se trató, sobre todo en el siglo XXI, de una práctica que se volvió regla con el neoliberalismo.[19]

Paul H. Garner cuenta:

Es probable que el presente [o regalo] de más mala fama, controvertido, suntuoso e imprudente haya sido el tocador taraceado con plata sólida que Pearson obsequió a la hija del presidente Victoriano Huerta en julio de 1913, dado que no sólo pareció confirmar su apoyo al golpe militar en contra del gobierno constitucionalmente electo del presidente Francisco I. Madero sino que también se interpretó de manera generalizada como una indicación de su influencia para asegurar el reconocimiento diplomático británico del régimen de Huerta. El individuo que recibió más

---

[17] William Schell, *Integral Outsiders: The American Colony in Mexico City, 1876-1911*, Scholarly Resources Inc., 2001.

[18] *"Iberdrola incorpora a Felipe Calderón al consejo de administración en su filial de Estados Unidos"*, SinEmbargo, 20 de junio de 2016.

[19] Montserrat Antúnez, "Una e$trategia ganadora. Eléctricas contrataron expresidentes y altos políticos en España. Y lo replicaron acá", *SinEmbargo*, 7 de octubre de 2021.

"regalos" que nadie fue, naturalmente, el secretario de Hacienda José Yves Limantour. Lo colmó de lujosos bienes y objetos de arte de fabricación europea y, de manera regular, de cajas de su vicio o "antojo" predilecto: whisky escocés. La lluvia de regalos iba acompañada de una respuesta común y ritual de Limantour, quien insistía en que él debía pagar por todos los gastos relacionados con ellos. En una respuesta igualmente ritual, la petición de Limantour era ignorada; por ejemplo: en 1896, Limantour escribió "para agradecer a sir Weetman la vajilla de cristal tallado" que había recibido, y, en un intento por desviar toda sospecha de que fuese un obsequio inapropiado, le pidió la factura, pero no recibió respuesta alguna.

Agrega el biógrafo del empresario porfirista:

Limantour recibió como presentes no sólo objetos de lujo sino también una amplia variedad de favores y servicios personales. Él y su familia recibieron una invitación abierta a visitar las residencias de Pearson en las ciudades de México, Orizaba (donde Pearson era el presidente de la junta directiva de la Fábrica de Yute Santa Gertrudis) y Veracruz y en el Reino Unido. Asimismo, Pearson permitía a Limantour el uso de su pullman particular de ferrocarril para sus viajes de ida y vuelta a Estados Unidos; e incluso actuó como su intermediario para procurarle una sucesión de institutrices inglesas que educaran a los hijos de su familia […] El último y quizás el más extraño servicio que recibió [Limantour de Weetman] fue en septiembre de 1919, cuando Body empleó a un detective privado para que investigara los antecedentes de un capitán escocés del ejército que estaba tratando de casarse con la hija de uno de los allegados de Limantour.

El abuelo de Weetman Dikinson, Samuel Pearson, se inició en Yorkshire como socio de una firma constructora y manufacturera. Nadie habría apostado a que S. Pearson and Son, nacida en 1844, tendría 180 años después 160 millones de usuarios y se había transformado en un imperio editorial con futuro en lo digital. Su página web dice:

Ya sea mejorar sus habilidades en el lugar de trabajo, avanzar en la escuela, obtener calificaciones en la universidad o aprender un nuevo idioma, nuestros productos y servicios ayudan a las personas a realizar la vida que imaginan todos los días. Mantenemos al consumidor en el centro de nuestro pensamiento. Nuestro portafolio integrado de productos se está volviendo cada vez más digital para satisfacer sus cambiantes necesidades de aprendizaje, ayudándonos a apoyar a más personas en los momentos que importan a lo largo de sus vidas.[20]

Para el siglo XXI, Pearson PLC era la mayor editora del mundo, propietaria del 47 por ciento de Penguin Random House, con un 50 por ciento de Economist Group, socia de *The Financial Times*. Los rebotes que da la Historia: durante décadas del siglo XX, la empresa de Weetman conservará la mayoría accionaria permitida de *The Economist*, biblia del liberalismo económico; abierta opositora de los gobiernos de izquierda y con influencia, desde hace un siglo y medio, sobre los multimillonarios del mundo.[21]

La evolución de la empresa de alguna manera responde a los impulsos de Weetman Pearson. A diferencia de Thomas Braniff y sus hijos, él, más joven, entendió el poder de los medios de comunicación y participó en ellos para defender sus intereses políticos, ideológicos y empresariales. Pearson era un conservador en su vida y un liberal en los negocios. De acuerdo con Paul H. Garner, Lord Cowdray no tenía en un principio interés económico en la industria editorial pero después, cuando entendió el poder que le daban los medios, estuvo dispuesto a soportar pérdidas a cambio de las ganancias que le generaban por su influencia en la vida pública. Garner

---

[20] La página web de Pearson en 2024 es https://plc.pearson.com/en-GB/company.

[21] *The Economist* dice en su página web, en lo referente a la propiedad, que "la empresa es privada y ninguna de sus acciones cotiza en bolsa. Sus estatutos también establecen que ningún individuo o empresa puede poseer o controlar más del 50 por ciento de su capital social total, y que ningún accionista puede ejercer más del 20 por ciento de los derechos de voto ejercidos en una Asamblea General de la empresa". https://www.economistgroup.com/esg.

dice que "la adquisición de cierto número de periódicos nacionales y provinciales bajo los auspicios de la compañía Westminster Press [en Gran Bretaña] fue diferente a todas sus otras empresas en el mundo, en el sentido de que las utilidades no parecen haber sido la principal motivación". Esa adquisición se dio después de la caída de la dictadura porfirista, pero, aunque básicamente invirtió en periódicos de Inglaterra, estuvo muy cerca de comprar su propia cadena de medios en México y de hecho ayudó en la fundación de *El Universal*, un diario impreso y digital que se mantuvo de pie durante todo el siglo xx y al menos los primeros 24 años del siglo xxi.

Paul H. Garner cuenta:

Si bien es cierto que la participación de Pearson en la prensa política de Gran Bretaña era profunda, también hay pruebas provenientes de México de que Pearson reconocía la importancia de la prensa como un medio para ejercer influencia política y para difundir propaganda; por ejemplo: durante las primeras etapas de la Revolución mexicana, Pearson mostró un profundo deseo de fomentar buenas relaciones con el nuevo gobierno revolucionario del presidente Francisco I. Madero y aceptó de buen agrado la invitación que hizo el tío de este, Ernesto Madero, al gerente de sus negocios mexicanos, John Body, a adquirir un "interés" en los periódicos diarios de la Ciudad de México *El Imparcial*, *El Diario*, *El País* y el *Mexican Herald*, este último publicado en inglés. El gobierno de Madero buscaba adquirir el control de esos periódicos con el propósito de "impedir que las noticias sensacionalistas [es decir, antigubernamentales] se diseminen tan ampliamente"; sin embargo, la compra propuesta nunca tuvo lugar, debido a que, menos de una semana antes de que se hiciera una oferta, en febrero de 1913, los militares dieron un golpe de Estado para expulsar a Madero de la presidencia.

El autor escribe una nota al pie en la que agrega:

Es evidente que Cowdray aceptó invertir en la cadena de periódicos, no sólo para tratar de ganarse el favor del gobierno de Madero, sino también con el propósito de presionarlo más a fin de que le comprara el contrato para la construcción del Ferrocarril de Tehuantepec. Dijo a Body: "Si la venta del Ferrocarril de Tehuantepec sale adelante, podríamos permitirnos comprar una o dos participaciones en la cadena de periódicos, como desearía que lo hiciéramos don Ernesto [Madero, para entonces secretario de Hacienda], pero, al mismo tiempo, no deberíamos desear tener la mínima responsabilidad en la conducción de los periódicos [...] Si uno se abstuviera, el Gobierno podría considerarlo un acto poco amistoso [...] Debemos comprar, ya sea que nos guste o no; por supuesto, cuanto menor la cantidad tanto mejor". Otro ejemplo del intento de utilizar la prensa para influir en la opinión pública en México durante la Revolución fue el apoyo financiero que se dio en 1915 al disidente político Félix Palavicini, antiguo empleado y agente de El Águila, para el establecimiento de *El Universal*, periódico diario conservador de la Ciudad de México. El Águila le proporcionaba ingresos por su publicidad y el periódico se publicaba en unos locales que le alquilaba la compañía. Para contrarrestar los ataques de la prensa estadunidense a sus intereses empresariales en México, que se hicieron más frecuentes durante la Revolución mexicana, Pearson empleó a un "publicista" para que siguiera la cobertura de la prensa y publicara desmentidos.

El contexto es importante. Porfirio Díaz y Limantour pensaban que abrirse a los inversionistas de Estados Unidos acrecentaba el riesgo para la soberanía de México. Ambos —y en particular el secretario de Hacienda— pensaban que Pearson y otros inversionistas les daban la oportunidad de entregar los negocios del petróleo y más, como las megaobras de infraestructura, a grupos de interés que no fueran los del imperio vecino. Y los ingleses hacían trabajo político a favor del régimen y aceitaban la maquinaria porfirista con dinero. Hasta que todo empezó a crujir. Pero los británicos "no llegaron a sospechar que, tras la gran confianza que los porfiristas mostraron en sí mismos durante las fiestas del Centenario, en septiembre de 1910, se ocultaba un orden oligárquico extremadamente frágil. La idea de que 'todo estaba bien en México' era compartida tanto por los diplomáticos extranjeros como por los hombres de negocios y, desde luego, por la propia oligarquía porfirista", cuenta Lorenzo Meyer en *Su*

*Majestad Británica contra la Revolución Mexicana, 1900-1950. El fin de
un imperio informal:*[22]

La Revolución mexicana fue un fenómeno político, social y cultural que tuvo efectos negativos para los intereses del capital externo en general y de los súbditos de Su Majestad Británica en particular. El periodo que se abre con la insurrección encabezada por Francisco I. Madero a partir de noviembre de 1910 no sólo significó el retorno temporal al caos político y financiero del pasado sino que avivó la fuerza de un sentimiento nacionalista que desembocó en una estricta reglamentación de la propiedad privada y de las inversiones extranjeras. Por nacionalidades, los británicos controlaban la segunda inversión externa más importante en México, pero carecían de los instrumentos para protegerla de la turbulencia que se desencadenó con la caída de la dictadura de Díaz, de ahí que resultaran los más afectados: tenían mucho qué defender pero pocos medios con qué defenderlo. Al final, quedaron a merced de lo que los norteamericanos decidieran hacer para disminuir el impacto negativo de la Revolución en los intereses extranjeros. A partir de 1910, quedó claro con lo ocurrido en México que el "imperio informal" no era el mejor arreglo para hacer frente a procesos de cambio social profundos y violentos en países periféricos.

Entonces vino un error de cálculo, derivado de otro y derivado de otro. Los ingleses apostaron todo a Porfirio Díaz y luego, en la caída, les dieron la espalda a los que venían adelante: a los revolucionarios. Y como se habían prestado para mantener distantes los intereses estadounidenses, Washington defendió lo suyo y no estaba para apoyar a quien se había comportado como rival durante la dictadura. Por supuesto que Lord Cowdray se sentó con el nuevo gobierno y hasta estuvo en negociaciones para comprar medios que molestaban a Ernesto Madero y a su hermano el presidente, pero él y el resto de los inversionistas británicos parecieron más cómodos con Victoriano Huerta e incluso más allá —como detalla Meyer—: con Saturnino

---

[22] Lorenzo Meyer, *Su majestad británica contra la Revolución mexicana, 1900-1950. El fin de un imperio informal*, México, El Colegio de México, 1991.

Cedillo, quien encabezó una revuelta contra el gobierno del general Lázaro Cárdenas del Río.

Los primeros extranjeros en ser afectados por la Revolución fueron los tenedores de deuda, porque al caos siguió la suspensión de pagos. Luego llegó la toma de ferrocarriles y tranvías y la incautación de los metales en bancos británicos y canadienses. Las empresas petroleras, mineras y eléctricas se sostuvieron un tiempo y luego las reformas del Constituyente de 1917 y un nuevo paquete de expropiaciones tocaron esos intereses extranjeros también, mientras el nacionalismo se fortalecía y un nuevo grito recorría los campos y las ciudades: México para los mexicanos.

Dice Meyer:

> Díaz abandonó el país en mayo de 1911 con el ofrecimiento de Weetman Pearson de que podía dirigirse a las Islas Británicas, donde el poderoso inglés pondría a disposición del anciano dictador una de sus mansiones, la de Paddockhurst, en Sussex; pero, si bien agradeció el ofrecimiento, Díaz prefirió establecerse en Francia, donde el clima era mejor. Cuando Porfirio Díaz abandonó México, no hubo quien no tuviera la conciencia de que toda una etapa de la historia del país llegaba a su fin. El presidente Taft envió al anciano exdictador una carta personal en la que le expresaba sus sentimientos de amistad y reconocía los grandes servicios que había prestado a México. Por su parte, las autoridades británicas enviaron a un oficial de la marina real a bordo del Ypiranga, cuando este tocó puerto en Plymouth, para que presentara a Díaz los saludos del gobierno inglés; poco después, no obstante, cuando Díaz hizo una breve visita a Inglaterra, el rey no lo recibió como antes lo hicieron los soberanos de Alemania y España, argumentando "razones de etiqueta". Ya sin poder, el único privilegio que se le concedió a Díaz en Londres fue permitirle visitar el Palacio de Cristal en domingo, día en que se cerraba al público. Poca cosa para quien había sido tan seguro amigo de Gran Bretaña.

La llegada de Francisco León de la Barra como interino fue vista "como un signo alentador: había cambiado el hombre, pero no el sistema", agrega Lorenzo Meyer. Pearson regresó a México para negociar con Madero sus concesiones petroleras y en la primavera de 1912 volvió a Inglaterra, creyendo traer consigo un acuerdo. Pero la Revolución no terminó con la llegada de Madero. Su derrocamiento abrió una nueva etapa en la guerra civil que no benefició los intereses extranjeros. Pearson terminó por vender El Águila a otra compañía, aunque se quedó con una parte de la empresa. El ruido que provocaba el porvenir no le gustó al empresario inglés. Tenía olfato y tenía razón: el país entraba en una nueva etapa, el nacionalismo, que sirvió lo mismo para mantener cohesionadas a las masas populares que para permitir a una élite "revolucionaria" administrar a su favor, aunque "en nombre de los trabajadores", la riqueza del país.

El México posterior a la Revolución acabaría con los liderazgos regionales ("los caudillos") para centralizar el poder. Esto, a su vez, ratificó el régimen presidencialista donde un solo hombre concentra las decisiones. Es decir, los revolucionarios se mantuvieron políticamente en una versión del porfirismo, sin Porfirio Díaz.

El académico, historiador y politólogo Arnaldo Córdova dice que la eliminación de los caudillos en los estados, un ejército más profesional, incluso la mejora en comunicaciones, "ampliaron inevitablemente la influencia unificadora del centro". Además, "la conversión de los jefes militares en empresarios, la participación y final encuadramiento de las masas populares en el partido oficial [el PRI], la intensificación de la reforma agraria y la entrega de armas a los campesinos son, todos, elementos que indican la transformación del régimen político de México y señalan la tumba del caudillismo". Córdova dice:

> Se abre en su lugar la etapa del presidencialismo, fenómeno de modernización del país que debe ser comprendido como la última forma que adquiere en México el gobierno fuerte. En el advenimiento del México posrevolucionario, cuya etapa es considerada como aquella en que el Estado pasa del régimen de caudillos al presidencialismo, encontramos dos hechos notables que adunan las figuras del caudillo y del presidente. Por un lado, la autoridad del caudillo, su personalidad carismática, ligada al papel jugado por él en hechos de armas; aquí cuentan poco, o sólo secundariamente, virtudes tales como la de ser un hombre culto, preparado, inteligente, hombre con capacidades administrativas, un gran

legislador, etc.; lo que cuenta y lo que define al líder revolucionario es su poder militar, ante todo.

Hay que considerar que cuando Córdova publica *La formación del poder político en México*, a principios de la década de 1970, el país pasa por ese gran arrebato de derechas que fue el gobierno de Gustavo Díaz Ordaz,[23] donde el país vivió las consecuencias (y los horrores) de un presidencialismo a rajatabla que había generado una cierta gobernabilidad.

Jorge Carpizo McGregor analiza los orígenes del presidencialismo en México en un libro publicado en 1974.[24] Detalla que viene desde 1824, con la primera Constitución federal de la nación independiente, y no como el resultado "de la tradición", sino como "un experimento político". Dice que incluso el constituyente de Querétaro, emanado de la Revolución de 1910, dio amplias facultades al Ejecutivo federal y que, hasta la fecha de la publicación de su estudio, no se había retomado el análisis de los poderes extraordinarios sumados al presidente en un siglo y medio.

Y el efecto: años después de escribir *El presidencialismo mexicano*, Jorge Carpizo se convertiría en un hijo predilecto del presidencialismo sin límites. Conservador, muy religioso, hizo estudios preparatorios en la Universidad La Salle de la Ciudad de México, fundada en 1931 por religiosos católicos. Después de terminar licenciatura en leyes por la Universidad Nacional Autónoma de México (UNAM) hizo maestría en derecho en The London School of Economics and Political Science, una de las principales instituciones promotoras del pensamiento neoliberal. Carpizo McGregor fue rector de la UNAM entre enero de 1985 y enero de 1989 y luego, apenas llegó al poder, el presidente Carlos Salinas de Gortari lo propuso como ministro numerario de la Suprema Corte de Justicia de la Nación (SCJN) y después, en 1990, lo separó de ese encargo (en otro poder de la Unión) y se lo llevó a fundar la Comisión Nacional de los Derechos Humanos (CNDH), que supuestamente nacía independiente.

---

[23] Arnaldo Córdova, *La formación del poder político en México*, México, Ediciones Era, 1972.

[24] Jorge Carpizo McGregor, *El presidencialismo mexicano*, México, Siglo XXI Editores, 1978.

En enero de 1993 Salinas sacó a Carpizo del organismo para designarlo procurador general de la República, cargo al que debió renunciar un año después, con la guerra zapatista en Chiapas, para convertirse en secretario de Gobernación como sucesor de Patricio González Garrido, quien a su vez había sustituido a Fernando Gutiérrez Barrios, uno de los operadores más duros y más longevos de los órganos de represión del México de la segunda mitad del siglo xx. Carpizo McGregor se iría al exilio de oro por designio de otro presidente, Ernesto Zedillo, quien lo hizo embajador extraordinario y ministro plenipotenciario de México en Francia.

El sistema político mexicano, sin embargo, puso apenas dos candados convenientes al presidencialismo mexicano. El primero fue que el jefe del Ejecutivo federal ejercía seis años y luego se lanzaba voluntariamente al vacío, al silencio, al destierro, y un segundo fue que nadie debía preguntar sobre la riqueza del desterrado, aunque fuera evidente. Empezando con la prensa. La fortuna de los presidentes de México —desde la Independencia hasta los primeros 18 años del siglo xxi— ha sido un misterio para los ciudadanos, salvo excepciones muy particulares.[25] Hay siempre sospechas, por supuesto; se ventilan datos aislados. Alguno de ellos se ha descuidado y salieron a la luz botones de muestra. Pero la regla, hasta 2018 y a pesar de que se impusieron supuestos controles, como las declaraciones patrimoniales obligatorias, es que nadie sabe bien a bien las posesiones del mandatario y su familia.

---

[25] Adolfo de la Huerta, quien fue presidente provisional del 1º de junio al 30 de noviembre de 1920 —sustituye a Carranza y le entrega a Álvaro Obregón—, protagoniza una rebelión que es rápidamente sofocada, por lo que tiene que huir a Estados Unidos. Sufre penurias económicas. Su esposa Clara Oriol y él lanzan una escuela de canto en California y medianamente solventan su apretada vida. Es uno de los pocos casos del siglo xx donde un mandatario deja el poder sin fortuna, como Adolfo Ruiz Cortines, el último presidente (del 1º de diciembre de 1952 al 30 de noviembre de 1958) nacido en el siglo xix y también el último en haber combatido en la guerra civil. Los testimonios de sus últimos años hablan de un hombre austero, amante del café y del dominó, que dejó un testamento con apenas qué repartir.

Se atribuye a uno de los políticos icónicos de la postrevolución, Carlos Hank González, la frase de "un político pobre es un pobre político", que es, sin más, una invitación abierta a robar, la normalización de la expoliación y el robo de recursos públicos y los negocios al amparo del poder público. Pero aunque se ha impulsado la idea por décadas de que, como dijera el presidente Enrique Peña Nieto, "la corrupción es cultural",[26] la realidad demuestra que son hábitos muy particulares de las élites el poder. El mismo Hank acotaba su frase a los políticos y traspasó a su familia una fortuna que dio para fundar un banco y muchos negocios multimillonarios más. Peña, por su parte, se vio involucrado en una infinidad de casos de corrupción y él mismo ha llevado una vida de *bon vivant* que despierta sospechas.[27]

El brinco hacia *el país de un solo hombre* (literal: hasta 2024, ninguna mujer accedió a la presidencia en el México independiente) se dio a la par de un gradualismo hacia la derecha que tuvo un momento cúspide con Porfirio Díaz pero que fue una constante, muy bien simulada, durante todo el siglo XX, y todavía con mayor énfasis en el siglo XXI. Ese cambio no lo provocaron los movimientos religiosos, por supuesto. Los silenciosos motores del cambio fueron los intelectuales y, en particular, los economistas. Pero hay una historia previa que es necesario detallar.

---

[26] El presidente Peña Nieto dijo varias veces que la corrupción era parte de la cultura mexicana. Una de las primeras fue durante una conversación, el 20 de agosto de 2014, por los 80 años del Fondo de Cultura Económica. "Yo sí creo que hay un tema cultural, lamentablemente, que ha provocado corrupción en todos los ámbitos y órdenes tanto privado como público. No es un tema exclusivo del orden público, y se alimenta de ambos lados. Y ha sido así". Luego, el 7 de mayo de 2015, lo repitió durante su participación en el Foro Económico Mundial sobre América Latina 2015, en Quintana Roo. "La corrupción es un asunto de orden a veces cultural, que es un flagelo de nuestras sociedades, especialmente latinoamericanas, y que si realmente queremos lograr un cambio de mentalidad, de conductas, de práctica, de asimilar nuevos valores éticos y morales, debe ser un cambio estructural dentro de toda la sociedad".

[27] "El expresidente Peña va por el mundo en vuelos privados y vive como rey en Madrid", *SinEmbargo*, 7 de julio de 2022.

Capítulo 3

En defensa del *statu quo*

La fiesta que duró muy poco

La llegada de Francisco I. Madero a la presidencia de México, el 6 de noviembre de 1911, se dio en medio de vítores y algarabía popular por distintas razones. Una primera, la más obvia, fue por haber forzado la renuncia de Porfirio Díaz; otra, por su triunfo en las elecciones extraordinarias que vinieron después de que él mismo reclamara la reposición del proceso fraudulento de un año antes, 1910. Pero lo que realmente alimentaba el ambiente festivo en torno al primer jefe del Ejecutivo electo por voluntad popular en el siglo era que su figura encarnaba la esperanza de un relevo pacífico hacia nuevos tiempos, mejores.

La primera etapa de la Revolución mexicana se había consolidado con pocas bajas civiles y militares —visto en el tiempo, considerando lo que venía— y aunque a los capitales extranjeros y nacionales les habría encantado que se mantuviera la dictadura porfirista, que representaba y defendía sus intereses, la transición caminaba hacia un régimen democrático tendiente al liberalismo económico que los dejó temporalmente tranquilos. Madero no era un socialista y no concitaba desconfianza en la oligarquía y las potencias que invertían en México, pero a la vez se había ganado la confianza de una base social que cuestionaba el país de desigualdades. Del menú de opciones que se abrieron con la guerra civil, el nuevo presidente era un cambio conveniente para las élites.

105

Además, la Revolución había prendido rápidamente por injusticias acumuladas, pero no fue una guerra plenamente ideologizada. Daniel Cosío Villegas, uno de los intelectuales más influyentes del siglo XX mexicano, decía que el levantamiento armado no tuvo siquiera un programa claro, y eso se explica en el mismo Madero, quien pugnaba por libertades electorales en un país con profunda pobreza y desigualdad, donde la esclavitud era solapada en ciertos sectores económicos, como la agricultura, la ganadería, la minería, los textiles, la industria, etcétera. Madero apenas hablaba de la urgente necesidad de una democracia sin distingos: del reparto democrático de las tierras y de la riqueza nacional; de garantizar las vías para que obreros y campesinos eligieran su destino; de un acceso a las oportunidades para el desarrollo humano, etcétera.

El "mártir de la democracia" fue, en realidad, un mártir de la democracia electoral, porque eso, lo electoral, fue su gran lucha. Hijo de hacendados, Madero no simpatizaba con todas las ideas de muchos de los revolucionarios de su tiempo, como los hermanos Flores Magón y los anarquistas. El reparto de tierras a los campesinos y el fin de los sistemas de explotación en las haciendas no estuvo en su agenda inmediata y nunca sabremos si lo tenía en mente para el futuro, aunque era previsible que, dado las presiones que se le vendrían, debía considerarlo en algún punto de su presidencia violentada por las bestias.

Aun así, su arribo al poder significaba que por primera vez los ciudadanos podrían decidir quiénes serían sus gobernantes y castigarlos o recompensarlos dependiendo de su compromiso con las exigencias sociales. Abría la puerta a un cambio y a un nuevo siglo y por eso el ambiente festivo de una buena parte de la población, aunque ese ánimo se desinflara, y quizá una de las razones fue su brutal respuesta contra el zapatismo, al que reprimió como lo habría hecho Porfirio Díaz.

El gabinete de Madero fue cuestionado durante largo tiempo y absorbió *post mortem* gran parte de la culpa por la incapacidad de su administración para responder a las demandas de grupos sociales que habían prendido la mecha revolucionaria y que allanaron el camino al poder. El señalamiento no es del todo correcto o exagera en parte. La realidad es que el presidente tuvo un equipo muy voluble, que renovó o enrocó cada vez que sintió presión. A Madero lo movían la prensa, los levantamientos sociales, los grupos de presión dentro del gobierno, en la oligarquía o desde la sociedad; lo sacudían la embajada de Estados Unidos y los cuestionamientos, vinieran de izquierda o de derecha, de las élites o de los líderes revolucionarios. Y trató de satisfacerlos a todos, y esto generó dos efectos que eran de suponerse: por un lado, fue perdiendo la lealtad de los que estaban más lejos de su entorno y, por el otro, algunos de sus hombres de confianza, entre ellos su hermano Francisco, utilizaron las purgas para posicionarse.

Madero propuso a José María Pino Suárez como candidato a vicepresidente, por encima de Francisco Martín Vázquez Gómez —quien había sido su compañero de fórmula en las elecciones de 1910—, y para detener a Francisco León de la Barra, un porfirista que había asumido la presidencia interina a la renuncia de Díaz. Y lo había escogido porque era, guardando proporciones, muy parecido a él: ambos habían luchado por la democracia electoral y Pino Suárez, en particular, era un férreo defensor de la libertad de expresión: había fundado en 1904 el periódico *El Peninsular* para oponerse a los caciques porfiristas y tanto él como Serapio Rendón y Antonio Ancona, sus colaboradores, tenían una misión: denunciar la explotación de mayas y yaquis en las haciendas de henequén, donde eran obligados a la esclavitud por *la casta* yucateca. Más aún, Madero y Pino Suárez habían padecido persecución durante la dictadura y compartieron trincheras en todos los frentes, incluyendo el armado, y antes, el exilio y la prisión. Sin embargo, si bien los dos tenían clara la necesidad de mejorar las condiciones de vida de los de a pie, centraban sus esfuerzos en el "sufragio efectivo, no reelección", es decir: en cancelar la reelección y establecer instituciones para garantizar la salud democrática del país.

Sobre el gabinete inaugural: no, no estaba conformado por "porfiristas reciclados", como una gran parte de la prensa hizo ver y como ha quedado en la memoria colectiva durante décadas. Pero sí había porfiristas. Y revolucionarios. Una mezcla que haría burbujas y luego explosión.

En la Secretaría de Gobernación se inició Abraham González, adversario de la dictadura porfirista, antirreeleccionista y revolucionario pistola en mano durante la campaña de Chihuahua. En

Comunicaciones y Obras Públicas se nombró a Manuel Bonilla, quien entró con Madero a Ciudad Juárez en mayo de 1911, cuando las fuerzas comandadas por Pascual Orozco lograron la rendición de la plaza. El nuevo presidente designó en Hacienda a su tío, Ernesto Madero, y a un primo en Fomento, Colonización e Industria: Rafael Hernández; los dos se habían destacado en la resistencia, y a la renuncia del dictador, en 1911, fueron el contacto con el gobierno temporal. En la Secretaría de Guerra y Marina quedó el general brigadier José González Salas; era militar de carrera y por lo tanto (y necesariamente) había trabajado con Porfirio Díaz, pero tenía cercanía familiar con Francisco y él consideró que tranquilizaba a las Fuerzas Armadas. En educación (la cartera se llamaba Instrucción Pública y Bellas Artes) designó a Manuel Díaz Lombardo, un burócrata que tenía allí desde 1894; fue en realidad una confirmación que se le cuestionó porque, para muchos, era un coqueteo con viejas estructuras porfiristas. Pero los nombramientos que más criticó el ala progresista y revolucionaria fueron el de Relaciones Exteriores y el de Justicia; Manuel Calero Sierra y Manuel Vázquez Tagle fueron rechazados tanto por los aliados como por los detractores, por sus nexos con la recién derrocada dictadura.

El presidente intentó sonreír a todos los grupos políticos para mostrar madurez y capacidad para conciliar al país, pero logró lo contrario: siendo un hombre joven (apenas 37 años al iniciarse) e incluso menudo y de baja estatura, todo en él se interpretaba como debilidad. No tenía carácter fuerte —lo mostró en varios episodios—; rehuía la confrontación, y había un interés por "chamaquearlo", menospreciarlo; hacerlo menos para que su gobierno se hiciera menos.

El poderoso periodista Jesús M. Rábago llamaba "Plan Ranchero" al Plan de San Luis, por ejemplo, tratando de vulgarizar la carta que puso en marcha a un país y hacer ver, al de Parras, Coahuila, como rústico, rural, de campo y por lo tanto "poco sofisticado". Rábago, añorante de Porfirio Díaz, destacado entre los detractores de Madero, defendía abiertamente la dictadura y presionaba por todas las vías y con todos los recursos disponibles (y los tenía) al gobierno democráticamente electo. Él y gran parte de la prensa inyectaron inestabilidad e intriga y generaron la percepción de que las decisiones venían de acuerdos de gabinete dudosos, tambaleantes.

La consecuencia fue ese gabinete inestable, gelatinoso. Las presiones cumplieron su objetivo.

Detrás de los excesos de Rábago estaba, claro, el dinero. Los medios estaban acostumbrados a recibir grandes subvenciones del Estado, y eso se les acabó con Madero. El catedrático Nemesio García Naranjo cuenta en su ensayo *La prensa opositora al maderismo, trinchera de la reacción. El caso del periódico* El Mañana[1] cómo Rábago publicó su diario dos veces por semana, entre junio de 1911 y febrero de 1913, con el objetivo de "señalar en la historia, la época sombría de la democracia plebeya [...]". Ciertamente, dice el autor, el asunto no fue nuevo.

García Naranjo escribe:

> Francisco I. Madero había sido criticado desde su papel de opositor e ideólogo de un movimiento creciente y sin futuro, como economista nimio en asuntos nacionales y embaucador de liberales, "mocho anti-Reforma, fingido amigo del pueblo, miserable delator de los revolucionarios". Sin embargo, es durante el interinato de Francisco León de la Barra y a lo largo del periodo presidencial de Madero que, encubiertos en la libertad de prensa, los ataques velados, directos, descarados o insolentes de los diarios opositores se manifestaron plenamente en cierto sector de la prensa, del que destacaron *El Imparcial, El Diario* y *El Mañana*.
>
> La primera querella de *El Mañana* hizo referencia a un comunicado de la Secretaría de Hacienda, cuyo titular, Ernesto Madero, señalaba que no habría más subsidio a la prensa del país. La publicación de Rábago, después de tachar a los Madero de prusianos, apuntó: "Los señores Madero [son] totalmente desconocidos en los gremios sociales, políticos y administrativos", aunque estuvo a favor de frenar el dispendio de recursos que el erario canalizaba a los medios escritos, tachando esa acción como "un delito [y] distracción de los fondos públicos en erogaciones que no están autorizadas por la ley ni pueden estarlo dentro de un régimen de

[1] Nemesio García Naranjo, *La prensa opositora al maderismo, trinchera de la reacción. El caso del periódico* El Mañana, Estudios de Historia Moderna Contemporánea, México, UNAM, 2006.

moralización". Efectivamente *El Mañana* no recibió subsidio alguno, salvo el del papel periódico en época de encarecimiento por parte de la administración central. El financiamiento del diario se logró gracias al apoyo de empresarios, anunciantes y comerciantes que compartieron el punto de vista de Jesús M. Rábago, incluso con los recursos del mismo director que no perdió la oportunidad de darlo a conocer en algunas editoriales. Los anunciantes eran desde profesionistas independientes como los dentistas hasta la misma Lotería Nacional, desde las compañías cigarreras nacionales hasta las de sombreros de *Tampico News Company*.

La conclusión del investigador sobre los ataques a Madero trasciende al tiempo y parece referirse a la prensa que enfrentaría el presidente Andrés Manuel López Obrador más de 100 años después. Salvo que, entre 2018 y 2024, los medios opositores al gobierno no lograrían lo que sí pudieron con Madero: "*El Mañana* demostró que, cuando se tienen los recursos, monetarios y oratorios, los amarres políticos con la aristocracia y la milicia, se logra conjuntar una fuerte oposición política que, tarde o temprano, puede alcanzar sus objetivos: derrocar a un régimen legalmente constituido y establecerse sin escrúpulos en el poder".

A pesar de las presiones de la prensa, de los simpatizantes de la dictadura (que siempre estuvieron fundidos en uno) y de una parte del gabinete, Madero bien pudo navegar con ese equipo inicial por un buen tiempo, si no fuera porque el país estaba muy lejos de ir hacia la pacificación. Su administración fue sometida al estrés de los eventos concurrentes y los cambios, las renuncias y los enroques llegaron casi con cada crisis. Pero al presidente le ganó la entraña más de una vez, ya fuera por indecisiones o por su propia formación. Con una mano se erigió como padre de la nueva normalidad democrática y con la otra cedió a las inercias del régimen represor anterior.

Madero, sin duda, se fue moviendo más a la derecha. Se hizo caso a sí mismo y declaró la guerra contra aquellos a los que había prometido paz y justicia social. A Emiliano Zapata no podía pedirle que dejara de ser Emiliano Zapata, y entonces resurgió, con más fuerza, el grito de tierra y libertad. Pero lo importante no es, al menos en este punto de la Historia, que el zapatismo retomara sus exigencias, lo cual era previsible; lo notorio fue la respuesta que dio el jefe de Estado emanado de la Revolución: se volvió un represor.

El descontento salió de las portadas y se convirtió en trincheras y balas. Pascual Orozco levantaba olas en el norte (terminaría aliándose al oligarca Luis Terrazas y al traidor Victoriano Huerta) y preocupaba al gobierno central, lo que obligó a que Abraham González se reincorporara como gobernador de Chihuahua y dejara la administración federal. Había insurrecciones en Morelos, Puebla y Guerrero, y Emiliano Zapata hizo cada vez más patente su rechazo a Madero. La prensa capitalina creó un ambiente de crispación muy peligroso y es conocido qué buscaba: acabar con el primer gobierno emanado de la Revolución.

"Con el pretexto de defender los intereses del pueblo, atacan a mi gobierno que desea sinceramente establecer la democracia. Quieren hacer parecer que es imposible la democracia en México a fin de justificar una nueva dictadura. Pero el pueblo mexicano no se dejará engañar. La verdad es que el pueblo ha dado pruebas de ser muy sensato y de conservar toda su serenidad y su patriotismo. Los que quieren crear la anarquía son los que desean vivamente volver al régimen antiguo, los partidarios de la dictadura", escribió Madero en febrero de 1912, casi al arranque de su gobierno.

Y Rábago gritaba en octubre de ese mismo año:

¡Pobre engendro de nuestra imposible democracia! Logró deslumbrar con sus vidrios de colores a la masa expoliada que creía haber sacudido, de una vez, la fatalidad de su incurable miseria […] desfile de gangas que prendió ambiciones en el oscuro porvenir de los fracasados y de los famélicos que no habían tenido asiento en la mesa oficial del presupuesto. Oráculo ranchero de esos que predicen las lluvias por las orejas de los pollinos y que anuncian las granizadas por la efervescencia de los hormigueros, reivindicación de la plebe y purificación de la mugre […] música de tamborazo y borrachera de pulque.[2]

---

[2] Ambas citas son retomadas por Nemesio García Naranjo en *La prensa opositora al maderismo, trinchera de la reacción. El caso del periódico* El Mañana, *op. cit.*

En uno de tantos ajustes al gabinete, Madero intentó acercarse al Partido Liberal Mexicano (PLM), que había sido fundado en 1905 para enfrentar a Porfirio Díaz pero que, más allá de un partido, era una fuerza robusta, impulsora de los clubes antirreeleccionistas por todo el país, y por tanto, víctima de la persecución. Habría sido una gran idea. Madero se había apalancado antes en los anarquistas para alcanzar la presidencia e incluso para el levantamiento armado, entre 1909 y 1910. El PLM había impulsado la organización de obreros y campesinos previo a la Revolución y tomó parte de las huelgas de Cananea y Río Blanco. Algunos historiadores le conceden el haber iniciado la Revolución en 1906, no en 1910. Pero los anarquistas habían desconocido los Tratados de Ciudad Juárez porque, sentían, no venían de las luchas obreras y campesinas, sino que empujaban a un cambio de rostro en el poder.

A los anarquistas siempre les pareció que el maderismo era un reacomodo entre las clases altas de México, algo en lo que tenían mucho de razón. El proyecto maderista era loable, pero se quedaba en la superficie. En cambio, la ideología del PLM era de izquierda y, si se quiere, izquierda radical, y con el tiempo se movió del socialismo al anarquismo. El exilio forzado le había permitido extenderse hacia Estados Unidos y los historiadores allá le reconocen ser, por ejemplo, la semilla del movimiento chicano. Para los magonistas, la guerra civil encabezada por Madero significaba una "revolución conveniente" para la oligarquía e incluso para Washington.

Los acercamientos de los Madero con los magonistas no resultaron. Su gobierno, como lo harían los que siguieron, los persiguió y les dio trato de "gavillas". De hecho, los Flores Magón, Camilo Arriaga, Librado Rivera, Práxedis G. Guerrero, Juan Sarabia, Antonio Díaz Soto y Gama, Antonio Lara Díaz, Tomás Vargas, Tirso de la Toba, Quirino Limón, Carmen Parra, Anselmo L. Figueroa, Jesusa Gómez, Margarita Ortega, Rosaura Gortari y Basilia Franco, entre otros, fueron víctimas de persecución con el nuevo gobierno y los subsiguientes. Ricardo Flores Magón moriría preso en condiciones poco claras, pero poco importó en las esferas oficiales. Sobre eso escribo más a fondo en *Izquierda*.[3]

---

[3] Álvaro Delgado Gómez y Alejandro Páez Varela son los autores de *Izquierda. 1923-2023: La terca travesía* (México, Grijalbo, 2023) libro complementario a esta obra.

Las campañas militares de los anarquistas-socialistas habían terminado en fracaso, pero el grupo generó una obra intelectual robusta que mantuvo su vigencia hasta entrado el siglo xxi mexicano, a pesar del menosprecio de los gobiernos posrevolucionarios (del PRI y luego del PAN). Fue hasta 2018, antes de cumplir 100 años de muerto, que Ricardo Flores Magón fue recuperado por un gobierno para la memoria colectiva.

En *Historia de la Revolución mexicana, 1910-1914* el historiador Javier Garciadiego cuenta cómo Madero tendió a endurecerse con los que habían luchado con él y que ahora lo presionaban. Pascual Orozco había entrado a la guerra civil convencido de que era lo justo, pero luego tomó distancia del nuevo gobierno y finalmente se rebeló. Lo mismo hizo Emiliano Zapata, quien se sentía traicionado. No por nada estos dos personajes que son clave en la primera etapa de la Revolución se unirían en el papel, aunque en los hechos llevaran luchas muy distantes geográfica e incluso políticamente. En las depuraciones provocadas por las rebeliones y los pleitos internos, Madero nombró embajador de México en Estados Unidos a Pedro Lascuráin, por ejemplo, a quien el venenoso embajador estadounidense Henry Lane Wilson llamó "un prominente, rico y excelente hombre, perteneciente a una antigua familia mexicana", y eso quizá lo explique todo.

Para agradar al ala progresista Madero incorporó a Jesús Flores Magón, primero como subsecretario y luego al frente de Gobernación. Después, por las purgas, intentó moverlo a la Secretaría de Fomento, que tendría a su cargo resolver los problemas sociales que reclamaba una buena parte del movimiento revolucionario, particularmente los zapatistas. No aceptó. Acusó a Madero de deshonesto y a Pino Suárez de "demagogo irascible" que "pretendía eliminar lo que le estorbaba, 'exterminando a la prensa independiente y deportando a sus enemigos políticos, a quienes califica de canallas'; afirmaba que desde la vicepresidencia y el Ministerio de Instrucción seguía 'luchando a brazo partido contra 'los Científicos y el general Díaz'; por último, también lo acusaba de haber impuesto a algunos diputados".[4]

---

[4] Javier Garciadiego (coord.), *Historia de la Revolución Mexicana. 1910-1914. Volumen 1*, México, El Colegio de México / Academia Mexicana de la Historia, digitalizado en 2023.

La respuesta de Pino Suárez a Flores Magón, al menos en lo referente a la libertad de prensa, fue una confirmación de que, en aras de generarse gobernabilidad, el maderismo se endurecía con los movimientos sociales y hacía de lado algunos principios por los que habían luchado contra la dictadura.

En cuanto a mi tendencia de reprimir los desmanes de la prensa —escribió el vicepresidente—, no debo ocultar ni lo he ocultado nunca que en mi concepto, aunque es un bien inapreciable la libertad de prensa, por cuyos fueros lo mismo que por los de todas las libertades políticas luché, como el primero, en el campo del periodismo lo mismo que en el de la Revolución, creo que no hay mal más grave en este momento que el libertinaje a que se ha entregado cierta prensa, el cual debe reprimirse por medios legales, como se reprimen todos los desmanes y todos los delitos desde el momento en que atacan los derechos de terceros y comprometen la paz y el orden público.

Los frentes de Madero se multiplicaron en tiempo récord y, por desgracia, se salieron de las páginas de la prensa. Sonaron las armas. En febrero de 1912 se recrudeció la guerra con los sureños y el presidente tomó una determinación que habría adoptado Porfirio Díaz: mandar a militares rudos a una campaña de exterminio. La proclama en todo el país (no sólo en el sur) se elevó al cielo: ¡Tierra y libertad! Las distintas fuerzas armadas en oposición sentían que el nuevo gobierno no entendía que una de las razones primarias del estallamiento de la guerra civil, al menos a ras de tierra, era una urgente reforma agraria. Y Madero, en vez de responder con sensibilidad al reclamo, lanzó un manifiesto en el que dejaba dos cosas claras: que del reparto de tierras, nada; y dos, que los rebeldes eran "agitadores, ambiciosos y movimientos anárquicos". Nada bueno vendría de eso que sonaba a ultimátum.

"Pretender que el gobierno que presido pueda solucionar el problema agrario de la República, bajo la presión de movimientos anárquicos, y sin que la paz se haya previamente restablecido, es sencillamente insensato. Nótese que los zapatistas estaban en armas desde antes que yo fuera elevado a la presidencia y que después no han querido someterse a mi gobierno […] El pueblo no se deje engañar por agitadores ni ambiciosos" dijo primero. Luego:

> Siempre he abogado por crear la pequeña propiedad, pero eso no quiere decir que se vaya a despojar de sus propiedades a ningún terrateniente […] Una cosa es crear la pequeña propiedad por medio de un esfuerzo constante, y otra es repartir las grandes propiedades, lo cual nunca he pensado ni ofrecido en ninguno de mis discursos y proclamas. Sería completamente absurdo pretender que el gobierno fuese a adquirir todas las grandes propiedades para repartirlas gratis entre todos los pequeños propietarios, que es como se concibe generalmente el reparto de tierras.

Francisco I. Madero fue un hombre bueno atrapado dentro de otro que decidía por él porque había engordado en la derecha oligárquica del país. El tiempo dice que, en muchos aspectos, aspiraba a mantener el *statu quo*, aunque el país mismo había cambiado. Se metió en una disyuntiva extraña: él mismo había provocado un cambio en la mentalidad de las clases sociales marginadas y había facilitado una guerra civil que pujara por recomponer todo de golpe, pero al llegar al poder intentó detener con sus manos el tren que se había puesto en marcha. Éste pasó por encima de él. Las élites, que le respiraban en la nuca, nunca lo aceptaron, y la base social, la que creyó en la Revolución, tuvo un desencanto prematuro. El peor de todos los mundos.

"La posición de Madero sobre el problema agrario no varió, a pesar de los desafíos de Zapata y Orozco. En diversas ocasiones sostuvo que en el Plan de San Luis no había prometido dotar de tierra ni destruir los latifundios. La postura de Madero no dejaba lugar a dudas y siempre fue consistente. El problema era que, para desactivar una rebelión agraria como la que encaraba, esa posición no le ayudaba, por lo que tendría que derrotarla militarmente", dice Javier Garciadiego. Y entonces, Madero apretó el puño. "La incapacidad de Madero para controlar la rebelión lo colocó nuevamente en una situación de debilidad ante los sectores duros del Ejército y de las élites. En la lógica de guerra 'a sangre y fuego' en la que había entrado, no le quedaba más salida que emplear más fuerza. [El general] Juvencio Robles recrudeció sus acciones de guerra contra la insurrección.

Con esto dio comienzo una nueva etapa de la rebelión, caracteriza-da por la violencia federal extrema y su táctica de contrainsurgen-cia, que incluyó el incendio de poblados y la reconcentración masiva de poblaciones civiles", agrega.

Santa María Ahuacatitlán, paso estratégico entre la Ciudad de México y Cuernavaca, fue arrasada con fuego por resistirse a las fuerzas federales, y no terminó allí: Nexpa, Tetela del Monte, Los Hornos, Los Elotes y la colonia San Rafael también fueron bombar-deados y los ancianos, niños y mujeres, echados al monte. El general Robles, al frente de la horrorosa campaña, "incrementó también los ahorcamientos y fusilamientos de los rebeldes capturados. La violen-cia represiva alcanzó así su máxima expresión. Al mismo tiempo, en su afán por cortar de tajo con la revuelta, las fuerzas federales apre-saron a familiares de algunos de los rebeldes más conocidos, como el propio Zapata y Lorenzo Vázquez".

Y entonces Madero decidió, a mediados de ese mes, suprimir la libertad de prensa, según narra Garciadiego en *Historia de la Revolu-ción Mexicana. 1910-1914*,

> prohibiendo que esta difundiera noticias de la campaña que perju-dicaran a las autoridades militares y civiles. La libertad de expre-sión que permitió Madero y que alcanzó límites insospechados con los medios que lo criticaban desde la derecha, mostró sus lími-tes con la defensa de la razón de Estado contra la rebelión zapatista. De nuevo el doble rasero: tolerancia contra sus críticos conserva-dores e intransigencia y censura contra la oposición progresista y la lucha campesina. El gobierno pensaba que parte del apoyo de los artesanos y los sectores urbanos de clases medias al zapatismo tenía por origen la difusión de las noticias de Morelos, y por ello trató de acallar la información de las acciones militares.

Como era de suponerse, dado que Madero se convirtió muy pron-to en defensor de los intereses de las élites, la guerra civil se transfor-mó en una guerra de clases, "de los sectores rurales bajos contra el gobierno central, contra las estructuras de dominación y contra las élites económicas, rebelión de una considerable violencia que, en los seis primeros meses del gobierno constitucional de Madero, cambió la correlación regional de fuerzas y se convirtió en un movimiento que aspiraba a tomar el poder local. Indiscutiblemente era un desafío serio que minó la legitimidad del régimen maderista y que contribuyó a la ingobernabilidad que fermentó su colapso".

Para agosto, el ejército federal enfrentaba una guerra de guerrillas que bien pudo durar décadas. El presidente entonces decide cambiar de táctica: manda al general Felipe Ángeles como jefe de la campaña militar contra los sureños. Más sensible, Ángeles decide no arrasar pueblos ni provocar la migración forzada de sus habitantes. Anuncia un acercamiento con los rebeldes y reconoce que el gobierno central se había distanciado de las poblaciones locales.

Sin embargo, el gobierno de Madero caminaba ya hacia el despeñadero. Estados Unidos metió la mano y ayudó a consumar el golpe. Fue un momento amargo en el que los conspiradores ya no esperaban a que cayera la noche, ya no murmuraban. Le asestaron el mazazo a plena luz del día. Arrestaron a Madero con los suyos y luego, con coreografía de por medio, lo mataron.

En el proceso, para confirmar el oprobio, sus enemigos se reunieron en la embajada de Estados Unidos, en la capital mexicana, para recibir el visto bueno de los extranjeros. Allí, militares golpistas y embajadores decidieron el destino de cuatro "presidentes" al hilo: el de Madero, de quien se deshicieron por la mala; el de Pedro Lascuráin Paredes, quien asume 45 minutos como jefe del Ejecutivo para "dar legalidad" al que asumiría como un tercer presidente en un solo día: Victoriano Huerta, conocido como el Chacal o el Usurpador a partir de este episodio. Y en su sueño, el sueño de la embajada, los golpistas decidían una cuarta presidencia: que Félix Díaz, sobrino del dictador, asumiera después de que Huerta "limpiara" de maderistas el país. Soñaban con parar a un dictador de cera en un comal al rojo vivo.

Henry Lane Wilson había llegado como embajador de Estados Unidos en México el 5 de marzo de 1910. Porfirio Díaz era presidente. Martín Luis Guzmán cuenta que aborrecía a Madero porque no se había prestado a sus corruptelas. Wilson le agarró rencor y hablaba mal de él no sólo con los dos presidentes a los que sirvió (William Howard Taft y Woodrow Wilson), sino también en reuniones privadas y hasta en público. Llegado el momento reunió a las élites y dio forma al magnicidio. Un momento triste, cruel, es cuando Sara Pérez Romero, la extraordinaria esposa de Madero, activista ella misma y luchadora social junto a los mejores de su tiempo, acudió a la residencia del embajador de Estados Unidos la tarde del jueves 20 de febrero de 1913. Iba acompañada de sus cuñadas. Fue a pedirle que intercediera por Madero para que Victoriano Huerta no lo matara. Ella misma se lo cuenta, en 1916, al periodista estadounidense Robert Hammond Murray:

—El presidente Madero y virtualmente todos los miembros de aquel gobierno creían firmemente, y al parecer con razón, que la actitud del embajador americano no sólo para el gobierno de mi esposo, sino también para la República Mexicana, era no sólo poco amistosa sino descaradamente enemiga —dijo la viuda de Madero.

—¿Se hicieron indicaciones al presidente Madero para que pidiera el retiro del embajador al gobierno americano? —preguntó Robert Hammond Murray.

—Muchas veces sus amigos pidieron al presidente Madero y le urgieron para que solicitara del gobierno de Washington que fuera retirado aquel embajador.

—¿Por qué rehusó hacerlo?

—Siempre decía: "Va a estar aquí poco tiempo y es mejor no hacer nada que contraríe a él o a su gobierno".

—¿Estuvo usted con el presidente durante la rebelión?

—No volví a ver a mi esposo desde que dejó el Castillo de Chapultepec para ir al Palacio Nacional en la mañana del 9 de febrero. Él permaneció en el Palacio Nacional y yo en el Castillo de Chapultepec.

—El embajador en sus mensajes dice que el presidente había asesinado a algunos hombres durante la pelea en sus oficinas, ¿esto es verdad?

—No es verdad. Jamás andaba armado.

—¿Cuáles fueron las condiciones que pusieron para su renuncia el presidente y el vicepresidente?

—Por convenio con Huerta y bajo la oferta que él hizo de que podrían abandonar el país sin que nada se les hiciera y marchar a Europa, fue como se obtuvo la renuncia.

—¿Cuándo tuvo usted su entrevista con el embajador y cuál fue su actitud?

La viuda de Madero dijo que el embajador de Estados Unidos estaba bajo la influencia del licor cuando se entrevistó con ella. "Varias veces la señora Wilson tuvo que tirarle del saco para hacerlo que cambiara de lenguaje al dirigirse a nosotros. Fue una dolorosa entrevista. Dije al embajador que íbamos a buscar protección para las vidas del presidente y vicepresidente".

—Muy bien, señora —me dijo—: ¿y qué es lo que quiere que yo haga?

—Quiero que usted emplee su influencia para salvar la vida de mi esposo y demás prisioneros.

—Esa es una responsabilidad —contestó el embajador— que no puedo echarme encima ni en mi nombre ni en el de mi gobierno. Seré franco con usted, señora. La caída de su esposo se debe a que nunca quiso consultarme. Usted sabe, señora, que su esposo tenía ideas muy peculiares.

"Yo le contesté: 'Señor embajador, mi esposo no tiene ideas peculiares, sino altos ideales'".

Muchas vidas se perdieron buscando justicia social para México antes, durante y después de la Revolución. Pero las élites casi siempre se mantuvieron en ventaja para sobrevivir a los demás. Su convicción era (es) que por encima de las lealtades y los ideales estaba (está) el capital, y que el capital siempre tiene aliados poderosos.

LA REVOLUCIÓN PODRIDA

La presidencia de Victoriano Huerta fue, básicamente, un desastre. El país volvió a las armas y todos los frentes de la Revolución se lanzaron por su cabeza, de pueblo en pueblo y de ciudad en ciudad. Y la economía entró en una vorágine. La corrupción se apoderó del gobierno y de la crisis de pagos pasó a la insolvencia. Huerta revivió a un viejo conocido del porfirismo: Toribio Esquivel Obregón, el mismo que intentaba comprar a Pascual Orozco en Ciudad Juárez, el operador de Limantour y de Óscar Braniff en las negociaciones con Madero. Lo nombró secretario de Hacienda.

El Usurpador fue traicionando a todos los que lo ayudaron a llegar y ni por razones estratégicas movió un dedo para tocar los intereses de las élites económicas. Todo lo contrario. Simuló un reparto de tierras que nunca hizo, y se ancló en los viejos oligarcas para mantener algo de ingresos para las finanzas públicas. Ingresos muy marginales. Las haciendas del henequén en Yucatán operaron y el negocio petrolero mantuvo su marcha en medio del caos, aunque con el uso de "guardias blancas" o pistoleros privados que defendían los intereses de las principales familias y de los grandes empresarios como Weetman Dikinson Pearson. Huerta se fue de la misma manera indigna en que llegó: por la puerta trasera.

Los siguientes meses cayó una lluvia negra sobre México. Después de varios presidentes provisionales, Venustiano Carranza se hizo primer jefe del Ejército Constitucionalista, encargado del Poder Ejecutivo. A finales de 1915 fue reconocido por el gobierno de Estados Unidos y un año después convocó a un congreso para una nueva Constitución. El proyecto que presentó eran retazos de la Carta Magna de 1857 e ignoraba los postulados de la Revolución; intentó pasarlo con el apoyo de las fuerzas conservadoras representadas en el Constituyente. No pudo. Sin embargo, el 5 de febrero de 1917 pasó la Constitución, se convocó a elecciones generales y ganó la presidencia. La guerra de facciones no se detuvo y fue durante su gobierno que asesinaron a Emiliano Zapata; el general Felipe Ángeles, quien luchaba junto a Francisco Villa, fue fusilado.

El gobierno de Carranza enfrentó las amenazas constantes de Estados Unidos y, a pesar de los flirteos con los alemanes, mantuvo a México neutral durante la Gran Guerra. Buscó normalizar la relación con la Iglesia católica y fracasó, y prácticamente se negó, como Madero antes que él, a realizar una reforma social profunda como la Revolución demandaba. También negoció con los viejos capitales que venían del porfiriato y que habían cruzado intactos la presidencia de Madero y, como éste, presionó y corrompió a la prensa: quizá el caso más notorio de todos fue el de John Kenneth Turner porque el periodista de izquierda había jugado un papel importante en denunciar las condiciones de esclavitud de la dictadura porfirista y se visibilizó al simpatizar con las causas de Ricardo Flores Magón, aunque después lo dejó a su suerte. Turner recibía dinero de Carranza por cada texto que publicaba y gran parte de ello quedó documentado porque eran recursos públicos. El asesinato de Carranza fue, también, la muerte intelectual de Turner, para quien "el peor enemigo de México siempre fue Wall Street, que evitó la puesta en marcha de la revolución social, especialmente la Reforma Agraria". Se fue alejando de México y luego del periodismo hasta su muerte, en 1948.[5]

Luego asumió Adolfo de la Huerta, quien ocupó la presidencia en 1920 como sustituto; convocó a elecciones y las perdió frente al general Álvaro Obregón. Su mandato, breve, fue marcado por su espíritu conciliador: reunió a casi todas las fuerzas de la Revolución y las incorporó de distintas maneras al gobierno hasta que impuso la paz. Aceptó un cargo en la administración de Obregón pero luego se distanció de él, y renunció. Se declaró en rebeldía e inició una lucha armada, la "rebelión delahuertista", que se extinguió. Se exilió en Estados Unidos casi en la pobreza y años después, con Lázaro Cárdenas del Río en la presidencia, regresó a México hasta su muerte, en 1955.

* * *

Lázaro Cárdenas metió varias veces la mano a la trayectoria que llevaba la Historia, y alteró su curso. Una generación de revolucionarios —representada en Plutarco Elías Calles— buscó someterlo para mantenerse en el poder, por ejemplo; fue un momento retador, un punto de quiebre. El general supo que los callistas eran de huesos duros y malas mañas; que los intentos por doblarlos, a ellos, los "padres del país de instituciones", se habían topado con una sólida pared. Y además el entorno era complicado.

En los primeros meses del gobierno, justo cuando se vino la agitación política entre Cárdenas y el callismo, estaba en curso la revuelta de los obreros, cuya masa muscular se había robustecido en los 24 años posteriores al estallido de la Revolución. Muchas huelgas, todas.

---

[5] Hay mucho publicado sobre la relación corrupta entre Carranza y Turner, pero recomiendo el ensayo de Rosalía Velázquez Estrada, "John Kenneth Turner y Venustiano Carranza: una alianza en contra del intervencionismo estadounidense", *Signos Históricos*, vol. 4, núm. 7, 2002.

Y la violencia anticlerical del periodo que lo precedió seguía dando coletazos y daría más. Eran, pues, días para dar pasos con tiento y Cárdenas apreciaba las zancadas de su presidencia itinerante. Aun así fue tejiendo fino. Sabía que no podía tardarse mucho en enfrentar a Calles y a sus aliados porque perdería margen de maniobra. Fue entonces que se puso un guante de fundidor y les dio una primera cachetada. Y luego otra. Y otra. Forzó el exilio definitivo de Calles la noche del 9 de abril de 1936 —después de un primero, fallido—: militares y policías entraron a la hacienda de Santa Bárbara, la residencia del expresidente, y le ordenaron prepararse para partir de México rumbo a Estados Unidos.

Pero los retos más importantes de Cárdenas no vinieron de los revolucionarios insubordinados, y no porque fueran poca cosa, no: de hecho, Calles venía sometiendo presidentes, uno a uno, con ayuda de otros "hombres fuertes". El nuevo gobierno sufrió inestabilidad cuando enfrentó las duras raíces de la oligarquía establecida durante el porfiriato, 40 o 50 años antes. Raíces que seguían rompiendo banquetas. Para nacionalizar el petróleo, por ejemplo, el general se tuvo que enfrentar nada menos que a la compañía El Águila, fundada por Weetman Dikinson Pearson. Y luego se las vio con la huelga de la papelera San Rafael, herencia de Thomas Braniff. Es otro ejemplo. Con los callistas necesitó un guante pesado; con los intereses económicos debió armar una estrategia que considerara distintos escenarios y uno de ellos era una invasión armada. De ese tamaño. Dos décadas atrás se habían metido los yanquis a Veracruz, hay que recordarlo. Y fue por menos. El general debía considerar cualquier posibilidad y dentro de sus cálculos debía incluir que el mundo estaba en pie de guerra contra el fascismo y el nacionalsocialismo y cómo impactaba, para bien o para mal, con sus planes.

Vale la pena no tener prisa. ¿Qué México recibe Cárdenas? Porque a partir de allí pueden explicarse cosas, como su urgencia por confrontar a las élites económicas como si fuera 1910, o la de repartir la tierra (y darles armas) a los campesinos y reorganizar a los obreros como si se tratara de otra revolución. De hecho, Cárdenas se propuso una nueva guerra civil, esta vez pacífica y esta vez de corte socialista. Porque el México de la década de 1930 era, dice Luis

González y González, un "país indigente",[6] con una profunda desigualdad, a pesar de que ya había pagado con sangre un levantamiento social forzado por la pobreza y la falta de oportunidades. Era 1934 y el presidente de México organizaba los mismos frentes que debieron estructurarse años antes aprovechando el levantamiento popular.

González y González escribe:

> Le hacían falta [al país] para salir de pobre las tres virtudes enriquecedoras: espíritu de empresa, técnica y capital. Este era en 1934 un país de los catalogados como inopes e injustos, con un puñado de ricos, 15 por ciento de clase media y una muchedumbre (84 por ciento) de menesterosos. De las débiles actividades agropecuarias vivían bien, a veces ostentosamente bien, unas 12 mil familias de latifundistas. Cosa de 60 mil familias de parvifundistas y arrendatarios la pasaban entre azul y buenas noches. Unas 800 mil familias de campesinos, a quienes la reforma agraria les había adjudicado casi ocho millones de hectáreas, persistían en la miseria. Los usufructuarios de medio millón de minifundios y las familias de los peones acasillados estaban ligeramente mejor en promedio que los agraristas, y por debajo de estos pululaban "los libres" o jornaleros sin trabajo permanente. La actividad minera tenía también sus ricos y sus pobres. Aquellos, por añadidura, no eran mexicanos; los concesionarios extranjeros se llevaban la parte del león en tanto que algunos trabajadores en minas, aunque mucho mejor pagados que los campesinos, las pasaban peor que estos. La explotación petrolera estaba también en poder de extranjeros acurrucados detrás de los nombres de cinco compañías y sobre todo de El Águila que desde 1933, con el descubrimiento de Poza Rica, se puso a la cabeza.

Y por si fuera poco, la corrupción entre el gobierno y los grandes empresarios se había apoderado otra vez de las oportunidades. Los principales negocios de México generaban ganancias para un

---

[6] Luis González y González, Alicia Hernández Chávez y Victoria Lerner, *Historia de la Revolución Mexicana, 1934-1940. Volumen 6*, México, El Colegio de México, edición digitalizada en 2015.

puñado, como en tiempos de Porfirio Díaz. El petróleo, por ejemplo, era para beneficio de funcionarios de la Secretaría de Hacienda y los empresarios, que "se quedaban con la mayor parte del botín y los 14 mil trabajadores con poco si eran extranjeros y con muy poco si tenían la desgracia de ser mexicanos". La guerra civil no se había deshecho de los negocios extranjeros, y todo lo contrario, en el comercio "había una enorme distancia entre el rico almacenista francés, el mediano abarrotero español, el pobretón tendajonero mexicano y las miserables indias Marías".

Luis González detalla:

Había servicios, como los de las sirvientas domésticas, que no permitían salir de pobres a quienes los prestaban. Había servicios, como los proporcionados por agentes del gobierno, que gracias al sobresueldo de la "mordida" sacaban de pobretón a cualquiera. El nivel de injusticia social superaba al de casi todos los países del mundo. La población políticamente activa era muy poca (no más de un millón). La masa de los ciudadanos solía ser reacia a luchar, muy poco afecta a tomar parte en la cosa pública, pasiva frente a las maquinaciones políticas pues ni siquiera votaba, y menos desde lo sucedido poco antes. En 1929 un contingente mayoritario de electores de la medianía, la última clase social que creyó en la validez del voto, manifestó su voluntad en favor de José Vasconcelos, y este no obtuvo la Presidencia de la República. Los votos prefabricados hicieron presidente a Pascual Ortiz Rubio. El gobierno se autogeneraba, y de paso esculpía a los que suelen ser en una democracia instrumentos de control político: partidos, sindicatos y agrupaciones patronales. El gobierno de entonces habría sido el único responsable de todo si no hubiera topado con la Iglesia, los poderes culturales y las presiones del exterior. Los hombres que formaban la pirámide gubernamental no eran muchos, pero sí vigorosos y en gran parte de armas tomar. Se portaban en el poder como en su casa: autoritarios y desafectos a los hijos respondones, lo que no quiere decir que hubiesen suprimido la libertad de expresión. Se mantuvo el derecho de pataleo. Por otra parte, como la autoridad casera, la pública procuraba de algún modo el bien de los gobernados; ejercía el patriarcalismo.

No se olvide: ese era el país de Cárdenas, un cuarto de siglo después de haber iniciado la Revolución:

> En suma, en 1934, la sociedad mexicana seguía pobre, pero con un creciente y respetable número de ricos; seguía débil, pero con una buena cifra de tutores poderosos. La situación se asemejaba cada vez más a la de la época prerrevolucionaria o porfírica y a la preindependiente o colonial. Otra vez se había recaído en el despotismo ilustrado por la blandura de la gente, blandura achacada a la heterogeneidad. En vano, según los hombres de cacumen, se pretendía confundir a muchas nacionalidades en una sola. La tremenda diferenciación de regiones, de castas, de clases y de niveles de cultura era un hecho asaz notorio. De una región a otra variaba la suerte de vida y las actitudes ante ella. Las distinciones por el color de la piel sobrevivían en algunas zonas, aun cuando se estaba lejos de la lucha de castas. Los desniveles de clase eran más hondos que en muchos países capitalistas, aunque en este apenas había asomos de lucha de clases. La oposición entre una minoría de mentalidad inmanente, terrenal y científica y una mayoría de mentalidad trascendente, celestial y religiosa acababa de manifestarse en una guerra crudelísima de la que aún quedaban los rescoldos. Algunos miles de campesinos seguían en pie de lucha contra sus desfanatizadores. México mantenía el campeonato en la mala distribución de la fortuna, del poder, de los honores y de las letras que le había adjudicado Humboldt en 1803.

En pocas palabras, la Revolución iniciada en 1910, que nadie sabe realmente cuándo concluye, les había fallado a los de abajo y había encumbrado una nueva casta igual o peor que la anterior. México había dado un vuelco a la derecha sin justificación y esta vez en tiempo récord.

Daniel Cosío Villegas anota en su celebrado ensayo "La crisis de México"[7] que el porfirismo era una organización piramidal con una élite de 100 familias arriba y abajo millones de desvalidos. Sin embargo, agrega contundente, la respuesta al atraso, la pobreza

---

[7] Daniel Cosío Villegas, "La crisis de México", *Cuadernos Americanos*, 1947.

y la desigualdad fue una guerra civil que se quedó corta porque fue corrompida por las fuerzas que supuestamente enfrentaba. Una Revolución que vindicaba derechos de las mayorías terminó carcomida por intereses de élites; una contradicción imperdonable y al mismo tiempo previsible porque los líderes que enarbolaron las banderas de la justa armada eran, arriba, un grupo privilegiado que aparentaba ser democrático, popular y nacionalista y/o un puñado de individuos en los que se había confiado demasiado porque "eran gente del pueblo, y lo habían sido por generaciones".

El intelectual mexicano escribe:

En su experiencia personal y directa estaban todos los problemas de México: el cacique, el cura y el abogado; la soledad, la miseria, la ignorancia; la bruma densa y pesada de la incertidumbre, cuando no el sometimiento cabal. ¿Cómo no esperar, por ejemplo, que Emiliano Zapata pudiera hacer triunfar una reforma agraria, él, hombre pobre, del campo y de un pueblo que desde siglos había perdido sus tierras y por generaciones venía reclamándolas en vano? El hecho mismo de que los hombres de la Revolución fueran ignorantes, el hecho mismo de que no gobernaran por la razón sino por el instinto, parecía una promesa, quizás la mejor, pues el instinto es más certero, aun cuando la razón más delicada. Lo cierto es lo que antes se dijo: todos los revolucionarios fueron inferiores a la obra que la Revolución necesitaba hacer: Madero destruyó el porfirismo, pero no creó la democracia en México; Calles y Cárdenas acabaron con el latifundio, pero no crearon la nueva agricultura mexicana. ¿O será que el instinto basta para destruir, pero no para crear? A los hombres de la Revolución puede juzgárseles ya con certeza, afirmando que fueron magníficos destructores, pero que nada de lo que crearon para sustituir a lo destruido ha resultado indiscutiblemente mejor. No se quiere decir, por supuesto, que la Revolución no haya creado nada, absolutamente nada: durante ella han nacido instituciones nuevas, una importante red de carreteras, obras de riego impresionantes, millares de escuelas y buen número de servicios públicos; pero ninguna de esas cosas, a despecho de su importancia, ha logrado transformar tangiblemente al país, haciéndolo más feliz.

Así, la obra de la Revolución siempre ha quedado en la postura más vulnerable: expuesta a las furias de sus enemigos, que sin engendrar a los partidarios el encendido convencimiento de la obra hecha y rematada.

Cosío Villegas alerta de manera temprana algo que se consolidaría en el siglo XXI: que la Revolución no abrió oportunidades democráticas a una nueva clase política de pensamiento diverso y tampoco provocó un cambio social poderoso; a lo que aspiró fue a incorporar a los partidos conservadores como "hijos legítimos". El Poder Legislativo después de la guerra civil ya no provocaba cambios y servía a los propósitos del Ejecutivo, y entonces, augurio de las décadas por venir, "a los ojos de la opinión pública nacional, sin miramientos de grupos o clases, nada hay más despreciable como un diputado o un senador; han llegado a ser la unidad de medida de toda la espesa miseria humana".

¿Cómo podría México superar su crisis?, se pregunta el reconocido intelectual en ese ensayo de 1947. Una solución, dice enseguida, era compartir el poder con las derechas. "Puesto que las izquierdas se han gastado llevando su programa hasta donde pudieron, puesto que las izquierdas se han corrompido y no cuentan ya con autoridad moral, ni siquiera política, necesarias para hacer un gobierno eficaz y grato, déjenseles el turno a las derechas, que no han dirigido el país desde 1910". Luego, Cosío Villegas dice que las organizaciones obreras, apéndices del gobierno, se verían obligadas a fortalecerse sin el apoyo oficial; lo mismo los campesinos.

Y por un proceso semejante tendrían que pasar los hombres liberales de México. Con las derechas en el poder, la mano velluda y macilenta de la Iglesia se exhibiría desnuda, con toda su codicia de mando, con ese su incurable oscurantismo para ver los problemas del país y de sus hombres reales. La Iglesia [católica] perseguiría a los liberales, los echaría de sus puestos, de sus cátedras; les negaría la educación a sus hijos; serían, en suma, víctimas prontas de un ostracismo general. Y los liberales sentirían también en toda su fuerza la persecución desatada de una prensa intolerante, incomprensiva, servidora ciega y devota de los intereses más transitorios y mezquinos. Y el rico se exhibiría entonces ya sin tapujos: ostentoso, altanero, déspota, ventrudo y cuajado de joyas y de pieles, como ya empieza a hacerlo. El liberal se sentiría sobrecogido, apocado, primero; después, lo inundaría la zozobra de quien no es ya dueño de su destino, para acabar por ser despreciado y perseguido. Y tendría que reaccionar, que reunirse con los suyos, que luchar en grupo y como militante. Así acabaría por imponerse la tarea que hoy ha abandonado: conducir al país juiciosamente, por caminos más despejados y limpios, reconquistando antes el poder en una lucha sin duda azarosa y dura, pero en la cual se templarían su cuerpo y su espíritu.

Pero la opción de la "medicina de derechas" para la crisis de México recibe, también de manera temprana, la contraindicación de Cosío Villegas:

No hay sino dos consideraciones que impiden recomendar esa solución: sus peligros, desde luego; pero, sobre todo, el temor de que el país no obtuviera otro beneficio que el bien triste de convertirse en teatro de nuevas y estériles luchas. Porque, ¿México puede esperar algo de las derechas? La derecha mexicana, como la de todo el mundo, no es la mano cordial; carece de la comprensión y de la generosidad de que tanto necesita nuestro desdichado país. Por añadidura, nada nos ofrece que sea nuevo o mejor de lo que ahora tenemos. Desde este punto de vista, México no podría encontrarse en una situación ni más angustiosa ni más desesperada, pues no se encaminaría mejor acudiendo a la fórmula, después de todo tan simple, de cambiar de régimen y de signo político. No pensemos ya en el sinarquismo, partido de una ramplonería mental propia sólo del desierto, ni en las derechas que proceden de disensiones entre facciones de la Revolución, sino en Acción Nacional. En primer lugar, me parece claro que Acción Nacional cuenta con dos fuentes únicas de sustentación: la Iglesia católica y el desprestigio de los regímenes revolucionarios; pero la medida de la escasa fuerza final que tendría la da el hecho de que se alimenta mucho más de la segunda fuente que de la primera, a pesar de la tradicional generosidad nutricia de la Iglesia católica para amamantar a todo partido retrógrado. Esto quiere decir que Acción Nacional se desplomaría al hacerse gobierno.

Más adelante en su ensayo concluye que "México puede y debe tener, en suma, una fundada desconfianza hacia un partido, hacia todo partido que no haya sabido forjar en el ayuno de la oposición un programa claro, ahora sí que de acción nacional, y que no dé la reconfortante sensación de que la marcha es hacia un nuevo día y no hacia la noche, ya muerta y callada".

Antes, en ese mismo texto, el ensayista que se eleva como uno de los grandes pensadores del siglo XX mexicano (y que se extiende, mágico, hasta el siglo XXI) dice que el "rayo de esperanza" para una "verdadera purificación" quizá deba venir de adentro mismo del sistema, que arrase hasta con la tierra misma, porque "ha sido la deshonestidad de los gobernantes revolucionarios, más que ninguna otra causa, la que ha tronchado la vida de la Revolución mexicana". Es fácil descubrir, para cualquiera que vivió la presidencia 2018-2024, que el ensayo tendría un efecto enorme en el pensamiento de Andrés Manuel López Obrador.

En los casi 80 años posteriores al ensayo, México transitaría hacia las opciones que planteaba Daniel Cosío Villegas, aunque en distinto orden. La derecha se fue apoderando de los gobiernos de la Revolución y luego el régimen se enfrentó a una intentona renovadora desde adentro del poder mismo, con Cuauhtémoc Cárdenas: él se proponía purificar al PRI más que crear un nuevo partido. Vino la rendición oficial del régimen (una rendición de terciopelo) a la derecha, en varios momentos escalonados y dos de ellos muy importantes para el siglo XXI: con Miguel de la Madrid y Carlos Salinas de Gortari se da un regreso al capitalismo de cuates: lo que se conoce como neoliberalismo y que López Obrador llama "neoporfirismo". Posteriormente vino una transición en apariencia democrática hacia un partido que, como ya había advertido el intelectual mexicano, se volvió una opción cómoda porque era hijo legítimo del mismo sistema: Acción Nacional. Y luego vino López Obrador, un ajuste de tuerca hacia la izquierda con sabor a gobiernos revolucionarios y la fusión del PRI y el PAN en una sola fuerza de derechas, una evolución que se detalla en siguientes capítulos.

Lázaro Cárdenas sometió a los callistas, pero mantuvo gran parte de la estructura que dio gobernabilidad a Plutarco Elías Calles. Eliminó el cargo vitalicio de "Jefe Máximo de la Revolución", que estaba por encima del presidente de la República, pero mantuvo la "casta" política: en la cúspide él, luego los gobernadores de algunos estados, comandantes de zona militar, subsecretarios, ministros de la Suprema Corte. Y "hacia abajo, en el escalón siguiente, figuraban los demás gobernadores, algunos directores generales, los embajadores, los presidentes municipales de Monterrey, Guadalajara y Puebla, y los senadores y diputados. En orden descendente, seguía la zona de diputados de provincia, algunos jueces, ciertos jefes militares y presidentes de ciudades medianas. En los últimos peldaños andaban los caciques locales, los presidentes de municipios de poco bulto, la oficialidad del ejército, los jueces menores, los receptores de rentas, los policías uniformados, los pistoleros", como define Luis González y González.

La pirámide, que no distinguía la división de poderes, evolucionó en las siguientes décadas, hasta entrado el siglo XXI, facilitando el control de una élite sobre el resto de los mexicanos. Los gobernadores y jefes militares fueron perdiendo poder y, con el tiempo, lo ganaron los jefes del partido de Estado, brazo musculoso del gobierno para controlar la vida política: primero como Partido Nacional Revolucionario (PNR), con Calles; luego Cárdenas lo transformó en Partido de la Revolución Mexicana (PRM) y en 1948 adoptó el nombre con el que entraría al siglo XXI: Partido Revolucionario Institucional. Aunque el empresariado no fue aceptado como un sector dentro del PRI (como el campesino, obrero y popular), se coló directamente a las estructuras del poder, arriba en la pirámide, primero como grupo de presión y después como coautor de las políticas públicas.

Los días finales de la presidencia del general Lázaro Cárdenas sonaron como una avalancha: primero un rumor, luego la incontenible montaña de cosas que se vienen abajo. La Historia es una pelota que pega en las paredes de la casualidad y la suerte, pero también en los muros que se levantan con paciencia: las fuerzas conservadoras, que siempre estuvieron allí, se reorganizaron para pelearse los hilos del poder desde todos los ángulos, en México y en el extranjero, hasta hacerse de ellos. El periodo de derechas más largo e ininterrumpido en la Historia de México, de 1940 a 2018, estaba por empezar.

SEGUNDA PARTE

Por Álvaro Delgado Gómez

De aquí a seis años, las diferencias entre la Revolución Mexicana y los partidos conservadores pueden ser tan insustanciales, que estos pueden ascender al poder no ya como opositores del gobierno, sino como sus hijos ilegítimos… ¿México puede esperar algo de las derechas? La derecha mexicana, como la de todo el mundo, no es mano cordial: Carece de la comprensión y de la generosidad de que tanto necesita nuestro desdichado país. Por añadidura, nada nos ofrece que sea nuevo o mejor de lo que ahora tenemos.

DANIEL COSÍO VILLEGAS, "La crisis de México", 1946

Vamos a preparar muchachos para que dentro de treinta o cuarenta años puedan hacer la transformación de un país estatista a uno liberal capitalista.

RAÚL BAILLÈRES CHÁVEZ, fundador del ITAM, 1946

Los hombres de la iniciativa privada ya no se puede decir que son reaccionarios. Ahora están presentes en las filas de partido de la Revolución y suman su esfuerzo al que realizan campesinos, obreros y gente del sector popular.

LAURO ORTEGA, presidente del PRI, abril de 1966

Capítulo 4

PRI: la Revolución derechizada

EL "MOMENTO CONSERVADOR" DE MÉXICO

La derecha no llegó al poder en México con la victoria de Vicente Fox y el Partido Acción Nacional (PAN) en el año 2000. La derecha ya estaba en el poder desde muchos años antes en los gobiernos del Partido Revolucionario Institucional (PRI), con los sesenta como la década definitiva para su ascenso y los setenta para su consolidación hacia el futuro neoliberal.

Sí: cuando el PAN era un partido marginal y endogámico, antes de los ochenta, el conservadurismo político, empresarial, religioso y mediático de México anidaba, influía y gobernaba dentro del régimen autoritario del PRI, con prácticas políticas que paulatinamente acentuaron la derechización del país tras el gobierno de Lázaro Cárdenas del Río y la definición de los dos proyectos de nación en pugna.

Desde Lázaro Cárdenas, los presidentes de la República que más revolucionarios se proclamaron terminaron por dejar en el poder, paradójicamente, a sucesores más conservadores, aunque todos provistos de la retórica revolucionaria.

Adolfo López Mateos se definió como de "extrema izquierda dentro de la Constitución" y finalizó su gobierno domesticado por el poder económico, dando paso a la presidencia de la República a Gustavo Díaz Ordaz, prototipo del presidente del PRI ultraderechista y represor.

Echeverría, quien se enfrentó a los empresarios como ningún presidente antes, heredó como su sucesor a José López Portillo, quien confesó que gobernó a favor de la burguesía y contra la clase trabajadora. Y éste, autoproclamado "el último presidente de la Revolución", legó al ultraconservador y neoliberal Miguel de la Madrid.

Esta derechización se acentuó aún más de De la Madrid a Carlos Salinas de Gortari, el arquitecto de la oligarquía y la desigualdad moderna, y de éste al entreguista Ernesto Zedillo Ponce de León, periodo en el que hasta la retórica revolucionaria desapareció.

Con el PAN se instaló descaradamente el conservadurismo y se siguió también la regla de sucesores más radicales: Fox, un impostor de la democracia, dejó al belicista Felipe Calderón y éste le devolvió el poder al PRI con Enrique Peña Nieto, personificación de la decadencia. Pura derecha.

En este capítulo documento y analizo sólo cuatro gobiernos del PRI, de 1958 a 1982, años en los que la derecha y la extrema derecha en todas sus manifestaciones gobernaron y ejercieron amplios espacios de poder en el Estado y fuera de él, incluidos los que se autodenominaron herederos de la Revolución mexicana.

Adolfo López Mateos, un represor de movimientos populares como secretario de Gobernación de Adolfo Ruiz Cortines, es sucedido por Díaz Ordaz, católico, anticomunista y asesino, quien impone a su cómplice en Tlatelolco, el truculento Echeverría. Y este lega a López Portillo, su amigo desde la niñez.

Estos cuatro presidentes de México implementaron políticas públicas que no sólo privilegiaron a la derecha empresarial, ideológica y religiosa, siempre a nombre de la Revolución mexicana, sino que fueron represores de los sectores populares y asesinos de disidentes durante un cuarto de siglo.

El análisis de este periodo histórico tiene al movimiento estudiantil de 1968 como un año emblemático en la derechización de México, cuando no comienza sino se acentúa este fenómeno ideológico.

El gobierno de Estados Unidos fue clave en esta acelerada derechización de México con acciones directas: justo al cumplirse medio siglo de iniciada la Revolución mexicana, en 1960, la Agencia Central de Inteligencia (CIA) desplegó una intensa actividad injerencista para contrarrestar el avance del "comunismo" con el triunfo de la Revolución en Cuba.

Esta intromisión de Estados Unidos está acreditada con documentación de la propia CIA que reclutó como sus agentes a los expresidentes López Mateos, Díaz Ordaz, Echeverría y López Portillo, así como a los principales mandos de los aparatos de la represión contra la izquierda, entre ellos los emblemáticos Fernando Gutiérrez Barrios y Miguel Nazar Haro.

Los documentos desclasificados de la CIA, que en este capítulo se revelan, acreditan también el financiamiento, adiestramiento y manejo de prominentes personajes y organizaciones de la derecha política, empresarial, mediática y universitaria: desde Agustín Navarro Vázquez, ideólogo y operador del sector privado, hasta las organizaciones secretas de extrema derecha Tecos de la Universidad Autónoma de Guadalajara (UAG) y El Yunque, que hasta 1965 actuaron de manera conjunta para el régimen revolucionario.

El grupo de choque Movimiento Universitario de Renovadora Orientación (MURO), que entre otros empresarios financió Hugo Salinas Price —padre del presidente de Grupo Salinas, Ricardo Salinas Pliego—, fue utilizado como espía, propagandista y brazo represor en la UNAM y otras universidades del país, una estrategia autorizada por el gobierno de México que combatió también con violencia la falsa "conjura comunista".

Es el movimiento estudiantil de 1968 el que sintetiza, como en ningún otro momento del siglo XX, el pensamiento y la acción de la derecha en México, la de fuera y sobre todo la de dentro del régimen, un episodio histórico vil, mentiroso y cruel, sólo comparado, en cohesión y eficacia, con lo que esta fuerza ideológica exhibió en el fraudulento proceso electoral de 2006, con el primer gobierno del PAN, el de Fox, ya en el nuevo milenio.

Intolerancia, manipulación, autoritarismo, represión y muerte, características intrínsecas y explícitas de la derecha en México y en el mundo, se exhibieron ante y contra esa movilización popular que fue aniquilada con el único recurso de la sinrazón: el crimen.

Todas las instituciones del Estado —gobierno de la República, Congreso, Poder Judicial, Fuerzas Armadas, cuerpos policiacos, agencias de espionaje y organismos de represión— se unificaron y articularon con el amplio abanico de la derecha del sector privado, los medios de comunicación, la Iglesia católica, las instituciones educativas, las organizaciones secretas, los grupos paramilitares...

Este extendido entramado de poderes político, económico, religioso, policiaco y militar estuvo influido y auspiciado, política y económicamente, por el gobierno de Estados Unidos, en el contexto de la Guerra Fría y el feroz anticomunismo que estimuló el triunfo de la Revolución cubana nueve años antes.

Alineadas una a una, con una sola consigna, las fuerzas de la derecha mostraron, en el movimiento de 1968, la falacia del México democrático y exhibieron el abandono del programa de la Revolución mexicana, para entonces bandera deslavada que sólo se usaba para los discursos del PRI, cuya derechización inician Manuel Ávila Camacho y Miguel Alemán con una política proempresarial y reaccionaria hasta López Portillo, que con el neoliberalismo se radicaliza.

El PAN nació en 1939 para unificar a toda la derecha, con la promesa de ser escuela de ciudadanía para construir un régimen democrático, pero desde su nacimiento y específicamente en el movimiento de 1968 sólo agrupó a una pequeña parte de esa fuerza ideológica —otra se refugió en el sinarquismo que repudiaba la vía electoral—, porque el resto, casi la totalidad, estaba dentro del sistema político priista.

Hasta los setenta, la turbulenta década que definió con nitidez los dos polos ideológicos en México, la derecha operaba sobre todo dentro del PRI y del gobierno, a través de los organismos del sector privado, las iglesias, los medios de comunicación y las dos principales organizaciones extremistas.

Y fue, en efecto, el movimiento de 1968 el que unificó a toda la derecha del país y avaló el sangriento desenlace, en un episodio que marcó el futuro de México con el sello de esa fuerza ideológica, que se agrupó en las cuatro décadas del neoliberalismo iniciado con Miguel de la Madrid.

Ese movimiento popular representa "el momento conservador de México", como define el historiador Ariel Rodríguez Kuri a las actitudes y argumentos de personas, grupos y organizaciones que en diversos tonos se mostraron conformes y apoyaron explícitamente la política de Díaz Ordaz frente a la protesta de los estudiantes y sus aliados en los meses que duró el movimiento estudiantil.

En el capítulo "El lado oscuro de la luna. El momento conservador de 1968", incluido en el libro *Conservadurismo y derecha en la historia de México*, tomo II, con Erika Pani como coordinadora, Rodríguez Kuri explica: "El momento conservador de 1968 en México tiene varios componentes: Describe de entrada un alineamiento discursivo enfático, dramatizado, de personas o grupos que racionalizan y justifican las medidas [incluso el uso de la violencia física] del gobierno de Gustavo Díaz Ordaz, contrarias al cumplimiento de las demandas estudiantiles; ese alineamiento se da entre personas, grupos y organizaciones de origen presuntamente diverso desde el punto de vista de clase, cultural e ideológico".

Añade el historiador:

El momento conservador no se define siempre, de forma directa y mecánica, por los antecedentes políticos e ideológicos de sus protagonistas, sino por los argumentos inmediatamente vertidos por estos frente a las movilizaciones, lenguajes y modalidades de información de los estudiantes en las escuelas y las calles. Los partícipes del momento conservador tienden a interpretar la protesta estudiantil sólo como un acto de indisciplina política y social, y no la consideran en ningún momento como un ejercicio de derechos constitucionales [políticos, cívicos] de los estudiantes y sus aliados. En fin, la corriente conservadora recurre a dos operaciones típicas: La denuncia de influencias externas en la protesta [de comunistas, de imperialistas, de priistas resentidos] y la exhibición de los jóvenes como la prueba viviente del fracaso del orden moderno en México.

Como parte de su investigación, Rodríguez Kuri consultó en el Archivo General de la Nación (AGN) cientos de telegramas que organismos y ciudadanos enviaron a Díaz Ordaz para manifestarle su respaldo por las decisiones que tomó a lo largo del conflicto, incluidas la toma de la Ciudad Universitaria de la UNAM por el Ejército, el 18 de septiembre, y la aniquilación militar del movimiento, el 2 de octubre.

Destacan los mensajes de dos prominentes figuras de la derecha en México, Salvador Abascal Infante, fundador del sinarquismo, y

Salvador Borrego, autor de libros que buscaban acreditar la conspiración judeo-masónica-comunista tan vigente en el siglo xx. Ambos eran opuestos a la democracia electoral por la que propugnaba el PAN, al que los dos aborrecían.

Cito a Rodríguez Kuri:

A su manera, Salvador Abascal escribió una telegrama con sabor corporativo, el mismo día en que fue tomada la Ciudad Universitaria por el Ejército. "Lo felicitamos mis once hijos, mi esposa y su servidor", le dice a Díaz Ordaz. Por si las dudas, consideró oportuno notificar al presidente que "los obreros y empleados de (la) Editorial Jus en que trabajo lo aplauden". Se hizo portavoz, además de "la inmensa mayoría sensata" de la nación, que espera que "con la debida energía domine usted (la) situación". *By the way*: Los principales focos de subversión se encuentran en "las facultades de economía y ciencias políticas". Salvador Borrego no se andaba por las ramas, pero él sólo escribió a nombre propio: "Como mexicano celebro que la universidad haya sido rescatada por el Ejército".

Rodríguez Kuri concluye: "El momento conservador de 1968 fue eso, un momento. Como alianza política de grupos, ideologías y discursos, estaba destinado a una vida efímera, y así fue".

Pero no es así: la acción cohesionada del conservadurismo no fue un momento y se desvaneció. Tampoco fue el inicio, sino la continuación de un proceso histórico que tomó ese rumbo ideológico tras el gobierno de Cárdenas, con la "apertura a la derecha" del general católico Manuel Ávila Camacho y el empresario Miguel Alemán Valdés, el primer presidente civil tras la Revolución mexicana y denominado el Cachorro de esta.

El movimiento de 1968 es, en todo caso, el episodio histórico que divide dos ciclos de acción de la derecha: uno que nace de la derechización de los gobiernos "revolucionarios" tras el gobierno de Cárdenas y del fervor anticomunista por el triunfo de la Revolución en Cuba, en 1959, y otro que se extenderá exactamente medio siglo, hasta 2018.

En este sentido, los sesenta son la década definitoria para el ascenso de la derecha, primero por la vía del PRI, luego el cogobierno con el PAN creado por Carlos Salinas a raíz del fraude de 1988 —que se extenderá a Ernesto Zedillo, Vicente Fox, Felipe Calderón y Enrique Peña Nieto— y finalmente la formal coalición que ambos partidos establecieron en 2021, ya expulsados del poder político por Andrés Manuel López Obrador y Morena tres años antes, y hasta la elección de 2024.

LA ULTRADERECHA EN EL PRI

En los sesenta, hasta las fuerzas más extremistas de la derecha participaban en el PRI y en el gobierno, como los Tecos y El Yunque, organizaciones secretas creadas por los sacerdotes jesuitas Manuel Figueroa y Julio Vértiz, para instaurar el Reino de Dios en la Tierra y que, en 1965, rompieron por sus visiones contrapuestas sobre el Concilio Vaticano II.

Y si bien el sinarquismo, liderado por Abascal Infante, rechazaba el régimen priista por masón y antirreligioso, tampoco se confrontaba con él. La misma conducta tenía el Partido Nacionalista Mexicano que, en 1964, fundó Hugo Salinas Price, el padre del multimillonario Ricardo Salinas Pliego.

Salinas Price, como otros grandes empresarios de México, financió proyectos políticos enfocados fundamentalmente contra la izquierda, pero no contra el sistema. Y aunque se pretendió la unificación de las corrientes de toda la derecha, cuyo operador fue Agustín Navarro Vázquez —un agente de la CIA—, fue en ese momento un esfuerzo estéril.

Manuel Díaz Cid, el intelectual de la Organización Nacional del Yunque y su responsable de inteligencia durante décadas, me contó en varias conversaciones que, desde su nacimiento en 1953 y hasta finales de los setenta, esta formación de la extrema derecha mexicana —creada en Puebla como una extensión de los Tecos de Guadalajara— era parte del PRI y de sus gobiernos.

"Éramos priistas, votábamos por el PRI", me dijo en 2003, exactamente a medio siglo de que se fundó la organización secreta en Puebla y que estuvo ligada a Díaz Ordaz desde que fue secretario de Gobernación de López Mateos hasta el gobierno de López

Portillo, que también simpatizaba con ella y uno de cuyos sobrinos, José Antonio Ugarte Romano, el secretario técnico del gabinete económico, era un militante juramentado.

Segundo presidente del Frente Universitario Anticomunista (FUA), el primer organismo mediante el cual operó abiertamente la organización secreta, Díaz Cid —fallecido en 2018— admitió que, debido a la cercanía con el PRI y el gobierno, apoyaron la represión contra el movimiento de 1968 y votaron para la presidencia de México, en 1970, por Luis Echeverría Álvarez.

"Votamos por Echeverría, porque para nosotros Echeverría era un nacionalista, un hombre que empataba mucho con lo que nosotros pensábamos. Era la visión que nos daba Luis Felipe Coello", recordaba Díaz Cid, en alusión al primer presidente del MURO, que se creó en 1960 para, desde la UNAM, generar una expansión nacional de esta estructura de la extrema derecha que resultaría exitosa y que luego se ha extendido a varios países del mundo.

Reclutado en Puebla, Coello Macías fue el primer presidente del MURO y al igual que su sucesor, Fernando Baños Urquijo, estaba bajo las órdenes de una curiosa triada: de la organización secreta, de la CIA y de Fernando Gutiérrez Barrios, el policía político que con Díaz Ordaz como secretario de Gobernación fue el subdirector de la Dirección Federal de Seguridad (DFS) y con él en la presidencia de la República ascendería a director.

Coello aseguraba, recordaba Díaz Cid, que el policía político del régimen era de derecha: "Él siempre quiso llevarme con Gutiérrez Barios y yo no nunca quise mezclarme con esa gente. Me decía: 'Este hombre está más cerca de este lado. ¡Ni te imaginas!'".

Los Tecos de la UAG, cuyos jerarcas son hasta ahora la familia Leaño, también eran miembros del PRI y aún lo son: uno de sus principales jefes operativos en ese partido fue Luis M. Farías, jefe de relaciones públicas de Díaz Ordaz, presidente de la Cámara de Diputados cuando la matanza de 1968, gobernador de Nuevo León y enlace de López Portillo con el Grupo Monterrey.

Así como las organizaciones de la extrema derecha eran priistas, también los organismos empresariales, a tal punto que Díaz Ordaz, ya como presidente de la República, se propuso crear el "sector patronal" del PRI, para sumarlo al campesino, al obrero y al popular.

EL "SECTOR PATRONAL" DEL PRI

Este dato de enorme relevancia ha quedado sepultado por la desmemoria histórica, debajo de tantos expedientes vergonzantes, pero es uno de los más elocuentes episodios de la chiclosa ideología del PRI y su vocación de derecha.

Sucedió en abril de 1966, dos años antes de la matanza de Tlatelolco ordenada por Díaz Ordaz, quien cinco meses antes destituyó de la presidencia del PRI a Carlos Alberto Madrazo por pretender democratizar a ese partido y lo sustituyó por Lauro Ortega.

Apenas tomó posesión, Ortega propuso en sus giras por el país incorporar, formal y orgánicamente, a los patrones de México al partido oficial, idea que no podía venir más que del propio Díaz Ordaz.

"Los hombres de la iniciativa privada —decía Ortega— ya no se puede decir que son reaccionarios. Ahora están presentes en las filas de partido de la Revolución y suman su esfuerzo al que realizan campesinos, obreros y gente del sector popular".

El plan de Díaz Ordaz quedó sólo en tentativa, pero evidenció otra vez la derechización de los gobiernos de la Revolución después de Cárdenas.

El académico Roberto Furtak, de la Universidad de Friburgo, Alemania, identificó esta derechización del PRI y de sus gobiernos en 1969, en su ensayo "El Partido Revolucionario Institucional: Integración nacional y movilización electoral". Pese a que no se creó formalmente el "sector patronal", esa formación política tenía ya un carácter reaccionario.

Escribe Furtak:

Los industriales, grandes comerciantes, terratenientes y banqueros no están representados en el PRI como grupos gremiales específicos, debido a su función social contraria a los objetivos de la Revolución. Porque, independientemente de la "apertura a la derecha", realizada por el presidente Ávila Camacho (1940-1946) y sobre todo por su sucesor Miguel Alemán (1946-1952), e independientemente también del fomento al sector capitalista por parte del gobierno, el partido se concibe como una organización que representa a los sectores menos privilegiados de la población. El PRI es presentado como el defensor de los intereses de estos sectores con el objeto declarado, dirigido básicamente contra los empresarios, de establecer la mayor justicia social posible a través de la redistribución del ingreso.

Aclara:

> Sin embargo, a los miembros de los grupos antes citados, denominados como la "iniciativa privada", no se les impide ingresar individualmente al PRI a través del sector popular si, como lo formuló el expresidente del partido, doctor Lauro Ortega, muestran una convicción revolucionaria y una mentalidad progresista. Si hasta ahora se han rechazado todas las especulaciones referentes a la creación de un "sector patronal", no deben pasar inadvertidos los esfuerzos del PRI por cultivar relaciones estrechas con los círculos comerciales y empresarios, justifican con el argumento de que es necesaria la formación de "un nuevo tipo de empresario" con una actitud positiva frente a la revolución.
>
> Un ingreso corporativo de estos grupos de la "iniciativa privada" confirmaría, indudablemente, la función del PRI como aglutinador y al mismo tiempo colocaría al partido en la posición de tomar parte activa como órgano de arbitraje en la solución de conflictos de trabajo. Sin embargo, no puede dejar de verse, por otra parte, que el dirimir los conflictos de intereses entre los trabajadores y los patrones podría poner el peligro la cohesión del partido.

El PRI, en efecto, no sólo no creó el "sector patronal" ni tampoco afilió corporativamente a los miembros de la iniciativa privada, pero sí estrechó sus relaciones y muchos de los dirigentes empresariales eran claramente priistas. Lo siguieron siendo todavía en el futuro.

Tampoco había necesidad de crear un "sector empresarial" en el PRI, porque sus gobiernos actuaban en favor de los intereses de ese sector, como se dijo en la incipiente opinión pública cuando formuló la propuesta Lauro Ortega por encargo de Díaz Ordaz.

El escritor José Agustín expone en *Tragicomedia Mexicana 1. La vida de México de 1940 a 1970*, el contexto y el desenlace de la tentativa diazordacista: "Dada la indigencia del sector popular y del campesino, y el control rígido del sector obrero [Fidel Velázquez seguía reeligiéndose, puntualmente, cada cuatro años], mucha gente consideraba que los empresarios eran los verdaderos amos y señores del partido oficial, ¿para qué entonces la formalidad de otorgarles un sector?".

El cuestionamiento tenía sentido, pero el solo hecho de plantearlo revelaba explícitamente el compromiso ideológico del régimen con el poder económico. Escribe Agustín:

> Las bromas se sucedían y los militantes de la vieja guardia se escandalizaban, así que Lauro Ortega, y el presidente Díaz Ordaz tras él, tuvieron que dar marcha atrás. Todo eso a fin de cuentas reflejaba la época de oro de la concordia empresarios-gobierno, que en esos años pre-68 llegaba a su cenit. Los líderes obreros, que tan bien servían a los intereses del capital, de cualquier manera, a nivel declarativo, no podían aceptar nada de eso. Fidel Velázquez declaró entonces que la sola idea de incorporar a los empresarios al PRI implicaba "desvirtuar su doctrina y su misión".

El PAN no era, para entonces, un riesgo para el régimen. Aunque había nacido en 1939 con el respaldo de una muy importante militancia católica y empresarial, con los que formó en sus inicios una triada con la partidaria, el propio régimen había asumido las demandas del sector privado.

El componente religioso sería el que más prevaleció en el PAN, como explica Ricardo Tirado en "Los empresarios y la derecha en México", publicado en la *Revista Mexicana de Sociología*: Efraín González Luna, fundador, ideólogo y líder panista, fue presidente de la Asociación Católica de la Juventud Mexicana (ACJM), organización con la cual estuvo ligado Luis Calderón Vega —padre de Felipe Calderón—, Carlos Septién García, Carlos Ramírez Zetina, Miguel Estrada Iturbide, Daniel Kuri Breña —tío abuelo del priista José Antonio Meade—y Luis Hinojosa, todos ellos fundadores del PAN y miembros de la Confederación Nacional de Estudiantes Católicos de México, organización afiliada a la ACJM que luego se transformaría en la Unión Nacional de Estudiantes Católicos (UNEC), e Isaac Guzmán Valdivia, fundador del PAN y cofundador también de la muy marcadamente confesional Unión Nacional Sinarquista (UNS).

Tirado recuerda que el fuerte nexo establecido por el PAN con los empresarios, también desde su fundación, sería visible tanto en la ideología como en la composición de su liderazgo, en el cual, junto con sus más destacados dirigentes, como Manuel Gómez Morín (economista, intelectual y financiero muy vinculado al consorcio de los Garza Sada de Monterrey) y Efraín González Luna (accionista y miembro de los consejos de administración de la banca jalisciense), figuraban también muchos otros empresarios, tantos, que en 1939 el primer Comité Ejecutivo Nacional del partido se componía en un 38 por ciento de empresarios y financieros.

Pero el nexo partido-empresarios se hacía también transparente por la doble afiliación de algunos militantes empresarios al PAN y a las organizaciones empresariales; son los casos de los siguientes miembros fundadores del PAN: Carlos Novoa, exgerente de la Asociación de Banqueros de México, Daniel Kuri Breña, secretario de la VII Convención de la Coparmex celebrada en septiembre de 1941; Isaac Guzmán Valdivia, gerente del Centro Patronal de La Laguna y más tarde gerente de la Coparmex; Antonio L. Rodríguez, cofundador de la Coparmex en 1929, gerente de la Cámara de Comercio de Monterrey, vocero de la Junta Patronal de Monterrey en 1936, gerente del Centro Patronal de Monterrey, secretario del consejo directivo de la Coparmex en 1945, diputado federal panista electo en 1946 [uno de los primeros cuatro diputados que tuvo el PAN], candidato panista a la gubernatura de Nuevo León en 1949 y precandidato panista a la presidencia de la República en 1964; Manuel Gómez Morín, representante de la Coparmex en 1930, y Efraín González Luna, cofundador del Centro Patronal de Guadalajara. La concurrencia de estos tres grupos —sobre todo la de los empresarios y los militantes católicos provenientes de las organizaciones vinculadas con la Iglesia— en la fundación del PAN en la coyuntura de fines de la década de 1930 exhibió la capacidad de las fuerzas de la derecha mexicana para articular una alianza orgánica política partidaria.

Sin embargo, dice Tirado, el régimen tomó nota de ello y entró en acción para contrarrestar al naciente PAN: "En los años cuarenta, en la medida en que el gobierno del presidente Ávila Camacho fue rectificando la dirección que el cardenismo había impuesto al gobierno, y más aún cuando el alemanismo consolidó la virtual liquidación del proyecto cardenista, los empresarios fueron abandonando paulatinamente al PAN, dejándolo en manos sobre todo de militantes católicos y otros grupos provenientes de los sectores medios urbanos".

Así, el PAN era a inicios de los sesenta un partido raquítico que obtuvo apenas el 7.5 por ciento de los votos en la elección federal de 1961, la intermedia de López Mateos, y con plazas de apoyo muy identificadas y dispersas.

Luis H. Álvarez, quien contendió por la presidencia de la República contra López Mateos en 1958 y logró 9.42 por ciento de los votos, recuerda en su libro *Medio siglo, andanzas de un político a favor de la democracia* que la presencia del PAN en el territorio nacional estaba muy localizada, inexistente en muchas regiones del país y que su candidatura le ayudó a crecer en el norte: "La campaña sirvió al partido para crecer. Anteriormente el PAN estaba concentrando su votación en el Bajío, Michoacán y Oaxaca. La campaña presidencial activó en el norte la participación ciudadana".

Eran todavía los tiempos de la brega de eternidad, expresión de Gómez Morín, que anticipaba una larga travesía para la obtención del poder. El auge estaba en el PRI, donde la derecha se desplegaba en todos los ámbitos, incluyendo el educativo.

La Revolución hacia la derecha

Los sesenta fueron tiempos convulsos: la pretensión de Díaz Ordaz de crear el "sector empresarial" del PRI se produjo un año después del asalto al cuartel de Madera, Chihuahua, por un minúsculo grupo guerrillero, el 23 de septiembre de 1965, que da inicio a la era de la insurgencia armada en México, que sería brutalmente reprimida por el Ejército en Guerrero como lo fue el movimiento estudiantil tres años después.

La Revolución mexicana cumplió en 1960 medio siglo de haberse iniciado, prácticamente a la mitad del gobierno de López Mateos, un año definitivo para el rumbo del país hacia la derecha.

Aunque López Mateos todavía enarboló algunas banderas revolucionarias, como el impulso a la educación pública universitaria, la creación de la Comisión Nacional de Libros de Texto Gratuitos (Conaliteg) y la nacionalización de la industria eléctrica, fue un represor de toda disidencia popular, con el empleo del Ejército contra los movimientos ferrocarrilero, magisterial y de médicos.

Es con López Mateos, siendo Díaz Ordaz el secretario de Gobernación, cuando el régimen se acerca al sector privado, la Iglesia católica y los medios de comunicación, aún más que Ávila Camacho y Alemán, los que inician la derechización de México.

En el contexto de la Guerra Fría que alentó Estados Unidos, triunfante la Revolución cubana en 1959, el país se endureció con el anticomunismo, que se exacerbó con una declaración del propio López Mateos: el 1º de julio de 1960, en Guaymas, Sonora, declaró que su gobierno era de extrema izquierda… dentro de la Constitución.

Si la nacionalización de la industria eléctrica y la creación de los libros de texto gratuitos, justo al cumplirse la mitad de la Revolución mexicana, molestaban a la derecha, esta proclama ideológica la enfureció más, porque hizo temer que México iba hacia el totalitarismo.

López Mateos declaró:

La línea de política a la derecha o a la izquierda debe ser tomada desde el punto de vista de cuál es el centro. En realidad ustedes conocen cuál es el origen de nuestra Constitución, que emanó de una Revolución típicamente popular y revolucionaria, que aspiraba a otorgar a los mexicanos garantías para tener mejores niveles de vida en todos los órdenes, a una mejor educación, a la salubridad, a la dignidad humana. En ese sentido nuestra Constitución es, de hecho, una Constitución de origen popular de izquierda, en el sentido que se le quiere dar a la palabra izquierda en México. Ahora, mi gobierno es, dentro de la Constitución, de extrema izquierda.

Si de por sí la política exterior de México de ser el único país de América Latina que no rompió relaciones con Cuba disgustaba a la derecha, sus palabras escandalizaron al PAN, a la prensa y al sector privado que temían un viraje al socialismo.

Otras medidas gubernamentales, como la estatización de la Compañía Operadora de Teatros, propiedad de los magnates poblanos Manuel Espinosa Yglesias y Gabriel Alarcón, así como a su socio William Jenkins, de origen estadounidense —los tres de extrema derecha—, colmó la paciencia de los ricos de México.

Tras reunirse toda la cúpula del sector privado, liderada por la Confederación Patronal de la República Mexicana (Coparmex), la Confederación de Cámaras Nacionales de Comercio (Concanaco) y la Confederación de Cámaras Industriales (Concamin), se publicó, el 24 de noviembre de 1960, un desplegado que emplazaba a una definición de López Mateos: "¿Por cuál camino, señor presidente?".

Juan Sánchez Navarro, presidente de la Concanaco, fundador del PAN y quien al paso de los años se convirtió en el ideólogo del sector privado del país, fue el encargado de redactar el desplegado que representó un desafío al gobierno de López Mateos sobre el rumbo de la economía, en particular ante expropiaciones y compras, presuntas o reales, de empresas por parte del gobierno.

Ante estos hechos y rumores, los organismos de la iniciativa privada expresaron la inquietud de los particulares y de las fuerzas económicas del país y se formulan las siguientes preguntas:

1.- ¿Es justificado que el gasto público se utilice en la compra de empresas privadas, cuando los servicios esenciales del Estado: de salubridad, de educación, de caminos, etc., se encuentran muy lejos de estar satisfechos?

2.- ¿Es que nos encaminamos, a través de un intervencionismo creciente, hacia el socialismo de Estado?

3.- ¿Estamos en el principio de una nueva política económica del gobierno?

La respuesta de López Mateos, mediante un comunicado, fue extremadamente cuidadosa y hasta obsequiosa: aseguró que el gobierno no pretendía desplazar a la iniciativa privada, sino encauzarla, y sólo intervenía cuando había deficiencias.

"Con frecuencia la iniciativa privada ha solicitado la ayuda del gobierno para el mejor desenvolvimiento de sus negocios y siempre ha encontrado una franca y amistosa acogida", decía el comunicado, que puntualizó que muchas empresas se consolidaron por la propia intervención del Estado.

Y, en efecto, así había sido hasta entonces y lo seguiría siendo en el futuro, como se verá más adelante.

También el secretario de Hacienda, Antonio Ortiz Mena, el padre del "desarrollo estabilizador", trató de tranquilizar a los inquietos empresarios con amabilidad.

El objetivo del gobierno —insistió— no era competir con la iniciativa privada, sino favorecer el desarrollo económico, y si intervenía era porque así lo habían solicitado los propios empresarios para evitar quiebras y despidos de trabajadores.

La derecha dobla a López Mateos

Así, salvo por la relación con Cuba y los libros de texto gratuitos, la relación de López Mateos y la derecha empresarial y política fue más bien amable y de acuerdo con los intereses privados.

La derecha había doblado a López Mateos, como se ufanó Sánchez Navarro, citado por Alicia Ortiz Rivera en el libro *Juan Sánchez Navarro (1913-2006). El empresario modelo*, donde se evoca ese episodio: "Fue, desde entonces, un hombre con una mentalidad totalmente distinta, actuó sin agresividad, conciliando intereses. Su disposición de dar a la empresa la oportunidad de cumplir su función en la economía fue total, y eso representó un éxito bárbaro en la iniciativa privada".

Los empresarios, sobre todo Sánchez Navarro, se convirtieron en invitados permanentes a las giras de López Mateos por el país y el mundo.

Pero la oligarquía no se quedó cruzada de brazos: dos años después, en 1962, creó el Consejo Mexicano de Hombres de Negocios (CMHN), el organismo del sector privado que agrupó desde entonces a los mexicanos más ricos y que, en 2015, cambió su denominación a Consejo Mexicano de Negocios.

El propósito de los millonarios de México agrupados en el CMHN era, como hasta ahora, ser interlocutores del sector privado directamente con el presidente de la República e influir sobre todo en la definición del candidato presidencial que en la era priista era ganador.

Ese mismo año de 1962, el 10 de abril, se produjo también un acontecimiento clave para el futuro de la derecha en México: López Mateos firmó el decreto que concedió la autonomía al Instituto Tecnológico Autónomo de México (ITAM), cuyo fundador, Raúl Baillères, era un tenaz opositor de la política económica de intervención estatal que implementó el general Cárdenas.

Decía Baillères sobre el ITAM: "Vamos a preparar muchachos para que dentro de treinta o cuarenta años puedan hacer la transformación de un país estadista a un país liberal capitalista".

El ITAM nace de la Asociación Mexicana de Cultura creada en 1946 por un grupo de empresarios y banqueros, entre ellos Raúl Baillères, Salvador Ugarte, Mario Domínguez y Ernesto J. Amezcua, así como Luis Montes de Oca, secretario de Hacienda de varios presidentes posrevolucionarios y director general del Banco de México en el gobierno de Cárdenas.

Su idea es generar una alternativa a la política económica de intervención estatal promovida en el país a partir del cardenismo. Por eso, desde 1941, Montes de Oca había invitado a México a Ludwig von Mises para dirigir un organismo, pero el creador de la escuela austriaca de economía no aceptó.

Y cuando se crea la Asociación Mexicana de Cultura, en 1946, Montes de Oca también ofrece la dirección a otro miembro de la misma escuela austriaca, Friedrich Von Hayek, como reseña Javier Ortiz de Montellano en su columna "Diálogos en el Averno".

"Como Hayek tampoco quiso aceptar dirigir el Instituto, el nombramiento de director del Instituto Mexicano de Economía del ITAM fue otorgado a Daniel Kuri Breña [tío abuelo del excandidato presidencial José Antonio Meade], persona cercana al Partido Acción Nacional y, por ello, tal vez mucho más identificado con los designios de los fundadores del Instituto Mexicano de Economía".

En el libro *Los orígenes del neoliberalismo en México*, María Eugenia Romero Sotelo escribe que con la creación del ITAM Baillères logró construir un proyecto alternativo de nación, que se instauró en México con el modelo neoliberal desde 1982: "A decir verdad lo logró, pues no se puede negar que los suyos tomaron el poder".

Ortiz de Montellano apunta que Raúl Baillères fue visionario cuando, en 1946, se propuso preparar muchachos para que dentro

de 30 a 40 años puedan hacer la transformación de un país estatista a un país liberal capitalista:

> Y, en efecto, pasados 40 años, a partir de la crisis mexicana de los
> años ochenta del siglo XX, ya se empezaban los exalumnos de es-
> tos tecnológicos privados a entronizar en los puestos que dirigían
> las finanzas y la economía del país, como Hacienda y Banco de
> México, Secretaría de Economía, etc. El punto culminante de este
> esfuerzo iniciado por Montes de Oca y los banqueros y empresa-
> rios fue el otorgamiento en 2015 de la medalla Belisario Domín-
> guez al hijo de Baillères, fundador del ITAM.

Así ocurrió: yo mismo publiqué el reportaje de cómo Enrique Peña
Nieto ordenó al Senado, "desde Los Pinos", otorgar la medalla Belisario Domínguez al multimillonario Alberto Baillères González.[1]

También en el inicio del "Milagro mexicano", en 1943, se creó
otra institución educativa de la derecha, el Instituto Tecnológico
de Estudios Superiores de Monterrey (ITESM). Lo fundó el magnate
Eugenio Garza Sada, quien mantenía una relación cordial con López
Mateos en su carácter de líder del poderoso Grupo Monterrey.

Tanto el ITAM como el ITESM copiaron los programas de las
universidades estadounidenses, en particular el Tecnológico de
Massachusetts. Al paso del tiempo, ambos se convirtieron en los
semilleros de las élites neoliberales del país.

Las familias Baillères y Garza Sada han mantenido el control de
sus universidades, proyectadas como instituciones sin fines de lucro:
en el ITAM la carrera puntera es economía, que terminaría graduan-
do al grupo que domina la política económica de México desde el
sexenio de Carlos Salinas de Gortari, cuyo secretario de Hacienda,
Pedro Aspe Armella, es consuegro del propio Baillères.

Desde el sexenio de Miguel de la Madrid los secretarios de
Hacienda han sido egresados del ITAM. Las excepciones fueron los
de Ernesto Zedillo: el efímero Jaime Serra Puche, Guillermo Ortiz
y José Ángel Gurría.

---

[1] Este caso se explora más adelante en la cuarta parte de este mismo libro.

Los gobiernos del PAN de Vicente Fox y Felipe Calderón se nutrieron del ITAM, no sólo los secretarios de Hacienda, Francisco Gil Díaz, Agustín Carstens y José Antonio Meade, sino de otras áreas, como el propio Gil Zuarth.

Con Peña Nieto destacaron los itamitas Luis Videgaray, con sus subsecretarios; el propio Meade como secretario de Desarrollo Social; el titular de la Función Pública, Virgilio Andrade; los directores de Petróleos Mexicanos (Pemex), Emilio Lozoya, y de la Comisión Federal de Electricidad, Enrique Ochoa —que sería presidente del PRI—, y todos los directores de la banca de desarrollo, mientras la política monetaria recaía en Agustín Carstens.

Justo el año en que se crea el ITESM, en 1943, la Compañía de Jesús funda otra institución emblemática de la educación privada y que ha sido semillero del pensamiento conservador, la Universidad Iberoamericana, en la capital del país, y años más tarde, en 1956, crea el Instituto Tecnológico de Estudios Superiores de Occidente (ITESO), en Guadalajara.

Desde su nacimiento, el ITESO fue blanco de ataques de los Tecos de la UAG, institución creada en 1935 por la familia Leaño, comprometida radicalmente con la derecha y de estrechos vínculos con antisemitismo y el nazismo de México y el mundo.

Uno de los fundadores de la UAG fue Efraín González Luna, quien decidió romper con la misma, quizá por su rechazo a la sociedad secreta que anidaba, y sufrió una hostilidad permanente que se extendió hasta el PAN que también él creó, en 1939, junto con Gómez Morín.

Enemiga de Cárdenas, la UAG se convirtió desde entonces en el semillero del grupo secreto de los Tecos, que, en su radicalismo, atacó hasta al jefe de la Iglesia católica en Jalisco, el cardenal José Garibi y el propio PAN de González Luna.

En medio del "Milagro mexicano" nace el Instituto de Investigaciones Económicas y Sociales (IIES), en 1953, un proyecto también del conservadurismo, con la participación de los fundadores del ITAM, Raúl Baillères, Ernesto Amezcua y Luis Montes de Oca, a quienes se sumaron Hugo Salinas Price y Agustín Navarro Vázquez, personajes clave en los grupos de choque de la ultraderecha en México.

En este entorno de enclaves de derecha, el viejo disidente López Mateos, quien participó en la campaña presidencial de José Vasconcelos, ascendió en el escalón del partido oficial y se convirtió en secretario de Gobernación del presidente Adolfo Ruiz Cortines, quien llegó al gobierno tras la orgía de corrupción de Miguel Alemán, el Cachorro de la Revolución, que dio a ésta un brutal giro a la derecha.

López Mateos ha sido considerado como progresista, pero tuvo también un carácter reaccionario: no sólo cedió ante las demandas del empresariado, sino que instrumentó una política de represión contra los movimientos sociales de izquierda desde el inicio mismo de su gobierno, en 1958, y desde que fue secretario de Gobernación de Ruiz Cortines.

En 1959, por ejemplo, el año del triunfo de la Revolución cubana, López Mateos reprimió con el Ejército el movimiento de los ferrocarrileros, liderado por Demetrio Vallejo y Valentín Campa, a quienes encarceló bajo el cargo de "disolución social", delito creado durante la Segunda Guerra Mundial para castigar el sabotaje y la sedición.

López Mateos reprimió, también con las tropas del Ejército, a los movimientos de los maestros y telefonistas, y apresó a líderes sociales, como el líder magisterial Othón Salazar y Arnoldo Martínez Verdugo, del Partido Comunista Mexicano.

López Mateos también encarceló al laureado muralista David Alfaro Siqueiros.

Así como aprisionó y torturó a Salvador Nava, tras las elecciones fraudulentas en San Luis Potosí, el gobierno de López Mateos tramó el asesinato del líder campesino zapatista Rubén Jaramillo, su esposa Epifania Zúñiga García y sus hijos Enrique, Ricardo y Filemón, cometido por soldados vestidos de civil, en Morelos.

Carlos Monsiváis recuerda en *Tiempo de saber. Prensa y poder en México*, libro que publicó en coautoría con Julio Scherer García, que cuando se le preguntaba a López Mateos sobre los presos políticos, respondía, airado: "En México no hay presos políticos, hay delincuentes del orden común".

El escenario de represión fue lo que motivó la creación del Movimiento de Liberación Nacional (MLN), liderado por Lázaro

Cárdenas, el 15 de septiembre de 1961, que demandaba la plena vigencia de la Constitución, la libertad para los presos políticos, la libre expresión de las ideas, la reforma agraria integral, la autonomía y democracia sindical y ejidal, la industrialización nacional sin hipotecas extranjeras, el reparto justo de la riqueza nacional y la solidaridad con Cuba.

Escribe Monsiváis sobre la conducta represora de López Mateos:

> En 1959 y 1960, se reprime a los disidentes de la Sección IX del SNTE [Sindicato Nacional de Trabajadores de la Educación], dirigidos por Othón Salazar, del Partido Comunista. Se les difama, se les exhibe como "subversivos", se les golpea en las manifestaciones, se les corre de los empleos, se encarcela a los líderes.
>
> El 4 de agosto de 1960 se agrede —con policías, agentes judiciales, granaderos y policía montada— a la manifestación que sale de la Escuela Normal de Maestros. La disolución salvaje de la marcha se compaña de arrestos y de felicitaciones a los guardianes del orden. Se reprime a la disidencia del sindicato petrolero y del electricista. López Mateos se opone a la salida de Cuba de la OEA y al mismo tiempo no admite la solidaridad de los mexicanos con la Revolución Cubana. Explica su proceder: A mi izquierda y a mi derecha está el abismo".

El periodista Julio Scherer García escribe en su libro *La terca memoria*, editado en 2007, el talante represor de López Mateos desde que fue secretario de Gobernación de Ruiz Cortines, en particular la ocupación militar del internado del Instituto Politécnico Nacional (IPN) en 1956, que permaneció en poder de la tropa hasta 1958.

Narra Scherer García la toma militar del IPN, dirigido entonces por Alejo Peralta:

> Frente a dos mil muchachos desarmados y en pleno sueño, la represión militar la encabezó el general secretario de cuatro estrellas, general Matías Ramos, y los miembros de su Estado Mayor, todos divisionarios. Participaron también 800 oficiales y soldados, así como los cuerpos policiacos de la Ciudad de México y de la Dirección Federal de Seguridad, que cortó las comunicaciones de las

instalaciones del Politécnico. El operativo hacía pensar en una fortaleza estratégica en tiempo de guerra. Cabe agregar que cualquier grupo subversivo monta guardias que escuchen el silencio y permanezcan atentas a cualquier signo de alarma que les permita reaccionar al instante. Nada de eso ocurrió. No hubo un solo centinela en la madrugada del asalto, prueba por sí misma de la inocencia de los estudiantes.

Otro episodio atroz de López Mateos es descrito por el periodista:

> La represión contra los ferrocarrileros que estallaron en huelga el 11 de marzo de 1956 y que tuvieron en Demetrio Vallejo a su líder indómito, llevó al país a situaciones extremas. Nunca se tuvo noticia del número de asesinatos, torturados y mujeres violadas durante la batalla insensata. Tampoco se supo del número de asaltos cometidos en la República que el ferrocarril atravesaba, pero sí de cárceles levantadas en las instalaciones militares para mantener incomunicados a 12 mil trabajadores, en tanto se resolvía su futuro. Por otra parte, fueron documentados 5 mil secuestros y, al final, se perdió el detalle de miles de ferrocarrileros que nunca vivieron al riel. Vallejo fue aprehendido el 28 de mayo de 1959 y puesto en libertad el 20 de julio de 1970. Al ingresar a Lecumberri fue señalado como el autor de una conjura internacional, dirigida por agentes comunistas, para provocar el desquiciamiento del país.

El periodista recordó en su libro casos de tortura, "como el del profesor de Coahuila y líder ferrocarrilero Rogelio Guerra Montemayor, a quien se hizo pasar por homosexual para tratar de explicar la furia desatada contra su cuerpo".

Y sobre el asesinado del líder agrarista Rubén Jaramillo, en 1962, Scherer García escribe: "El crimen estremeció al país, pero no movió a indignación alguna. No se supo de diligencias o de alguna comparecencia de presuntos responsables. La muerte quedó abandonada como los cuerpos acribillados".

En otro libro, *Los periodistas*, publicado en 1986, Scherer García sentencia sobre el sexenio que tuvo como secretario de Gobernación a Díaz Ordaz: "Es posible que el huevo de la serpiente que tanto hemos visto crecer desde entonces haya sido incubado en el periodo del presidente López Mateos".

LOS SESENTA:
EL HUEVO DE LA SERPIENTE

López Mateos tuvo el privilegio de conmemorar el medio siglo del inicio de la Revolución mexicana, en 1960, pero fue cuando se produjeron hechos relevantes en el ascenso de la derecha, dentro y fuera del régimen priista, para el futuro de México.

Uno de esos acontecimientos fue la candidatura presidencial del secretario de Gobernación, Gustavo Díaz Ordaz, una figura emblemática de la derecha en la historia de México por su conservadurismo represor.

López Mateos nunca ocultó que se inclinaría por Díaz Ordaz para la presidencia de la República, como se lo confesó a Manuel Marcué Pardiñas, el director de la revista *Política*, que lo cuenta en sus Memorias citadas por Monsiváis:

> Yo fui a ver a López Mateos, que era mi amigo, y le dije:
> —Licenciado, con todo respeto, se va usted a equivocar. Díaz Ordaz es reaccionario, represor, ligado a los banqueros y a la Iglesia, no lo digo yo, lo dice el *Wall Street Journal*.
> El Presidente me respondió:
> —Marcué, son tiempos difíciles, necesitamos a un hombre serio e institucional, disciplinado y que sepa poner orden.
> Salí de la casa presidencial decidido a todo. En una caricatura de Díaz Ordaz, vestido de monaguillo, cambié el texto de Rius y le puse lo que decía el periódico estadounidense. En otra carátula de la revista *Política* puse con grandes caracteres: "La decisión de un testador moribundo". En otra más me jugué el todo por el todo: "Díaz Ordaz no será Presidente".

Pero Díaz Ordaz lo fue y, vengativo como era, metió a la cárcel a Marcué Pardiñas.

En efecto, Díaz Ordaz se ganó la candidatura precisamente por su mano dura y tuvo como hombre fuerte de la Dirección Federal de Seguridad (DFS) al capitán Fernando Gutiérrez Barrios, apodado el Pollo.

Y fue en la conmemoración de los 50 años del inicio de la Revolución que otro represor, Miguel Nazar Haro, ingresó a esa corporación, la policía política del régimen.

Nazar Haro, quien en los setenta formó la temible Brigada Blanca que persiguió, torturó y asesinó guerrilleros, inició precisamente como escolta de los padres de Díaz Ordaz.

Como con Marcué Pardiñas, López Mateos se ufanaba ante muchos de haber designado a Díaz Ordaz como el candidato presidencial precisamente por su perfil represor.

La decisión la tomó cuando, en 1962, se presentó la crisis de los misiles en Cuba, en el conflicto entre Estados Unidos y la URSS. Este episodio bélico tomó a López Mateos en un viaje por varios países, acompañado entre otros por el empresario Sánchez Navarro.

Ahí se decidió López Mateos por Díaz Ordaz, quien le contó al empresario: "Usted mismo fue testigo. Durante la crisis de los misiles, le encargué que me cuidara la tranquilidad del país, que no quería alteraciones del orden y cumplió a cabalidad. En menos de 24 horas encerró a todos los líderes de izquierda. No se movió un alma. Entonces me dije: 'Este es el hombre'".

En *Juan Sánchez Navarro (1913-2006). El empresario modelo*, Alicia Ortiz Rivera narra el operativo de captura de los izquierdistas, tal como se lo contó López Mateos al empresario:

Díaz Ordaz cumplió las instrucciones con una sencilla estrategia. Entregó al área de seguridad la lista con los nombres de los dirigentes de izquierda, que eran unos 500, y ordenó que los detuvieran. El operativo ordenado por Díaz Ordaz, y que realizaron la policía y el Ejército, duró unas cinco horas. Los jóvenes fueron llevados a una especie de campo de concentración en Perote, Veracruz. Estuvieron ahí unos cuantos días, lo que tardó en aclararse la situación entre Cuba y Estados Unidos, pero internamente eso significó el descabezamiento de la izquierda en un momento en que se podían haber organizado fuertes movilizaciones en apoyo del régimen de Castro, y aunque la situación entre Cuba y Estados Unidos no pasó a mayores porque se resolvió el problema básico de los misiles, el secretario de Gobernación, recuerda Sánchez Navarro, "demostró tener una capacidad de control interno". Esa "capacidad" que valoran los hombres de negocios.

A finales de 1961, a iniciativa precisamente de Sánchez Navarro, se había concebido el Consejo Mexicano de Hombres de Negocios —formalizado al año siguiente—, que agrupa desde entonces a los multimillonarios del país y que ha sido el principal grupo de presión de la derecha.

También ese año la derecha combatía a los libros de texto gratuitos con manifestaciones de protesta en Guanajuato, Jalisco y Nuevo León, entre otras plazas de arraigo conservador, con la consigna de "Cristianismo sí, comunismo no", que nació en Puebla como estandarte del anticomunismo político, económico y religioso que se agudizó en el conflicto por la autonomía de la Universidad Autónoma de Puebla.

La derecha se unificaba contra la Revolución cubana y los libros de texto gratuitos. El PAN era política y electoralmente irrelevante, pero desde entonces sostenía posiciones conservadoras sobre la educación pública.

La postura de su presidente, Adolfo Christlieb Ibarrola, sobre esos libros no ha variado mucho en el PAN hasta ahora: afirmó que era una determinación dictatorial para uniformar el pensamiento de los mexicanos.

Más allá de las leyes injustas que están vigentes en materia educativa, sin otro fundamento que la fuerza del poder público, hace poco más de dos años se agregó a la cadena que aherroja la libertad de enseñanza, otro eslabón que rebaja al maestro y afirma la voluntad del Estado de considerarlo como un instrumento al servicio del mismo. Me refiero al libro único de texto, cuyo uso se ha implantado como obligatorio.

La medida es contraria a la dignidad del magisterio y debe reprobarse en sí misma por antipedagógica. El maestro, convertido en tributario espiritual del libro único, no sólo perderá todo estimulo creador y dejará de contribuir al desarrollo de la enseñanza mediante la creación de mejores libros de texto —para los cuales obviamente no encontrará ni editor ni consumidor— sino que acabará por convertirse en un repetidor mecánico de las cuartillas impuestas por el Estado, con el consiguiente estancamiento intelectual de maestros y alumnos.

Con el pretexto de hacer llegar los textos gratuitamente a los educandos, se persigue en realidad la uniformidad en las conciencias bajo la dirección autoritaria del Estado. En buena hora que se cumplan las disposiciones que establecen la edición gratuita de las mejores obras de texto por parte del Estado, como estímulo a la producción de obras didácticas. En buena hora que tales obras se repartan por el Estado en forma gratuita, para hacer accesible la enseñanza primaria que constitucionalmente es obligatoria. Pero imponer, con el pretexto de su distribución gratuita, un libro único, con carácter obligatorio, equivale, como expresa Paul Gouyon, a pretender la "uniformidad de los pensamientos", que es el signo de que la "autoridad ha degenerado en dictadura".

Añadió:

Detrás del libro único de texto, resuena lúgubre en México la voz de Plutarco Elías Calles, cuando en 1934 afirmó en Guadalajara, repitiendo frases similares a las pronunciadas antes por Lenin, Hitler y Mussolini: "Es necesario que entremos al nuevo periodo de la revolución, que yo llamaría el periodo revolucionario psicológico [...] debemos entrar y apoderarnos de las conciencias de la niñez, de las conciencias de la juventud, porque son y deben pertenecer a la revolución [...] la revolución tiene el deber imprescindible de apoderarse de las conciencias, de desterrar los prejuicios y de formar la nueva alma nacional...

El combate a los libros de texto unificó a toda la derecha: el PAN, la Unión Nacional de Padres de Familia (UNPF), la Coparmex, los banqueros, la Unión Nacional Sinarquista, los Tecos de la UAG y El Yunque, para entonces todavía unidos en una sola organización.

Monterrey fue una de las plazas más beligerantes con el proyecto educativo de López Mateos. El 2 de febrero de 1962, por ejemplo, la Unión Neoleonesa de Padres de Familia y el Comité Regional Anticomunista (CRAC) convocaron a una manifestación.

Los convocantes fueron Eugenio Garza Sada, presidente del Consejo de Administración de Cervecería Cuauhtémoc y jefe del Grupo Monterrey; Virgilio Garza, consejero del Grupo Industrial Monterrey; Camilo Garza Sada, director general de Hojalata y Lámina; José P. Saldaña, gerente del Centro Patronal de Nuevo León, y Elliot Camarena, presidente de la Unión Neoleonesa de Padres de Familia.

En León, Guanajuato, la derecha se unificó también para organizar una protesta con niños, detrás de los cuales se ocultaban los inconformes sin dar la cara. Jaime Torres Bodet, el secretario de Educación Pública y creador de los Libros de Texto Gratuitos, reprobó a los instigadores.

Torres Bodet escribió en su libro *La tierra prometida* las protestas que vio López Mateos en León y su respuesta:

> Durante el viaje que hizo a León, en enero de 1963, para inaugurar la Ciudad Deportiva del estado de Guanajuato, el Presidente se vio asediado por niños que obedecían consignas de críticos invisibles. Ostentaban, en un cartel, esta frase cínica: "El texto único es una vergüenza para México". ¿Qué insinuaban con esa injuria? ¿Acusarnos de ejercer una "esclavitud mental": la que, según sus ocultos guías, estábamos imponiendo a los escolares mediante el reparto de los libros de texto gratuitos? "Lo que es una vergüenza para México —contestó el Presidente— es que las fuerzas oscuras, que no dan la cara, se valgan de niños para decir un pensamiento que no tienen el valor de expresar. Y esas mismas gentes irresponsables quieren, además, engañar al pueblo. Hablan de un texto único, como si ese texto pretendiera deformar la conciencia nacional. Pero ocultan que es un texto, para que llegue a los hijos de todos los mexicanos, y que es el único texto gratuito".

En efecto, hasta antes de la creación de los libros de texto gratuitos sólo quien tenía recursos podía comprar los libros para la educación. Y esa iniciativa derrumbó grandes negocios privados.

En este contexto, la derecha libraba batallas en muchas partes del país contra la revolución, sinónimo de comunismo, en un contexto en que los medios de comunicación tenían esa misma tendencia.

A excepción de las revistas *Siempre!* y *Política*, lo que prevalecía en los medios escritos, radiofónicos y la naciente televisión era la visión de la derecha. *Excélsior*, el de mayor circulación, también tenía esa tendencia.

Julio Scherer García, quien ingresó a *Excélsior* en 1946, en el gobierno de Miguel Alemán, tuvo como su primer jefe a Enrique Borrego Escalante, director de la segunda edición de *Últimas noticias* y hermano de Salvador Borrego, autor de culto para la extrema derecha por sus obras *Derrota mundial* y *América peligra*.

Recuerda Scherer García en su libro *La terca memoria*:

> Muchas de mis notas iban al cesto, pero no hubo alguna que apareciera con algún cambio que alterara su sentido. No me sorprendía la consideración y el desdén simultáneos por mi trabajo. En sus distintos niveles, los jefes ordenaban y los reporteros obedecíamos. *Excélsior* pertenecía a la extrema derecha. Lo sé ahora. Pero también sé que era un gran periódico dirigido por periodistas. Los empresarios dueños de diarios, arribistas, no habían tenido lugar en Reforma 189. Indiferentes a la noticia, ajenos al reportaje y a la crónica, se acomodan con su poder, hacen negocios, y se vanaglorian como centinelas de la libertad de expresión y el equilibrio entre los poderes.

Precisamente un sobrino de los Borrego Escalante, Manuel Hernández Díaz, era parte de las fuerzas que, en secreto, actuaban contra todo lo que identificaban como comunista.

Una de sus acciones fue lanzar una bomba contra el diario *El Día*, identificado con la izquierda del PRI. Fue el 8 de julio de 1965 y sus cómplices fueron Daniel Ituarte Reynaud, quien en los noventa sería alcalde del PAN de Zapopan, Jalisco, de cuyo gobernador Alberto Cárdenas Jiménez, primero de ese partido en el estado, fue secretario de Seguridad Pública.

También participaron en el atentado Manuel de la Isla Paulín y Henri Agüeros Garcés, un pistolero del Directorio Cubano, que desde el exilio en Miami introdujo a México granadas para sus socios mexicanos.

Este atentado terrorista no fue un hecho aislado en los convulsos años sesenta, sino parte de una estrategia de acción de la organización secreta de extrema derecha que hermanaba hasta 1965 a los Tecos de la UAG y su sucursal en Puebla, El Yunque.

Hugo Salinas Price, un magnate que financiaba iniciativas fascistas, recuerda en su libro de memorias, *Mis años en Elektra*, que detestaba a la revista *Siempre!* por su tendencia: "Recuerdo que me parecía una traición a la libertad que la Nestlé de México, dirigida por el licenciado Represas, pusiera sus anuncios en la revista *Siempre!*, que a mis ojos era de marcada tendencia comunista".

Si en la capital la prensa era reaccionaria, en los estados era peor, plegada también al régimen y a los patrocinadores privados.

En varias ciudades de raigambre conservadora se movilizaba la derecha: Guadalajara, con los Tecos como ariete; Monterrey, con el empresariado liderado por Garza Sada y su Cruzada Regional Anticomunista, dirigida por Rogelio Sada Zambrano; en Puebla con el FUA y en la capital de la República con muchas expresiones que incluían al MURO.

Como Guadalajara y Monterrey, Puebla —el estado natal de Díaz Ordaz— es fundamental en la historia del ascenso de la derecha en México. En 1961 se escenificó un conflicto en la universidad pública de ese estado por la reforma que involucró a todos los sectores sociales y que tendría repercusiones nacionales.

Había dos facciones en la que se convertiría en la Benemérita Universidad Autónoma de Puebla (BUAP): los "Carolinos", integrada por liberales, izquierdistas y priistas del nacionalismo revolucionario, y los "Fúas", como se les llamaba a los integrantes del FUA, creado en 1955 como el primer organismo de acción abierta de la organización secreta El Yunque.

Dos años antes, el sacerdote jesuita Manuel Figueroa fundó esa organización como una extensión de los Tecos que nació en Jalisco, en 1935, previamente fundación de la UAG que nació contra la educación socialista, exactamente en el primer año de gobierno de Lázaro Cárdenas.

La UAG se convertiría, hasta la actualidad, en una institución clave para la formación de cuadros de la extrema derecha, caracterizada por su antisemitismo y explícitamente admiradora de los regímenes militares y dictatoriales de América Latina, como el nicaragüense Anastasio Somoza, a quien condecoró.

La UAG recibió financiamiento del gobierno de Estados Unidos y fomentó organismos abiertamente fascistas y antisemitas, como la Federación Mexicana Anticomunista de Occidente (Femaco), nacida en 1967, afiliada a la Liga Mundial Anticomunista.

La familia Leaño Álvarez del Castillo ha participado políticamente en el PRI y hasta uno de sus integrantes, Enrique Álvarez del Castillo, fue procurador general de la República de Carlos Salinas de Gortari. Uno de sus militantes en el PAN fue el ministro Felipe Aguirre Anguiano, ya fallecido.

Además de su grupo de choque, los Tecos, la UAG incursionó en los medios: creó el diario *Ocho Columnas* y la revista *Réplica*, entre otras publicaciones, y miembros juramentados han ocupado cargos en medios de comunicación de Jalisco.

En la primera conversación con Díaz Cid, en 2004, un año después de la publicación de mi libro *El Yunque. La ultraderecha en el poder*, me habló sobre los Tecos como compañeros antes del rompimiento, en 1965, que también militaban en el PRI.

Además de los hermanos Leaño Álvarez del Castillo, uno de los principales jefes de la organización secreta fue Luis Marcelino Farías, jefe de relaciones públicas de Díaz Ordaz como secretario de Gobernación y presidente de la Cámara de Diputados durante el movimiento de 1968.

"Farías era uno de los jefes importantes de los Tecos. Los Tecos siempre tuvieron, y tienen, una fuerte preferencia por el PRI", recordó Díaz Cid, expresidente del FUA, quien identificó asimismo a Francisco Venegas como jefe de los Tecos también en Gobernación.

Así como El Yunque se expandió de Puebla a todo el país, en buena medida por el plan de crear el MURO en la UNAM, los Tecos ampliaron su cobertura de Guadalajara a Colima, Baja California, Chihuahua y Sonora, siempre con posiciones relevantes en el PRI.

Por ejemplo, en Sonora los Tecos fundaron, en 1965, el Movimiento Mexicanista de Integración Cristiana (MMIC), cuyos integrantes fueron conocidos como los "Micos".

Recuerda Díaz Cid: "Nosotros los llamamos Micos y en Baja California tienen, hasta la fecha, sus grupos más exitosos, que contrasta muchísimo con lo pobre que tienen en el resto del país, donde han perdido buena parte de su fuerza, su presencia y su identidad".

Y sí: MMIC nació en Hermosillo, en 1965, según lo narró su fundador, José Antonio de Santiago, en el libro novelado *Lodos de aquellos polvos*. Militante de los Tecos en Guadalajara, uno de los líderes, Carlos Cuesta Gallardo, le encomendó crear una sucursal de esta organización en ese estado.

Cuenta De Santiago:

> Un día me mandó llamar el Lic. Carlos Cuesta Gallardo [...] A la cita también acudió por ser llamado mi amigo el Dr. Néstor Velasco Pérez. Allí reunidos, el licenciado Cuesta, quien se presentó como el jefe supremo de la organización, nos dio una larga y detallada conferencia sobre los planes que tenía en cuanto a la expansión de la organización en otros estados. Para entonces la organización tenía presencia, según nos informó, tanto en Guadalajara como en México, Distrito Federal, y en Puebla, mediante los grupos conocidos externamente como el FUA y el MURO, y fue todo un día de plática, al final del cual nos propuso marchar a las ciudades de Chihuahua y Saltillo a fundar la organización; Néstor a Chihuahua y yo a Saltillo. Por azares del destino que sería largo enumerar, [al final] fui destinado a fundar la organización en Hermosillo, Sonora.

Si hasta las organizaciones de extrema derecha participaban en el PRI en la década de los sesenta era porque tenían la protección de las instituciones del régimen, pero también porque el PAN —partido claramente de derecha— era política y electoralmente irrelevante.

En Puebla, el primer organismo de fachada de la organización secreta fue el FUA, creado en 1955.

"El FUA era una organización que los Tecos habían fundado. Había un Frente Anticomunista en la Ciudad de México, con Javier Salido Torres y de ahí se toma el ejemplo —recuerda Díaz Cid—.

De hecho, ellos vienen a la fundación del FUA, en abril de 1955. Éramos apenas unas veinte personas".

Con el FUA como ariete, y bajo la asesoría de los Tecos, la derecha poblana enfrentó a los Carolinos en el conflicto por la autonomía de la BUAP, que por la intervención de la Iglesia, el empresariado y el gobierno de la República creció de tal magnitud que se convirtió en un choque ideológico que se extendió más allá del estado.

"El conflicto de 1961 —recuerda Díaz Cid— se proyectó fuera de la universidad. El problema lo crearon ellos [los Carolinos], que rompieron el orden legal de la universidad y se involucró a la sociedad. Fue entonces que comenzó a crecer nuestra influencia en el medio empresarial y en los sectores populares. Tuvimos la organización popular mejor estructurada, pero no supimos qué hacer con ella. Éramos puros chamacos".

El 24 de abril de 1961 Díaz Cid convocó, como presidente del FUA, a una manifestación para protestar, recuerda, contra la promesa incumplida de Fidel Castro de que no impondría un régimen comunista en Cuba.

Con el estandarte de "Cristianismo sí, comunismo no", que después se extendería a otras ciudades del país para protestar contra los libros de texto gratuitos, el FUA galvanizó el conflicto por la reforma universitaria:

Estas fueron las razones por las que siendo presidente del FUA, en 1961, convoqué a una manifestación de protesta en el zócalo de esta ciudad de Puebla, para el 24 de abril. En el Manifiesto del FUA y en los discursos el tema fue, única y exclusivamente, el rechazo al comunismo castrista. Nunca nadie atacó a la Universidad o mencionó el artículo tercero de la Constitución. Convoqué a la manifestación fuera de la Universidad, convencido de que nos asistía el derecho de la libertad de expresión y asociación, y que siempre habíamos respetado a quienes habían organizado manifestaciones de signo diferente.

Nunca propusimos una universidad clerical y mucho menos una universidad con un sentido clasista excluyente como puede comprobarse con los documentos y declaraciones de aquella época. Nunca un sacerdote, un religioso o el obispo me dijo qué hacer o qué pensar. Todas y cada una de las cosas que hice las hice porque pensé que era lo correcto.

Pero fue en esa coyuntura de conflicto en Puebla que, por decisión de Ramón Plata Moreno, jefe de la organización El Yunque todavía en acuerdo con los Tecos, urdió con un grupo de empresarios de la capital del país una nueva estructura de lucha contra el comunismo, integrada por jóvenes que, de Puebla, se habían ido a estudiar a la UNAM.

"Ramón dice: 'Vámonos'. Él es el principal convencido de que este movimiento no se puede quedar aquí en Puebla y que se tiene que ir a la capital, a la UNAM, claro".

—¿Y es cuando se funda el MURO?

—Sí. Con gente que había estudiado en Puebla. Luis Felipe [Coello] había estudiado en el Colegio Benavente, Ignacio Rodríguez Carreño lo mismo. Federico Müggemburg viene poco después y luego también Fernando Baños Urquijo. Pero la mesa directiva del MURO era real.

—¿El MURO surge a partir de la expulsión de Coello y Guillermo Vélez Pelayo?

—Ahí se presenta la oportunidad de crear algo que tuviera una representación exterior, una estructura visible. Y se hizo. La idea nunca fue permanecer abajo sin que nadie supiera. La idea siempre fue actuar, dar la cara, pero mantener a alguien con la cabeza fría y que no estuviera en medio de tensiones de alta afuera para tomar las decisiones.

PUEBLA: EL AUGE DE LA DERECHA

Y sí: aunque se había creado al menos un año antes, con la expulsión de Coello Macías y Vélez Pelayo por agredir a manifestantes que apoyaban a la Revolución cubana en julio de 1961, el MURO irrumpió formalmente en la UNAM en abril de 1962 para ampliar la lucha anticomunista y, también, para darle impulso desde la capital del país a la derecha en Puebla con el FUA.

El gobierno de López Mateos estaba pendiente de ese conflicto en aquel estado y el secretario de Gobernación, Gustavo Díaz Ordaz, ordenó a la DFS hacer un estudio sobre la situación del que era su terruño.

Sorprende el informe de la DFS, elaborado sobre el conflicto universitario de 1961, porque no es el habitual informe burocrático, sino un estudio riguroso sobre los factores de poder y circunstancias políticas y sociales, en un contexto histórico.

El documento fue descubierto por el historiador Fritz Glockner y lo incluye en su libro *Voces en rebelión. Puebla 1964*, en el que se describe "la situación de asfixia, prepotencia e impunidad", derivada del cacicazgo de los Ávila Camacho.

En este estudio de policía política del régimen se evidencian el poder de la Iglesia católica, los empresarios y caciques a favor del FUA, agrupados en el denominado Comité Coordinador de la Iniciativa Privada.

Este "Informe de Puebla", que fue enviado por la DFS a Díaz Ordaz, es una radiografía de los empresarios, grandes comerciantes y las clases pudientes de Puebla, y es insólito por la profundidad de los agentes que lo elaboraron, con base en fuentes diversas, y la agudeza para definir a los grupos de poder locales:

1.- No pocas personas se preguntan por las causas de la obstinación del Comité Coordinador de la Iniciativa Privada. Interrogados que fueron profesores, historiadores y escritores, se obtienen las conclusiones siguientes:

a) Para la burguesía poblana el estado ha sido siempre su instrumento. Exactamente igual que en los días del Porfirismo. No hay precedente alguno de que un gobernador tratara de limitar las ganancias de la burguesía en beneficio popular; ni ejemplos de que la obligara a cumplir la Constitución de la República o las leyes estatales. Tal situación se agudizó durante el periodo del general Maximino Ávila Camacho. La represión del movimiento obrero, el asesinato de líderes campesinos o trabajadores —sólo Manuel Rivera y Blas Chumacera sobrevivieron—, la persecución policiaca y la política no disimulada, sino reiteradamente declarada de ayuda a industriales y comerciantes hicieron del estado de Puebla una isla en el país.

b) La guerra mundial acrecentó considerablemente el capital industrial que derivó en financiero. Son seis los bancos establecidos. El agio cobró ímpetu, lo mismo las inversiones prediales. La riqueza acumulada estuvo en razón de la pobreza de los trabajadores. No hubo huelga alguna. Hace más de 20 años, por ejemplo, no hay paros ni huelgas en la región de Atlixco, dominada por Antonio J. Hernández. Se dio el caso de que en la visita que hiciera a dicha zona el licenciado Adolfo López Mateos, como candidato presidencial, el orador dijo ante los obreros que el derecho de huelga sería respetado. Los trabajadores permanecieron inmutables. La huelga es imposible no sólo en Atlixco sino en Puebla.

El informe de la DFS, citado por Glockner Corte, describe también el autoritarismo ejercido por los hermanos Ávila Camacho y en particular una irregularidad jurídica que afectó a la Universidad de Puebla: "Maximino murió intestado: según las leyes de la entidad, más del 50% de su herencia —valorada en más de 400 millones de pesos— debía entregarse en la tesorería de la Universidad. El general Manuel Ávila Camacho, entonces presidente de la República, repartió la herencia entre los numerosos hijos de Maximino, no entregando a la Universidad ni un centavo…".

El informe se refiere también a tres personajes que poseían los capitales más cuantiosos de Puebla: la familia de Gabriel Alarcón y los Espinosa Yglesias, ambos vinculados al estadounidense William O. Jenkins.

Este dato es importante en el proceso de capitalización de esta sociedad, a través de los cines Alarcón ordenó el asesinato de muchos líderes obreros en Puebla, Veracruz, México: se citan también de otros estados. Los crímenes eran cometidos por pistoleros de la policía de Puebla, quienes a su vez procedían de la Cámara del Trabajo de Atlixco. El último crimen, el de Mezcarúa, así lo corroboró: los asesinos eran policías. Este crimen demostró a la burguesía que podía ser impune aun en la capital de la República. "Gabriel Alarcón fue recibido como héroe en la garita de la ciudad a su regreso de la Ciudad de México".

¿Qué relación había entre las autoridades y la burguesía poblana? El informe la describe:

> Las autoridades estatales, débiles ante la burguesía por sus ingresos: 65 millones de presupuesto anual, acosado y vejado constantemente [*sic*]; las federales, recomendadas por el gobernador —los nombramientos casi siempre son de exfuncionarios estatales— y los agentes calificadores fiscales o los inspectores del trabajo, sujetos a soborno, han sido instrumentos o empleados de la burguesía. Sería irónico admitirlo, pero no hay industrial o comerciante que haya sido multado ni por una infracción de tránsito. Los hijos de las familias ricas —los casos son abrumadores— tienen una constante actividad delictiva: asaltos, lenocinios, golpizas salvajes a prostitutas, estupros y violaciones a jovencitas, trabajadores o de la clase media, atropellos con sus automóviles y aun asesinatos. No hay un solo ejemplo de sanción penal.

El informe que describe el poder de la burguesía poblana, claramente de derecha, dice que los potentados y sus empleados usaban credenciales de "policías secretos" para tener impunidad.

> 2.- Las conclusiones son obvias: La autoridad no existe para la burguesía poblana. Por ello, ante la actual dubitativa del gobernador y finalmente apegada a la ley y la autonomía universitaria, exigen el castigo y el encarcelamiento de TODOS [*sic*] los estudiantes y profesores del Directorio. Para ellos es un precedente que hace peligrar su situación privilegiada: Si un grupo de estudiantes y profesores demandan el cumplimiento estricto de la Constitución de la República, su ejemplo puede ser imitado y exigirles otro tanto en impuestos, tierras, contratos de trabajo, etc.

En este contexto se produjo el conflicto por la reforma universitaria en la Universidad de Puebla, en 1961, con la derecha como un factor de poder clave en el estado.

Y, de manera paralela, irrumpía el MURO en la UNAM en julio de ese mismo año, cuyas primeras movilizaciones fueron registradas por Miguel Nazar Haro, quien apenas un año antes había ingresado a la

Dirección Federal de Seguridad, que llegaría a dirigir en el gobierno de José López Portillo.

El 20 de septiembre de 1961, por ejemplo, Nazar Haro registró el sabotaje de una conferencia de Luis Villoro, secretario particular del rector de la UNAM, Ignacio Chávez, en el Instituto México-Cubano de la embajada de Cuba.

El informe, firmado por Nazar Haro, decía: "Al iniciar la conferencia, se suscitó el hecho de que personas desconocidas arrojaron líquido pestilente en la azotea de la casa que ocupa el Instituto con el objeto de que se suspendiera la conferencia indicada, pero a pesar de eso, se desarrolló con normalidad, debido a que elementos de la embajada cubana rociaron en el salón de conferencias desodorante".

La aparición de Nazar Haro es relevante en este contexto, cuando no se sabía que los saboteadores eran los que el año siguiente darían vida al MURO, porque con el tiempo se convirtió en emblema, junto con Gutiérrez Barrios, de la tortura, desaparición y asesinato de opositores de izquierda, contra los que se unieron todos los anticomunistas.

Más aún: Gutiérrez Barrios, Nazar Haro, el MURO y empresarios actuaron conjuntamente contra la izquierda en México bajo la coordinación de la CIA, la agencia de espionaje y de subversión del gobierno de Estados Unidos.

EL MURO Y LA CIA: LA OPERACIÓN LIHUFF

El Movimiento Universitario de Renovadora Orientación (MURO) fue un emblemático grupo del pensamiento y la acción de la extrema derecha política, universitaria y empresarial de México, pero también fue un instrumento injerencista del gobierno de Estados Unidos: fue financiado y dirigido por la Agencia Central de Inteligencia (CIA) en sus operaciones de espionaje y violencia contra la izquierda.

El MURO era de inspiración católica y radicalmente anticomunista, cuyos integrantes eran juramentados de la organización secreta Tecos de la Universidad Autónoma de Guadalajara (UAG) —y su sucursal en Puebla era El Yunque, con el FUA como organismo abierto—, los cuales ejercían violencia física y difamaban a sus adversarios, primero en la UNAM y luego en otras instituciones educativas del país, públicas y privadas.

Aunque públicamente apareció en la UNAM en abril de 1962, el MURO se gestó por lo menos un año antes, como se detalló antes, tras la expulsión de dos estudiantes de Economía, Luis Felipe Coello y Guillermo Vélez Pelayo, sancionados por agredir a asistentes a la manifestación de apoyo a la Revolución cubana el 26 de julio de 1961 en Ciudad Universitaria.

Ambos acudieron al rector Ignacio Chávez para que fuera reconsiderada su expulsión, pero ante la negativa se generó una amplia movilización de prácticamente todas las estructuras de la derecha, como la Coparmex y la Unión Nacional Sinarquista, así como diversas publicaciones como *Excélsior*, *El Heraldo*, *Ovaciones* y la revista *Espejo*, esta última dirigida por Agustín Navarro Vázquez, un personaje que articuló la defensa de Coello y Vélez.

Espejo, colección del pensamiento, que era su nombre completo, fue una de las publicaciones que más reprodujo materiales contra la expulsión de Coello y Vélez, firmados por personajes de clara orientación derechista, como Ramón Sánchez Medal, Edmundo Meouchi y Rubén Salazar Mallén.

Navarro Vázquez era el director del Instituto de Investigaciones Sociales y Económicas (IISE), un organismo privado que él mismo fundó en 1953 y que llegó a reunir a 300 afiliados, cuyo comité directivo incluía a representantes de la alta burguesía bancaria e industrial de México ligada al capital extranjero.

Navarro Vázquez era hijo de Agustín Navarro Flores, el primer rector de la UAG, fundada en 1935 contra la educación socialista de Lázaro Cárdenas, y que se convirtió en uno de los centros ideológicos de la extrema derecha.

Pero Navarro Vázquez era, también, un prominente agente de la CIA y como tal formó parte de una operación secreta del gobierno de Estados Unidos para, a través del IISE, impulsar y consolidar el pensamiento y la acción anticomunista en el sector empresarial, que él conocía muy bien, y en el ámbito universitario, que también dominaba.

Documentos desclasificados del gobierno de Estados Unidos, obtenidos por este autor, establecen que la CIA financió, adiestró y tomó el control del MURO para ser utilizado como grupo de espionaje, propaganda y choque en la UNAM, la principal institución educativa del país, pero también para incidir por lo menos en las universidades de Puebla, Guadalajara, Michoacán y Veracruz.

Esta operación de la CIA se llamó LIHUFF y se inició a mediados de 1960, poco antes de la aparición pública del MURO, y estuvo a cargo de dos personajes: Alfonso Rudolph Wichtrich, mexicano de origen estadounidense que era vicepresidente de la Cámara de Comercio México-Estados Unidos, y Navarro Vázquez como el número dos, denominados en los documentos, respectivamente, con los criptónimos de LIHUFF-1 y LIHUFF-2.

La operación LIHUFF, como se llama en los documentos al IIES, se derivó de la relación que Navarro Vázquez tenía con la embajada de Estados Unidos y específicamente con el subsecretario para Asuntos Iberoamericanos, Henry Hollan, según la información documental de la CIA, desclasificada a partir de 2017.

La amplia documentación del gobierno de Estados Unidos, difundida a través de la Fundación Mary Ferrell, permite concluir que el MURO no sólo fue un violento grupo de choque de extrema derecha que respondía a las directrices de la organización secreta Tecos-Yunque y de un sector del empresariado que la financiaba, como lo confesó en sus memorias Hugo Salinas Price, sino que su actuación dependía directamente de la CIA y, más aún, tenía el respaldo de la DFS, la policía política del régimen priista.

Los documentos establecen que el objetivo de la CIA con la operación LIHUFF era combatir a la izquierda con la ultraderecha, a través de diversas publicaciones en las que incidía Navarro Vázquez, como la revista *Espejo*, y del MURO, que él mismo controlaba, para influir con su acción en el ámbito universitario en las decisiones del gobierno de México y de su partido, el PRI.

El propósito específico de la CIA con esta operación era preciso: "Busca que LIHUFF ejerza una influencia y restrinja a México de sucumbir a las presiones y los reclamos de la izquierda radical".

Aunque la operación LIHUFF comenzó a mediados de la década de 1960, como consta en la documentación, la CIA conocía a Navarro Vázquez como un consumado anticomunista desde que en 1953 fundó el IIES con el apoyo de prominentes empresarios y banqueros que repudiaban la intervención del Estado en la economía y la "amenaza comunista".

Un informe de la CIA fechado el 7 de junio de 1964, firmado por el jefe de la "Estación" en México, Winston Scott, detalla los antecedentes, el financiamiento y los objetivos del "Proyecto LIHUFF", con el organismo dirigido por Navarro Vázquez.

[El IIES] fue fundado en 1953 por un grupo de empresarios mexicanos para difundir los principios de la iniciativa privada libre. Desde ese entonces estableció numerosos contactos y relaciones de influencia, y se ha involucrado en diversas actividades anticomunistas y otras. Organizó reuniones y varios tipos de congresos donde puso al centro los peligros del comunismo; publicó libros, panfletos y folletos sobre el comunismo, así como los peligros del socialismo económico. Organizó un grupo estudiantil [MURO], estableció y mantuvo contactos en los campos universitarios, económicos y de negocios en América Latina; impulsó considerablemente la colocación en la prensa de temas vinculados con la iniciativa privada y la amenaza comunista, y acumuló un archivo de datos básicos sobre eventos e individuos vinculados al comunismo y el socialismo que sería difícil de igualar por cualquier otro grupo privado en México.

En ese mismo documento, al referirse a los "antecedentes" de LIHUFF, señala que este proyecto "y sus patrocinadores están considerados, en el escenario de México, como conservadores de ultraderecha, sin embargo, en el foro de PBPRIME [criptómetro de Estados Unidos] estarían considerados más como centristas".

El proyecto LIHUFF de Rudolph Wichtrich y Navarro Vázquez era muy apreciado por la CIA en Estados Unidos, la "Sede", en el contexto del anticomunismo de inicios de los sesenta, en medio de la Guerra Fría, y sobre todo para ejercer influencia en el gobierno de López Mateos:

La importancia de que un grupo como este, ruidoso y combativo, exista en México no se valora en términos absolutos, sino en términos relativos. Como la Sede está enterada, el Partido

Revolucionario Institucional [PRI] en el poder es básicamente un reflector delicado de las muchas corrientes políticas y de presión que existen en México. Durante las elecciones, así como en las designaciones y las decisiones, el PRI sopesa muy cuidadosamente sus acciones políticas. Cuando los izquierdistas radicales son dudosos y activos, entonces las decisiones tienden a ponderarse a su favor y a orientarse según sus puntos de vista. En otras palabras, para tener cierto contrapeso, incluso entre extremos, la derecha debe ser tan ruidosa y activa como la izquierda. Básicamente es donde la Estación ve el valor del mecanismo LIHUFF. No pretende que México abrace la filosofía o los objetivos de LIHUFF en su totalidad, o incluso en gran parte: Busca que LIHUFF ejerza una influencia y restrinja a México de sucumbir a las presiones y los reclamos de la izquierda radical. Si no fuera porque algunos pocos como LIHUFF-2 [el IISE de Navarro Vázquez] y Miguel Alemán Valdés se movilizan a través de organizaciones de este tipo, el centro de gravedad política se movería hacia la izquierda radical de manera desenfrenada y más allá de lo que las políticas de ODYOKE [gobierno de Estados Unidos] pudieran supervisar. Es el único valor específico que la Estación ha visto, y sigue viendo, en la actividad de LIHUFF.

El documento citado no ofrece detalles sobre las organizaciones y acciones de Alemán Valdés, el primer presidente civil de México y abiertamente proempresarial, como sí lo hace en varios documentos sobre la operación LIHUFF.

Por ejemplo, en otro reporte del 15 de octubre de 1964, la CIA celebra la eficacia de la operación LIHUFF:

Hay cierta cantidad de evidencias que se deducen de las reacciones de la izquierda radical que muestran que LIHUFF es un motivo de preocupación. Para ellos, como se indicó en la evaluación reciente, LIHUFF se dedica a combatir a los extremistas de izquierda desde el ala de la extrema derecha y contra los comunistas con sus propios términos de activismo, fuertemente ruidosos, para fungir como contrapeso a la influencia de la izquierda radical, en la medida en que la consideran los cálculos del PRI. Evidentemente a la izquierda radical no le gusta la idea.

La CIA estaba feliz con la operación LIHUFF en México, sobre todo con Navarro Vázquez, LIHUFF-2, pese a que era muy informal para entregar los reportes que le solicitaban para el control de los recursos:

> LIHUFF-2 es exitoso, prominente, capaz y es cercano a demasiadas otras personas prominentes y eventos por su propia cuenta como para que sus actividades obedezcan a un solo individuo o actividad. Responde a los requerimientos de la Estación sobre el uso de los recursos e incluso busca consejos sobre otras actividades de LIHUFF que no son financiadas por la Estación. A lo que no responde de manera puntual es al reporte detallado por escrito. Parte del problema en este aspecto es sin duda que está involucrado en tantas actividades que se le hace difícil encontrar el tiempo. Para los objetivos de la Estación en este programa particular, el control no es el ideal, pero es sin duda suficiente para tener las cosas hechas en las áreas deseadas, ya que existen pocas dudas sobre su motivación y sus habilidades.

Era tan activo Navarro Vázquez que en el mismo documento de la CIA de diciembre de 1963 se detalla una negociación que él hizo para unificar a la derecha de México, incluyendo el PAN y el Partido Nacionalista Mexicano, presidido por el empresario Salinas Price.

> LIHUFF-2 se involucró en la organización y en actividades del derechista Partido Nacionalista Mexicano [PNM], que intentó "unificar la derecha" con grupos políticos conservadores de México. La Unión Nacional Sinarquista [UNS], el Partido Auténtico de la Revolución Mexicana [PARM] y el NM tuvieron largas discusiones y construyeron un programa conjunto, pero no pudieron convencer al Partido Acción Nacional, el partido católico de derecha, legalmente constituido, de unirse a ellos, por lo que se considera que sus esfuerzos de unificación no desembocarán en nada.

En este documento, la "Estación" de la CIA en México se deslindó de motivar la unificación de la derecha: "La Estación no se involucró ni directa ni indirectamente en las actividades de LIHUFF en el PNM".

El intenso activismo de Navarro Vázquez venía de la década de 1950 con sus contactos de Estados Unidos. En el documento de junio de 1964 se detalla que la operación LIHUFF —que fue una de varias en México, como se verá más adelante— comenzó por la relación que él tenía con la embajada y con Henry Hollan, el subsecretario de Estado que murió en 1962, identificado como Identity-3:

> A mediados de 1960, después de un contacto de LIHUFF-2 [Navarro Vázquez] con HBEICH [como se denomina a la embajada de Estados Unidos], el jefe HBEICH requirió a la Estación considerar apoyar la actividad de LIHUFF. Una revisión de la sede indicó que BUBARAK [la CIA] había enviado algunos apoyos a LIHUFF a través de Identity-3 [Henry Holland], pero en la medida en que Identity-3 falleció poco antes, la Estación recibió la instrucción de la sede de retomar la financiación.

La CIA financiaba a la revista *Espejo*, pero luego su presupuesto de 500 dólares mensuales se destinó íntegramente al MURO, después de que empresarios estadounidenses se hicieron cargo de darle mil 200 dólares cada mes a Navarro Vázquez para la publicación. También se detalla el sueldo de Alfonso Rudolph Wichtrich, LIHUFF-1, de 500 dólares mensuales:

> El financiamiento de la Estación se destinó en un primer momento a Identity-4 [revista *Espejo*], la publicación regular y más importante de LIHUFF. Un proyecto fue sometido por la Estación a Referencia C [no identificada], pero Referencia D [tampoco identificada] indicó que el proyecto fue rechazado en el estado en que se presentó, que el apoyo a Identity-4 [*Espejo*] debía suspenderse y que en su lugar los fondos de la Estación debían aplicarse a la actividad Identity-4 [MURO] en forma de asistencias puntuales. Esto se hizo con los socios de negocios PBPRIME [gobierno de Estados Unidos] de LIHUFF-1 [el mexicano Alfonso Rudolph Wichtrich, que era vicepresidente de la Cámara de Comercio México-Estados

Unidos] que asumieron el costo de Identity [*Espejo*], cerca de 1 200 dólares mensuales. En este momento, por lo tanto, los gastos a la Estación se limitan al salario de LIHUFF-1 [Rudolph Wichtrich], 500 dólares mensuales y 500 mensuales para Indentity-2 [MURO]. En este contexto la actividad de LIHUFF cuesta 12 mil dólares anuales. La Estación, sin embargo, conserva el acceso a todo el espectro del mecanismo y el potencial de LIHUFF.

La propia oficina de la CIA en México sabía que fluían más recursos a la operación LIHUFF, pero no tenía conocimiento de la cantidad de dinero que se le destinaba en total:

> La Estación desconoce el porcentaje exacto de ingresos que KUBARK [CIA] provee al complejo LIHUFF, sin embargo, es sabido que los hombres de negocios de PBPRIME [Estados Unidos] están apoyando a Identity-4 [*Espejo*] con 1 200 por mes. Las circulares y otras actividades sostenidas por LIHUFF deben representar, de manera conservadora, otros 1 200 dólares al mes. Los 500 dólares mensuales proveídos a LIHUFF por la Estación, aunque mantienen acceso y sin duda aportan una ayuda útil para LIHUFF en el campo estudiantil, no pueden considerarse como un control incondicional de esta situación. En mayor parte los fondos de la Estación dan acceso a LIHUFF-1/LIHUFF-2 en asuntos de LIHUFF, y con estas entradas LIHUFF-1, con base en su relación personal, provee el elemento de control.

Aunque el financiamiento de la CIA a LIHUFF era para ser destinado a MURO como grupo de choque, también tenía utilidad como mecanismo de propaganda, por ejemplo la difusión del libro *Penetración del sistema educativo mexicano por comunistas*, de Manuel Calvillo, otro agente mexicano de la agencia identificado como LICHANT-1.

"Hasta la fecha, el objetivo más importante del financiamiento de KUBAK [CIA] se enfoca en el campo estudiantil a través de Identity-2 [MURO]. Como es evidente, sin embargo, el mecanismo LIHUFF está disponible y utilizado para otras actividades. Un ejemplo es el libro de Identity-5 por LICHANT-1 [Calvillo] y la petición de Referencia D por otras publicaciones de LICHANT-1 sobre refugiados cubanos".

En el mismo documento de junio de 1964 la CIA valora la eficacia de la operación: "LIHUFF-1 y LIHUFF-2 proveen cada vez más reportes de inteligencia que se pueden difundir sobre temas políticos y estudiantiles, que reunieron gracias a su amplia gama de contactos. Esta información está bastante apartada de una gran cantidad de información operacional que tiene valor para la Estación y no amerita difusión".

Entre la información que la operación LIHUFF entregaba a la CIA están las fichas de personas que consideraban comunistas, además de las acciones de agitación y violencia que los elementos del MURO ejercían en la UNAM, incluyendo la que practicaban contra el rector Ignacio Chávez.

El MURO, en colaboración con otros grupos anticomunistas, hizo también campañas de desprestigio contra los rectores "comunistas" de las universidades en Monterrey, Puebla, Guadalajara y Morelia, hasta que fueron depuestos, como Eli de Gortari en la Universidad Michoacana de San Nicolás de Hidalgo.

En 1964, cuando ya se perfilaba Díaz Ordaz como el próximo presidente de la República, el MURO acusó al rector Chávez de usar a la UNAM como intermediaria para comprar medicinas con la intención de enviarlas a Cuba y ejerció otras acciones de hostigamiento.

Aunque la instrucción de la CIA al MURO fue no exigir la renuncia de Chávez antes de las elecciones en las que Díaz Ordaz fue electo presidente de la República, dos años después, en 1966, se instrumentó una estrategia para la caída del rector.

En la trama, que lideró la operación LIHUFF, participaron la derecha priista de Leopoldo Sánchez Duarte, hijo del gobernador de Sinaloa, Sánchez Celis, e izquierdistas como Espiridión Payán y Enrique Rojas Bernal.

Pero la acometida contra el cardiólogo no habría sido posible sin el aval de Díaz Ordaz: jamás le dio apoyo.

En ese mismo documento se detallan las actividades del MURO en varias universidades y hasta en el extranjero, siempre bajo las directrices de la CIA:

Los grupos del MURO en la Universidad Nacional y en las universidades de Puebla, Michoacán y Guadalajara continuaron sus campañas anticomunistas. En la UNAM, en particular, el MURO apoyó con vigor las candidaturas y organizaciones estudiantiles de la Estación. Esto fue producto de los lineamientos que LIHUFF-1 [Alfonso Rudolph Wichtrich] recibió de la Estación. La Estación siguió recibiendo información del MURO sobre actividades estudiantiles, principalmente respecto a la UNAM.

Añade el documento:

Como ejemplo de las actividades anticomunistas del MURO, los líderes de esa organización enviamos telegramas a Santiago de Chile y a la embajada de Chile en México para protestar contra los [entonces planes de] llevar a cabo el Congreso de Jóvenes de América Latina [comunistas] en Chile. Dos de estos líderes visitaron la embajada de Chile en México y fingieron estar interesados en tener visas para ir a ese congreso e hicieron comentarios sobre este congreso comunista.

Este documento, como la mayoría de los que han sido desclasificados, lo firma "William C. Curtis", que era el seudónimo de Winston Scott, el jefe de la CIA en México.

MÁS OPERACIONES DE LA CIA

Pero la operación LIHUFF no era la única que la CIA instrumentó en México. Había por los menos otras tres identificadas también con el prefijo *LI* que identifica al país: LICOAX, LISIREN y LILISP.

LICOAX, se establece en el documento sobre las relaciones de LIHUFF con "otros proyectos", es un programa de la CIA que comenzó en 1962 y fue encabezado por Leo Relich, identificado como profesor de la UNAM. También era para confrontar a la izquierda.

Tanto el Proyecto LICOAX como el MURO están operando en la UNAM, una universidad con cerca de 80 mil estudiantes. Hasta la fecha [1964] no ha habido problema de conflicto entre ambos, dado que uno está trabajando con la rama católica y el otro con la llamada "independiente", y todavía hay muchos espacios para la operación de ambos. Relacionado con esto, debe notarse que gran parte del esfuerzo estudiantil de LIHUFF se dirige a universidades fuera de la Ciudad de México; en otras palabras, la UNAM sólo es un aspecto del esfuerzo.

Otra operación de la CIA fue LISIREN, que vinculaba a empresarios en las labores anticomunistas:

> Este proyecto está enfocado en un acercamiento de propaganda de masas hacia el comunismo en México. Está encabezado por un grupo de empresarios conocido como Identity-6 [Centro Nacional de Estudios Sociales, ligado a los Tecos de la UAG]. La única relación de LIHUFF con LISIREN está en el hecho de que cuatro de los integrantes de Identity-6 son miembros del Consejo Directivo de 26 hombres de LIHUFF. Ello no quiere decir que las directrices de ambos proyectos estén entrelazadas, como se indicó a la Sede en una correspondencia previa, ya que, como en muchas actividades similares en PBPRIME [Estados Unidos], algunos individuos interesados en actividades cívicas de esta naturaleza se involucran a menudo en múltiples asignaciones de esa naturaleza. En este contexto, como LIHUFF se concentra en actividades estudiantiles en un grupo de grandes universidades, no se cree que exista una relación particular de relevancia o importancia operativa entre estas dos instrumentalidades. Sólo hay cuatro hombres en común en ambos consejos directivos.

LILISP-C fue otro proyecto de la CIA:

> LILISP-C es una organización estudiantil nacional, que destaca los asuntos estudiantiles al interior de México. Es evidente que LIHUFF y LILISP-C están trabajando en un mismo campo general en universidades fuera de la Ciudad de México. Sin embargo, en las universidades donde LIHUFF concentra sus esfuerzos, la relación puede ser complementaria, ya que LIHUFF puede trabajar de manera mucho más profunda en estas universidades que LILISP-C,

y puede afiliar a sus grupos a la confederación nacional estudiantil de lilisp-C, que es la única reconocida en México. Evidentemente, lilisp-C, como confederación nacional estudiantil, sólo puede dedicar su tiempo muy limitado a una sola universidad o situación.

Al final, en el documento, se concluye: "En resumen, como se desprende del presente documento y de comunicaciones anteriores, la Estación cree que lihuff está haciendo una labor única y efectiva, no solamente en el campo estudiantil, sino en otros también".

Sólo le hace una recomendación: "Mantener una influencia y una capacidad de utilizar un grupo frontal anticomunista consolidado y ayudar a mantener una influencia de contrapeso en el partido en el gobierno contra las presiones de la izquierda radical a través de este frente anticomunista".

SALINAS PRICE, SÁNCHEZ NAVARRO, ASPE...

Aunque en los informes de la CIA se habla de que varios empresarios estaban vinculados con los proyectos anticomunistas, sobre todo a través de lihuff, sólo uno lo ha hecho público de manera voluntaria: Hugo Salinas Price, empresario mueblero y fundador de Elektra.

En su libro *Mis años en Elektra*, editado en 1999, Salinas Price reconoce que participó en la fundación del MURO y lo financió como integrante del IISE que dirigía su amigo Navarro Vázquez, a quien elogia ampliamente.

Escribe Salinas Price:

> Siempre apoyé a Navarro Vázquez, a quien la patria no le ha rendido el debido reconocimiento. En varias conversaciones me planteó la conveniencia de crear un grupo de choque de jóvenes, a efecto de contrarrestar el terror de la izquierda entre estudiantes. Se llamaría MURO, por sus iniciales: Movimiento Universitario de Renovadora Orientación. Lo más probable es que hubo varios que lo apoyaron, pero yo nunca supe quiénes más apoyaron a ese grupo, que resultó muy efectivo para darle a la izquierda una sopa de su propio chocolate.

Agrega: "MURO tenía una casa ubicada en la avenida División del Norte, en donde practicaban artes marciales los muchachos. En una ocasión MURO decidió hacer una manifestación en la propia UNAM. Para asombro de la izquierda se quemó la efigie de Fidel Castro. Fue divertido; tanto mi cuñado como yo estuvimos ahí. Él salió fotografiado en los periódicos al día siguiente, junto a la efigie en llamas".

Ese hecho ocurrió el 26 de junio de 1961, lo que significa que para entonces el MURO ya había sido creado y no hasta 1962, cuando irrumpió públicamente, como escribió Edgar González Ruiz en *MURO, memorias y testimonios, 1961-2002*.

En su libro, Salinas Price también cuenta que él apoyó, además del MURO, otras dos iniciativas que también involucraban a Navarro Vázquez: la Unión Nacional Independiente Democrática (UNID), que también financiaba la CIA, y el Partido Nacionalista Mexicano.

En el caso de la UNID, escribe Salinas Price: "Yo financié —más bien dicho pagué— todos los gastos para el sostenimiento de ese organismo que nunca llegó a organismo, porque no suscitó el más mínimo interés. Estuvo a cargo de Carlos Campos, buen amigo del licenciado Navarro".

Un documento de la CIA obtenido por el autor informa que el 12 de agosto de 1964 la UNID de Navarro Vázquez estaba ya bajo el control del Centro de Información Latinoamericano (LAIC, por sus siglas en inglés), parte también del organismo de espionaje de Estados Unidos: "La UNID formaba parte de un plan de acción cívica de LIHUFF-2 [Navarro Vázquez], que fue abandonada por falta de recursos. Según LIHUFF-1 [Alonso Rudolf], la UNID seguirá siendo dirigida por Carlos Campos Ortiz, pero a partir de ahora será financiada por el LAIC. Hasta la fecha, este último ha entregado a la UNID 10 mil dólares para sacarla de deudas y mantenerla operativa".

También Salinas Price fundó con Navarro Vázquez y otros personajes de clara línea ultraderechista, como Jorge Siegrist y Jorge Prieto Laurens, el ya mencionado Partido Nacionalista Mexicano, que quería unir a toda la derecha, como se informó arriba.

Escribe Salinas Price:

Ese "partido" había tenido una existencia más o menos a la sombra —quizá como palero subsidiado por Gobernación— y el licenciado Navarro me sugirió que le infundiéramos vida (y dinero, por supuesto) y lo reformáramos para que abrazara una línea de economía política liberal; Siegrist sería el organizador, y yo ocuparía la presidencia del partido. Me gustó la idea, me simpatizaba el licenciado Siegrist, y me convertí en el banquero del partido.

El empresario añade en su libro:

Ahí aprendí que en la política, al menos en México, no se hace nada sin grandes cantidades de dinero. Rentamos una gran casa en la esquina de Monterrey y Oaxaca, para que fuera la sede del partido. Se organizó una gran convención nacional y vinieron "delegados" de todas partes. Se reunieron en un teatro cerca de la calzada Tacuba, a una calle al poniente de Insurgentes, si no me equivoco. En la convención, en la cual participó el viejo político Jorge Prieto Laurens, resulté electo presidente del partido. Algo totalmente incongruente con mi carácter, desde luego, pero así fue.

Pero el proyecto terminó de mala manera, refiere Salinas Price:

Hubo una entrevista con el secretario de Gobernación, Luis Echeverría Álvarez, y en ella se mencionó un subsidio para el partido, que no supe quién lo propuso. En eso tomé la palabra, y ante la mirada incrédula del licenciado Echeverría, anuncié que el partido no requeriría de subsidio, que se bastaría solo. Inmediatamente comenzaron a salir noticias en los periódicos en el sentido de que estaba en disputa la presidencia del partido, que si era Salinas o si era Alejandro Corral. Este Corral se pasó a las filas del establishment y se prestó para simular una escisión interna. En vista del "problema", Gobernación retiró el registro al partido. Aventé la toalla. Entre lágrimas anuncié a los colaboradores en el partido que me retiraba, que no era posible para mí seguir erogando gastos ni entrar en pleitos, que veía serían mi tumba, y que renunciaba. Ahí acabó el partido.

También Salinas Price cuenta en su libro que financió a Prieto Laurens para editar la *Revista Nacional*, de acreditada tendencia pronazi, y él mismo publicaba "artículos antiestatistas" en el diario *Excélsior*, que luego reproducía el IIES de Navarro Vázquez, al que él pertenecía como vicepresidente.

En el libro *Los orígenes del neoliberalismo en México. La Escuela Austriaca*, María Eugenia Romero Sotelo detalla la relevancia del IISE y sus integrantes.

El IIES se propuso, según el libro, tres objetivos: *1)* realizar una campaña anticomunista, *2)* construir un clima ideológico favorable a la empresa privada y *3)* mantener una oposición sistemática a la intervención gubernamental de cualquier tipo.

El primer presidente del IISE fue el banquero Ernesto Amezcua y el segundo Hugo Salinas Price, a quien sustituyó Enrique Uthoff, presidente de Monsanto Mexicana.

Según este libro, el organismo fue fundado a propuesta de Agustín Navarro Vázquez, con el fin de presionar al gobierno y defender sus intereses buscando influir en las medidas gubernamentales de política económica. Asimismo, pretendía convencer al gobierno y a la sociedad sobre las virtudes de un régimen de libre empresa.

El Consejo Directivo estaba integrado por 26 prominentes miembros de la oligarquía del país, entre ellos Ernesto Amezcua, Adolfo Autrey, José Escandón, Roberto Rebora, Félix Díaz Garza, Clemente Serna, Gustavo Velasco, Aníbal de Iturbide y Pedro Aspe Sais, padre de Pedro Aspe Armella, secretario de Hacienda de Carlos Salinas, y Juan Sánchez Navarro, fundador del PAN y el ideólogo del sector privado hasta su muerte, en 2006.

Para 1956, los principales empresarios mexicanos ligados a este organismo eran Hugo Salinas, Luis Montes de Oca, José Rivera, Adolfo Autrey, Juan Sánchez Navarro, Ernesto Amezcua, Tomás Coarasa, José Escandón, José de la Macorra, Eduardo Prieto López, Manuel Senderos, Adolfo Riberol, Faustino Ballvé, Federico Sánchez Fogarty, Mariano Suárez, Clemente Serna, Feliz Díaz Garza, Guillermo Guajardo, Roberto Rébora, Genaro Cueva, Licio Lagos, Arturo Bueno, Carlos López del Llergo, Gustavo Velasco y Antonio Fernández Blanco.

Por lo menos cuatro de los 26 miembros del Consejo Directivo del IIES apoyaban el proyecto LIHUFF, si se toma en cuenta lo que la CIA decía sobre los integrantes del proyecto LISIREN citado arriba.

También varios de ellos participaron en la fundación del ITAM, de la familia Baillères, uno de cuyos negocios es la tienda departamental El Palacio de Hierro, que dirigió Aspe Saís.

El propósito del IIES, según el libro, era crear una opinión favorable al empresariado y por ello editaba *Hoja de Información Económica*, *Temas Contemporáneos* y *Espejo*, en las que se destacaba el pensamiento de la Escuela Austriaca, los padres del neoliberalismo, entre ellos Ludwig von Mises, Frederick Hayek y Milton Friedman.

En *Temas Contemporáneos* escribieron sobre "la subversión comunista" varios fundadores del MURO y miembros de El Yunque como Coello Macías, Víctor Manuel Sánchez Steinpreis, Federico Müggemburg y José Antonio Quintana, este último jefe general de la organización secreta tras el asesinato de Ramón Plata Moreno en 1979.

Navarro Vázquez también tenía amplias conexiones con estructuras anticomunistas en varios países de América Latina, como se señala en el libro de Romero Sotelo: "En el plano internacional, el Instituto participó en la fundación de otras organizaciones análogas en países latinoamericanos, como Costa Rica, El Salvador, Argentina, Guatemala, Brasil, Colombia y Venezuela". En este, en la ciudad de Caracas, se publicó una revista similar a *Temas Contemporáneos* llamada *Libertad*.

De manera coincidente, en los informes de la CIA se establece que representantes del MURO viajaban a otros países de América Latina para crear organizaciones semejantes:

Un representante de Identity-1 [MURO] está de viaje para ayudar a curar organizaciones similares en la Universidad de Ecuador y en universidades de Argentina, Brasil y Guatemala, a petición de grupos estudiantiles en cada lugar. También visitará grupos estudiantiles que mantienen relaciones con Identity-1 [MURO] en El Salvador, Panamá, Perú, Chile, Uruguay, Venezuela y Colombia. Esto no está siendo financiado por la Estación, pero esta va a recibir reportes de representantes de Identity-1 sobre este tema".

La CIA también registró las acciones del MURO contra el rector Chávez para removerlo de la UNAM, en un episodio de 1965, el segundo año del presidente Díaz Ordaz, que coincidió también con la represión del gobierno a los médicos.

La conducta represiva de Díaz Ordaz incluyó en 1966 el envío del Ejército a la Universidad Nicolaíta de Michoacán y al año siguiente a la Universidad de Sonora contra los estudiantes que "desafían las instituciones". Hasta despidió al director del Fondo de Cultura Económica, Arnoldo Orfila, por publicar un libro: *Los hijos de Sánchez*.

La operación LIHUFF tuvo una vigencia de alrededor de una década y en el movimiento de 1968 fue muy intensa, como lo consignan los documentos desclasificados de la CIA, cuando el MURO se movilizó contra los estudiantes, en coordinación con el propio gobierno de México.

En 2017, cuando se cumplió el plazo establecido por el Congreso de Estados Unidos tras el cual todos los archivos del gobierno relacionados con el asesinato de JFK debían ser publicados en su totalidad, se publicaron los primeros indicios sobre el MURO y la CIA.

En agosto de ese año el académico Guillermo Sheridan publicó en la revista *Letras Libres* una revisión que hizo de los documentos recién desclasificados, entre ellos sobre el MURO, pero no identificó a Navarro Vázquez como uno de los dos jefes.

Sheridan revisó un documento fechado en diciembre de 1963, en el que el "Jefe de Estación" de la CIA en México, Willard C. Curtis, cuya identidad era en realidad Winston Scott, se refiere al financiamiento del proyecto LIHUFF.

En el documento citado por Sheridan se transcribe lo que la oficina central de la CIA dispuso sobre la relación de la Estación México con el MURO:

> Recomendó que en vez de darle un subsidio neto para gastos básicos, la Estación aporte fondos para actividades específicas, viajes, manifestaciones, etc. Este arreglo es perfectamente aceptable para la Estación México. Esas actividades financiadas por KUBARK [CIA] serán coordinadas por el equipo local. El grupo [MURO] consiste en 200 tropas de choque vigorosamente anticomunistas que emprenden campañas activas contra grupos

comunistas y pro-Castristas en la UNAM, la Universidad de Guadalajara y la Universidad de Puebla. Se trata de un excelente medio de acción para la propaganda anticomunista y en favor del mundo libre. Están dispuestos a obedecer directivas de LIHUFF-2, que obedece a LIHUFF-1 que, a su vez, está en contacto con el Jefe de Estación en México. El grupo publica un periódico semanal que se anexa aparte.

Ese periódico editado por el MURO era *Puño. ¡Para golpear con la verdad!*, uno de cuyos editores fue Guillermo Vélez Pelayo y otro era Guillermo Velasco Arzac, un viejo juramentado que todavía participa en acciones políticas, entre otras como asesor del multimillonario Claudio X. González Guajardo.

Con base en el documento, Sheridan refiere que LIHUFF-2 (que no dice que es Navarro Vázquez) es "un dedicado anticomunista con énfasis en economía, asuntos estudiantiles y propaganda general" que, supervisado por la CIA, recibe dinero de ella para publicar "innumerables panfletos, colocar información en radio y TV y otros medios".

Y es él quien dio con el documento sobre la relevancia de la operación LIHUFF para la CIA y de Navarro Vázquez, a quien no menciona por su nombre: "Es tan eficiente que ayuda a organizar grupos estudiantiles anticomunistas en Venezuela y Costa Rica que vienen a México a recibir adiestramiento. LIHUFF-2 además entregó a la CIA copia de su tarjetero con los nombres de 2 mil 233 'comunistas, socialistas y marxistas' activos en México y tiene a sueldo a seis estudiantes en la UNAM para que lo tengan informado".

Por su parte, el académico Gonzalo Soltero publicó en su estudio "El 2 de octubre y la CIA en México", de octubre de 2021, en la revistacomun.com, un dato de enorme relevancia, conforme a la documentación: que el MURO recibió financiamiento de la CIA a través de Fernando Gutiérrez Barrios, quien era el director de la DFS, identificado como LITEMPO-4:

Entre los nuevos documentos que aparecieron a partir de 2017 hay un informe de casi 200 páginas sobre la operación LIHUFF, cuyas fechas llegan a octubre de 1971 e incluye un cable [11 de marzo] que describe cómo *la estación podía instigar manifestaciones de* estudiantes del MURO, con un costo de entre 1 200 y 1 600 dóla-res, y hacerlo de modo que no pudieran ser identificados como parte de esta organización o como de derecha, por ejemplo usan-do carteles y pancartas con consignas diseñadas por la propia CIA. La estación había organizado previamente manifestaciones exito-sas con "mexicanos más pobres" como ferrocarrileros a quienes había pagado individualmente. El mismo informe contiene *otro cable* [24 de agosto] donde menciona que el propio jefe de estación estaba pasando fondos y haciendo planes con LITEMPO-4, Fernan-do Gutiérrez Barrios, director de la DFS, para proteger el frente de LIHUFF-1 y que no se detectara la injerencia estadounidense. Ase-vera que el MURO cubría la ciudad con volantes para participar en una manifestación y al final una nota al pie agrega que la esta-ción tiene la capacidad de aumentar a 5 000 el número de mani-festantes del MURO frente a la Embajada Soviética, con un costo de 4 000 dólares vía LITEMPO-4. Esto menos de seis semanas antes del 2 de octubre.

Soltero asegura que la red de agentes en México creció tanto que "para 1964, 200 mexicanos trabajaban para la CIA bajo este esquema de *outsourcing* de espionaje".

Con base en toda la información, se puede concluir que los miembros del MURO respondían a tres jefaturas siniestras: a la orga-nización secreta, a la CIA y a la DFS.

Es importante subrayar que el primer periodista que publicó que detrás del MURO estaba una organización secreta fue el joven Miguel Ángel Granados Chapa, en 1965, un trabajo publicado en el semanario *Crucero*, dirigido por Manuel Buendía.

Esa osadía le costó a Granados Chapa el secuestro y la tortura por parte de miembros juramentados del MURO, que contaban con la protección de la CIA y también de la DFS.

LA DERECHA POLÍTICA-MILITAR-POLICIACA

Los documentos desclasificados de la CIA son de enorme relevan-cia para la historia, porque acreditan el entramado de complicidades entre prominentes líderes del régimen priista, empresarios, el gobierno de Estados Unidos y los grupos de choque, como el MURO, cuyos integrantes años después se convertirán en líderes políticos del PAN y del PRI.

Esta convergencia de intereses entre facciones de la derecha operó con éxito antes y después del movimiento estudiantil de 1968, y se mantendría todavía —pese a divergencias— en los gobiernos de Luis Echeverría y José López Portillo.

Desde que el movimiento estudiantil estaba en curso y sobre todo después de su criminal desenlace, un puñado de especialistas, sobre todo periodistas y académicos, trataron de documentar la intervención de la CIA y su colusión con autoridades del gobierno de México.

El director del Canal 6 de Julio, Carlos Mendoza Aupetit, realizó entre otros el documental *Tlatelolco, las claves de la masacre y 1968: la conexión americana*, en el que se acredita, con documentos oficiales, la intervención del entonces embajador de Estados Unidos, Fulton Freeman, y el director de la CIA en México, Winston Scott, como aquí también se demuestra.

En la vasta documentación de la CIA sobre México, que es posible consultar públicamente gracias a la Fundación Mary Ferrell, la operación LIHUFF es parte de otras que el gobierno de Estados Unidos puso en marcha en 1960, exactamente al cumplirse medio siglo del inicio de la Revolución.

El jefe de la Estación de la CIA en México, Winston Scott, operó un plan del gobierno de Estados Unidos para reclutar agentes para efectuar acciones encubiertas al margen del gobierno de México, pero también estableció una operación para afiliar a altos funcionarios, incluyendo a presidentes de la República, a través de un programa denominado LITEMPO.

Como se explicó antes, las letras *LI* eran el código para operaciones mexicanas y *TEMPO* era el término que Scott utilizó para definir la recíproca "relación productiva y efectiva entre la CIA y altos funcionarios selectos en México", que intercambiaban información al margen de los canales diplomáticos.

Con quien se inició la operación de reclutamiento como agentes de la CIA fue con Emilio Bolaños, identificado con el criptónimo

LITEMPO-1, y era el yerno de Díaz Ordaz, en ese entonces secretario de Gobernación y quien fue LITEMPO-2. Luis Echeverría, que era subsecretario, era LITEMPO-8.

El presidente López Mateos, quien también era informante de la CIA y tuvo el criptónimo LITENSOR, era amigo de Scott, quien solía invitarlo a sus reuniones sociales en su mansión de las Lomas de Chapultepec, a donde convocaba también a Díaz Ordaz y Echeverría desde antes de ser presidentes de México.

Y así como estos prominentes políticos eran agentes de la CIA, también fueron reclutados, en ese mismo programa, dos personajes clave en la represión y el espionaje en México: Gutiérrez Barrios, LITEMPO-4, y Nazar Haro, LITEMPO-12.

Gonzalo Soltero publicó en *Letras Libres*, en la edición del 17 de noviembre de 2019, el artículo "Más detalles sobre la CIA en México", en el que reflexiona específicamente sobre LITEMPO:

> Este esquema de colaboración e injerencia ha sido una de las gesticulaciones más cínicas del Estado mexicano. Mientras espetaba soberanía nacional, aceptaba información, dinero y apoyo de la CIA a cambio de una cooperación casi irrestricta. El presidente no hablaba oficialmente con el embajador de Estados Unidos, para guardar las apariencias, pero no había problema en que funcionarios del gobierno cobraran en la nómina de la CIA o que hicieran el trabajo sucio contra ciudadanos extranjeros, mexicanos, o incluso otros países, como en el caso de Cuba.

De estos prominentes personajes de la derecha política, militar y policiaca provino la represión de Estado antes, durante y después del movimiento de 1968 contra toda disidencia progresista.

En efecto, Gutiérrez Barrios, Luis de la Barreda Moreno, Mario Arturo Acosta Chaparro, Francisco Quiroz Hermosillo, Miguel Nazar Haro y Javier García Paniagua —militares los cuatro primeros, civiles los otros dos— son figuras emblemáticas de la represión del Estado.

Gutiérrez Barrios, De la Barreda Moreno, García Paniagua y Nazar Haro encabezaron la Dirección Federal de Seguridad (DFS) en el apogeo de la guerra sucia contra los movimientos populares y armados, entre 1965 y 1982, campaña en la que participaron Acosta Chaparro y Quiroz Hermosillo como altos mandos del Ejército mexicano.

Los seis integraron la Brigada Blanca, creada en 1973, que en los gobiernos de Echeverría y López Portillo torturaron, desaparecieron y asesinaron a cientos de mexicanos de la oposición en campo y en instalaciones militares como el Campo Militar Número Uno.

La persecución del Estado mediante estos personajes no fue contra la oposición de derecha, sino de izquierda, y el embate ilegal y autoritario no fue solamente contra los levantados en armas, sino contra toda disidencia política, estudiantil, sindical, académica o campesina, identificada como subversiva y "comunista".

Y el combate no fue contra la derecha porque, como aquí se ha acreditado, ellos eran parte de la derecha, cuya identidad anticomunista se tradujo en la protección policiaca y militar a todas las organizaciones conservadoras, incluidas las secretas, para, en conjunto, efectuar operaciones contra sus adversarios de la izquierda.

Gutiérrez Barrios, el arquetipo del policía político con adiestramiento militar para reprimir y asesinar, fue muy cercano a las formaciones de la extrema derecha, de las que nacieron el FUA, el MURO, Desarrollo Humano Integral y Acción Ciudadana (DHIAC), la Asociación Nacional Cívica Femenina (Ancifem), Provida y otros organismos donde se capacitaron camadas de militantes del PAN.

Manuel Díaz Cid, el más prominente intelectual de El Yunque y jefe de Inteligencia, aceptó en conversaciones formales con el autor que Gutiérrez Barrios tuvo relación con la organización secreta, sobre todo en las décadas de los sesenta y setenta, y hasta pretendió incorporar a sus integrantes a los gobiernos de Díaz Ordaz, Echeverría y López Portillo.

La relación de Gutiérrez Barrios con la organización secreta se estableció a través de Coello Macías y Baños Urquijo, los dos primeros presidentes del MURO, vinculados también a la CIA, así como a Navarro Vázquez y a Salinas Price.

"Hubo muchos llamados de Gutiérrez Barrios de ir a ese lado. Eso me consta porque Luis Felipe y Fernando Baños vinieron a decirme que fuéramos y yo nunca quise ir", me reveló Díaz Cid.

El más enfático era Coello: "Él siempre quiso llevarme con Gutiérrez Barrios y yo nunca quise mezclarme con esa gente. Me decía: 'Este hombre está más de este lado, ni te imaginas'".

La relación de Coello y Baños Urquijo, cuyos seudónimos en El Yunque eran "Marx" y "Robespierre", hizo que fueran vistos con sospecha por otros integrantes de El Yunque, que los llamaban "orejas" del gobierno y fueron marginados, aunque nunca hubo un rompimiento.

"Yo creo que Luis Felipe no cumplió esa función jamás —dice Díaz Cid—. Lo que pasa es que Luis Felipe era un convencido que el sistema político, como estaba diseñado, no se iba a poder cambiar. Entonces era necesario tener canales de comunicación y de intercambio, en vez de quedar marginados frente a una realidad que estaba ahí y que no se podía modificar. Y eso lo llevó a esa relación".

Coello murió el 2 de enero de 2004 y a su funeral, en Gayosso Félix Cuevas, no asistieron los mandos de la organización secreta a la que perteneció. Sólo acudió un puñado de viejos compañeros, entre ellos Baños Urquijo, otro de los personajes que tenían relación con Gutiérrez Barrios, como él mismo me lo confesó, en una amplia conversación que se reproduce en mi libro *El ejército de Dios*:

"Lo traté unas cuatro o cinco veces. Me llamaba si había algún enredo por ahí. En una ocasión unos fulanos arrojaron una bomba a la embajada soviética. Me llamaron para preguntarme si habíamos sido nosotros. No, le dije. Claro, ya nos tenían checados. Nada más querían confirmar y hacer presencia".

—A usted lo han acusado de haber sido financiado por Gutiérrez Barrios.

—No, para nada, en lo absoluto.

Baños Urquijo afirma que se alejó de El Yunque después de que dejó la presidencia del MURO, en 1967, cuando lo sustituyó Manuel Alonso Aguerrévere, el dirigente que condujo este grupo de choque durante el movimiento estudiantil de 1968.

Junto con Coello y Luis Pazos de la Torre, Baños Urquijo creó la Guardia Unificadora Ibero Americana (GUIA), una organización con el mismo ideario de El Yunque, si bien con más énfasis en la economía.

Uno de los señalamientos de que Baños Urquijo era "oreja" de Gutiérrez Barrios provino de los Tecos de la UAG, que en 1965 rompieron con El Yunque, del que él formaba parte. Me lo contó el propio Baños Urquijo:

> Mi problema es que Agustín Navarro Vázquez, otro liberal que era muy amigo mío por la cuestión de los libros, me invita a un Congreso Mundial Anticomunista, y ahí voy. Se me echaron encima los Tecos en tres ocasiones y me salvé. Situaciones raras, ¿no? De ahí me agarraron odio, que además yo ni los odiaba. Había oído hablar de ellos y ya. Luego vinieron los demás enfrentamientos que tuvieron, de los que supe de fuentes un tanto dudosas. ¿Cómo saber quién está diciendo la verdad? Y además yo no tenía ningún interés en eso. A mí me interesaba traer a Hernando de Soto, a Gary Becker, ayudar al Premio von Mises.

Baños Urquijo, igual que su amigo Navarro Vázquez y Luis Pazos, llegó a trabajar en Televisión Azteca, gracias a Salinas Price.

Otro prominente policía del régimen priista, Javier Coello Trejo, subprocurador general de la República con Carlos Salinas, también militó en el MURO, a invitación de Luis Felipe Coello, su primo. Lo cuenta en su libro *El final de hierro*, editado en 2021:

> En la juventud cometemos muchas pendejadas y cometí las mías. Tenía un primo bastante mayor que se llamaba Luis Felipe Coello. Con el tiempo me enteré que por el año de 1954 había sido uno de los fundadores en Puebla del Frente Universitario Anticomunista y también del Movimiento Universitario de Renovadora Orientación (MURO), los dos eran grupos conservadores de ultraderecha.
>
> Luis Felipe me jaló al MURO y acepté, pero no pasó mucho tiempo antes de darme cuenta de que eran manejados por la Iglesia, entonces me rebelé y dejé el grupo. Eran muy bravos y me gané muchos problemas por haberlos abandonado, incluso llegamos a madrearnos, nos fue fácil mandarlos a la chingada. Creo en Dios, pero odio a los curas y cuando me di cuenta de que estaban metidos en el MURO decidí largarme. Para mí la doctrina social de la Iglesia es una mierda, voy poco a la iglesia porque

a lo largo de mi vida vi muchas cosas con los curas y las pendejadas que hacen. Creo en Dios y tengo fe, no creo en el cielo ni en el infierno. En todo caso podría decir, sin temor a equivocarme, que el infierno es este.

Miembro también de la siniestra Brigada Blanca, creada por Nazar Haro, a quien llama "mi hermano y entrañable amigo", Coello Trejo justifica en su libro la guerra sucia contra la oposición de izquierda: "La guerra contra la delincuencia fue sucia, porque los delincuentes eran sucios, no tenían honor y me permito citar a Sir Winston Churchill: 'a los que sólo conocen el lenguaje de la violencia, hay que hablarles en su mismo idioma'".

Fueron pocas las ocasiones en que Nazar Haro habló sobre su trayectoria y en sólo una ocasión sobre el MURO. Fue en el libro *El tigre Nazar*, de Gustavo Castillo García, publicado en 2023, prácticamente una década después de que murió, en enero de 2012.

—¿Qué representaba para el gobierno el MURO?

—Un grupo peligroso. Eran fanáticos con dinero. Por eso los teníamos alejados hasta que acabamos con ellos, y para ello los dividimos. Teníamos información, teníamos infiltración en el MURO. El segundo de ellos ahora hace un periódico. Si bien atacaban a los grupos guerrilleros, no hay una organización leal al gobierno. Había que tenerlos medidos y acabarlos.

—¿Y los Tecos?

—¡Ah, esos eran muy cabrones! Era un grupo de matones.

Además de represor, Nazar Haro era un mentiroso: es falso que haya acabado con los integrantes del MURO y, más aún, no eran enemigos del gobierno, como aquí se ha demostrado. Lo único cierto de lo que, en efecto, se infiltró a ese organismo.

Sobre los Tecos, lo mismo: sí eran —y son— "un grupo de matones", como existen evidencias, pero eran también —y son— aliados de los gobiernos del PRI y del PAN.

Nazar Haro lo sabía muy bien desde que ingresó a la DFS, en 1961 —como espía y escolta de los padres de Díaz Ordaz—, y hasta que fue el director, entre 1978 y 1982, en el gobierno de López Portillo, en sustitución de Javier García Paniagua, padre del senador Omar García Harfuch.

Nazar Haro fue, también, agente de la CIA. Su seudónimo era "Angus J. Laverdure".

SETENTAS: LA DERECHA SE MOVILIZA

En este contexto de alineamiento de los sectores de la derecha política, económica, religiosa, militar y policiaca en los sesenta es que estalla el movimiento estudiantil de 1968 con sus demandas de libertad y democracia.

Con el pretexto de que era parte de una "conjura comunista", Díaz Ordaz comete un crimen de Estado para aniquilarlo.

Díaz Ordaz encarna como ninguno de sus antecesores en la presidencia de la República, el político de derecha: católico, anticomunista, intolerante, represor y asesino, sometido además a los intereses de la burguesía nacional y al gobierno de Estados Unidos.

Ese "momento conservador" de México, como lo denomina Rodríguez Kuri, da paso a los Juegos Olímpicos y el país entra a una calma engañosa, ácida, y a un respaldo al régimen con el triunfo de Luis Echeverría y del PRI en las elecciones de 1970.

Se gestaban en la clandestinidad grupos guerrilleros urbanos, como en 1969 las Fuerzas de Liberación Nacional (FLN), que 25 años después, en 1994, reaparecerían en Chiapas como Ejército Zapatista de Liberación Nacional (EZLN), mientras que los alzados rurales se atrincheraban en el bronco estado de Guerrero.

Para entonces el PAN seguía siendo un partido irrelevante. El pensamiento y la acción de la derecha se manifestaban sólo en parte en ese partido, porque el poder estaba en las estructuras del PRI y de sus gobiernos, federal, estatales y municipales, que le había arrebatado banderas desde años antes, notablemente en la emblemática década de los sesenta.

En 1970 Echeverría ganó con 84 por ciento de los votos, mientras que Efraín González Morfin, el candidato presidencial del PAN, sólo obtuvo 13 por ciento. El panista logró la mayor votación en el entonces Distrito Federal, con 29 por ciento, mientras que en Tabasco logró la menor: 0.98 por ciento, apenas 2 mil 335 votos.

El PAN, como opción electoral de la derecha, seguía siendo un partido testimonial y estancado: González Morfín había recibido ante Echeverría apenas tres puntos más que el 10.9 por ciento de José González Torres ante Díaz Ordaz.

Aunque en el PAN anidaban fuerzas de derecha, incluyendo muy identificados militantes del fascismo, la acción de esta fuerza ideológica se daba, sobre todo, dentro del régimen y del PRI.

El desenlace criminal del movimiento de 1968 envalentonó a la derecha, cuyas organizaciones empresariales y confesionales, así como sus fuerzas de choque, fortalecieron sus vasos comunicantes con el aparato del Estado. El PAN, que representaba un sector de la derecha, no era visto como alternativa de poder.

Aunque jamás hubo pruebas de una "conjura comunista" en el movimiento de 1968, que motivó su sangrienta aniquilación, la derecha logró imponer la narrativa que justificaba la represión, pese a que también había voces que no la avalaban.

Manuel Díaz Cid, ideólogo del sector privado y uno de los intelectuales de la organización secreta El Yunque, recuerda lo que se discutía entre los militantes juramentados sobre la represión del Estado el 2 de octubre:

"A mí me pareció que fue un asesinato. Y había quien lo justificaba. Yo decía: '¿Entonces el fin justifica los medios? No me vengan a decir que estamos en contra del maquiavelismo político y somos igualmente maquiavélicos'. Fue muy difícil la discusión y yo no he sido nunca alguien que se alinea fácil".

—¿Cómo salió la organización del movimiento del 68?

—De cierta forma fortalecida, por una razón: Porque el propio invento del sistema de la conspiración comunista, que fue un vil invento, le dio a la sociedad una reacción, nosotros éramos reaccionarios, a favor del anticomunismo que nos levantó mucho. Levantó la credibilidad de lo que decíamos, alertó a mucha gente que antes era bastante indiferente, apática o escéptica y entonces esto nos fortaleció.

—¿Y fue cuando se intensificó la expansión nacional de esta organización secreta?

—¡Claro! La izquierda después del 68 se va a la guerrilla y esto era, en la dialéctica de aquella época, el paso previo a la revolución.

Esto generó un fuerte movimiento de rechazo que, con el echeverrismo, se fortaleció. Es el momento en que los sectores empresariales se endurecen, echan fuera a los dirigentes que habían sido hasta ese momento fundamentalmente pragmáticos priistas y entra una línea independiente.

—¿Específicamente la Coparmex?

—Sí, específicamente la Coparmex. Roberto Guajardo era de una línea de acercamiento al PRI. Después de eso viene totalmente el Grupo Monterrey y don Eugenio Garza Sada endurece su posición y maniobra. El Grupo Monterrey tiene la capacidad de presión y de maniobra impresionante. Sale volando Guajardo y entra Monterrey con Andrés Marcelo Sada. Echeverría lo señaló en una reunión pública: "Usted es el traidor número uno que hay en este país". Y a mí la CTM me publicó un desplegado señalándome como enemigo del movimiento obrero. No sé de dónde sacaron eso, pero era parte de la problemática de la época.

En efecto, Guajardo Suárez fue depuesto de la presidencia de la Coparmex en noviembre de 1973, dos meses después de la muerte del patriarca del empresariado regiomontano Eugenio Garza Sada, en un intento de secuestro de la Liga Comunista 23 de Septiembre, justo el 17 de ese mes.

"Guajardo Suárez, comunista y empleado fiel, traidor a la Coparmex", se leía en volantes que repartía un grupo de muchachos en la reunión anual de ese organismo, celebrada en Cuernavaca, en el hotel Casino de la Selva.

Los manifestantes estaban encabezados por Javier Torres Leyva, el primer presidente del FUA de Puebla, y Eduardo García Suárez, juramentado también, quien llegaría a ser presidente nacional de la Concanaco en el sexenio de Carlos Salinas y asesor personal de Manuel Clouthier del Rincón como candidato presidencial.

Ese plan de remover a Guajardo Suárez era monitoreado, desde el hotel Emporio de la capital del país, por Ramón Plata Moreno, jefe general de la organización El Yunque, y se consumó cuando asumió la presidencia de la Coparmex Luis Orvañanos, el paso previo para la dirigencia de Andrés Marcelo Sada Zambrano, del Grupo Monterrey, que ya jefaturaba la movilización contra Echeverría.

Los principales asesores de Andrés Marcelo Sada Zambrano eran Gerardo Pellico Agüeros y José Antonio Pérez Rivero, empresarios de Puebla, protagonistas clave del enfrentamiento con Echeverría, por quien ellos mismos habían votado en la elección de 1970.

Las protestas del sector empresarial, que comenzaron en 1972 y se recrudecieron en 1973, sobre todo tras el asesinato de Garza Sada, derivaron en la creación del Consejo Coordinador Empresarial (CCE) en 1975, en medio del choque con Echeverría y hacia la definición del candidato presidencial del PRI, que sería José López Portillo.

Esta unificación empresarial en el CCE marca un antes y un después en la participación política del sector privado —industrial, comercial, financiero y agrícola—, que desde entonces cobró una fuerza que orientó el rumbo del país hacia la derecha de una manera más contundente.

Capítulo 5

De la derecha, a la derecha radical

ECHEVERRÍA:
PRIVILEGIOS A LA DERECHA

El contexto de la gestación del CCE, que fue también brazo ideológico de la burguesía, es fundamental.

Echeverría había llegado al cargo con el déficit de legitimidad del régimen y él mismo tras la matanza del 2 de octubre. Por ello trató de acercarse a la izquierda persuadiendo a intelectuales y a dirigentes sociales, con una retórica falsamente progresista. Fue, todo mundo lo sabe ya, un maestro de la intriga y de la traición.

Al inicio de su sexenio, el empresariado, la Iglesia y las organizaciones ultraderechistas, que tan bien conocía como funcionario de Gobernación, no tenían divergencias mayores con él, porque eran parte de la estructura del Estado.

Ante la Iglesia, por ejemplo, Echeverría cedió en los contenidos de los libros de texto gratuitos, autorizó construir la nueva Basílica de Guadalupe y hasta viajó a Roma para invitar al papa a la inauguración de la obra emblema del catolicismo.

Aunque en los primeros tres años de su gobierno adoptó medidas reformistas, la Iglesia no las combatió por la división interna generada por la represión del movimiento estudiantil, las decisiones del Concilio Vaticano II y, sobre todo, la conferencia de obispos latinoamericanos de Medellín, en 1968, que se pronunció por una "opción preferencial por los pobres".

El empresariado tampoco chocó con Echeverría por sus decisiones económicas en la primera parte del sexenio y la reforma fiscal que les preocupaba al final quedó muy limitada.

En *Auge y decadencia del Grupo Monterrey*, Carlos Martínez Assad escribe que esa reforma fiscal, después de ponerla a consideración de las agrupaciones empresariales, quedó muy "restringida" a un aumento al impuesto mercantil y a las personas físicas.

"Pese a la implantación de tan mínimas medidas, los empresarios, habituados a las exenciones fiscales y a los estímulos del Estado que les vendía luz y gas a un precio inferior al que pagaban los particulares, se inconformaron en diferentes ocasiones".

Más aún: "En la discusión de la reforma al artículo 123 constitucional en lo relativo a la vivienda obrera, con la creación del Infonavit, se pondría de nuevo de manifiesto que la alianza más sólida en este país se da entre el Estado y la burguesía. Para evitar problemas, la aportación del sector privado fue superior a la que originalmente había propuesto, pero menor a la aportación sugerida por el Estado y los trabajadores".

Además, añade Martínez Assad, el gobierno de Echeverría accedió a que cada empresa aportara 5 por ciento de su nómina al fondo y que ese porcentaje fuera deducible de los impuestos, con lo cual se redujo la contribución real del sector privado a 2.5 por ciento de su nómina aproximadamente.

Y enfatiza: "El Infonavit nació sin resultar muy gravoso para el sector privado y aunque se avanzó en términos del compromiso de creación de la vivienda obrera, la burguesía salió mejor librada y con más facilidades que las que le otorgaba originalmente el ordenamiento constitucional. El Estado encontraba otra forma de ingresos a la vez que salvaba, una vez más, su vínculo cordial con la burguesía y el de esta con la clase obrera".

Por eso Echeverría no afectó en nada los intereses del empresariado, subraya Martínez Assad: "Es raro encontrar otros casos en los que el Estado haya favorecido tanto a la burguesía como en México, pese a lo cual esta continuaría manifestando un abierto temor a la intervención del Estado en la economía".

Con Echeverría en la presidencia de la República, no era el PAN el partido que las organizaciones patronales veían como vehículo de participación política y electoral. Seguía siendo el PRI.

Hasta Manuel Clouthier del Rincón, quien sería el candidato presidencial del PAN en 1988, era tan cercano al PRI que en 1971 —en el primer año de Echeverría como presidente— buscó ser su candidato a presidente municipal en Culiacán, Sinaloa.

Como no fue posible lograr esa candidatura, impulsada por su tío Jorge del Rincón, presidente de la Cámara de Comercio local, hizo carrera en los organismos empresariales, pero no en el PAN, sino hasta 1986 y tras romper con López Portillo en 1982, como se verá más adelante.

Un destacado miembro de la extrema derecha de Puebla, quien con el tiempo fue dirigente empresarial y hasta alcalde de la capital, Luis Paredes Moctezuma, cuenta que le entusiasmaba más Díaz Ordaz que el PAN y los panistas.

En su libro *Los secretos de El Yunque. Historia de una conspiración contra el Estado mexicano*, Paredes Moctezuma escribe que conoció personalmente a Díaz Ordaz en 1966 en la casa de un amigo suyo.

"Debo decir que mi encuentro personal con el presidente Díaz Ordaz me resultó muy agradable y que siempre escuché con atención sus discursos y analicé cuidadosamente su actuación".

Muy distinta era su opinión del PAN, que le resultaba aburrido, como su candidato presidencial en 1979, Efraín González Morfín: "Un día de mayo de 1970, yendo de aventones a la Ciudad de México, me levantó uno de los fundadores del PAN en Puebla y a lo largo del camino sólo hablamos de política, porque el tema nos apasionaba a ambos. Me invitó al partido. Fui a algunas reuniones —bastante aburridas, por cierto— y al decepcionante mitin con el candidato a la Presidencia. Hasta cuidé una casilla, pero no me entusiasmó. Me sentía mejor en la política universitaria".

En Puebla, el gobernador Gonzalo Bautista O'Farrill era aliado de la extrema derecha en contra de la izquierda, que sufrió al menos ocho asesinatos —entre ellos Joel Arriaga Navarro y Enrique Cabrera Barroso— en su breve periodo de gobierno entre abril de 1972 y mayo de 1973.

Bautista O'Farrill había sustituido al gobernador Rafael Moreno Valle, quien renunció por el conflicto en la UAP entre la derecha y la izquierda, derivado de la reforma universitaria con las dos visiones contrapuestas.

Las decisiones del nuevo gobernador estaban orientadas a la represión de la izquierda, como ocurrió contra los contingentes que se movilizaron el 1º de mayo, Día Internacional del Trabajo, cuando fueron asesinadas cinco personas, entre ellas un albañil que era ajeno a la protesta.

El gobernador declaró el 2 de mayo de 1973, al día siguiente de la represión, que su gobierno controlaría "todos los actos de subversión y vandálicos con tiros".

Y añadió: "La policía está debidamente armada, por lo que repelerá con energía cualquier acto que pretenda romper el orden y la paz social. La policía tiene órdenes de matar de un tiro al que atente contra la paz pública".

Sobre esos hechos, el panista Paredes Moctezuma, estudiante de Arquitectura y dirigente de El Yunque, presenta un testimonio de la relación del gobernador con la extrema derecha de Puebla:

"El gobernador nos invitaba a su casa, al palacio de gobierno, nos hablaba al oído y nos incitaba a tomar por las armas el Edificio Carolino y sacar para siempre a los comunistas de la universidad. Nos aseguraba protección gubernamental".

Añade:

Se reunía también con otros miembros de la Organización, que ya para entonces ocupaba las presidencias de diversos organismos empresariales —Coparmex, Canacintra, Cámara de Construcción, entre otros—, y nosotros con ellos, con directores y maestros cuates y con los jefes orgánicos para analizar la situación. Sí, quería usarnos, pero también en realidad apostaba a echar fuera de la universidad y de Puebla a esa gente. De tal manera que se decidió no entrar al juego de la violencia, pero sí apoyarlo en su lucha. Como nunca antes, miembros del gobierno estatal, la Iglesia católica, la iniciativa privada, los sindicatos y los campesinos realizaron un gran mitin de apoyo al gobernador. Señoras encopetadas al lado de campesinos acarreados, estandartes de agrupaciones religiosas junto a pancartas obreras. El orden era cuidado por los del FUA y la policía. El gobernador se sintió respaldado. Entonces no percibíamos con suficiente claridad que la verdadera lucha no era la de la universidad, sino aquella por el poder en el interior del sistema político mexicano, en la mismísima familia revolucionaria.

Lo que estaba en curso, en efecto, era una disputa de dos proyectos de nación, que se recrudecería en el gobierno de Echeverría, que al mismo tiempo que combatía con guerra sucia a los movimientos populares se confrontaba con el empresariado, particularmente el de Monterrey, del que Puebla era aliado y asesor.

"De esas luchas ideológicas surgieron las condiciones para crear la Universidad Popular Autónoma del Estado de Puebla (UPAEP)", recordó Díaz Cid, la primera institución educativa de la organización secreta El Yunque, nacida el 7 de mayo de 1973, exactamente un día antes de la renuncia del gobernador Bautista O'Farrill.

Paredes Moctezuma cuenta, por su parte, que la organización secreta seguía trabajando en el PRI, no en el PAN. En 1974 hubo elecciones en Puebla para gobernador, alcaldes y diputados al Congreso local.

La Organización estaba atenta y operaba en función de ello. Logró impulsar a un personaje cercano [Eduardo Cué Merlo] como candidato del PRI —por tanto seguro ganador de la alcaldía— y se mostró complacido con el candidato a gobernador [Alfredo Toxqui], hombre prudente, moderado, con quien sin duda se podría trabajar bien. Para un mayor acercamiento se constituyó el Consejo de Planeación del municipio de Puebla, subvencionado por la Junta de Mejoramiento Moral, Cívico y Material de la ciudad, institución en que la Organización influía de manera determinante.

Por eso Puebla y los poblanos juramentados de El Yunque son fundamentales en la rebelión de la derecha contra Echeverría antes y después de 1973. Fue en ese estado donde se llevó a cabo el primer paro patronal, que después se reproduciría en otros estados, en un periodo convulso que abarcó hasta el gobierno de López Portillo.

La movilización de la derecha en los setenta, dentro y fuera del régimen y del PRI, se inició en el segundo año de Echeverría, un año antes del asesinato de Garza Sada, debido al deterioro de la economía y el discurso presidencial supuestamente progresista de apoyo a los países del Tercer Mundo.

En 1972 el presidente de Chile, Salvador Allende, visitó México y alrededor de 80 agrupaciones empresariales y profesionales de varias ciudades, entre ellas Puebla y Monterrey, publicaron un manifiesto contra el "estatismo marxista" que pretendía instaurar en ese país.

Fue un anticipo del enfrentamiento que vendría para el resto del sexenio.

Martínez Assad escribe que, en su lucha contra el reformismo promovido por Echeverría, los empresarios experimentan un proceso de politización que al final del sexenio fue muy evidente.

Este proceso de creciente politización empresarial es detectable en el reemplazo de líderes empresariales moderados por otros más radicales como Andrés Marcelo Sada, en la conversión de sus agrupaciones de grupos de presión gremialistas en auténticas organizaciones de clase; en la radicalización de paros en distintos lugares y momentos (en Puebla en mayo de 1973, en Monterrey en septiembre de 1973, en Monterrey nuevamente en junio de 1974; en el noroeste en diciembre de 1975 y en varios lugares en noviembre de 1976); en la creación del Consejo Coordinador Empresarial (CCE) en mayo de 1975 que postuló en sus documentos un incipiente proyecto empresarial para el futuro del país, y en el llamado explícito de los líderes de la facción empresarial más radical a la acción política y partidaria.

Tras la matanza del Jueves de Corpus, en 1971, comenzaban a operar organizaciones guerrilleras en las zonas urbanas, agrupadas en la Liga Comunista 23 de Septiembre, que nació en Guadalajara en marzo de 1973, y la de Lucio Cabañas, en Guerrero.

Pese a que Echeverría combatía a estas organizaciones con el aparato represivo del Estado, que torturaba y asesinaba a sus integrantes, los empresarios lo culpaban de fomentarlas, mientras acusaban al gobierno de socializante y amenazaban con dejar de invertir y sacar del país sus capitales.

El refugio que Echeverría dio a la familia de Salvador Allende tras el golpe militar de Augusto Pinochet, en septiembre de 1973, y a exiliados de países gobernados por dictaduras militares, enardeció aún más a la derecha.

En 1973 el abierto enfrentamiento del empresariado con el régimen se produjo con las exigencias de las organizaciones obreras por aumentar los salarios ante la inflación, mientras que los primeros alegaban falta de seguridad jurídica para sus inversiones.

Ya antes Echeverría había promovido una serie de reformas para regular la inversión extranjera en México y eso impulsó que las trasnacionales se involucraran más en los asuntos políticos, sobre todo después de lo que declaró el embajador de Estados Unidos, Robert H. McBride, considerado en su momento como una convocatoria.

El 12 de octubre de 1972, ante el Comité Mexicano-Norteamericano de Hombres de Negocios, McBride expresó: "He notado una actitud no de pánico, pero sí de cierta preocupación: Muchas personas no estaban ciertas si la inversión extranjera era o no deseable, o bien si las reglas del juego podrían ser cambiadas, no sólo respecto a nuevas inversiones, sino en cuanto a firmas establecidas".

Seis meses después, en abril de 1973, y luego de que los proyectos de Echeverría sobre inversión extranjera fueron aprobados por el Congreso, la Cámara Americana de Comercio fijó una postura consistente con lo declarado por el embajador McBride.

En *La lucha por la hegemonía en México, 1968-1980*, Miguel Basáñez recuerda:

En abril de 1973, la Cámara Americana de Comercio en México expidió un boletín invitando a todos los empresarios, particularmente a aquellos representantes de empresas extranjeras, a unificar y coordinar sus acciones frente a la creciente hostilidad hacia el capital extranjero y la libre empresa. En agosto de 1973, el presidente de Dupont (Luis Guzmán de Alba) expuso en detalle el panorama ante los hombres de negocios de Monterrey. El mensaje era que dos ideologías estaban enfrentándose: el sistema norteamericano de libre empresa y el comunismo marxista-leninista. De acuerdo con él, el ataque en México a las trasnacionales sólo disfrazaba su verdadera naturaleza, el ataque a la libre empresa.

Era de tal beligerancia el discurso de los empresarios más radicales, sobre todo los de Puebla y Monterrey, que hasta Juan Sánchez Navarro, el ideólogo del sector privado, llamaba a la cordura: "Al reducir sus inversiones, buscar mayor proteccionismo, reducir la calidad de sus productos y predicar por todos los rumbos que estamos al borde del desastre, los empresarios mismos están sembrando la desconfianza en el país y en nuestra economía, en lugar de alentarla como es su papel".

En medio de la tensión, finalmente se acordó aumentar los salarios, en un acto previsto para las 17 horas del 17 de septiembre de 1973. Pero ese día, por la mañana, Eugenio Garza Sada fue asesinado, en un intento de secuestro.

El patriarca del empresariado regiomontano, jefe del Grupo Monterrey y fundador del ITESM, se dirigía a sus oficinas cuando fue interceptado por un comando de la Liga Comunista 23 de Septiembre, fundada en marzo de ese mismo año para unificar a todas las agrupaciones guerrilleras.

El plan era secuestrarlo para intercambiarlo por insurgentes presos, pero en la balacera murieron él, su escolta y su chofer, así como dos de los atacantes, entre los que se encontraba Jesús Piedra Ibarra.

El crimen conmocionó al país y la respuesta fue virulenta contra el propio Echeverría, quien debió escuchar, en el sepelio del día siguiente, el duro reproche de Ricardo Margáin Zozaya, a nombre de la familia y los industriales de Nuevo León.

En su largo discurso fúnebre, Margáin Zozaya expresó que lo alarmante no fue tan sólo lo que hicieron los atacantes, sino por qué pudieron hacerlo.

La respuesta es muy sencilla, aunque a la vez amarga y dolorosa: sólo se puede actuar impunemente cuando se ha perdido el respeto a la autoridad; cuando el Estado deja de mantener el orden público; cuando no tan sólo se deja que tengan libre cauce las más negativas ideologías, sino que además se les permite que cosechen sus frutos negativos de odio, destrucción y muerte. Cuando se ha propiciado desde el poder a base de declaraciones y discursos el ataque reiterado al sector privado, del cual formaba parte destacada el occiso, sin otra finalidad aparente que fomentar la división y el odio entre las clases sociales. Cuando no se desaprovecha ocasión para favorecer y ayudar todo cuanto tenga relación con las ideas marxistas a sabiendas de que el pueblo mexicano repudia este sistema opresor.

En el diario *Tribuna* de Monterrey se publicó un desplegado sin firma contra Echeverría, que reflejaba más expresamente la indignación de la derecha:

"¿Hacia dónde nos llevan nuestros políticos demagogos, que cada vez vociferan y alardean de los sistemas comunistas? ¿Por qué aguantarnos asaltos, robos, asesinatos, terrorismo? ¿Cómo esperamos que haya tranquilidad en el país si tan pronto se agarran a dos o tres terroristas o asaltabancos los dejan libres y con puestos en el gobierno?".

Entre tantos pronunciamientos de repudio al crimen, también las asociaciones empresariales de Jalisco exigieron a las autoridades el cumplimiento de su deber contra "la subversión abierta y disfrazada".

El mes siguiente, en octubre, otro crimen de alto impacto ensombreció más al país: fue asesinado, en Guadalajara, el prominente empresario Fernando Aranguren Castiello, también por un comando de la Liga Comunista 23 de Septiembre, lo que irritó aún más a las fuerzas de la derecha.

Por órdenes de Echeverría, se endureció la persecución contra los grupos armados mediante la Brigada Especial, creada por Nazar Haro, quien comandó la guerra sucia con tropas del Ejército y policías que detenían, torturaban y asesinaban.

La Brigada Especial, que como tal no era nombre oficial, fue concebida por Nazar Haro en 1973, y tenía como instalaciones clandestinas para la detención, tortura y asesinato el Campo Militar Número Uno.

Además del asesinato de Garza Sada y Aranguren, el gobierno enfrentará una crisis laboral y maniobró para bajar la tensión entre las organizaciones oficialistas de trabajadores y los organismos empresariales.

Una de las decisiones de Echeverría fue crear, a favor de los empresarios, un esquema para favorecerlos: creó el régimen de consolidación fiscal para que pudieran reducir impuestos, un esquema que estuvo vigente hasta 2013.

Y de pronto hasta la familia Garza Sada bajó el tono de sus reclamos y hasta tomó distancia del discurso de Margáin Zozaya: "No habló por ninguna de las empresas del consorcio industrial de Monterrey [...] y que el dolor no debería haberse mezclado con opiniones de orden político".

Finalmente, ante la convocatoria a una movilización y a una huelga nacional a la que habían convocado las organizaciones obreras oficialistas, se acordó un aumento salarial con los patrones y se desactivó el conflicto.

Muchos años después, el 4 de marzo de 1998, Echeverría visitó Monterrey y, entrevistado por el periodista Héctor Benavides, rememoró su choque con el empresariado regiomontano y la muerte de Garza Sada.

Según Echeverría, el crimen de Garza Sada se resolvió de inmediato —"a los 15 días se aclaró que una guerrilla de irresponsables lo había querido secuestrar y, como se resistió, lo mataron"—, y opinó sobre lo que dijo Margáin Zozaya:

> Me lo expliqué perfectamente: se cometió el asesinato de don Eugenio, envié al secretario de Industria y Comercio en mi representación, y luego el licenciado Víctor Bravo Ahuja, que había sido rector del Tecnológico, y tres horas antes del sepelio, yo le mandé decir al señor Garza Lagüera que quería venir al sepelio y fui con él hasta el panteón. Entonces, inexplicablemente, una gente tan respetable como el señor Margáin se echó un discurso muy fuerte diciendo que el gobierno federal auspiciaba la violencia y no era así: a mi suegro, José Guadalupe Zuno Hernández, lo secuestraron también en Guadalajara.

En efecto, el 28 de agosto de 1974 se informó que el suegro de Echeverría había sido secuestrado, que en unos días quedó en libertad, aunque fue en realidad un montaje, según Javier Coello Trejo, quien fue parte del equipo que fue enviado a Guadalajara para el rescate del personaje.

En su libro *El fiscal de hierro*, Coello Trejo escribió:

La verdad es que el presidente Echeverría inventó lo del secuestro de su suegro para justificar el envío de más hombres a Guadalajara y tener bajo vigilancia a los grupos estudiantiles donde se formaban los cuadros para engrosar las filas de las guerrillas. Cateamos la mitad de Guadalajara, interrogamos gente, aprehendimos a presuntos guerrilleros, movilizamos cientos de hombres y de pronto apareció el viejo Zuno caminando por la calle como si nada hubiera pasado.

Pero la derecha no sólo confrontó a Echeverría, quien en efecto era mentiroso y truculento, sino al sindicalismo independiente que estaba en auge.

En 1974 enfocó sus baterías contra el Frente Auténtico del Trabajo (FAT), un organismo vinculado a religiosos de la teología de la liberación y que la Coparmex asociaba a la entonces Unión de Repúblicas Socialistas Soviéticas (URSS) y al obispo Sergio Méndez Arceo, llamado el Obispo Rojo.

Habían estallado varias huelgas, entre ellas en Tula, Hidalgo, y Saltillo, Coahuila, sobre lo que la Coparmex fijó una postura:

1.- A un lado de las agrupaciones obreras con ideología de contenido nacionalista, han surgido en los últimos tiempos estos organismos que se llaman a sí mismos independientes y cuyos dirigentes tienen una ideología que linda entre la tendencia marxista-leninista y la anarcosindicalista.

2.- Estas organizaciones independientes han propiciado una desenfrenada competencia con las grandes organizaciones obreras del país a fin de conseguir la voluntad de los trabajadores mediante promesas y demandas cada vez más desquiciadas y alejadas de nuestra realidad económica y social.

3.- El programa de acción de los grupos radicales provoca el desorden y desalienta la inversión.

También ante la amenaza del control de precios los dirigentes patronales volvieron a manifestar su desacuerdo y a defender "la sobrevivencia de la libre empresa".

En su libro *Los empresarios y el Estado, 1970-1982*, Carlos Arriola Wood describe a detalle la movilización empresarial de 1973 y sus consecuencias: "La reacción empresarial a la coyuntura se dio en dos direcciones: Por una parte se contrajeron las inversiones y se trasladaron capitales al exterior y, por la otra, se realizó un vasto esfuerzo para restablecer la confianza de los empresarios en ellos mismos, para 'mejorar su imagen' en el país y actuar organizadamente en defensa de sus intereses".

Arriola Wood cita a dos dirigentes empresariales para conocer la dimensión de la fuga de capitales durante 1973: Roberto Guajardo Suárez, presidente de la Coparmex hasta finales de 1973, declaró que durante este año "el infundado temor al fantasma del comunismo provocó una salida de divisas calculada en 10 mil millones de pesos", mientras que su sucesor en la dirigencia de ese organismo, Jorge Orvañanos, aseguró que en el gobierno de Echeverría la inversión privada había disminuido 20 por ciento.

Arriola Wood también detalla los esfuerzos, en 1975, por coordinar la defensa de la "libre empresa" por parte de organizaciones empresariales, como la Cámara Americana de Comercio (Camco), que llamó a la unidad ante la "creciente hostilidad hacia todo lo referente al capital extranjero y la empresa privada".

Recuerda que un expresidente de la Camco, Frank B. Loretta, dictó una conferencia en Monterrey, en agosto de ese año, para convocar a la unificación empresarial de México ante "una lucha continua y de vastas proporciones entre dos ideologías predominantes: el sistema americano de libre empresa y la teoría marxista-leninista del socialismo o comunismo".

La libre empresa, según el empresario, era objeto de un ataque de gran envergadura en la mayor parte del mundo "y hasta cierto punto también en México, donde se ha disfrazado o ha sido vinculado a los ataques a las empresas multinacionales".

Escribe Arriola Wood:

En apoyo a la tesis, cita el Informe Powell preparado en los Estados Unidos, según el cual los ataques contra la iniciativa privada [en dicho país] provienen de las universidades, del púlpito, de la prensa, así como de intelectuales, escritores y políticos que aunque "son minoría", son a menudo los que mejor se expresan en los diversos medios de comunicación. Refiriéndose al caso de México, el conferencista señala que "un caso especialmente notable [de ataques a este tipo de sector privado] es el de los grandes periódicos de la Ciudad de México". Todos estos ataques, continuó el empresario, son "seguramente" la causa primordial de la ola de mítines estudiantiles, bombas y destrucción deliberada en muchos casos de la propiedad privada. En la última parte, el conferencista formuló un llamado a los empresarios ante el serio y amplio "problema de credibilidad" que enfrenta la empresa privada para mejorar su imagen pública, defender "su sistema" y contrarrestar las tendencias al estatismo y a la "usurpación de las libertades".

Cuando Loretta habló de los "periódicos de la Ciudad de México" se refería sobre todo a *Excélsior*, dirigido por Julio Scherer García, que ese año enfrentó un boicot publicitario del sector privado, recomendado precisamente por Echeverría, en protesta por su línea editorial de izquierda.

La derecha en los medios

Fue el propio Echeverría el que informó a Scherer García que los empresarios tramaban el boicot. Cuando las principales empresas retiraron sus anuncios del diario y se comprometía su viabilidad, el presidente ofreció publicidad hasta que finalizó la represalia privada.

Fue una maniobra torcida de Echeverría que comenzó en una reunión de magnates en Los Pinos, en la que el presidente les dijo que ellos tenían la solución para poner fin al izquierdismo de *Excélsior*.

En el libro *Los presidentes*, de Scherer García, Sánchez Navarro contó lo que Echeverría les dijo en la reunión en Los Pinos:

—De qué se quejan si ustedes tienen el pandero en la mano.

—¿Así fue, Juan, así se les dijo? —preguntó el periodista a Sánchez Navarro.

—Hay datos que se me pierden, pormenores confusos, que a la distancia de los años no podría precisar con certeza absoluta. Pero no me cabe duda acerca de la frase textual que te refiero: "Ustedes tienen el pandero en la mano", nos dijo. La frase la recuerdo perfectamente. Fue nítida, impresionante.

El banquero Carlos Abedrop diría de esa maniobra: "He conocido a un hombre falso como ninguno: Luis Echeverría Álvarez".

Al año siguiente, en 1976, Echeverría conspiraría otra vez contra Scherer García para expulsarlo definitivamente de la dirección de *Excélsior*, del que surgió, en noviembre de ese año, el semanario *Proceso*.

Excélsior se volvió al oficialismo y al impulso de la derecha empresarial, política y religiosa que predominaba también en prensa, radio y televisión, dominada por la entonces ya poderosa Televisa que encabezaba la familia Azcárraga.

Televisa había nacido en 1973 de la fusión de Telesistema Mexicano, S. A. de C. V., de las familias Azcárraga, Alemán y Cañedo, y de Televisión Independiente de México, S. A. de C. V., Canal 8, propiedad del grupo industrial Alfa, de Monterrey, liderado por Garza Sada.

Díaz Ordaz había otorgado la concesión del Canal 8 al Grupo Monterrey justamente en el año de 1968, en cuyo cuarto informe de gobierno, el 1º de septiembre de ese año, comenzó sus transmisiones.

La sociedad del Grupo Monterrey con la familia Azcárraga, la preponderante en Televisa, duró hasta 1982, en medio de la crisis y el fin del sexenio de López Portillo, cuando vendió sus acciones al empresario poblano Gabriel Alarcón, director de *El Heraldo de México*, quien a su vez las vendió… a Televisa.

La radio y sobre todo la televisión ya eran, desde la creación de Televisa y de la Cámara Nacional de la Industria de Radio y Televisión (CIRT), en 1970, un aparato ideológico de la derecha de dentro y de fuera del gobierno.

La penetración ideológica de la televisión se expandió también al ámbito universitario público.

Justo el año en que Scherer García es expulsado de *Excélsior* y funda *Proceso*, Televisa se unió a la UNAM para transmitir el programa *Introducción a la Universidad*, y como parte de esta expansión más allá de la farándula y el deporte se constituyó la Fundación Cultural Televisa.

En el Consejo Consultivo de esta fundación participaron intelectuales como Henrique González Casanova, Andrés Henestrosa, Silvio Zavala, José Luis Martínez, Francisco Monterde, Francisco López Cámara, Carlos Graeff Hernández, Antonio Carrillo Flores y Gustavo Baz.

Televisa y el Grupo Monterrey constituyeron, en conjunto, el Museo Rufino Tamayo, en Chapultepec, inaugurado en 1981, cuando comienza a derrumbarse el oasis petrolero y se inicia la crisis del fin del sexenio de López Portillo.

Este entramado mediático fue clave para la rebelión empresarial contra el gobierno. Si bien medios y periodistas se le rendían a Echeverría como la figura presidencial, criticaban las políticas del gobierno que los lesionaban, sobre todo al final del sexenio.

En la introducción de *Televisa, el quinto poder*, editado en 1985, Raúl Trejo Delarbre escribe el pragmatismo de esa empresa durante los dos sexenios:

> Televisa, a diferencia de lo que se ha llegado a sostener desde la crítica contestataria, no se enfrenta permanentemente al Estado mexicano ni despliega un proyecto exclusivamente propio, al margen de otras fuerzas de nuestro sistema político. Aunque, por ejemplo, en el echeverrismo los dirigentes de Televisa se enfrentaron al gobierno para oponerse a una eventual intervención estatal en sus negocios, nunca rompieron lanzas con todo el aparato estatal. En otro de los momentos de mayores fricciones con la burocracia política, cuando la nacionalización de la banca decretada por López Portillo (oportunidad en la que se llegó a decir, aun cuando ilusoriamente, que podría arribarse a una nacionalización de la radio y la TV), Televisa, aunque fue evidente que discrepaba de esa decisión presidencial, procuró publicitarla bien y no antagonizar públicamente. Inclusive en estos días la empresa tenía motivos para congraciarse con el gobierno, pues había asegurado preferencia en la transmisión de señales vía satélite gracias al convenio que el gobierno de López Portillo había suscrito poco antes.

Subraya Trejo Delarbre: "Televisa se ha constituido, no cabe duda, en adalid de la iniciativa privada".

Los proyectos privatizadores que impulsaba a través de LESA (Libre Empresa, S. A.), constituida en abril de 1984, tenía el propósito de incursionar en negocios adicionales a las telecomunicaciones.

Televisa tiene un proyecto de país, aunque sea un proyecto escasamente explícito. Se trata de un proyecto privatizador, de mayor integración a la órbita de las economías de mercado, que involucra a grupos privados de diversos países en el área latinoamericana y que por todo ello, tiene a debilitar la consolidación de México como nación. Es, de tal forma, un proyecto que tácticamente pasa por el apoyo al gobierno e inclusive por la reivindicación de algunos fundamentos ideológicos del Estado mexicano, pero que estratégicamente combate contra principios como la reivindicación de demandas populares y la solidaridad con el derecho de autodeterminación de otras naciones. Por eso, cuando se ocupa de asuntos que afecten su concepción a largo plazo, Televisa se vuelve profundamente agresiva, como ha ocurrido cuando reseña huelgas o acciones obreras o, destacadamente, cuando se ocupa de la política exterior mexicana hacia regiones como Centroamérica. Pero la mayoría de las veces el consorcio privado de la radiotelevisión puede contemporizar con el gobierno mexicano. Después de todo, tiene más cosas para agradecerle que las que podría reprocharle. Si Televisa se ha desarrollado con tanta facilidad (impunidad, podría decirse también) ha sido por la complacencia de los gobiernos recientes, que han obsequiado concesiones, han regalado dinero que deberían recaudar por concepto de impuestos y han preferido a Televisa, inclusive por encima de la televisión del propio Estado. No es un secreto que muchos funcionarios públicos prefieren anunciar sus proyectos a través del noticiario de "Jacobo" que en la tediosa y menos vista televisión manejada por el gobierno.

Lo que Trejo Delerbre describe es esa relación de connivencia entre Televisa y los gobiernos recientes, sobre todo de Echeverría y López Portillo, cuando su poder creció vertiginosamente.

Televisa tenía una línea editorial inequívocamente de derecha, como otros medios radiofónicos e impresos, que defendían la libre

216

empresa y condenaban toda disidencia de izquierda, de México y del extranjero.

El Heraldo de México, por ejemplo, era el más abierto medio ultraderechista: publicó que "el gobierno alababa el terrorismo con sus ataques a la iniciativa privada" y que, con Echeverría, "bajo el señuelo de los cambios se nos ha querido llevar por rumbos que el pueblo de México no desea".

La revista *Expansión*, que en 1975 nombró el "hombre del año" a Andrés Marcelo Sada, el presidente de la Coparmex que encabezó las movilizaciones contra el gobierno de Echeverría, también lanzó una campaña para "mejorar la imagen de la empresa privada".

LA GUERRA DE LOS RUMORES... Y EU

El combate de la derecha contra el gobierno de Echeverría incluyó, también, una campaña de rumores que buscaba generar angustia en la población. Aunque en 1972 se habían difundido mentiras, como el supuesto racionamiento de alimentos, fue al año siguiente que los rumores se intensificaron y con varios temas.

Uno de los primeros fue la escasez de gasolina que habría, lo que generó largas filas en expendios de Puebla, Jalisco y Nuevo León, justo donde había más movilizaciones de la derecha; otro fue sobre la "vacuna esterilizadora", que supuestamente se aplicaría en escuelas públicas a niñas y niños para que como adultos no pudieran procrear.

En *Los rumores desestabilizadores contra el gobierno de Luis Echeverría Álvarez, 1972-1976*, Alicia Sandoval Rocha escribe:

La noticia falsa más importante fue sobre un golpe de Estado el 15 de septiembre, primero, y el 20 de noviembre de 1976, después. Dentro de un contexto más amplio, la devaluación del peso en agosto de ese año generó múltiples descontentos. Esta cuestión fue aprovechada por los grupos de derecha para que el candidato López Portillo los tomase en cuenta. El 18 de noviembre la Secretaría de la Reforma Agraria anunció la afectación de zonas de riego en los valles Yaqui y Mayo de Sonora y Sinaloa, lo que provocó enojo en el campesinado. Mientras tanto en Monterrey, los industriales propalaron infundios sobre una nacionalización masiva de propiedades rurales y urbanas.

Sandoval Rocha recuerda que distintas instancias gubernamentales señalaron a empresarios de Monterrey como los autores de los rumores. El gobernador de Quintana Roo, Martínez Ross, afirmó que Echeverría era objeto de golpes bajos de latifundistas del norte y que la cuna de la campaña para desestabilizar el gobierno era Monterrey. También, líderes de la Confederación Nacional Campesina y algunos senadores del PRI acusaron al jefe de Coparmex, Andrés Marcelo Sada, de estar detrás de las murmuraciones.

> El presidente del Partido Socialista, Graco Ramírez Garrido Abreu, dijo que el plan se desarrolló en el Plaza Florencia en la Zona Rosa, en una celebración similar a la de Chipinque, Monterrey. Otros, de plano defendieron a los empresarios, porque no pudieron tratar de afectarse a ellos mismos por el retiro masivo de dinero. También salieron en defensa del ingeniero Sada, el presidente del Consejo Coordinador Empresarial, Armando Fernández; el ingeniero Sánchez Mejorada, presidente de la Confederación de Cámaras Industriales de los Estados Unidos Mexicanos, y Víctor N. Gaudiano, presidente de la Confederación de Cámaras Nacionales de Comercio, Servicios y Turismo, quienes establecieron la inocencia de dicho personaje y la falta de pruebas de quienes lo acusaban. Sin atender las cuestiones de defensa y ataque, es notorio que la devaluación de agosto de 1976 causó el descontento empresarial. Si bien la noticia sobre el golpe comenzó en septiembre, es notorio que la campaña tuviese su punto álgido a partir de noviembre debido a la salida próxima de Echeverría. Aunque es preciso señalar que el presidente no se iría sin tener un poco de venganza, al tratar de llevar a cabo el 18 de noviembre un último reparto agrario con miras a ganarse el apoyo popular para el próximo sexenio.

En *La lucha por la hegemonía en México, 1968-1980*, Miguel Basáñez identifica el momento en que se iniciaron los rumores que prevalecieron a lo largo del gobierno de Echeverría.

El origen, asegura, fue el discurso del embajador de Estados Unidos en México, Robert McBride, quien se inconformó por la pretensión de Echeverría de regular la inversión extranjera.

Es notorio que las campañas de rumores comenzaron asimismo a finales de 1972, es decir, después del discurso de McBride. Se recuerdan siete de esos rumores: 1) el estrangulamiento de mujeres en la Ciudad de México (1972) (o sea, policía incompetente), 2) la escasez de alimentos (incompetencia de Conasupo); 3) escasez de petróleo (1973) (incompetencia de Pemex); 4) la vacunación esterilizando niños en edad escolar, que provocó ansiedad y enojo entre los padres (1974); 5) la campaña contra los libros de texto: "el gobierno desea expropiar las mentes de los niños" (1975); 6) contra la ley de nuevos asentamientos: el gobierno acomodará a extraños en nuestras casas (1975), y 7) un golpe de Estado dado por Echeverría, que tendría lugar el día 20 de noviembre (el día del aniversario de la Revolución y diez días antes de que López Portillo tomara el poder) (1976).

De un modo más sofisticado, pero dentro de la misma tendencia, es la forma en que teatros próvidos y las obras en la televisión propagaron chistes y bromas contra el presidente y el sector público en general. Por último, una coincidente, y por ende sospechosa, acción concertada por los empresarios norteamericanos, con feos severos sobre la economía de México, fue el boicot judío de 1976 del turismo norteamericano a México, después del voto de Echeverría de 1975 en las Naciones Unidas sobre el debatido tema del sionismo.

En este contexto nace, el 7 de mayo de 1975, el Consejo Coordinador Empresarial (CCE), cuyo primer presidente fue Juan Sánchez Navarro, el fundador del Consejo Mexicano de Hombres de Negocios 14 años antes, después de escribir él mismo, a nombre del sector privado, la memorable carta a López Mateos —"¿Por cuál camino, señor Presidente?"— con la que ese presidente de México renunció a sus ideas "socializantes".

A excepción de la Canacintra, que no fue invitada, el CCE agrupó a todos los organismos del sector privado: Coparmex, Concanaco,

Concamin, Asociación de Banqueros de México, Asociación Mexicana de Instituciones de Seguros y el CMHN, jefaturado por Sánchez Navarro.

Sin embargo, el CCE y sus principios sustentados en que la propiedad privada es un derecho natural que el Estado no puede abolir no fueron avalados de manera unánime por la derecha. De hecho, el PAN, en ese momento presidido por la corriente solidarista encabezada por Efraín González Morfín, se declaró en contra.

En un comunicado, que enfureció a los extremistas de derecha, el PAN rebatió los principios del CCE a la luz de las nuevas posiciones de la Iglesia católica derivadas del Concilio Vaticano II: "Los empresarios consideran la propiedad como un derecho natural primario, lo cual es discutible. Hay un principio superior: El destino universal de los bienes materiales". Por eso, decía el comunicado del PAN, los empresarios se negaban a hablar de la extensión de la propiedad o de algunas formas de ejercer ese derecho, como la copropiedad o la cogestión de los medios de producción, y rechazó la lucha de clases, pero se encierran en el típico esquema de la sociedad de clases, al reducir las opciones del trabajador al salario, las prestaciones y el seguro social.

"En el régimen de solidaridad social nacional y mundial, es cierto que son buenas la propiedad privada (y no sólo de bienes de consumo o duraderos, sino también de producción); la iniciativa privada con recursos económicos y poder de decisión; la empresa privada, la capacidad de ahorro e inversión. Sin embargo, no hay en todo el documento [del CCE] ni objetivo ni medios para generar esas metas en México".

Como ejemplo de la división en la derecha por el nacimiento de la cúpula de cúpulas, hasta la Unión Nacional Sinarquista reprobó el documento del CCE porque, escribió Juan Aguilera Azpeitia, su dirigente, Sánchez Navarro, y los empresarios practican en México un capitalismo a ultranza y "una ambición económica desmedida" que el Estado debe moderar.

"El Estado no debe ser un simple guardián de los egoísmos industriales, sino que su intervención debe ser decisiva para equilibrar los intereses en orden a la justicia [...] El Estado debe ser el regulador de la economía".

Precisamente por posiciones como la del PAN sobre los principios del CCE es que el empresariado del país nada quería con ese partido político, sino con el PRI. Pese a las desafiantes movilizaciones de productores agrícolas de Sinaloa y Sonora, a finales de 1975, la vía para la participación política seguía siendo el oficialismo.

Ahora no fue el PRI el que ofreció crear un "sector empresarial", como lo hizo Díaz Ordaz en 1966, sino los propios empresarios querían formar parte de ese partido en su sector popular, la Confederación Nacional de Organizaciones Populares (CNOP).

Escribe Arriola Wood en *Los empresarios y el Estado, 1970-1982*:

Acercándose la fecha en que debería conocerse el nombre de la persona que debería ser candidato del PRI, en algunos sectores de empresarios, principalmente de Monterrey, surgió la tentación de ingresar a dicho partido dentro de la CNOP, a lo que el presidente del PRI, Jesús Reyes Heroles, puso dos condiciones: La magnitud o tamaño de la empresa (se aceptaría solamente a los pequeños y medianos empresarios) y, segundo, que "profesen un nacionalismo revolucionario, social, democrático y popular".

La participación del sector empresarial en política dividió las opiniones patronales. Mientras que algunos grupos categóricamente se opusieron a que sus dirigentes participaran activamente en política, otros se lamentaron de la actitud del jefe del PRI. La Concamin, por ejemplo, dirigió una circular a sus afiliados prohibiendo a sus dirigentes participar activamente en la política nacional durante el tiempo de su mandato y prohibiendo además que se eligiera como dirigente de la Cámara a aquellas personas que estuvieran actuando en el seno de un partido político, a menos de que abandonaran su participación política. En cambio, el Centro Patronal del Distrito Federal, consideró "discriminatorio" el rechazo del PRI a los grandes empresarios. El presidente del organismo mencionado declaró a la prensa que el interés por ingresar al partido radicaba en que deseaban "detener" las agresiones provenientes de líderes obreros "prohijados" por ciertos funcionarios, ya que la lucha se daría mejor dentro del PRI que dentro de otro partido como el PAN. Asimismo, declaró que su interés por participar en política "no es por ser empresarios sino por ser mexicanos y porque están inquietos por la tendencia a llevar el país hasta la socialización total y (por existir) un manifiesto interés en atribuirles todos los males del país".

LÓPEZ PORTILLO, PRESIDENTE DE LA DERECHA

Antes y después de que José López Portillo fue designado candidato presidencial en 1975, todavía con Echeverría en la presidencia de la República, la derecha ideológica, política y empresarial presionaba de diversas maneras para defender sus intereses, sobre todo hacia el futuro.

En el sexenio de Echeverría los oligarcas habían tomado la decisión de buscar la conquista y el ejercicio del poder político, plan que consolidaron en el de López Portillo, pero aún no por la vía del PAN, sino del PRI.

Dos de los prospectos presidenciales de este partido, Porfirio Muñoz Ledo y Augusto Gómez Villanueva, recibieron el veto explícito de la derecha, sobre todo la empresarial, que los veía como enemigos por su influencia en los sectores obrero y campesino.

Muñoz Ledo me contó, en una larga conversación en 2019, que el propio Andrés Marcelo Sada Zambrano, presidente de la Coparmex, le dijo que estaba vetado por los grandes capitales de México.

"El líder intelectual de ellos, Andrés Marcelo Sada, me dijo textualmente: 'Tú eres un peligro. Imagínate que llegues al poder'. '¿Entonces me quieren eliminar?'. 'Políticamente sí'".

Los empresarios, desde entonces, también se propusieron tomar el poder político en México, afirmó Muñoz Ledo, como se lo confesó personalmente Eugenio Garza Lagüera, hijo del asesinado patriarca Eugenio Garza Sada.

En una reunión con los hombres de dinero en Chihuahua, Muñoz Ledo reproduce el diálogo que tuvo con Garza Lagüera, quien le dijo que su gremio no requería el apoyo del gobierno: "'¿Y qué quieren?'. Me respondió: 'Ejercer el poder'".

Echeverría le encomendó a Muñoz Ledo la relación directa con el empresariado, como secretario del Trabajo y de Educación, cuya defensa, por ejemplo, de los libros de texto gratuitos, que aquellos repudiaban, lo fue debilitando como candidato presidencial.

Echeverría optó por José López Portillo, previa designación como secretario de Hacienda, porque claramente se inclinó a la derecha.

"En esa virtud —me dijo Muñoz Ledo—, yo no fui rescatable para un puesto más alto, ya sabes cuál [la presidencia]. Y a su amigo López Portillo lo mandó a Hacienda. La gente no ha analizado esto, pero era para que conectara con los banqueros y empresarios".

Desde entonces, aseguraba Muñoz Ledo, los empresarios han querido ejercer ellos mismos el poder político en México:

"Ese volteón lo quisieron dar en el gobierno de Echeverría, como ya dije. Yo fui emisario y me opuse, hablé fuerte con los más importantes, los de Monterrey: '¿Qué quieren?'. 'Ejercer el poder', me dijo Garza Lagüera".

Y Gómez Villanueva, el secretario de la Reforma Agraria que había sido dirigente de la Confederación Nacional Campesina (CNC), acusada de invasión agrícola en el norte del país, también era visto con repudio por los empresarios de la extrema derecha.

"Si Gómez Villanueva es el nuevo presidente, pues de plano tomamos las armas", amenazó Manuel Clouthier en una reunión de la Coparmex en la Ciudad de México, convocada para analizar el quinto informe de gobierno de Echeverría, el 3 de septiembre de 1975, como consigna el libro *Los bárbaros del norte, la Contra mexicana*, de Abraham García Ibarra.

En medio de este ambiente político envenenado, con una confrontación gobierno-derecha y la guerra sucia del gobierno de Echeverría contra los movimientos armados, estaba en curso la definición del candidato presidencial del PRI, que se materializaría el 22 de septiembre.

López Portillo, el beneficiario del dedazo de Echeverría, su amigo de toda la vida, describió en su libro de memorias, *Mis tiempos*, el clima político en el último año del sexenio: "Hay cosas que se sienten, especialmente cuando tiene uno la visión y la sensibilidad de la cumbre. Algo amorfo, innominado que se mueve, que actúa en la sombra o en el rincón y que conoce nuestro modo de ser; nuestros miedos; nuestros pánicos; nuestra crueldad; nuestra maledicencia;

nuestra autodenigración; nuestra falta de solidaridad; nuestro egoísmo. En fin, qué sé yo, resortes implícitos, pero ya experimentados".

Lo que veía y sabía López Portillo lo escribió ambiguo, críptico, hablando mucho y diciendo nada sobre los autores del ambiente de rumores que se propalaban reciamente al final del sexenio de Echeverría, pero que venían desde antes:

Hay una inteligencia detrás, organizada para alcanzar sus propios fines, que actúa, evidentemente, y de cuya existencia y personajes sabemos y sus acciones ignoramos. Es siniestro. Y lo grave es que la materia prima que se usa es nuestra, somos nosotros. No necesita más. Un rumor, una insidia, una calumnia, una difamación sembrada, "filtrada" en medios de comunicación internos y externos, dóciles o malévolos; un artículo sobre la situación económica y sus riesgos publicado en periódicos extranjeros, en los sitios y en la composición de tesorerías de empresas trasnacionales; una serie de pagos al exterior anticipando vencimientos; una compra apresurada y ostentosa de dólares; un malévolo manejo del precio del peso en bolsas remotas; un fruncimiento de cejas del real patrón de la empresa extranjera en la que los nuestros son testaferros; un comentario sórdido sobre alguna línea política o algún personaje. Y basta. El resto lo hacemos nosotros con nuestras inseguridades, maledicencias y complejos holocáusticos o de inferioridad, y vienen y van los rumores enervantes; los terrores estrujantes; los pánicos aniquilantes; las fugas y los negocios contra el país y en favor de otros al abaratar nuestra economía, mano de obra, recursos naturales y ceder la autonomía y firmeza de nuestras políticas.

Concluía López Portillo: "Y así sentía yo al final del sexenio de Echeverría. Algo nos manipulaba desde las sombras a través de nosotros mismos. Rumores a veces hasta infantiles: golpes de Estado, fugas de capitales, chismes y chismes".

Pero cuando López Portillo fue ungido como candidato presidencial del PRI, el único participante de la contienda, se generó júbilo en la derecha. Desde su campaña, en la que no tuvo rival porque el PAN vivía una honda crisis, la relación de él con la derecha se afianzó.

El testimonio de Manuel Díaz Cid al respecto es fundamental, porque era uno de los ideólogos del sector privado y del Grupo Monterrey, con el que la organización ultraderechista El Yunque había estrechado relación.

"En aquella época había una buena relación con López Portillo a través del Grupo Monterrey, teníamos una buena relación. La gente de Monterrey estaba muy ilusionada con él, como alguien que iba a ser un cambio de fondo", evoca Díaz Cid.

Pese al enfrentamiento con Echeverría y el asesinato de Garza Sada, tres años antes, los empresarios del Grupo Monterrey veían a López Portillo como agente del cambio.

En 2004, en una de varias conversaciones con él en Puebla, Díaz Cid me contó lo que los grandes empresarios pensaban: "Varios de ellos, con los que hasta ahora me sigo llevando muy bien, me decían: 'Es que este hombre de veras va a cambiar las cosas. Vamos en un sentido diferente a Echeverría. El país va a salir adelante'".

López Portillo tenía también buena relación con los integrantes de la organización secreta El Yunque, uno de cuyos sobrinos, José Antonio Ugarte Romano, secretario del Gabinete Económico, era miembro juramentado, igual que otros integrantes de su equipo, como Luis Casio Luiselli y Jaime Corredor Esnaola.

El 26 de julio de 1979, en el auge del crecimiento petrolero, López Portillo escribió en *Mis tiempos* un dato sobre su sobrino Ugarte Romano que tendría repercusión en la historia:

"Miguel de la Madrid me pide, y acepté, que el secretario de Gabinete Económico sea Carlos Salinas de Gortari, que sustituiría a Antonio Ugarte. Le entregué así al secretario de Programación y Presupuesto y a su equipo toda la responsabilidad relativa".

Retomando la cercanía de López Portillo con El Yunque, Díaz Cid me aseguró que el expresidente escribió en *Puño*, el periódico del MURO.

"López Portillo estuvo muy cerca. López Portillo escribía en el periódico que MURO editaba en la UNAM y que dirigía Víctor Manuel Sánchez Steinpreis", evoca Díaz Cid.

—¿Se afilió?

—No, pero estaba muy cerca. Los antecedentes de su familia son claros. ¿Quién escribió el Himno Guadalupano? Su papá. ¿Quién fue gobernador del Partido Católico? Su papá. Entonces había una cercanía, y aunque él después decía que había perdido la fe, era muy respetuoso.

En realidad, el compositor del Himno Guadalupano fue el abuelo del expresidente, José López Portillo y Rojas, quien también fue gobernador de Jalisco por el Partido Católico y era tan reaccionario que fue secretario de Relaciones Exteriores del usurpador Victoriano Huerta.

La herencia conservadora de López Portillo está clara y él mismo confesó, al concluir su sexenio, que trabajó para los ricos de México.

Hubo un episodio de López Portillo en su campaña en que supuestamente pone distancia de la derecha: es la célebre reunión en el Club de Golf de Puebla, el 20 de diciembre de 1975, cuando empresarios locales le pidieron a López Portillo cargos públicos y de representación en el Congreso de manera permanente.

Gerardo Pellico Agüeros, presidente del Centro Patronal de Puebla, le dijo a López Portillo: "Sabemos que es necesaria una distribución más equitativa de la riqueza, pero se logra no con repartir lo que existe sino generando nueva riqueza, que fundada a la existente se distribuya de manera adecuada".

Y añadió: "Diversos sectores de la sociedad mexicana han llegado a tener representantes permanentes en el Congreso de la Unión, en las legislativas locales e inclusive hasta gobernadores, por lo que es equitativo que el sector empresarial tenga también su voz auténtica en esos cargos públicos".

Ese encuentro se produjo tres meses después de que Echeverría, su amigo desde la infancia, lo designó candidato presidencial, y era de los primeros que realizaba en su larga campaña.

La respuesta de López Portillo no la esperaban los empresarios, sobre todo viniendo de quien consideraban su amigo: les pidió, primero, "un cristiano esfuerzo de justicia" como personas acaudaladas y luego les dijo que no estaba de acuerdo en la representación por gremios en el poder público: "Creo en la democracia, no en su vicio, y el vicio de la democracia es la demagogia. La democracia, por otro lado, no entraña representación por gremios o por intereses. Eso se llama corporativismo. Nuestra democracia entraña representación nacional y está abierta a la participación, sin que pueda garantizarse para ningún grupo de intereses gremiales. Ello estaría muy cerca del fascismo".

Esa respuesta de López Portillo ha sido interpretada como un rechazo al sector empresarial, pero Díaz Cid, quien estuvo ahí presente, recuerda que Pellico Agüeros no pidió una representación corporativa de los empresarios, sino que sólo defendió la participación de ellos en la política.

El problema es que López Portillo estaba platicando con Esteban Pedroche de la Llave, presidente de la Cámara de Comercio de Puebla, y se distrajo, según Díaz Cid:

> Esto también tiene su historia. Habían estado platicando López Portillo y Pellico. Se van a la mesa y comienza el discurso Gerardo. Entonces Esteban Pedroche, que es bien atarantado, se pone a hablar con López Portillo cuando está hablando el representante de los empresarios, y entonces estaba oyendo un poco aquí y oyendo allá, y de repente lo que oye no le parece, se para y contesta. Eso fue lo que pasó. Inclusive luego López Portillo le dijo a Gerardo: "Eso me lo hubieras dicho allá dentro". Y él le dice: "Señor candidato, lea lo que estaba yo diciendo". Y dijo: "Chin, bueno, ya está dicho". Esa es la historia de esto. Y luego todo eso se va volviendo parte de la leyenda.

López Portillo tenía mucha cercanía con el empresariado y Pellico Agüeros era su amigo desde hacía muchos años, recuerda Díaz Cid, quien le platicó muchas anécdotas que ambos vivieron juntos.

"Gerardo me platicó cuando López Portillo conoció a Sasha Montenegro, en una reunión en la que se le quedó mirando para arriba y le dijo: 'Oye, ¿quién es aquella? Está como para que le aplaudan'. Y era Sasha Montenegro. Es una de las anécdotas que me acuerdo".

Díaz Cid sabe de lo que habla. Fue uno de los ideólogos del Grupo Monterrey en el choque con Echeverría, en su carácter también de encargado de Inteligencia de la organización secreta El Yunque, artífice de las estrategias de movilización del empresariado.

"Así es, lo reconozco. Y me llamaban. Y la línea que nosotros dábamos, la interpretación que nosotros dábamos era la que se adoptaba como oficial por parte de los organismos empresariales. Y de ahí vino una gran amistad con gente que en un principio no me podía ver, como José María Basagoiti, Manuel Clouthier, Alfredo Sandoval y con muchos otros".

Otro episodio de la estrecha relación de López Portillo con el Grupo Monterrey fue la amistad que estableció con el empresario Francisco Garza. Díaz Cid cuenta una anécdota: "Este empresario, cuando López Portillo era ministro, un día le metió el pie y lo tiró en Los Pinos. Y López Portillo le mentó la madre, en plan de cuates. Así se llevaban".

Eran tan buena la relación de López Portillo con los empresarios, sobre todo lo del Grupo Monterrey, que les daba protección literalmente como parte del Estado: los escoltas de los oligarcas disponían de credenciales de agentes del gobierno federal para utilizar armas y lo que se ofreciera.

Un ejemplo: Andrés Marcelo Sada Zambrano, quien como presidente de la Coparmex entre 1976 y 1978 fue puente entre Echeverría y López Portillo, tenía escoltas armados, provistos de credenciales de la Secretaría de Gobernación.

Sada Zambrano ya no era presidente de la Coparmex cuando el 6 de febrero de 1980 dirigió un oficio en hoja membretada del organismo al secretario particular del secretario de Gobernación, Enrique Olivares Santana, Sami David David, para solicitar la renovación de las credenciales de ocho de sus escoltas que los acreditaban como agentes de la Dirección General de Investigaciones Políticas y Sociales (DGIPS).

El periodista Jacinto Munguía incluyó el oficio en su libro *Las nóminas secretas de Gobernación*, editado en 2004, en el que Sada Zambrano informó a David David que habían vencido las credenciales de Carlos Cuervo Martínez, Arturo Ortega Rivera, Alfredo Cano Bustamante, Julio González García, Joel Moreno, Jorge A. Moreno Flores, Arturo Sánchez Gaspar y Gerardo Dávila Peña, "para que como en años anteriores sea tan amable de ordenar a quien corresponda, les sean tramitadas las correspondientes".

El trámite siguió su curso, apunta Munguía:

Edmundo Ruiz P., subdirector de Investigaciones, envió un oficio a Tomás Lara López, jefe del departamento Administrativo de la

DGIPS, informando que por instrucciones del C. Director le estaba enviando la documentación correspondiente para la elaboración de las credenciales solicitadas por el ingeniero Marcelo Sada. Con estas charolas, los guardias del empresario se convertían así en inspectores de la Secretaría de Gobernación facultados para portar armas, por lo que, se leía en las credenciales, "las autoridades y los particulares deben facilitar el cumplimiento de su legítimo de su cargo" [*sic*].

El libro de Munguía revela también que otros miembros de la élite empresarial y política tenían el privilegio de contar con "charolas" de la Secretaría de Gobernación, incluyendo el nieto de Díaz Ordaz y el hijo de Echeverría, ambos expresidentes de la República.

"Todavía en 1981, cuando la DGIPS entraba en su última fase, en el memorándum 770 y con la seña de Urgente, se pidió a la dirección de Recursos Humanos la elaboración de credenciales metálicas para: Alicia Garza Zambrano (investigador), Agustín Luna Alarcón (investigador), Rodolfo Echeverría Zuno (jefe de Grupo), Mauricio Nazta Díaz Ordaz (investigador) y Gonzalo Dávila Gittins (investigador)".

LOS "ENCAPUCHADOS" DE CHIPINQUE

En pleno año de la sucesión de Echeverría, cuando López Portillo ya era candidato, la derecha no estaba quieta en la defensa de sus intereses. El Grupo Monterrey organizó un peculiar encuentro de empresarios en Nuevo León, para analizar una iniciativa de ley del presidente saliente que, según ellos, contenía elementos "socializantes".

Esta reunión en el hotel Ambassador-Chipinque, en el municipio de Guadalupe, fue el 21 de febrero de 1976 y el objetivo era analizar la iniciativa de Ley de Asentamientos Humanos propuesta por Echeverría.

En la reunión los asistentes llamaron literalmente a la rebelión contra Echeverría, como lo documenta Abraham García Ibarra en *Los bárbaros del norte, la Contra mexicana*:

Hay que enfrentar al gobierno comunista cuyo extremismo lo lanza ahora a promover una reforma expropiadora contra la propiedad privada. La Ley de Asentamientos Humanos, uno de los temas. Sergio Valdés Flaquer: "La historia se equivocó desde el siglo XVII cuando Alejandro VII otorgó derechos territoriales a España, mismos que fueron transferidos a la Nueva España y al México independiente hasta nuestros días, lo que ha conducido a que la propiedad esté peligrosamente asentada, con peligrosidad totalitaria, en el principio de que el Estado puede imponerle las modalidades que dicte el interés público".

En esta reunión apareció, otra vez, Agustín Navarro Vázquez, el agente de la CIA que representaba a grupos de poder económico y político, quien convocó a emprender acciones de desestabilización del gobierno.

"Nuestra estrategia —propuso Navarro Vázquez— debe inspirarse en la Ley de concentración del esfuerzo en el punto más débil. Hay que organizar presiones masivas, con ataques al presidente Echeverría para impedirle que convoque al periodo extraordinario de sesiones".

Entre los asistentes estaban el agricultor sinaloense Manuel Clouthier del Rincón, el líder empresarial poblano Pellico Agüeros, amigo de López Portillo, y el ideólogo Díaz Cid, quien fue invitado por otro poblano, Eduardo García Suárez.

Echeverría la llamó "la reunión de los encapuchados de Chipinque", y acusó a los asistentes de estar detrás de las campañas en su contra.

El 1° de abril de ese año, durante la Reunión Nacional sobre Asentamientos Humanos, Echeverría emitió un mensaje a la nación: "Se realizó en Monterrey una reunión clandestina, que tuvo un amplio apoyo económico y reunió cantidades con las cuales se pagaban desplegados injuriosos y campañas subrepticias en muchas partes del país".

Añadió: "Estas mismas personas, antimexicanos, cuando cayó el régimen de Salvador Allende en Chile dijeron que por qué aquí en México no ocurría lo mismo, que había que comenzar a desestabilizar al régimen".

Al respecto, Díaz Cid niega que haya habido encapuchados en esa reunión, pero lo que sí hubo fue una crítica severa a la iniciativa y a Echeverría mismo.

La reunión de Chipinque fue muy peculiar. A esa reunión me llevó "El Pichón", Eduardo García Suárez. Él pagó el viaje. Nos fuimos. Y acabé dando una plática allí, cuando se estaba discutiendo la famosa Ley de Asentamientos Humanos.

Y claro, lo que se dijo ahí resultó explosivo, se inventó el asunto de los encapuchados de Chipinque, la CTM publicó un desplegado en el que me acusaba de ser enemigo de la clase obrera. Así ocurrieron las cosas. La polarización era tan en seria que lo menos había era objetividad para juzgar muchas cosas. Se generó una situación muy tensa, hasta que una de las gentes de Monterrey fue a hablar con López Portillo, en la campaña.

Junto antes de reunirse con el empresario Francisco Garza, López Portillo, ya candidato, le hizo segunda a Echeverría para criticar lo que había ocurrido en esa reunión en Guadalupe, Nuevo León.

"López Portillo se lanza contra los encapuchados de Chipinque y cuando salió vio a este empresario de Monterrey, creo que era Pancho Garza, y le dijo: 'Qué gusto, ¿me andas buscando?'. Le respondió: 'Después de lo que oí qué caso tiene'. '¿Por qué?', dijo López Portillo. 'Es lo que dijiste, y yo lo que venía era a explicarte lo que pasó en Guadalupe'. 'Bueno, explícame y te doy mi palabra de que no lo vuelvo a mencionar'".

También la derecha estadounidense estaba en acción en aquel año convulso de 1976: en abril, dos meses después de la reunión de Chipinque, el dirigente del Comité por la Sociedad Abierta de Estados Unidos, William Higgs, consideró que ese encuentro "aparentemente estaba destinado a promover la intervención encubierta del gobierno norteamericano".

Desde marzo, semanas después de la reunión, comenzaron paros patronales en estados como Sonora y Sinaloa, liderados por Manuel Clouthier, dirigente de los agricultores.

Escribe García Ibarra:

La derecha económica se declara en estado de resistencia antigubernamental en las principales ciudades del Noroeste. Mazatlán, Sinaloa: El sector empresarial se instala en asamblea permanente para denunciar la chilenización de México. Gritos coléricos en la luneta: "¡Armas, armas!". Filtra su gota de vitriolo el obispo Manuel García Franco con un libelo que hace circular subrepticiamente con una denuncia contra las reformas a los libros de texto gratuitos: "Echeverría quiere convertir el país en un burdel de frontera a frontera y de costa a costa".

"LA SOLUCIÓN SOMOS TODOS"

En este entorno López Portillo asume la presidencia de la República y por eso sus primeras decisiones son para contrastar con Echeverría, en particular para congraciarse aún más con la derecha empresarial, religiosa y política.

Es con López Portillo cuando inicia la contención salarial, que se profundizará en el periodo neoliberal. El propio expresidente confesará, al final de su sexenio, su preferencia por el empresariado, a costa de los trabajadores.

Con "La solución somos todos" como frase de campaña, convoca a la "Alianza para la producción" a todos los sectores productivos y va definiendo sus prioridades políticas, que a lo largo del sexenio se traducen en una política antipopular que contrarresta con la reforma político-electoral y con la Ley de Amnistía para que se legalice al Partido Comunista.

En *La lucha por la hegemonía en México, 1968-1980*, Miguel Basáñez escribe:

> Cuando López Portillo inició su régimen cesaron todos los ataques al presidente, aunque permanecieron aquellos que se enfocaban a Echeverría. La acción de los empresarios desde entonces se centró principalmente en tres líneas: 1) Mantenimiento del control del aparato político empresarial; 2) personificación del liderazgo político económico de los empresarios en el Grupo Alfa de Monterrey [particularmente en su cabeza, Bernardo Garza Sada], y 3) incremento de la penetración privada en el gobierno. Nada

especialmente ha ocurrido en el aparato político empresarial desde que López Portillo tomó el poder, salvo que el Grupo Alfa parece predominar. Esto es congruente con la segunda línea observada, la cual destaca la personalidad de Garza Sada. Esta preocupación publicitaria viene a ser relevante debido a que la mayoría de los anteriores líderes empresariales se destacó por evitar publicidad. Más importante, sin embargo, parece ser la penetración empresarial en las dependencias gubernamentales.

Basáñez precisa, en una evaluación de la primera parte del sexenio:

Muy poca atención se ha dedicado a este tema aun cuando podría ser considerado de primera importancia, varias situaciones apuntan a hacia ese hecho. Santiago Roel [secretario de Relaciones Exteriores durante 1976-1979] estaba estrechamente ligado a Monterrey. Un alto funcionario entrevistado ejemplificó el vínculo al decir que en ocasiones Roel instaba a personas de Monterrey para integrar comisiones oficiales al extranjero. Dichas comisiones eran capaces, naturalmente, de hacer uso de los aviones privados del Grupo Monterrey. Otro informante, cercano a un miembro del CMHN, reveló que en noviembre de 1976 [es decir, unas cuantas semanas antes de que López Portillo tomara posesión] se efectuó el análisis de los posibles secretarios de gabinete. Que en dicha ocasión los empresarios expresaron la opinión de que el candidato a la Secretaría de Comercio [Fernando Solana] estaba bien, aun cuando en un par de años les gustaría ver ahí a alguien que reuniera las cualidades demostradas por Jorge de la Vega.

Altos funcionarios de Televisa mencionaron, igualmente, que miembros de Monterrey habían promovido las renuncias de Porfirio Muñoz Ledo [secretario de Educación] y de Jesús Reyes Heroles [secretario de Gobernación].

Sigue Basáñez sobre el gobierno de López Portillo, que es parte del libro elaborado en 1981:

López Portillo llegó al poder bajo diferentes signos y, por ende, también cambió el destino de las alianzas del poder. El apoyo de la CNC y en general el apoyo de los campesinos pasaron a un segundo plano, en tanto que los sindicatos obreros fueron colocados al frente [especialmente la CTM]. En el nuevo sexenio el apoyo requerido del sector obrero no era para enfrentamientos con el sector privado como en los tiempos de Echeverría, sino, inversamente, para el sostenimiento de la "alianza para la producción" de López Portillo. Esto es, la desmovilización de los obreros y reducción de las demandas laborales, especialmente en cuanto a incrementos salariales.

Añade: "Aunque la CTM encaró alguna oposición, interna, logró mantener con éxito su cometido de control salarial. Parece ser que, en reciprocidad, la CTM recibió la gubernatura de Querétaro [1979]. Fidel Velázquez mismo recibió una de las más altas condecoraciones otorgadas por el gobierno mexicano [la medalla Belisario Domínguez] y una estatua ahora se erige en el centro de la ciudad de Monterrey, donde la CTM es por cierto inexistente".

Basáñez añade en su estudio:

La mayor oposición a la política gubernamental de control salarial y desmovilización de sindicatos obreros provenía más bien de los sindicatos independientes. Como un ejemplo de esta oposición pueden tomarse las huelgas de la UNAM en 1977, de los telefonistas en 1978 y de los controladores aéreos de 1979, entre otras. Todas terminaron mediante una decidida intervención del gobierno: La primera colocó a los líderes de la UNAM en la cárcel, para luego liberarlos rápidamente; en la segunda hubo una advertencia presidencial a los telefonistas, además de que ingenieros del Ejército se preparaban a tomar el control de las comunicaciones del país, y en la tercera se produjo una blanda combinación de concesiones, amenazas y advertencias a los controladores aéreos. Sin embargo, simultáneamente a esta línea dura laboral, el gobierno abrió una expectativa política que atrajo la atención de un buen número de grupos independientes: La reforma política de abril de 1977.

El libro de Basáñez destaca la habilidad de López Portillo para tener éxito en su política antiobrera y a favor de capital:

La mayor parte de las inconformidades de los sindicatos independientes fue canalizada a través del camino de la reforma política, que presentaba la oportunidad para estos de contender en las elecciones para diputados de 1979. De conformidad con los objetivos de la reforma política, los sindicatos independientes disfrutaron de un clima favorable durante 1977-1979 para reclutar, agremiar, celebrar reuniones partidistas y otras actividades de similar naturaleza. Podría decirse entonces que el régimen de López Portillo se vio forzado a restringir las demandas laborales. Pueden citarse tres fuentes de esta restricción: La situación de compromisos con el sector privado, el acuerdo con el Fondo Monetario Internacional de 1976 y las condiciones económicas internas. De todas maneras, cualesquiera que fueran las causas, el hecho es que las interpelaciones obreras no estaban recibiendo reforzamiento específico después de 1976. No obstante, aun cuando no hubiera estado fluyendo el apoyo de los trabajadores independientes, López Portillo fue lo suficientemente hábil para traer, si no su apoyo, por lo menos su consentimiento, por medio del vehículo electoral [la reforma política].

En la "reflexión final" de su libro, Basáñez concluye:

La actitud conciliatoria del nuevo régimen y las condiciones impuestas por el FMI pueden haber llevado a Monterrey a considerar que, independientemente de no haber ganado el liderazgo político, ellos debían tener una participación fundamental en las decisiones importantes. Y en verdad, la primera mitad del sexenio lopezportillista [1976-1980] parecía dominado por un discurso proempresarial, que ahora aparece más como una actitud táctica que como un abandono de la contienda por parte del sector público. La posible influencia de Monterrey y Televisa en las renuncias de Porfirio Muñoz Ledo [1978] y Jesús Reyes Heroles [1979], así como el periodo de Santiago Roel [1976-1979] deben haber llevado a esos grupos a contemplar perspectivas muy promisorias por sus aspiraciones de conducción. Esas aspiraciones parecen haber alcanzado su clímax en la visita del Papa en 1979. De modo similar Televisa parece haberse convertido en el vocero gubernamental, haciendo a un lado a los canales de televisión estatal. Bajo estas circunstancias el efecto pleno de los propósitos del FMI y del Banco Mundial mostraban lo siguiente: 1) proponer un mercado común norteamericano [Estados Unidos, Canadá y México], 2) abrir la economía mexicana incorporándola al GATT, y 3) dar a México el papel de productor petrolero para los Estados Unidos. Todo este esquema funcionaba "muy bien" para la mayoría de las empresas extranjeras y asociadas en México, excepto por la actividad propulsora de la economía mexicana [es decir, el petróleo no estaba en sus manos].

Después de que México no entró al Acuerdo General sobre Aranceles Aduaneros y Comercio (GATT) ni avanzó en ese momento la integración de México a Estados Unidos y Canadá, en vez de lo cual López Portillo anunció la creación del Sistema Alimentario Mexicano (SAM), se fue generando un distanciamiento con los empresarios.

Al mismo tiempo el deterioro económico de México marchaba aceleradamente en la segunda parte del sexenio de López Portillo, pese a que los años previos la economía creció a tasas de 8 por ciento anual.

La "Alianza para la producción" fue el mecanismo con el que López Portillo atrajo a los empresarios, con los que al final de su sexenio se fue distanciando, hasta que terminó en ruptura con la nacionalización de la banca.

Escribió en *Mis tiempos*: "La alianza fue un éxito en la campaña y aun tiempo después, en rigor hasta 1981, año en que se intentó una 'nueva alianza' que se precipitó por traición y cobardía".

El final del sexenio de López Portillo fue funesto. Rafael Rodríguez Castañeda escribe en *Prensa vendida. Los periodistas y los presidentes: 40 años de relaciones*:

El país que había imaginado López Portillo se alejaba todos los días. Un crecimiento económico explosivo, merced a las ganancias petroleras, era acompañado de una inflación excesiva. López Portillo enfrentaba críticas negativas tanto en México como en el exterior. Se vio obligado a diferir el ingreso en el GATT y a requisar el servicio telefónico, amenazado por una huelga; su Plan Global de Desarrollo giró más en torno a las exportaciones de crudo, voces empresariales empezaron a ponerse en su contra, no podía controlar a Luis Echeverría que abiertamente participaba en la lucha por la sucesión…

Y sí: aunque Echeverría quería incidir en la sucesión presidencial, a través de artículos en medios, pronto López Portillo se deshizo de él, pero con el empresariado la relación se fue descomponiendo, por lo menos discursivamente.

En lo que López Portillo no tuvo ninguna vacilación fue sobre la guerrilla que, igual que Echeverría, combatía legal e ilegalmente con la Brigada Blanca ideada por Nazar Haro e integrada también por militares.

López Portillo nombró al hijo del general Marcelino García Barragán, Javier García Paniagua, como titular de la siniestra Dirección Federal de Seguridad, y en 1978 fue elevado por Nazar Haro, los dos con reputación de torturadores y asesinos.

Aunque emitió una Ley de Amnistía e impulsó la reforma política, como se ha explicado arriba, mantuvo la estrategia de guerra sucia contra las organizaciones populares y armadas de izquierda, como parte de su acercamiento con la derecha.

En las poquísimas alusiones a la guerrilla en su libro de memorias *Mis tiempos*, escribió, el 8 de julio de 1978: "Por otro lado, antier, en esta operación de desgrane, la policía tomó la casa de seguridad en donde se imprimía el periódico *Madera*, de la Liga Comunista 23 de Septiembre. Tal vez el corazón de la organización".

El periodista Rafael Rodríguez Castañeda escribe en su libro *Prensa vendida* lo que ocurría a mediados del sexenio de López Portillo:

En su segundo informe de gobierno, López Portillo llamó a sus críticos "agoreros de la catástrofe". Ahí mismo anunció la Ley de Amnistía, en busca, dijo, de la concordia entre mexicanos. Fue calificada de insuficiente y manipulada. Dejó en prisión a muchos de los llamados presos políticos. Nada resolvió del asunto de los desaparecidos, saldo de una guerra subterránea emprendida por las corporaciones policiacas, en forma indiscriminada, clandestina e ilegal, en contra de los grupos subversivos. Todas ellas, así como el Ejército, actuaban en esa guerra sucia, encabezada por un organismo paramilitar y parapoliciaco conocido como la Brigada Blanca, cuya existencia era negada una y otra vez por los funcionarios policiacos. Organizaciones internacionales de derechos humanos condenaban la existencia de esta guerra y abogaban por los desaparecidos. López Portillo rechazaba las acusaciones y sus funcionarios se negaban a admitir responsabilidad en las desapariciones de cientos de ciudadanos. En una decisión que causó el malestar del gobierno, Amnistía Internacional —denunciante reiterada de la violación de derechos humanos en México— fue merecedora del Premio Nobel de la Paz 1978.

Es obvio que López Portillo se sentía más cómodo con la derecha, en particular la empresarial. Uno de sus líderes, Manuel Clouthier, mantuvo una relación tirante, primero como sucesor de Andrés Marcelo Sada como presidente de la Coparmex, entre 1978 y 1980, y luego al frente del Consejo Coordinador Empresarial, de 1981 a 1983.

Aunque en el cierre del sexenio sobrevino la ruptura por la política exterior del gobierno, el aumento de los salarios y sobre todo la nacionalización de la banca, López Portillo dispuso el multimillonario rescate con dinero público del Grupo Alfa de su amigo Bernardo Garza Sada y ocultó la identidad de los empresarios que sacaron dólares del país.

Garza Sada era en ese momento el líder del Grupo Monterrey y sacó provecho de su amistad con López Portillo, aunque en realidad se beneficiaron todas las empresas en que se dividió ese grupo, tras la muerte de Eugenio Garza Sada, en 1973: Garza Sada en Alfa, Eugenio Garza Lagüera en Visa, Andrés Marcelo Sada Zambrano en Cydsa y Rogelio Sada Zambrano en Vitro.

El infame rescate del Grupo Alfa

Antes del rescate con dinero público, y debido a la relación de Garza Sada con López Portillo, el crecimiento del Grupo Alfa fue exponencial, con la compra de numerosas empresas hasta llegar a 250, y fue puesto como ejemplo del México moderno.

Poco antes de estallar la crisis, el 1º de julio de 1980, López Portillo escribió en *Mis tiempos* sobre Garza Sada, su amigo: "Hoy Bernardo Garza Sada, cabeza del Grupo Alfa de Monterrey, me presentó su programa de básicos. Me conmovió por la sinceridad y la entrega con que lo hizo, violentando disposiciones filosóficas de su clase, como por ejemplo, el apoyo en Conasupo y Fonacot. Muy interesante. Se lo acepté y Cano Escalante lo va a empujar. Si esto se generaliza, la economía mixta, en el mundo, da un avance revolucionario".

Pero vino la crisis, que terminó de estallar en 1981, cuando México todavía creció. Entre 1978 y ese año la tasa de crecimiento fue, en promedio, de 8 por ciento anual, debido al aumento del gasto público derivado de los ingresos petroleros y también del endeudamiento.

El modelo hizo crisis cuando aumentaron súbitamente las tasas de interés en Estados Unidos.

Ante la inminente quiebra, Grupo Alfa tuvo que pedir préstamos a Banamex y negociar otros préstamos, pero como no fueron suficientes, intervino en su rescate el gobierno de López Portillo.

El presidente de la República ordenó a Banobras, banca de desarrollo, rescatar el conglomerado empresarial de su amigo Garza Sada con un crédito de 15 mil millones de pesos, que resultó lesivo para los intereses del Estado y no evitó el despido de más de 10 mil trabajadores.

El millonario rescate de Alfa claramente también se tradujo en que los fondos se convirtieron en dólares para ser depositados en cuentas bancarias particulares en Estados Unidos.

En *El Grupo Monterrey*, editado en 1982, Abraham Nuncio escribe sobre la dimensión del caso Alfa:

En su desesperada búsqueda de efectivo para cubrir sus deudas, Alfa no sólo vendía gran parte de los activos que adquirió prácticamente en un santiamén, sino que el efecto multiplicador que antes produjo en su expansión acelerada se revertía a una mayor velocidad. Y dejo de ser, en poco tiempo, la empresa insignia del capitalismo monopolio fincado en el país. Su resquebrajamiento afectó seriamente a la economía nacional en más de un sentido. Por principio, privó al erario público [*sic*] de su obligada aportación fiscal suspendiendo los impuestos que debía pagar en 1981. Cerró innumerables fuentes de trabajo y se retiró de planes de inversión para los cuales el gobierno había invertido previamente sumas cuantiosísimas.

López Portillo y el Grupo Alfa se encumbraron juntos y juntos se derrumbaron, anota Nuncio.

"En efecto, Alfa llegó a construir el monopolio más afín al régimen de López Portillo y el paradigma efímero de lo que intenta significar la figura llamada capitalismo monopolista de Estado".

Ante la crisis de Alfa, López Portillo le otorgó un generoso e ilegal crédito a través de Banobras. Escribió Nuncio:

El préstamo de Banobras a la holding regiomontana evidenció el papel del Estado mexicano como promotor insustituible de la acumulación de capital en la etapa hegemonizada de los monopolistas. El Estado se apresuró a apuntalar el desvencijamiento —ya inocultable— de Alfa en su capacidad financiera. Efectuado contra toda lógica bancaria y contra la legislación que rige a instituciones de crédito del tipo Banobras, el régimen quiso arrestar hasta las últimas consecuencias el costo económico y político que le implicaba otorgar un préstamo con todas las agravantes imaginables: endeudarse él mismo en dólares [recientemente Banobras había suscrito un crédito por 680 millones de dólares] para prestarle a Alfa en pesos; violar cuanta norma existe sobre el monto tope establecido que una institución bancaria puede prestar [el 25% de su capital: Alfa obtuvo el 618% de su capital exhibido en Banobras], sobre el destino de los fondos que, en el caso, está prohibido derivar al pago de pasivos, como lo haría Alfa, sobre la aplicación de créditos a programas "no comprendidos en los planes y presupuestos aprobados" por la Federación y sobre la responsabilidad del Ejecutivo Federal de vigilar "que los recursos procedentes de financiamientos constitutivos de la deuda pública, se destinen a la realización de proyectos, actividades y empresas que apoyen los planes de desarrollo económico y social; que generen ingresos para su pago o que se utilicen para la mejora del endeudamiento público" [artículo 4° Fracción IV de la Ley General de Deuda Pública]. Es decir, lo opuesto a lo que se hizo con los fondos concedidos a Alfa.

Nuncio recuerda lo que Heberto Castillo escribió al respecto: "Los actos del gobierno contradicen las declaraciones del Presidente que reiteradamente ha dicho que debe disminuirse el 'subsidio monstruoso' que Pemex otorga en petróleo y gas y que en 1980 alcanzó ya la fabulosa suma de 720 000 000 000 de pesos. ¿Quiénes serían los socios verdaderamente anónimos de Alfa? ¿Qué funcionarios del gobierno? ¿O se financia al Grupo Alfa sólo por amor al prójimo rico, sólo por identidad de clase?".

Estas preguntas, como todas, jamás obtuvieron respuesta. De hecho, pese a múltiples cuestionamientos, el contrato jamás fue hecho público.

En *Auge y decadencia del Grupo Monterrey* Carlos Martínez Assad escribe, a su vez, que el rescate del Grupo Alfa exhibió las complicidades del gobierno de López Portillo con su amigo Garza Sada, con un ocultamiento propiciado por el PRI.

En la Cámara de Diputados este partido estaba jefaturado por Luis M. Farías, uno de los jefes de la organización secreta los Tecos de la UAG y quien sería luego gobernador de Nuevo León.

Banobras concedió 12 mil millones de pesos en crédito y cinco mil millones en acciones. Las reacciones de los diferentes organismos políticos fueron muy interesantes, recordarlas puede ayudarnos a entender los compromisos políticos del grupo Alfa. El Partido Social Demócrata fue uno de los principales impugnadores, argumentando —con razón— que la Banca Serfin [entonces propiedad del Grupo Monterrey] contaba en ese momento con 135 mil millones de pesos en activos, mientras Banobras disponía en el mismo rubro de 160 mil millones. En cambio, Luis M. Farías, connotado priista y jefe del control político de la Cámara de Diputados, argumentaba que era anticonstitucional que el órgano legislativo investigara en tomo al préstamo que el Estado concedió a Alfa: "[...] la Cámara tiene facultades para indagar sobre la acción del gobierno y de las empresas descentralizadas, pero no sobre particulares". Se ponía de manifiesto ese respeto que durante el régimen pasado brindó el gobierno a la industria privada y que sin duda ha sido un factor más de la estabilidad política de que ha gozado este país. Aunque atrás quedaron los sobresaltos del radicalismo verbal del periodo echeverrista. Con esas bromas que hacen más dramática la verdad, Carlos Monsiváis, aludiendo a ese préstamo, decía: "Creo que esta vez Alfa se sobregiró. Compraron hoteles, fábricas, jets, bancos, motocicletas, refrescos, quesos, enlatadoras de carne, estados de la República, lo que quieren y mandan, pero se les olvidó contar con la inspiración de Lo Alto. Si quiere usted mi juicio técnico (no de tecnócrata), a Alfa le faltó la fe cuando más la necesitaba. Se secularizaron demasiado pronto […] ¡Ah! usted me preguntaba por las garantías. Yo creo que Alfa le ofreció al gobierno gratitud en los discursos y apoyo sentimental a la economía mixta".

López Portillo menciona en *Mis tiempos* cinco veces a Bernardo Garza Sada, siempre con aprecio personal, pero en ninguna habla de la crisis del Grupo Alfa y menos aún del rescate que el Estado hizo de ese emporio a través de Banobras.

Aun así, López Portillo terminó su gobierno repudiado por la burguesía conservadora que tanto benefició.

Él mismo admite explícitamente su política de castigo a los trabajadores con la contención salarial para beneficiar a los oligarcas, que lo condenarán como a Echeverría.

EL "ROMPIMIENTO FINAL"

El de López Portillo fue un gobierno para los empresarios, emblemáticos de la derecha mexicana. Incluso los incorpora a su gabinete. Tras el choque con Echeverría, llegó la paz.

Un personaje clave es Manuel Clouthier del Rincón, quien era presidente del CCE y quien, en medio de la crisis, le ofreció personalmente a López Portillo la solidaridad de los empresarios, en marzo de 1982, en el ocaso del sexenio.

En *Mis tiempos*, escribe que Clouthier, "emocionado y con lágrimas en los ojos", le ofreció un documento denominado "La Nueva Alianza", como continuación de la "Alianza para la producción" de inicio del sexenio, con el compromiso de darle prioridad al empleo, aumentar salarios, no aumentar precios de los productos, mantener inversiones privadas y aumentar exportaciones. "Si me cumplen, salimos", escribió en esa fecha, esperanzado.

Pero ya en el libro, acusa que Clouthier y sus representados no cumplieron: "Tal vez iluso e ingenuo, esperaba que me cumplieran. Abrigaba la esperanza de que el fin de mi régimen se caracterizara por el sacrificio empresarial, como al inicio lo había sido por el obrero".

Por eso, en la reunión con Clouthier le había dicho que no le ofreciera solidaridad antes de conocer el aumento a los salarios. Y una vez que dio a conocer el porcentaje de aumento, los empresarios retrocedieron en su oferta.

"Al día siguiente, como por consigna superior, cuando supieron que era el 10%, 20% y 30% (ellos querían el 8%), por arte de magia se acabó la solidaridad. Los ofrecimientos de alianza se los llevó el pingo y se recrudeció la campaña de rumores, chismes, calumnias, desprestigio, con consecuencias muy parecidas a las de 1976. La historia se repetía. Eran los mismos protagonistas que embozaban las mismas fuerzas vergonzantes e insolidarias. 'Se rajaron', como dice el lenguaje popular".

Es cuando López Portillo decide "la fractura final" con la oligarquía que tanto apoyó en su gobierno:

No aguantaron ni la primera, porque para ellos cualquier alza salarial es inflacionaria; todos la discuten. Todo lo demás, precios, intereses lo aceptan, menos salarios a costa de utilidades. ¡Insoportable! Ante la "gran tajada", que de un día para otro y con gran escándalo se produjo, disminuyó mi trato con los empresarios. Y es que los cúmulos nada jurídico representan. Figuran, se exhiben, declaran, participan, pero a la hora de la verdad, humo. La proposición de que el sexenio terminara con actos solidarios de los empresarios, se convirtió en la más grotesca e ingenua pretensión del Presidente que, en la crisis, entendía que ya no podía sacrificarse más a los obreros. Esta es la fractura final con el sector empresarial. De un día para otro. De las lágrimas conmovidas a las imprecaciones programadas. Como por consigna: Por oscuro acuerdo de las fuerzas que están atrás y no se exhiben.

Finaliza: "Y automáticamente, a partir de ese momento, los representantes empresariales se convirtieron no sólo en opositores, sino en fuentes de rumores, chismes y chistes. Coincidiendo con artículos extranjeros críticos, falaces y difamatorios, aquí adentro se repetían y multiplican. La solución de 1982 en materia salarial, define mi rompimiento final con los empresarios".

Vendría la nacionalización de la banca y el control de cambios, el 1º de septiembre de 1982, una decisión que tenía un agregado que se frustró: la lista de empresarios y políticos que sacaron dólares y compraron propiedades en Estados Unidos.

López Portillo incumplió su palabra de dar a conocer las listas que dijo tener de los malos mexicanos, como llamaba a los sacadólares y compracasas en Estados Unidos, por más que los criticara.

El 18 de octubre, a mes y medio de dejar el cargo de presidente de México, López Portillo escribió sobre las críticas de Clouthier en su contra y de lo que pensaba de él y de otros líderes empresariales: "Es increíble su ahistoricidad... Están organizándose en todo el país con una serie de conferencias 'México en la libertad'. ¡Infelices rajones!".

El ocaso de López Portillo no podía ser más ominoso: el 29 de octubre fue a Monterrey, la sede del grupo empresarial al que se rindió y que le hizo el vacío, ya rota toda relación.

Se dolió de la ausencia de los empresarios.

"Busqué la alianza y no me importó, en ningún momento, el que se me calificara de presidente proempresario —y lo soy de la Revolución Mexicana—, presidente de la burguesía o —cuando se me quería ofender más— presidente de la oligarquía, cuando yo sabía que junto con los trabajadores, los campesinos, los empresarios estábamos persiguiendo, unidos, objetivos nacionales dignos que podía defender ante cualquier foro".

Fue inútil: López Portillo era un apestado en medio de la crisis. Y todavía años después, como lo hizo en sus memorias, guardó el secreto de los millonarios sacadólares.

En noviembre de 1992 la revista *Proceso* publicó una entrevista con López Portillo realizada por Elías Chávez, fechada en Posadas, Argentina, a donde el expresidente había asistido a un congreso internacional de arte e historia.

Tres elementos son relevantes en la entrevista: la razón por la que no hizo públicos los nombres de los millonarios que expatriaron sus capitales, su definición como "el último presidente de la Revolución" y su fracaso.

Fue De la Madrid quien le pidió mantener en el secreto a los sacadólares y él cedió:

Hubiera sido un gesto de egoísmo, de soberbia o de vanidad, no sé cuál calificativo emplear con más propiedad, el que por satisfacer a plenitud un proceso conflictivo que me estalló en las manos, hubiera yo formulado la denuncia, con la petición del presidente electo de que no lo hiciera para que le diera la oportunidad de armonizar el gobierno con los intereses particulares y no ahondar la diferencia de clases. Esas fueron las razones por las que no denuncié a los sacadólares.

—Muy pocos, usted entre ellos, todavía hablan de justicia social. ¿Podría haber sido usted el último presidente de la Revolución?

—Así lo considero. Fui el último presidente de la Revolución, por lo menos en el esquema estatista que buscaba la solución de los problemas con una economía mixta. Hicimos el máximo esfuerzo para lograrlo con ese esquema y fracasamos Y frente al fracaso no hay argumentos.

LA DERECHA SE MUDA AL PAN

El rompimiento de López Portillo con el empresariado encabezado por Clouthier como presidente del CCE y sobre todo su decisión de nacionalizar la banca cinco meses después, ratifica la decisión de la derecha de involucrarse más contundente y directamente en la política.

El propio Clouthier, quien había confrontado a Echeverría y López Portillo como líder de los agricultores norteños, como presidente de la Coparmex y como dirigente nacional del CCE, decide incursionar en la política tras la nacionalización de la banca.

Lo cuenta Tatiana Clouthier en *Maquío, mi padre*: "Como resultado de este hecho [la nacionalización de la banca], algunos empresarios de las provincias [*sic*] realizaron paros en sus negocios y Clouthier pidió que cesaran, pues iban contra la ley, y en respuesta a los banqueros les ofreció ir 'hasta donde los quisieran'. Así se inició la urgencia de mi padre por entrar a la vida política partidista".

Quizá sin saberlo el propio Clouthier, miembros de la organización El Yunque, entre ellos Ramón Plata Moreno, Manuel Díaz Cid y Federico Mügemburg, fueron los que lo impulsaron para las grandes ligas de la política en el PAN, previa carrera como líder empresarial y continuador de Andrés Marcelo Sada en la Coparmex, que había impulsado la participación de los empresarios en la política.

Escribe Tatiana Clouthier en su libro:

La Coparmex recogió la inquietud con Andrés Marcelo Sada a la cabeza y creó un programa de capacitación para líderes que tuvieron ganas de influir en la vida y dirección políticas del país, pero sin tomar partido. Por ello, en 1978 Andrés Marcelo presionó más para que el sector privado abandonara su pasividad. Este político hizo muy buen papel, pero dejó un problema al venir la sucesión, pues se quería a alguien que pudiera seguir su línea, lo cual era difícil. Edmundo Meuchi y Federico Müggemburg, dos fuertes ideólogos y analistas incluyentes en la confederación, habían conocido y seguido a Clouthier desde su ámbito local en Sinaloa, así como en el Consejo Nacional de 1972 a 1976, en especial en los últimos años ante los grandes acontecimientos por la lucha y defensa de las tierras. La comisión que propuso posibles sustitutos llegó con el nombre de Maquío como propuesta para suceder a Andrés y con el "aval" de los dos ideólogos.

Y mientras que las agrupaciones patronales organizaron reuniones estatales denominadas "México en la libertad", con Clouthier al frente tras la nacionalización de la banca, se puso en marcha el embrión de un partido político creado por la organización secreta El Yunque, Desarrollo Humano Integral y Acción Ciudadana (DHIAC), al mismo tiempo que sus militantes juramentados se infiltraban en el PAN.

DHIAC era una asociación civil, que había nacido en 1976, y que se activó en 1982 para ser el vehículo de participación política, junto con otra estructura de El Yunque, la Asociación Nacional Cívica Femenina (Ancifem), y naturalmente el PAN. Cuenta Paredes Moctezuma en *Los secretos del Yunque, historia de una conspiración contra el Estado mexicano*: "El PAN, después de participar en la elección presidencial de 1976, en 1982 lanzó como candidato al anodino Pablo Emilio Madero, quien sin personalidad ni discurso proyectó a un partido escuálido con dirigencias doblegadas al régimen y sin liderazgo social alguno. A pesar de ello era el instrumento que necesitábamos para las batallas que se barruntaban".

Añade:

Aún no llegaba a su fin el ciego 1982, cuando El Yunque lanzó al ruedo un par de asociaciones cívico políticas cuya misión era fungir como interlocutoras con otros actores políticos, cuestionar amargamente al gobierno, "descremar" a los organismos empresariales y otros cuerpos intermedios atrayendo a sus mejores líderes para encauzarles a la acción política a través del Partido Acción Nacional, al que había que penetrar. A través de estas agrupaciones nos relacionamos con otros movimientos internacionales y tuvimos interlocución con actores locales y nacionales.

Desarrollo Humano Integral y Acción Ciudadana (DHIAC) fue una de ellas. Se optó por ese nombre porque ya se disponía de las actas constitutivas de la asociación tiempo atrás y en ese momento se juzgaba que era importante. A finales de noviembre realizamos el primer congreso nacional de DHIAC en el hotel María Isabel de la Ciudad de México. Presidía la asociación Jaime Aviña Zepeda y figuraban, entre otros, Luis Felipe Bravo Mena, Miguel Guevara, Ignacio Huesca, Fernando Guzmán Pérez Peláez, José Luis Luege Tamargo, Alberto Diosdado, Alfredo Sandoval González, Jorge Espina Reyes, Emilio González Márquez, Elías Villegas Torres y muchos personajes más que permanecen activos en la política nacional. Yo fui el orador que representó a Puebla.

Pero antes de dejar el poder, que según él sería "último presidente de la Revolución", López Portillo descompuso transitoriamente los planes de la derecha: ordenó a la Secretaría de Gobernación negarle el registro como agrupación política al DHIAC.

Y es cuando los juramentados deciden abordar, definitivamente, al PAN. Escribe Paredes Moctezuma: "El Maquío, como le decíamos de cariño, se convirtió en nuestro mejor candidato. Lo logramos. En realidad su campaña fue la primera de muchas otras cuyo control asumió la Organización, deslazando a los pocos aguerridos miembros de las 'familias custodias' del PAN e incorporando a jóvenes militantes del Yunque que hasta hoy brillan en el espectro del panismo nacional".

Y sí: los líderes empresariales que rompen con López Portillo y los juramentados de El Yunque son los que, tras la negativa al registro a DHIAC, penetrarán al PAN hasta controlarlo, los que pactarán con Carlos Salinas la construcción de un proyecto político de cogobierno —que incluye a Vicente Fox y Felipe Calderón— que se extenderá hasta después de perder el poder en 2018.

EL ASESINATO POLÍTICO DE PLATA MORENO

Solo un episodio criminal ensombreció la relación del régimen priista con la extrema derecha: el asesinato de Ramón Plata Moreno, el jefe general de la organización secreta El Yunque, en diciembre de 1979, precedido de un atentado a balazos, en 1976, que lo obligó a exiliarse en Estados Unidos.

Esos dos acontecimientos, el atentado y el asesinato, tienen que ver con dos momentos de tensión entre los miembros de la organización secreta, que asesoraban al Grupo Monterrey, y los presidentes Echeverría y López Portillo.

El atentado se produjo el 19 de marzo de 1976, siete meses antes de que celebrara una reunión de miles de jóvenes afiliados a la organización secreta contra Echeverría, exactamente en los días en que éste se encontraba de visita en Cuba y estaba en curso la definición del candidato presidencial del PRI.

El atentado a balazos contra Plata Moreno se llevó a cabo, también, un mes después de la reunión en Chipinque, donde destacados miembros de El Yunque, como Díaz Cid y García Suárez —enviados por el jefe general—, participaron en la alianza que había con jerarcas del Grupo Monterrey, como Margáin Zozaya.

Echeverría nunca identificó a "los encapuchados" de Chipinque como miembros de la organización secreta El Yunque, pero a ellos se refería y por eso la agresión a balazos contra Plata Moreno.

El Primer Encuentro Nacional Juvenil, que fue definido como un abierto desafío político a Echeverría, se llevó a cabo en el santuario de Los Remedios, en Naucalpan, el 16 y 17 de agosto de 1975. Fue avalado por el obispo de Tlalnepantla, Felipe de Jesús Cueto González, financiado por el Grupo Monterrey y dirigido personalmente por Plata Moreno.

Luis Paredes Moctezuma, expresidente del FUA, fue uno de los participantes y escribe en su libro *Los secretos de El Yunque* la razón por la cual se organizó el encuentro: "Los jefes de la Organización decidieron que era imperioso lanzar una señal de fuerza en el momento en que el poder del Presidente [Echeverría] declinaba".

Y añade: "Los oradores fuimos instruidos sobre lo que nos correspondía decir para enviar los mensajes adecuados a los destinatarios: El central era que había una organización capaz de movilizar a miles de personas de todo el país [por] si fuera necesario luchar. Era la ocasión de recordarle a la familia revolucionaria que no podía sobrepasar ciertos límites, que aún era posible una nueva Cristiada".

Era un reto mayúsculo: mientras Echeverría estaba en Cuba, la organización secreta El Yunque organizó la insólita concentración con miles de jóvenes de todo el país que cuestionaban la política exterior del presidente de México, en el momento en que definía a su sucesor.

Escribe Paredes Moctezuma:

En ese entorno, en 1975, por medio de Eduardo García Suárez, presidente de Canacintra de Puebla; Gerardo Pellico Agüeros, presidente de la Coparmex en Puebla, y Manuel Díaz Cid, analista y politólogo, la Organización logró una interesante alianza con el Grupo Monterrey a través de Ricardo Margáin Zozaya. Todos se sentían profundamente agraviados por el asesinato de don Eugenio Garza Sada y subvencionaron el evento conocido como "Pacto de los Remedios", donde El Yunque debuta como actor político de talla, aunque esto provocaría el asesinato de su jefe general, Ramón Plata Moreno.

En efecto, siete meses después del Pacto de los Remedios, el 19 de marzo de 1976, en plena Semana Santa, Plata Moreno sufrió un atentado en su casa de Cienfuegos 753, en Lindavista, que lo obligó a huir —muy malherido— a Estados Unidos.

A su regreso a México, tres años después, fue asesinado de cinco balazos por la espalda y un tiro de gracia, la Nochebuena de 1979, ya en el gobierno de López Portillo.

El crimen, jamás esclarecido, se produjo dos meses después de un paro patronal en varios estados del país que desafiaban al gobierno, el 30 de octubre de ese año, impulsado por los empresarios de Puebla, precisamente el estado donde nació El Yunque.

Otro acontecimiento previo al asesinato fue el envío por parte de Clouthier de una delegación a la "III Conferencia Internacional de las Libertades", celebrada en Filadelfia y Pensilvania, Estados Unidos, del 25 al 28 de octubre de 1979.

A ese encuentro, que tuvo el objetivo de capacitarse con militares ingleses y de Estados Unidos, asistieron José Luis Coindreau, vicepresidente de la Coparmex; Sergio Mihailide, director de Pensamiento Empresarial Mexicano, A. C.; Francisco Calderón, del Consejo Empresarial Mexicano, y Alberto Escobedo, director de la Coparmex.

Existen tres versiones sobre la autoría del asesinato de Plata Moreno: *1)* que fue una ejecución ordenada por los Tecos de la UAG; *2)* que fue una orden del gobierno de México, y *3)* que fue un ajuste de cuentas interno. Ninguna ha sido aclarada pese a que en 2003 se presentó una denuncia ante la Procuraduría General de la República (PGR) y comenzaron las investigaciones que repentinamente se congelaron.

Díaz Cid, muy cercano a Plata Moreno y a su familia, no vacila en afirmar que fue un escarmiento del gobierno, ejecutado por Gutiérrez Barrios, quien era subsecretario de Gobernación:

El primer atentado contra Ramón fue en Semana Santa de 1976. Echeverría estaba en Cuba y ahí se enteró de esta reunión, de Los Remedios, que era un fuerte cuestionamiento a la política exterior del régimen y a la relación con los países del bloque comunista. Esto provocó en Echeverría una reacción. Mandó a Gutiérrez Barrios de Cuba a México para investigar quién había hecho esta reunión. Y con muy poco que rascaran se dieron cuenta de quién la había hecho. Y ahí sacaron la conclusión, supongo, de que la acción que se estaba manejando era intolerable, que ya se le había hecho muchas cosas al Presidente, ahora se le ponía en el escaparate internacional, porque un grupo de jóvenes —que no era un grupo enorme, pero tampoco insignificante y que venía de varios lugares del país— hacía un mentís a la afirmación del Presidente de que tenía el respaldo de la sociedad en su política exterior. Y eso al Presidente le molestó.

Se trató de darle un correctivo a la organización El Yunque y a Plata Moreno, cuyo ejecutor fue Gutiérrez Barrios, afirma Díaz Cid: "Gutiérrez Barrios cumplió una orden. Esto no fue algo que se le ocurrió a Gutiérrez Barrios, que fue siempre un ejecutor, como Nazar Haro, aunque de Nazar tengo peor opinión que de Gutiérrez Barrios. Y habiendo investigado, vino la idea de dar un correctivo. Hay una cercanía entre la reunión de Los Remedios y el primer atentado contra Ramón. Se da cuando él iba meter la camioneta a su casa, se le acerca un muchacho joven".

—De aspecto caucásico.

—Sí, me decía Ramón, un muchacho joven. Él no sospechó nada. Y le dispara, nada más que a través de la camioneta, una combi. Eso es lo que a él le salva la vida en esa ocasión. Al sentir el primer impacto él se va para el costado, y las siguientes balas entran, pero a través de la lámina de la combi, y el efecto ya no fue igual. Y al haber caído, el fulano que disparó pensó que había logrado su cometido y lo abandonó.

Plata Moreno se exilió en Estados Unidos, donde permaneció durante su larga recuperación. Díaz Cid lo visitó varias veces y la última vez que lo vio le recomendó no volver.

"¿Por qué?", me dijo. "Eres el único que me ha dicho que no regrese. 'Por una razón, Ramón. La historia política de nuestro país demuestra que los peores enemigos del sistema mientras están fuera hay como una especie de amnistía no escrita. Cuando regresan eso se acaba'. Se estuvo paseando un rato y me dijo: 'Lo voy a tomar en cuenta'. Pero luego, cuando regresé, me enteré que finalmente volvía. Pero yo estaba consciente de que si regresaba, simplemente por la lógica de lo que ha pasado en este país, lo matarían. Pasó, desgraciadamente".

—Pero ya no estaba Echeverría.

—Claro, pero seguía Gutiérrez Barrios.

El crimen de Plata Moreno se ejecutó a la mitad del gobierno de López Portillo, en la casa de sus suegros, en la colonia Lindavista de la Ciudad de México, y conmocionó a la organización secreta.

Luis Felipe Coello, revela Díaz Cid, se comunicó con Gutiérrez Barrios para reclamarle: "Luis Felipe Coello, acabando de morir Ramón, le habló a Gutiérrez Barrios, porque se llevaba con él… Y él le dice: 'No sabía yo. Voy a hablar con el gobernador en Puebla'. Y entonces Coello le dice: 'No fue en Puebla, fue aquí'. Pero la respuesta de Gutiérrez Barrios era: 'Sé dónde está'. No dijo de qué me hablas, sino la respuesta automática de Gutiérrez Barrios —eso me lo contó Luis Felipe— fue: 'Ahorita le voy a hablar al gobernador de Puebla'. Es decir, Gutiérrez Barrios sabía dónde estaba Ramón".

Desde 1976 el gobierno federal había sentenciado a muerte a Plata Moreno, afirma Díaz Cid: "Había vigilancia de Gobernación y, como es en esos casos, la instrucción se cumple, no importa el tiempo. ¿Cuánta gente no han matado así? Pasa el tiempo y un día, en un cumpleaños, en Navidad, esos días son los que pasan estas cosas, cuando las organizan los aparatos del sistema".

Y tan fue el sistema, insistió, que no apareció ninguna nota del asesinato como noticia en el periódico. "Nada, absolutamente, lo cual comprueba más eso que digo".

Díaz Cid niega que Plata Moreno haya sido asediado por los Tecos de la UAG, con los que habían roto de manera total en 1965. "Con los Tecos no teníamos en ese momento problema alguno. Esto choca con el gobierno. Entonces si el asunto hubiera sido con los Tecos, el asunto hubiera aparecido en el periódico, las noticias estarían fluyendo. Aquí, cuando todo se calla, cuando nada funciona, es porque hay de arriba un aparato que les dice: sobre esto nada".

El asesinato de Plata Moreno se produjo después del paro patronal en varios estados que orquestaron los líderes empresariales de Puebla que estaban bajo el mando de esa persona. Y al día siguiente del crimen, en la Navidad, López Portillo se reunió en Los Pinos con los miembros del Consejo Coordinador Empresarial de ese estado.

—¿Y no hubo reclamo de los empresarios? —le pregunté a Díaz Cid.

—No, porque los empresarios no sabían de este asunto. La gente del CCE no era gente de la organización.

En realidad, algunos de los empresarios que se entrevistaron con López Portillo en el salón Adolfo López Mateos, de Los Pinos, sí eran miembros de la organización secreta: los encabezaba Eduardo García Suárez, presidente del CCE de Puebla, juramentado por Agustín Aizpuru.

Y otros de los asistentes fueron Gerardo Pellico, amigo de López Portillo; Francisco Bernat Solsosa, del Club de Empresarios Poblanos; así como Juan y Guillermo Bretón, a quienes acompañó el gobernador de Puebla, Alfredo Toxi.

En *Mis tiempos*, las memorias de López Portillo, no hay una sola mención de ese extraño encuentro al día siguiente del asesinato de Plata Moreno, el jefe de la organización secreta, por el que ni siquiera sus seguidores reclamaron abiertamente.

Tampoco alude una sola vez a sus sórdidas relaciones secretas con El Yunque, que era la organización que estuvo detrás de la rebeldía y movilización de la derecha empresarial, mediática y religiosa. Nada.

Pero es a partir de entonces que comienza el ascenso de la derecha a través del PAN contra el PRI. Primero en las elecciones de 1983 y luego en las estatales de 1986, cuando el propio Clouthier es candidato a gobernador de Sinaloa, al mismo tiempo que Francisco Barrio lo es en Chihuahua, Rodolfo Elizondo en Durango y Ricardo Villa Escalera en Puebla.

Y en 1988 Manuel Clouthier del Rincón, el mismo que en 1971 quería ser presidente municipal de Culiacán por el PRI, es el candidato del PAN a la presidencia de la República…

BIBLIOGRAFÍA

Arriola Woog, Carlos, *El miedo a gobernar. La verdadera historia del PAN*, México, Océano, 2008.

―――――, *Los empresarios y el Estado, 1979-1982*, México, Miguel Ángel Porrúa / UNAM, 2a ed., 1988.

Barajas, Rafael, *La raíz nazi del PAN*, México, El Chamuco y los Hijos del Averno, 2018.

Basáñez, Miguel, *La lucha por la hegemonía en México, 1968-1980*, México, Siglo XXI Editores, 1981.

Buendía, Manuel, *La ultraderecha en México*, México, Océano, 1984.

Castillo García, Gustavo, *El tigre Nazar. "Había que ser fanático como ellos"*, México, Grijalbo, 2023.

Christlieb Ibarrola, Adolfo, *Monopolio educativo o unidad nacional. Un problema de México*, 2a ed., México, Editorial Jus, 1962.

Clouthier, Tatiana, *Maquío, mi padre. El hombre y el político*, México, Grijalbo, 2007.

Coello Trejo, Javier, *El fiscal de hierro*, México, Planeta, 2021.

Dávila Peralta, Nicolás, *Las santas batallas. El anticomunismo en Puebla*, México, BUAP, 2001.

Delgado, Álvaro, *El Yunque. La ultraderecha en el poder*, México, Plaza y Janés, 2003.

―――――, *El ejército de Dios. Nuevas revelaciones sobre la extrema derecha en México*, México, Plaza y Janés, 2004.

García Ibarra, Abraham, *Los bárbaros del norte. La contra mexicana*, México, Comunicación Meridiana, 1988.

Glockner, Fritz, *Voces en rebelión. Puebla 1964*, México, BUAP-Dirección General de Publicaciones, 2021.

González Ruiz, Edgar, *MURO, memorias y testimonios, 1961-2002*, México, BUAP, 2003.

Haces, Cosme, *Crisis, crónicas de un trimestre neto*, México, Edamex, 1983.

López Portillo, José, *Mis tiempos. Biografía y testimonio político*, 2 tomos, México, Fernández Editores, 1988.

Nuncio, Abraham, *El Grupo Monterrey*, México, Nueva Imagen, 1982.

Ortiz Rivera, Alicia, *Juan Sánchez Navarro. Biografía de un testigo del México del siglo XX*, México, Grijalbo, 1997.

Pani, Erika (coord.), *Conservadurismo y derechas en la historia de México*, tomo II, México, FCE, 2009.

Paredes Moctezuma, Luis, *Los secretos de El Yunque. Historia de una conspiración contra el Estado mexicano*, México, Grijalbo, 2009.

Rodríguez Araujo, Octavio, *Derechas y ultraderechas en el mundo*, México, Siglo XXI Editores, 2004.

Rodríguez Castañeda, Rafael, *Prensa vendida. Los periodistas y los presidentes: 40 años de relaciones*, México, Grijalbo, 1993.

Rodríguez Munguía, Jacinto, *La otra guerra secreta. Los archivos prohibidos de la prensa y el poder*, México, Debate, 2007.

————, *Las nóminas secretas de Gobernación*, México, Limac, 2004.

Romero Sotelo, María Eugenia, *Los orígenes del neoliberalismo en México. La Escuela Austriaca*, México, FCE, 2016.

Salinas Price, Hugo, *Mis años en Elektra. Memorias*, México, Diana, 2000.

Scherer García, Julio, *La terca memoria*, Grijalbo, 2007.

————, *Los presidentes*, México, Grijalbo, 1986.

Scherer García, Julio, y Carlos Monsiváis, *Tiempo de saber. Prensa y poder en México*, México, Nuevo Siglo Aguilar, 2003.

Trejo Delarbre, Raúl (coord.), *Televisa, el quinto poder*, México, Claves Latinoamericanas, 1985.

Vargas, Hugo, *Cuando la derecha nos alcance*, México, Pangea, 1997.

Yáñez Delgado, Rafael, *La manipulación de la fe. Fúas contra carolinos en la universidad poblana*, México, BUAP, 1996.

TERCERA PARTE

Por Alejandro Páez Varela

[…] No sólo hemos presenciado actos de gobierno: Salinas de Gortari está creando las bases para un nuevo pacto político y social de largo alcance. Las transformaciones que se están operando son tan importantes como las que en su momento realizó Lázaro Cárdenas: tienen el sentido de actos de Estado y no sólo de actos de gobierno.

OCTAVIO PAZ

De Porfirio Díaz pueden decirse muchas cosas, pero no que fuera corrupto. Cierto, dio negocios y prebendas a Los Científicos y prohijó una bárbara acumulación y un saqueo despiadado con la Ley de Baldíos. Pero lo hacía, al menos en parte, por las mismas razones ideológicas que guiaron a los liberales en la política de desamortización.

ENRIQUE KRAUZE

Desgraciadamente la izquierda actual no es la mejor concebible. La derecha, sí. Es la mejor concebible. Es estúpida, arrogante, atrasada y represiva. Entonces es la mejor derecha concebible porque reúne todos los requisitos del modelo. Y luego está una zona central que nadie habita; en verdad nadie está en el centro. Todos quieren encarnar una utopía que es una actitud progresista […] Como el voto tiende a ser cada vez más de derecha, dicen: "No, la izquierda y la derecha son términos atrasados, hay que buscar uno nuevo". Y mientras buscan uno nuevo, votan por la derecha.

CARLOS MONSIVÁIS

Capítulo 6

La robusta marcha de la derecha

PETRÓLEO Y DERECHIZACIÓN

El 7 de septiembre de 1953 la influyente revista *Time* reseñó en sus páginas el fin de uno de los más grandes latifundios de México.[1] Este "imperio", como le llama, se había enquistado en el corazón de Chihuahua durante la dictadura de Porfirio Díaz; se mantuvo intacto durante la Revolución —incluso mientras se repartían las propiedades chihuahuenses del oligarca Luis Terrazas— y había cruzado con éxito el reparto agrario más profundo del país hasta entonces: el emprendido por el general Lázaro Cárdenas del Río. Con este latifundio terminaba además la aventura mexicana de una generación de capitalistas extranjeros que había entrado con la apertura económica del porfiriato y que se tardó medio siglo en atender el toque de retreta que sonó con la guerra civil y durante los gobiernos posteriores a ella.

William Randolph Hearst murió en 1951, dos años antes de que sus tierras entraran en el reparto agrario. México "pronto descubrió que a sus herederos les faltaba corazón para tales batallas", dijo *Time*. El multimillonario fundador de una de las primeras agencias de noticias del mundo y de una poderosa cadena de periódicos en las principales ciudades de Estados Unidos; el político frustrado y editor

---

[1] "Mexico: End of An Empire", archivos de la revista *Time*, 7 de septiembre de 1953.

furibundo, alarmista y sin escrúpulos, había dado una larga disputa contra México para defender sus vastos intereses. Y al final no pudo evitar que el título de su rancho pasara a ser propiedad de la nación. "El gobierno había estado preparado para la expropiación pero la transacción finalmente acordada fue una venta directa. El precio: 2 millones 500 mil dólares en efectivo. Así concluyó el último de los grandes imperios ganaderos del norte de México. Aunque la Babícora, como otros grandes ranchos, no se repartirá entre los campesinos en pequeños lotes, se dividirá y venderá a propietarios privados en extensiones de hasta 375 acres", agregó la revista.

Time dijo:

> Con todo el poder de su vasta fortuna, sus 16 periódicos y su testamento de granito, el fallecido William Randolph Hearst luchó hasta el final para conservar su fabuloso rancho mexicano de un millón 625 mil acres en Babícora [Chihuahua]. Su padre, el senador George Hearst, había fundado la propiedad, adquiriendo tierras para obtener cacahuate en los últimos días del siglo XIX, y su madre, Phoebe Apperson Hearst, amplió el rancho. Su hijo apreciaba el lugar por razones tanto sentimentales como comerciales, ya que obtuvo ganancias sustanciales a lo largo de los años, principalmente con [ganado] Shorthorn y Hereford que pastaba por decenas de miles en las verdes laderas de la Sierra Madre y finalmente conducía a El Paso y al mercado estadounidense. Cuando la Revolución se extendió por México, los ejércitos privados de rancheros de Hearst libraron sangrientas batallas con Pancho Villa para salvar los rebaños y los edificios de Babícora. Cuando más tarde las reformas agrarias del presidente Cárdenas disolvieron otras grandes propiedades de estadounidenses, los batallones de abogados y editores de Hearst evitaron la expropiación.

El magnate de medios presionó gran parte de su vida a las autoridades de su país para que intervinieran en México, e incluso planteó una invasión armada. Deseaba que el país se convirtiera en una colonia estadounidense —y lo decía sin contención—, con un presidente estadounidense que impusiera la cultura estadounidense y que abriera, por supuesto, la riqueza nacional a los estadounidenses. Escribió columnas en sus diarios y mandó cartas a líderes en distintos niveles del gobierno. Una de ellas fue a Robert Lansing, secretario de Estado, y sobre esta se referirá este mismo texto más adelante.

Aquella ofensiva —que compartían otros, como los magnates petroleros— en apariencia quedó desatendida. Pero no del todo. La invasión no fue armada sino más profunda y mejor planeada. Llevó décadas.

Con estudios truncos en la Universidad de Harvard, Hearst heredó el diario *San Francisco Examiner* de su padre, quien a su vez lo ganó en una apuesta de juego. El júnior inició una lucha cuerpo a cuerpo con Joseph Pulitzer, otro de los dueños de medios más influyentes de su tiempo, y luego ensanchó su imperio en la prensa al comprar en 1895 el *New York Morning Journal* y lanzar en 1896 el *Evening Journal*, con los que alcanzó la cifra inédita de un millón y medio de ejemplares impresos. Hearst se volvió enemigo cantado de la Revolución mexicana; advertía una tendencia "comunista" en sus líderes y pedía que el ejército estadounidense tomara control del país con la justificación de "detener el baño de sangre".[2]

El poder de Hearst fue inmenso. Alcanzó los 20 millones de ejemplares diarios y llegó a considerarse una anomalía dentro de la sociedad estadounidense porque, siendo un fascista de tiempo completo, usó sus medios para generar apoyos para los extremismos europeos. Hearst era la derecha en su estado puro. Durante las distintas guerras de Estados Unidos a finales del siglo XIX y en la primera mitad del siglo XX no tuvo escrúpulos para virar su posición personal y el apoyo editorial de su imperio mediático según le reclamaran los bolsillos. La misma revista *Time* reseñó en 1942, por ejemplo, las simpatías del oligarca con los nazis (y en particular con Adolf Hitler) y su constante enfrentamiento con los presidentes estadounidenses porque quería torcerles el brazo para orientar las alianzas de la nación hacia donde ponía sus ojos. Y solía poner los ojos en los personajes y gobiernos autoritarios y fascistas.[3]

---

[2] William Randolph Hearst, *Intervene in Mexico, not to make but to end war, urges Mr. Hearst; letter of Mr. Hearst on the Mexican situation*, Librería del Congreso de Estados Unidos, 1916.

[3] "La tercera guerra de Hearst", *Time*, 23 de marzo de 1942.

Hearst fue un supremacista blanco identificado con la derecha radical o ultraderecha. Promovió e idealizó las políticas de Hitler y del Tercer Reich y consideraba buena la migración, siempre que fuera desde Europa y no de negros o latinoamericanos, a los que despreciaba. Y fue notable cómo, a pesar de ser quien era, pocos se atrevieron a confrontarlo. Quizá el único retrato (y el definitivo) que tuvo fue *Citizen Kane* (*Ciudadano Kane*), la película de Orson Welles basada en él.

La influyente revista detalló:

Marion Davies [amante de Hearst] dijo un día de la semana pasada: "Dios, estoy harta de que *papi* pase todo el tiempo hablando de política". [Pero] fue la política lo que llevó a William Randolph Hearst, de 78 años, de San Simeón [su fastuosa mansión] al hotel Fairmont de San Francisco, donde convocó a sus reporteros y editores para discutir la política de guerra. De paso ágil y con un aspecto más en forma que en años, el viejo editor parecía casi indestructible para sus admiradores. Esta es la tercera guerra de Hearst. Para su primera guerra, la Guerra Hispanoamericana de 1898, envió a Richard Harding Davis y otra media docena de corresponsales estrella a Cuba. Un año antes del desastre de Maine, se supone que Hearst telegrafió al artista Frederic Remington: "Tú proporcionas las fotografías, yo proporcionaré la guerra".

¿Cómo pudo México contener a Hearst y a los otros multimillonarios que presionaban a su gobierno para que interviniera con el ejército en el país? ¿Cómo pudo hacerlo durante tantos años? Confluyeron varios factores. El principal es que, aunque había políticos extremistas en Estados Unidos, el curso de la Revolución mexicana no incomodó del todo a Washington, como ya se ha explicado, porque no transitó necesariamente hacia el socialismo. Por otro lado, el Ejército estadounidense se involucró en varios conflictos locales y dos guerras mundiales durante la primera mitad del siglo xx, y prefería ver a México como territorio neutral que como uno enemigo. Y luego la amenaza militar no tuvo sentido; vinieron, después de Lázaro Cárdenas, gobiernos más afines a las políticas de Estados Unidos. La ruta de Washington con México fue de largo aliento y muy efectiva. Hearst no llegaría a verlo, pero se habría alegrado: fue una conquista desde adentro. Y aquí se impone un regreso en el tiempo.

El asesinato de Venustiano Carranza la madrugada del 21 de mayo de 1920 en Tlaxcalantongo, Puebla, marca el fin de un periodo de 10 años turbulentos para México. Después de él viene otro ciclo en el que una élite de militares sonorenses se apropia de la presidencia: Adolfo de la Huerta asume apenas unos meses y logra imponer la paz; luego entra Álvaro Obregón y le sigue Plutarco Elías Calles; tres sonorenses al hilo. Después viene el Maximato, en el que Calles y sus aliados siguen en control de la vida nacional. De Emilio Portes Gil a Pascual Ortiz Rubio y Abelardo L. Rodríguez, todos los presidentes debieron responder a Calles. Hasta que el general Cárdenas pone fin a una época enviando al "líder máximo" al extranjero.

Desde su Independencia, la economía fue una justificación (y una amenaza constante) para que las potencias extranjeras intervinieran en México. Después del estallido de la Revolución, la inestabilidad política y la irresponsabilidad administrativa mantuvieron al país en la insolvencia, aunque había negocios, como el petrolero y las haciendas, que seguían operando. Esta debilidad obligaba a que cada presidente que asumía, desde Madero hasta el Maximato, tuviera como prioridad obtener el reconocimiento del gobierno de Estados Unidos. En una nación tan debilitada, este trámite —en apariencia constreñido a la diplomacia— enviaba mensajes poderosos a las castas domésticas —el "certificado" de Washington declaraba "un ganador"— y también hacia el exterior, porque daba acceso a las instituciones internacionales de crédito que, a su vez, otorgaban una especie de certificado de "estabilidad".

La Casa Blanca utilizaba esta necesidad de los mandatarios mexicanos —como lo haría después con las certificaciones en derechos humanos, narcotráfico, etcétera— para establecer condiciones e impulsar su agenda. Con el tiempo, la política económica se volvería una preocupación constante de los gobiernos mexicanos y una vía, aunque no era la más rápida, para que Estados Unidos fuera tomando control de distintas variables en México. Hasta moldearlo al deseo de sus intereses.

Carranza tuvo muchos defectos y quizá el mayor de todos fue la incorporación selectiva de los postulados de la Revolución en sus planes de gobierno. En lo económico fue un presidente de centro, o más de centro-derecha. Sus primeros pasos como político se habían dado durante el porfiriato y esto explica que diera mayor importancia a recuperar la confianza de los banqueros (sobre todo los extranjeros) que a cumplir las demandas de tierra y libertad. Se apoyó en las élites intelectual y académica, así como en la burocracia, para impulsar el carro nacional y algunos respondieron a su llamado, aunque, como era natural, otros le escupieron la mano. No es una casualidad que Emiliano Zapata, uno de los mayores referentes de la lucha social en México hasta nuestros días, fuera perseguido y asesinado durante el mandato de Carranza.

Hay, sin embargo, un momento de brillo en el gobierno de Carranza. Sucedió en 1915. El Primer jefe del Ejército Constitucionalista y encargado del Poder Ejecutivo —había asumido ese cargo el 13 de agosto de 1914— puso en marcha una nueva idea de integración nacional que Manuel Gómez Morín aplaude en un ensayo de 1926.

Quien sería fundador del Partido Acción Nacional escribe:

Y en el año de 1915, cuando más seguro parecía el fracaso revolucionario, cuando con mayor estrépito se manifestaban los más penosos y ocultos defectos mexicanos y los hombres de la Revolución vacilaban y perdían la fe, cuando la lucha parecía estar inspirada nomás por bajos apetitos personales, empezó a señalarse una nueva orientación. El problema agrario tan hondo y tan propio, surgió entonces con un programa mínimo definido ya, para ser el tema central de la Revolución. El problema obrero fue formalmente inscrito, también, en la bandera revolucionaria. Nació el propósito de reivindicar todo lo que pudiera pertenecernos: el petróleo y la canción, la nacionalidad y las ruinas [...] Del caos de aquel año nació la Revolución. Del caos de aquel año nació un nuevo México, una idea nueva de México y un nuevo valor de la inteligencia en la vida. Quienes no vivieron en ese año de México, apenas podrán comprender algunas cosas. [José] Vasconcelos y Alfonso Reyes sufren todavía la falta de esa experiencia.[4]

[4] Manuel Gómez Morín, *1915, y otros ensayos*, México, Jus, 1973.

Gómez Morín dice que es en ese momento que Carranza reconfigura la patria:

> Y con optimista estupor nos dimos cuenta de insospechadas verdades. Existía México. México como país con capacidades, con aspiración, con vida, con problemas propios. No sólo era esto una fortuita acumulación humana venida de fuera a explotar ciertas riquezas o a mirar ciertas curiosidades para volverse luego. No era nada más una transitoria o permanente radicación geográfica del cuerpo estando el espíritu domiciliado en el exterior. Y los indios y los mestizos y los criollos, realidades vivas, hombres con todos los atributos humanos. El indio, no mero material de guerra y de trabajo, ni el criollo producto de desecho social de otros países, ni el mestizo fruto ocasional, con filiación inconfesable, de uniones morganáticas entre extranjeros superiores y nativos sin alma. ¡Existían México y los mexicanos!

Pero Estados Unidos vio con cautela a Carranza y no reconoció su gobierno de inmediato. Luego, no le hizo gracia la Constitución de 1917 —al igual que los grandes capitales extranjeros en el país—, porque abría a la posibilidad de que el Estado mexicano, por primera vez, ordenara el sector petrolero, que tenía su mundo aparte dentro de una nación en caos. El saqueo de la riqueza del subsuelo era conocido y las empresas extranjeras en México ni siquiera pagaban impuestos por aprovechamiento. Carranza lo entendió y se movió. Anunció una Comisión Técnica del Petróleo al frente del ingeniero Joaquín Santaella para establecer bases técnicas y legales que permitieran saber, de entrada, de cuánto era el desvío para luego establecer las cargas tributarias. Hasta ese momento, los hidrocarburos no significaban nada para la economía nacional.

El primer estudio de la Comisión Técnica "reveló los privilegios y omisiones en que incurrían muchas compañías petroleras. Se trataba de las rentas que pagaban o debían pagar por hectárea como ocupantes de la superficie donde se asentaban los campos petroleros. Catorce de ellas no pagaban renta, 26 pagaban menos de cinco pesos; 13, entre cinco y 10 pesos y 47 pagaban más de 10 pesos de renta", cuenta Álvaro Matute en *Historia de la Revolución Mexicana*.

1917-1924.[5] El artículo 27 de la nueva Constitución daba plena libertad al gobierno para retomar esa industria que, en medio de un conflicto armado extendido por toda Europa, la Primera Guerra Mundial, se había vuelto estratégica.

El cuadro de la producción de petróleo mexicano entre 1901 y 1920 que acompaña Matute a su ensayo es un ejemplo indignante de cómo la industria petrolera se transformaba en un sector en auge al mismo tiempo que la economía nacional sufría una parálisis casi total por una fractura en la columna vertebral.

Años	Barriles	Toneladas
1901	10 345	1 544
1902	40 200	6 000
1903	75 375	11 250
1904	125 525	18 750
1905	251 250	37 500
1906	502 500	75 000
1907	1 005 000	150 000
1908	3 932 900	587 000
1909	2 713 500	405 000
1910	3 634 080	542 400
1911	12 552 798	1 873 552
1912	16 558 215	2 471 375
1913	25 696 291	3 835 267
1914	26 235 403	3 915 732
1915	32 910 508	4 912 016
1916	40 545 712	6 059 589
1917	55 292 770	8 264 226
1918	63 828 326	9 574 249
1919	87 072 954	13 060 943
1920	157 500 000	23 625 000

[5] Álvaro Matute, *Historia de la Revolución Mexicana. 1917-1924. Volumen 3*, México, El Colegio de México, edición digitalizada en 2015.

Carranza entendió lo que significaba el negocio petrolero y tuvo la primera reacción y padeció las primeras campañas en su contra. Para abril de 1917 decidió darle estructura jurídica al reclamo mexicano y expidió varios decretos antes de que entrara en vigor la Constitución, entre ellos un "reglamento para las inspecciones fiscales del petróleo, donde se expresa con detalle las funciones que debería desempeñar el personal de la inspección y que implicaba toda una serie de actividades técnicas, como hacer ensayos y establecer pesos específicos para que, de acuerdo con la calidad del petróleo, se señalaran los impuestos correspondientes", como detalla Matute. "Para entrar en vigor el 1 de mayo de 1917, se promulgaron en abril la ley y el reglamento para el cobro del impuesto del timbre. Mediante dichos instrumentos se trataba de que el erario obtuviera mayores ingresos".

Carranza no alcanza a ver que estas primeras decisiones tuvieron una enorme relevancia para el futuro de la nación. Fueron actos jurídicos que se transformaron en herramientas para controlar la poderosa industria petrolera extranjera y más que eso: alimentaron un sentimiento nacionalista con fuerte sabor a soberanía.

Desde Porfirio Díaz y hasta el siglo XXI, el petróleo mexicano siempre despertó la codicia de gobiernos y empresas extranjeras. Los grupos de presión dentro y fuera de México buscaron una y otra vez las grietas y coyunturas para romper la coraza de los criterios nacionalistas en el manejo del hidrocarburo, y su éxito estuvo directamente vinculado con las tendencias ideológicas de los distintos gobiernos. Se creó un catalizador natural: entre más a la derecha estuviera posicionado un presidente, más acceso tuvieron los extranjeros al petróleo mexicano.

Cuando Carranza decidió aplicar la Constitución de 1917, Estados Unidos y Gran Bretaña rechazaron la cancelación retroactiva de derechos. En realidad Carranza hizo poco en campo para recuperar los yacimientos aunque mucho en oficinas. Lo que se vino fue una disputa larga, tan larga que México tuvo que sortear durante dos décadas los criterios del Constituyente para no generarse un conflicto peligroso con el exterior. Hasta que llegó el *momento Cárdenas*, que logra lo que no pudieron ni Carranza y ni los mandatarios que le siguieron.

Lorenzo Meyer dice en *Las raíces del nacionalismo petrolero en México*:

> En 1938, como resultado de la combinación de un conflicto obrero-patronal en el contexto de un gobierno con voluntad política y bases populares —el de Cárdenas— y una coyuntura internacional favorable —la política de "buena vecindad" diseñada por Estados Unidos para neutralizar los esfuerzos fascistas en América Latina—, se logró que la sorpresiva expropiación petrolera y su defensa posterior tuvieran éxito. Lo anterior llevó a que en México se cristalizara un sentimiento de confianza en la propia capacidad de definir y sostener la autonomía nacional, de hacer efectiva la soberanía. La hazaña de 1938 fue la respuesta audaz de un país periférico que ya había acumulado una buena cantidad de derrotas pero que, gracias a la energía generada por una revolución y a la política de masas del cardenismo, generó la vitalidad, la voluntad y la capacidad para reaccionar frente al cúmulo de agravios recibidos de las potencias imperiales con las que había tenido que relacionarse a partir de su independencia, más de un siglo atrás.[6]

Cárdenas dio un giro hacia la izquierda y, consecuentemente, no sólo cerró la puerta a los intereses colonialistas sobre el petróleo, sino que los expulsó de México. Pero después de Cárdenas vino la contrarrevolución y al concluir su gobierno "rápidamente fue sustituido por orientaciones que viraron del centro a la derecha", como explica Meyer.

> Entre 1949 y 1951, el gobierno presidido por Miguel Alemán intentó, entre otras muchas contrarreformas, volver a abrir una puerta para que la inversión privada extranjera retornara a los campos petroleros mexicanos. En ese periodo se firmaron cinco acuerdos con otras tantas empresas petroleras estadunidenses —los llamados "contratos riesgo"—, en virtud de los cuales se asignaron a cada una de las zonas determinadas alrededor del Golfo de

---

[6] Lorenzo Meyer, *Las raíces del nacionalismo petrolero en México*, México, FCE, 2022.

México para que exploraran y extrajeran un petróleo que entregarían a Pemex a cambio de una quinta parte del valor del combustible. Sin embargo, el nacionalismo petrolero no había desaparecido y reaccionó: en 1958 se prohibió la firma de nuevos contratos riesgo y más tarde, entre 1969 y 1970, los cinco contratos alemanistas fueron rescindidos.

Luego vino el uso ideológico del petróleo, entre 1940 y 1982. Las presiones internas y externas lograron un desplazamiento paulatino hacia la derecha en gobiernos que descubrieron que el nacionalismo y el petróleo, unidos, eran una máscara para justificarse como "de izquierda". Con Gustavo Díaz Ordaz, Luis Echeverría y José López Portillo, cuando el país cae en la vorágine ultraconservadora —con tres presidentes que encajan en la derecha extrema: cerrazón democrática, represión, desaparición y asesinato de dirigentes sociales, etcétera—, sus gobiernos recurren al derecho sobre los hidrocarburos para aparentarse soberanistas. López Portillo utiliza el enorme yacimiento de Cantarell y otros del sureste mexicano, así como el aumento en los precios internacionales del crudo, para citar a Lázaro Cárdenas y volver a colocar en el centro de su discurso una supuesta voluntad "de izquierda". Pero la máscara le sirve muy poco. El modelo económico petrolizado implosiona y da paso a la estrujante crisis que recibe a Miguel de la Madrid Hurtado en 1982.

A comienzos del siglo XX —explica Meyer—, México llegó a ocupar el sexto lugar mundial entre los países productores. A partir de la crisis económica de 1982, la combinación del fracaso del proyecto económico mexicano basado en la sustitución de importaciones —cuyo arranque había tenido lugar durante la segunda Guerra Mundial— con el triunfo del neoliberalismo y neoconservadurismo a nivel mundial, más la desintegración de la Unión Soviética y del "socialismo real", se tradujo en una ola mundial de privatizaciones. Se reanudó entonces el esfuerzo de aquellos intereses dentro y fuera de México, que demandaban transformar el marco jurídico de la actividad petrolera para reabrirla a los particulares e incluso privatizarla por entero. Sin embargo, al negociar y firmar en 1993 el Tratado de Libre Comercio de la América del Norte, el gobierno de Carlos Salinas no se atrevió, ni Estados Unidos exigió, a ir tan lejos como aconsejaban los principios básicos del neoliberalismo y la globalización dominantes: privatizar la actividad petrolera y tratar a los hidrocarburos como a cualquier otra mercancía.

Con el nacionalismo petrolero como máscara, los gobiernos fueron desplazando al PRI hacia la posición que ocupaba (y donde lo esperó, con los brazos abiertos) el PAN. Desde Echeverría y López Portillo, pero sobre todo con Miguel de la Madrid y Carlos Salinas, el régimen simuló una gradual apertura democrática que cancelaba las opciones de izquierda y abrazaba las de derecha. No lo hizo por voluntad propia, sino porque intentaba responder a los crecientes reclamos internos y externos de que México se había convertido en una dictadura con un único partido de Estado. La salida del régimen fue adoptar a la derecha organizada, Acción Nacional, como su "oposición conveniente".

Al mismo tiempo, en términos estructurales, el régimen fue sufriendo una evolución interna para su encuentro con la derecha. Preparó nuevas generaciones de tecnócratas, hijos de las familias más poderosas del país y educados en Estados Unidos, que se irían sumando al servicio público para "modernizarlo"; ellos harían más fácil la tarea de mantener el control, incluso con un cambio de partido en el poder.

Y si Salinas de Gortari no logra abrir el sector petrolero a los extranjeros como era su deseo, su sucesor, Ernesto Zedillo Ponce de León, todavía más radical de derecha, sí lo hace: una reforma de 1996 da acceso al capital privado en el negocio de la petroquímica. Pemex empieza, así, el camino hacia la privatización.

Luego viene la transición política completa: el PRI reconoce en el año 2000 su primera derrota presidencial y entrega el poder al PAN, el partido que había nacido para oponerse a las políticas emprendidas por Lázaro Cárdenas. Es uno de los mejores momentos de la derecha en su proyecto de tres siglos. Acción Nacional y el Revolucionario Institucional logran una victoria cultural que llevaban años preparando: un partido suelta el control de 71 años ininterrumpidos y lo entrega a otra fuerza hermana, sin generar realmente una turbulencia política. Es el sueño que Francisco I. Madero tuvo un siglo antes: una "democracia" que permitiera renovar los cuadros en la cúpula aunque no se tocaran los problemas de fondo en México; una "democracia" que abriera los espacios de poder público a élites, como la empresarial, que ansiaban el reparto de los bienes nacionales. No por nada el "mártir de la democracia electoral" es uno de los personajes históricos favoritos del PRI y el PAN.

En ese punto de la historia, el gobierno mexicano ya no tuvo que simularse de izquierda. No lo necesitaba. Con ayuda de las élites económica, mediática, académica e intelectual, la derechización paulatina había convencido a las mayorías. Vicente Fox Quesada, un ultraconservador, se sentó en la silla presidencial con un crucifijo en la mano —literal— en medio de vítores. Y en un solo acto que simbolizó la derrota del liberalismo mexicano, descolgó de la Residencia Oficial de Los Pinos el cuadro de Benito Juárez pintado por Enrique Delauney en 1958, que luego reapareció en una oficina dentro de la Secretaría de Gobernación, la sede de los poderes represores en México.[7] La regla se volvió a cumplir: entre más a la derecha está un presidente, más derechos obtienen los intereses privados sobre el petróleo mexicano. Para lograr la apertura total, sin embargo, había que justificarlo.

Vicente Fox da otro empujón a la cada vez más inminente privatización de Pemex. Los empresarios lo habían ayudado a tomar al poder y no podría defraudarlos con una reforma fiscal; lo que hizo, entonces, fue cargar el gasto corriente de la pesada estructura gubernamental a las ganancias de Pemex. Y "fue entonces que los ingresos petroleros aportaron entre 30 y 40 por ciento del gasto del gobierno federal", cuenta Lorenzo Meyer. Las finanzas públicas se habían petrolizado, agrega. "A inicios del presente siglo el fisco mexicano apenas podía captar 11 por ciento del PIB —la mitad de lo que se obtenía en otros países con el mismo nivel de desarrollo—, una auténtica reforma fiscal era una necesidad evidente, y había sido pospuesta desde los años sesenta. Sin embargo, la renuencia o debilidad política de los gobiernos del PRI y del PAN hizo que esa gran reforma se pospusiera una y otra vez. En esas condiciones, la salida fácil fue echar mano de Pemex como fuente de recursos, especialmente en épocas de precios altos", explica el académico.

---

[7] "Desmontan óleo de Benito Juárez", *El Universal*, 19 de diciembre de 2000.

Ninguna empresa del mundo podría resistir el peso fiscal que se impuso a la petrolera.

Meyer agrega:

> Pemex debió padecer una carga impositiva equivalente a tres veces la que soportaban el resto de las empresas petroleras en el mundo. En esas circunstancias, Pemex fue obligado a contratar deuda para cumplir con los requerimientos de la Secretaría de Hacienda, lo que explica que entre 1998 y 2005, la carga fiscal para Pemex equivaliera a 111 por ciento de sus utilidades y que su deuda acumulada superara los 100 mil millones de dólares. En suma, una de las causas del rezago tecnológico y de inversión de la mayor empresa paraestatal mexicana fue resultado de una política gubernamental que sistemáticamente la descapitalizó.

Al terminar la triada trágica de principios del siglo xxi —Fox, Calderón y Peña Nieto—, Petróleos Mexicanos ya era la empresa petrolera más endeudada del planeta, pero además era tan inviable que incluso recuperarla "no tenía sentido", en sus propios argumentos. Los viejos intereses que presionaron durante un siglo habían logrado convertir el orgullo nacional en un puñado de fierros sin valor aparente. La derecha tardó décadas, pero con Pemex se anotó su tan ansiada victoria cultural sobre la figura de un tótem de la izquierda: Lázaro Cárdenas.

UNA CARTA FUTURISTA

Regresemos a William Randolph Hearst, quien perdió su enorme rancho en México después de muerto, como reseña *Time* en su edición del 7 de septiembre de 1953. Un imperio enquistado en el corazón de Chihuahua durante la dictadura porfirista, intacto durante la Revolución y también con los gobiernos que emanaron de ella; que cruzó al izquierdista Cárdenas pero que sucumbió en la segunda mitad del siglo xx, cuando el gobierno de México así lo necesitó: como estaba ya instalado en su viaje hacia la derecha, un poco de nacionalismo revolucionario-izquierdoso, expresado en el reparto del latifundio, no le vino nada mal. Aunque costara 2 millones 500 mil dólares a los contribuyentes mexicanos.

La Historia es una pelota que pega en las paredes de la casualidad y la suerte, pero también en las murallas de la paciencia. En 1924 Hearst volvió a ejercer presión en Washington. Pedía una intervención armada contra México porque, argumentaba, la revuelta afectaba "los intereses estadounidenses" en el país. Los capitales estadounidenses y británicos querían, básicamente, un regreso a las reglas del porfirismo. Y además de Hearst, los empresarios más agresivos contra México eran los petroleros.

En 1917 los consorcios explotadores de hidrocarburos habían creado la Asociación de Productores de Petróleo en México (APPM) para enfrentar la nueva Constitución y en particular el artículo 27. Se compaginaron con los intereses del magnate de medios y pagaban campañas intensas en la prensa de Estados Unidos para ejercer presión en Washington, y fueron por más.

El amarillismo periodístico se hizo presente. La revista católica *The Nation* publicó un editorial acerca del tema "petróleo e intervención", en el cual señalaba como signo intervencionista la presencia de prominentes petroleros en París, con el propósito de presionar en las conferencias de Versalles; junto con los petroleros estadounidenses había representantes del grupo Morgan y de los petroleros ingleses. Al mismo tiempo, agregaba el editorialista de *The Nation*, se anunciaba el desembarco del general Aureliano Blanquet, quien se uniría a Félix Díaz [sobrino del dictador derrocado] con el objeto de restituir la Constitución de 1857, mientras don Venustiano Carranza era calificado como bolchevique.

Entre todos los oligarcas que presionaban a México sobresalía uno: Edward L. Doheny. Con ayuda del senador Albert B. Fall exigió al Departamento de Estado actuar "con energía" contra el país y hasta buscó financiar una revuelta de los estados del norte de México y la huasteca de Veracruz (donde estaban los principales pozos en explotación) para que "formaran una nueva república" que, claro, respondiera a los intereses estadounidenses y a los de él —faltaba más— en particular. No le funcionó. Entonces buscó a la academia: acudió a la Universidad de California para que le permitiera abrir una "fundación Doheny" y desde el mundo académico atacar a México con "estudios". Doheny no era un tipo fácil de doblar. Pegaba desde distintos ángulos porque no estaba dispuesto a dejar ir sus negocios mexicanos.

Es en este punto de la historia que reaparece otro personaje conocido, un inglés que era símbolo de las glorias del porfiriato: Weetman Dikinson Pearson, Lord Cowdray. Álvaro Matue dice que el nacimiento de la nueva Constitución mexicana coincide con que la dependencia de Inglaterra a los combustibles fósiles se había acrecentado por la Primera Guerra Mundial. "Se libraba tan cerca del Reino Unido que aumentaba la necesidad de contar puntualmente con los envíos del petróleo que, proveniente de México, explotaban El Águila, de lord Cowdray, y los campos de la Royal Dutch Shell; esta se estimaba la más grande del mundo, pues tenía propiedades en casi todas las regiones petrolíferas. Por lo que respecta a México, los ingleses poseían 20 por ciento del petróleo".

Pearson llevaba para entonces casi una década tratando de acomodarse a las condiciones cambiantes de México. Pero se había cansado. Intentó venderle sus negocios a Doheney, quien había sido su rival en el porfiriato, hasta que finalmente, en 1918, terminando la guerra, entregó El Águila a la Royal Dutch Shell Oil Company.

William Randolph Hearst, a su vez, llevaba varios años usando a los periodistas en su nómina y su red de medios para defender sus intereses en México y reclamar públicamente una intervención armada. Texto tras texto tras texto, portada tras portada tras portada. Y entonces le escribe al secretario de Estado, Robert Lansing. Y la respuesta, una carta futurista, llega en 1925:

Tenemos que abandonar la idea de poner en la presidencia mexicana a un ciudadano estadounidense, ya que eso conduciría otra vez a la guerra. La solución necesita de más tiempo: debemos abrirle a los jóvenes mexicanos ambiciosos las puertas de nuestras universidades y hacer el esfuerzo de educarlos en el modo de vida americano, en nuestros valores y en el respeto del liderazgo de Estados Unidos. México necesitará administradores competentes y con el tiempo, esos jóvenes llegarán a ocupar cargos importantes y eventualmente se adueñarán de la misma presidencia. Y sin necesidad de que Estados Unidos gaste un centavo o dispare un tiro, harán lo que queramos, y lo harán mejor y más radicalmente que lo que nosotros mismos podríamos haberlo hecho.

Lansing era un personaje muy influyente en la vida interna de Estados Unidos, manipulado por sus intereses y los intereses petroleros. Unos años más adelante se sabría. Enfrentaba a Woodrow Wilson, para quien sirvió como secretario de Estado entre 1915 y 1920, y solía irse por la libre y aprovechaba la mala salud del presidente para actuar por su cuenta. Hasta que lo despidieron.

Álvaro Matute revela una carta[8] que envía el presidente Wilson a Bainbridge Colby, secretario de Estado y sucesor de Lansing. El documento está fechado el 5 de noviembre de 1920. Dice:

> Después de lo que hemos puesto en los diarios acerca de México, estoy seguro que toda clase de intereses y de gente atraída por propiedades mexicanas y por cualquiera otra cosa mexicana, estará buscando entrar en el juego. Escribo, por tanto, para rogar (aunque me atrevo a decir que esto no es necesario) que el Departamento no las reciba y actúe con base en cualquier sugestión de cualquiera conectado con los intereses petroleros de allá. Estos son particularmente peligrosos y seguramente nos llevarán por mal camino si seguimos su consejo. Especialmente desconfío de *míster* Doheny, a quien se ha probado falsedad en tantos sentidos, que sería tonto confiarle en cualquier aspecto. Perdóneme si este aviso es superfluo. Ahora que viene una administración que tratará de trastornar todo lo que hemos hecho en México, me siento particularmente solícito por temor a que podamos preparar el camino para sus travesuras en cualquier forma.
>
> PD: Entiendo que Lansing es ahora abogado de Doheny. Cuídese de él, es por naturaleza y práctica una víbora en el césped.

[8] Álvaro Matute y Carmen Vázquez Mantecón, *Woodrow Wilson, los republicanos y México. Dos documentos, Estudios de Historia Moderna y Contemporánea de México*, México, UNAM-IIH, 1989.

Y la firma: Woodrow Wilson.

En efecto: Lansing, *víbora en el césped*, se iría a trabajar directamente con el magnate petrolero Doheny.

La respuesta de Lansing a Hearst tiene varios significados. El primero revela un plan de largo plazo para México: no volver a meterse por la fuerza sino ir presionando y a la vez convenciendo a nuevas generaciones de "las bondades" de ser aliados de Estados Unidos. Eso se cumple a cabalidad y tiene su momento cúspide en el neoliberalismo, en 1982. Lo segundo, más inmediato, es que había un sector en Washington que estaba resuelto a recurrir y apoyar causes legales para resolver disputas económicas y comerciales con los gobiernos mexicanos.

Los petroleros, de hecho, ganan tiempo. Dos décadas. Hasta Lázaro Cárdenas, cuando vuelven a presionar a Washington. Esta vez será un duelo a muerte, cuerpo a cuerpo y sin trincheras. En 1938, cuando el general expropia la industria, los petroleros reúnen todos los recursos disponibles y disparan una campaña en los medios de Estados Unidos y Gran Bretaña para

> a) demostrar que la decisión del gobierno mexicano era contraria al interés nacional de Estados Unidos, por el precedente que sentaba y por formar parte de un complot internacional de carácter fascista o comunista, según el caso; b) propagar la imagen de un México gobernado por una camarilla de ladrones en donde ninguna propiedad extranjera estaba a salvo de confiscación y que a la larga serían tomadas por el Estado (la industria minera sería el próximo objetivo); asimismo, poner de relieve que Cárdenas y sus colaboradores estaban arruinando la economía mexicana.[9]

Cuando les queda claro, otra vez, que Washington no intervendrá México con las armas para defender sus intereses, los petroleros contrataron

> al exitoso publicista Steve Hanngan para dirigir la campaña; esta persona se había distinguido por haber ideado la propaganda para convertir a Florida en un centro turístico. El centro informativo

---

[9] Lorenzo Meyer, *Las raíces del nacionalismo petrolero en México*, *op. cit.*

fue instalado en el Rockefeller Center de Nueva York y tenía la misión de dar una "orientación adecuada" a las noticias relacionadas con la controversia petrolera. Este centro publicó por varios años una hoja quincenal llamada *Looking at México* que reproducía todas las noticias aparecidas en la prensa estadunidense o extranjera que comentaban el problema petrolero con México desde un punto de vista favorable a sus intereses; la hoja se distribuía gratuitamente. Eso no era todo, agentes de las empresas se entrevistaron con los directores de los grandes diarios estadunidenses para convencerlos de tomar su partido en la campaña contra Cárdenas; la prensa de todo el país publicaba constantemente artículos escritos por ellos. Como parte de este esfuerzo también se organizaron conferencias en foros influyentes.

La campaña contra Cárdenas fue acogida por *The New York Times*, *The Washington Post*, *The Wall Street Journal* y *Foreign Affairs*, entre otros muchos medios. Meyer dice que la cadena de diarios de Randolph Hearst "se singularizó por lo virulento y constante de sus ataques a México". En general, cuenta el historiador, "la posición de las empresas petroleras encontró una acogida favorable entre los *business groups*, que desde 1934 habían visto con gran recelo el nuevo 'radicalismo mexicano', y por parte de la jerarquía católica, aún resentida por la lucha cristera, que se sumó al coro de quienes pedían a [Theodore] Roosevelt mano de hierro en el trato con México".

Lo que congeló la actitud belicista de los petroleros fue la Segunda Guerra Mundial. Como había pasado durante la Primera Guerra, Estados Unidos no quiso abrir un frente en el sur mientras peleaba en Europa. Era un cálculo que había hecho el presidente Cárdenas, según sus propias memorias. Pero se amarra las manos en la sucesión, como puede leerse en *Izquierda*: no puede impulsar como candidato a su amigo Francisco J. Múgica, combatiente de la Revolución de 1910, socialista casado con las causas obreras y campesinas.

Arnaldo Córdova razona en *La ideología de la Revolución Mexicana. La formación del nuevo régimen*:

De ningún modo se podría negar que los inversionistas extranjeros en México lo que querían era que el gobierno mexicano reconociera para ellos y sus propiedades en el país un verdadero régimen de excepción y de privilegio; pero hay suficientes razones para pensar que el gobierno de los Estados Unidos, a través de su secretario de Estado y de su embajador en México, James R. Sheffield, principalmente, tendió siempre a extremar la situación, en la pretensión absurda de que los revolucionarios mexicanos reconocieran sin reserva alguna y aun a costa de la soberanía de México aquellos privilegios. La mayoría de las compañías europeas solicitaron y obtuvieron en el término señalado por la Ley del Petróleo concesiones para sus explotaciones, pero el virtual liderazgo que ejercía en la Asociación de Productores de Petróleo la Mexican Petroleum Corporation, de Doheny, a cuyos intereses respondían el embajador y el secretario de Estado, decidía en los hechos la política norteamericana para con México.[10]

La intensa disputa de México contra los petroleros duró poco más de medio siglo. La Compañía Mexicana de Petróleo El Águila, S. A., de Pearson, fue liquidada hasta 1963, pero su dueño hizo una fortuna formidable antes de cerrar la puerta que le había abierto, en persona, Porfirio Díaz. La expansión de su imperio empresarial se dio aquí, en México, y con dinero que obtuvo de suelos mexicanos fundó un imperio mediático mundial que funciona hasta nuestros días: Pearson PLC. Y "como resultado de la cantidad de tiempo que pasó en México y como reflejo de la importancia de sus empresas mexicanas, en la Cámara de los Comunes británica se conocía a Pearson como el 'diputado por México'", cuenta Paul Garner[11] en *Leones británicos y águilas mexicanas*.

A la postre, muchos de los actores enfrentados en esta historia resultan ampliamente recompensados, menos los mexicanos de a pie.

Andrés Manuel López Obrador escribe en *Neoporfirismo. Hoy como ayer*:

---

[10] Arnaldo Córdova, *La ideología de la Revolución Mexicana. La formación del nuevo régimen*, México, Ediciones Era, 1973.

[11] Paul H. Garner, *Leones británicos y águilas mexicanas. Negocios, política e imperio en la carrera de Weetman Pearson en México, 1889-1919*, México, FCE, 2011.

Claro está que toda esta operación de despojo trata de justificarse con la consabida retórica de promover la llegada de la inversión extranjera para reactivar la economía, crear empleos y procurar el bienestar de los mexicanos. Es la misma mentira del progreso utilizada durante el porfiriato para entregar a particulares nacionales y, sobre todo, a extranjeros, las tierras, las aguas, los bosques, las riquezas mineras y el petróleo, al precio del sometimiento, la pobreza, la cancelación de las libertades, los derechos políticos y la soberanía. En otras palabras, aun cuando este modelo económico se ha venido implementando en otros países del mundo con los mismos desastrosos resultados, para nosotros el llamado neoliberalismo no es más que neoporfirismo. Por eso indigna que los promotores de este retroceso, con la desfachatez que los caracteriza, desde el principio hasta la actualidad, hablen de que se trata de lo nuevo, de la modernidad, cuando en realidad es volver a una de las épocas más siniestras de la historia de México. Toda su estrategia consiste en regresarnos al pasado para quitarnos el futuro.[12]

Al fin y al cabo, la expropiación petrolera se impuso. Pero fue, visto en el tiempo, un triunfo pírrico, "algo más que el inicio de una nueva era en las relaciones entre los dos países vecinos", escribe Lorenzo Meyer.

Algunos observadores consideraron que esta solución marcaba el principio de una forma diferente de relación entre las naciones fuertes y las débiles, pues se había demostrado que estas últimas podían enfrentarse a los grandes consorcios internacionales sin temor a un ataque armado. Sin embargo, la realidad de la posguerra habría de demostrar que la significación de la nacionalización mexicana era mucho más modesta: fue sólo uno de los primeros casos que pusieron de manifiesto que el imperialismo de viejo estilo [...] estaba en proceso de transformación.

El historiador dice que si bien el capital del exterior "dejó de controlar los sectores clave del sistema económico, que a partir de entonces

---

[12] Andrés Manuel López Obrador, *Neoporfirismo. Hoy como ayer*, México, Grijalbo, 2014.

pasaron de la explotación de materias primas para la exportación a la producción de bienes de consumo para el mercado interno", en las dos décadas posteriores a la expropiación "la nueva burguesía nacional y el Estado controlaron en lo fundamental el sistema de producción".

Meyer concluye:

> Pero poco a poco resurgió la situación de dependencia, cuando los sectores estratégicos del complejo industrial mexicano —en el marco de la globalización y el neoliberalismo— fueron ocupados por empresas transnacionales, dueñas de la tecnología y de los recursos necesarios para llevar adelante el tipo de industrialización elegido por México durante la Segunda Guerra Mundial. Así, pues, la lucha por el petróleo no fue el principio del fin de la dependencia sino, aparentemente, un momento de transición hacia una nueva etapa en el desarrollo subordinado del país.

EL RÉGIMEN APRIETA EL PUÑO

Las batallas del henriquismo, con Miguel Henríquez Guzmán en el centro, anuncian el México por venir. Primero, la creciente intolerancia al pensamiento distinto y la sórdida operación para aparentar una democracia funcional; segundo, la presión constante contra individuos y organizaciones que parecieran "demasiado de izquierda" a los ojos del sistema, y tercero, vinculado a lo anterior, el peso de Estados Unidos en la derechización del gobierno mexicano, aplaudiendo y promoviendo las ideologías afines y persiguiendo cualquier manifestación contraria a sus intereses. Es notorio que, con 36 años de diferencia, Miguel Henríquez Guzmán (en 1952) y Cuauhtémoc Cárdenas Solórzano (en 1988) enfrentaran los mismos obstáculos y las mismas inercias, y fueran víctimas de una misma operación de Estado para romperles la voluntad.

El tiempo en el que el sistema político mexicano endurece coincide con un mayor acercamiento entre México y Estados Unidos. Dos eventos mayores —*grosso modo*— allanaron el camino para que el entendimiento entre ambos países se reforzara desde finales de 1940 y principios de 1950. Primero, que el rumbo que había tomado la Revolución mexicana satisfacía, en lo general, a Washington, y segundo, que los presidentes posteriores a Cárdenas estuvieron de acuerdo en echar para atrás, con cuidado pero sin perder el objetivo, las políticas que encaminaban al país hacia el socialismo. En este punto de la Historia se inicia la contrarrevolución. Y recibe un fuerte impulso desde el extranjero.

Todos los conflictos que se acentuaron con la caída de Porfirio Díaz se empezaron destrabar con gran facilidad apenas dejó Cárdenas la presidencia. Los funcionarios de ambos países se reunían frecuentemente y resolvieron en tiempo récord problemas comunes —como los reclamos sobre caudales y ríos limítrofes—, con acuerdos generosos para las partes, mientras que trabajadores mexicanos eran aceptados en Estados Unidos de manera legal durante la Segunda Guerra Mundial, como escribe la académica, periodista y diplomática Olga Pellicer de Brody en *Historia de la Revolución Mexicana*, obra mayor en varios capítulos (puede depender de la edición) que coordinó Daniel Cosío Villegas en la década de 1950 junto con un grupo de historiadores, y que años después retomó El Colegio de México y presentó en ocho volúmenes.[13]

Pellicer de Brody escribe:

> La buena vecindad era el resultado de la colaboración establecida entre ambos países durante los años de la guerra y de las transformaciones operadas en la vida interna de México desde comienzos de los años cuarenta. En efecto, la guerra proporcionó el ambiente necesario para que el gobierno de Estados Unidos buscara una rápida solución a los conflictos resultantes de la expropiación petrolera, se iniciara un programa de colaboración económica entre ambos países, y se popularizara la idea de la hermandad panamericana. Pero no fueron estos los únicos motivos para el establecimiento de una sólida amistad mexicano-norteamericana; fue también necesaria la rectificación de la política cardenista, iniciada con [Manuel] Ávila Camacho y confirmada por [Miguel] Alemán, como resultado de la cual se frenó en México el proceso de reparto de tierra y organización

---

[13] Olga Pellicer de Brody, *Historia de la Revolución Mexicana. 1952-1960. Volumen 8. Las relaciones exteriores*, México, El Colegio de México, edición digitalizada en 2015.

colectiva de los ejidos, se excluyó de las organizaciones obreras a los elementos más definidos de la izquierda, y desaparecieron del vocabulario oficial las alusiones a la educación socialista o a la democracia de los trabajadores. Tales rectificaciones contribuyeron a armonizar los intereses de México y de Estados Unidos; fueron un factor que, indirectamente, propició la era de cordialidad que habría de encontrarse consolidada a comienzos de los años cincuenta.

El viraje del barco mexicano hacia la derecha después de Cárdenas y hasta la frontera entre los siglos XX y XXI provocó que muchos devolvieran el estómago o, de plano, se cayeran por la borda. Entre 1940 y 1988 hubo varios intentos dentro del oficialismo por retomar el rumbo de la Revolución, pero el "Estado profundo" aprendió rápido a ejercer controles y sancionar a quienes se fueran por la libre. Aunque el gobierno seguía apoyando en apariencia un pacto obrero-campesino-popular de izquierda, ese "empoderamiento" falso de las clases mayoritarias servía como fachada para distraer de los amarres finos de una derecha mucho más hábil y discreta que cosechó los beneficios del control corporativista. Así, la Revolución se institucionalizaba o, más bien, se ponía a las órdenes de una nueva élite bien organizada y nada dispersa en sus objetivos.

Por eso la formación de la Federación de Partidos del Pueblo (FPP) para postular en 1952 al general Miguel Henríquez Guzmán como candidato a la presidencia de la República causó escozor dentro del sistema. Era una fuerza formada con desprendimientos del oficialismo y grupos políticos disidentes. El henriquismo fue señalado de inmediato como una anomalía y no se le reconoció como una expresión válida y distinta dentro de una pretendida democracia.

Para enfrentar el florecimiento del henriquismo, el sistema político había creado anteriormente una de sus mayores herramientas de control de la doctrina: el centro. El mismo Lázaro Cárdenas había participado en su formación —quizá de manera involuntaria o porque lo consideraba un mal menor— para enfrentarse a Juan Andreu Almazán, quien había consolidado apoyo dentro del conservadurismo. La izquierda del oficialismo, representada por Francisco J. Múgica, y la derecha (también oficialista) del general Rafael Sánchez Tapia, aceptaron renunciar a sus ambiciones para dejar a alguien de centro, Ávila Camacho, en la candidatura presidencial. Cárdenas comprendía entonces que para defender la expropiación petrolera, que afectaba intereses poderosos, tendría que pagar con la sucesión presidencial. El centro representado por Ávila Camacho se impuso en 1940 y muy pronto se movió más a la derecha. Seis años después, en 1946, Miguel Alemán ratificaría una doctrina centrista que se entendía con los oligarcas y que, disfrazada de políticas "populares", aparentaba responder a las inquietudes de las mayorías.

Para las elecciones de 1952 Francisco J. Múgica comprende que el gobierno se ha movido hacia la derecha y ayuda en la fundación del Partido Constitucionalista Mexicano, que impulsa a Henríquez.

José Luis Reyna y Esteban L. Mancilla cuentan en *Historia de la Revolución Mexicana. 1952-1960*:

El deseo de Henríquez Guzmán por competir por la presidencia vino de la resistencia miembros de la familia revolucionaria por su exclusión del ejercicio directo del poder durante los años de Alemán, en el malestar que provocaron entre antiguos colaboradores del general Cárdenas las rectificaciones en materia política y económica hechas a lo largo de los años cuarenta y en el descontento difuso de las masas por el deterioro que venían sufriendo en su nivel de vida. En la sucesión presidencial de 1946, Henríquez Guzmán fue considerado como uno de los posibles candidatos del PRI a la Presidencia del país […] La elección de Miguel Alemán, primer civil que ocupaba la Presidencia de la República, y la formación posterior de un gabinete dominado por jóvenes universitarios, no podía dejar de molestar a los viejos generales que esperaban su turno para ocupar altos puestos en la administración. A su descontento se unió el de los antiguos colaboradores de Cárdenas, que veían alarmados el giro de 180 grados que se había dado en materia agraria: el retiro sistemático de recursos de las zonas ejidales y, en contrapartida, la entrega de las tierras irrigadas en el norte del país a nuevos latifundistas cuyos intereses estaban firmemente entrelazados con los de altos dirigentes gubernamentales.[14]

---

[14] Álvaro Matute, *Historia de la Revolución Mexicana. 1917-1924. Volumen 3*, *op. cit.*

Las expresiones de descontento por la derechización del país, tanto en tiempos de Henríquez como en los de Cuauhtémoc Cárdenas (con diferencia de 36 años entre uno y otro), vinieron desde adentro del oficialismo. Henríquez se vio en el mismo dilema que Cuauhtémoc: ambos querían mantenerse dentro de las filas del PRI y generar un movimiento robusto que les permitiera aspirar a la candidatura presidencial, pero el "Estado profundo" no se los permitió porque —y nada es casualidad—, además de los "inconvenientes" de no tener control sobre la sucesión, ambos se definían en la izquierda. Henríquez, como Cárdenas, tuvieron que abandonar el partido oficial y reunir a todas las fuerzas marginales en un solo frente opositor.

Para Henríquez era importante que Lázaro Cárdenas lo acompañara en su candidatura. "Se sabía que Henríquez le había visitado y que había mantenido largas charlas con él cuando la FPP era sólo un proyecto; se sabía también que personas muy cercanas al general, como su esposa doña Amalia Solórzano y su hijo Cuauhtémoc, participaban con gran entusiasmo en las organizaciones henriquistas. Sin embargo, la experiencia habría de demostrar que la FPP contó con la benevolencia, pero no con la franca simpatía, del divisionario michoacano", dicen José Luis Reyna y Esteban L. Mancilla.

Cuauhtémoc Cárdenas[15] cuenta que su padre, sin embargo, fue cuidadoso. Era un hombre del sistema y había hecho sacrificios personales y de grupo para no someter a presión lo que él mismo había ayudado a construir.

Cárdenas hijo cuenta:

En 1951 se formalizaron las candidaturas. El general Henríquez anunció el 8 de enero que aceptaría la candidatura presidencial, no quedando claro en ese momento si sería la del Partido Revolucionario Institucional o de la Federación de Partidos del Pueblo Mexicano, que se encontraba desde meses atrás en un intenso proceso para reorganizarse; finalmente fue esta la que postuló al general Henríquez como su candidato a presidente el 29 de julio. El 13 de octubre, el PRI presentó a Adolfo Ruiz Cortines como

---

[15] Cuauhtémoc Cárdenas, *Cárdenas por Cárdenas*, México, Debate, 2016.

su candidato. Siguieron en noviembre las del general Cándido Aguilar por el Partido Revolucionario y de Efraín González Luna por Acción Nacional y, finalmente, el 15 de diciembre el Partido Popular designó candidato en su convención a Vicente Lombardo Toledano. Definidas las candidaturas en los diferentes partidos, amigos y ex colaboradores de Cárdenas tomaron posiciones de respaldo a los contendientes.

Lázaro Cárdenas, naturalmente, seguía su propio juego. En sus apuntes cuenta que el general Miguel Henríquez lo visitó en marzo de 1951 y "me hizo conocer su decisión de participar en la próxima campaña política como candidato a la Presidencia de la República y al preguntarme mi opinión, le manifesté que a la representación nacional sólo se llega por uno de dos caminos, por voluntad unánime del pueblo a tal grado que el gobierno se vea obligado a reconocer el triunfo o cuando el gobierno simpatiza con la candidatura en juego y siempre que no haya oposición mayoritaria". Henríquez le dijo que "el pueblo respondería arrolladoramente ante su candidatura" por el descontento que había en el país y sobre todo en el campo, donde los campesinos "se consideran afectados por la actitud del gobierno, que venía creando nuevos latifundios y concediendo granjerías y monopolios a grupos 'amigos'".

"Le amplié mi opinión en el sentido de que antes de comprometerse en una lucha que podía ser desigual, analizara serenamente la situación en general", dice Lázaro Cárdenas en sus memorias. "Poco después partidarios de él lanzaban su candidatura, que él aceptó públicamente".

Ya como candidato, Miguel Henríquez sigue frecuentando al general, y aunque "siempre encontró en mí al amigo, al compañero de armas", Cárdenas decide, en algún punto, no darle su apoyo directo. "Jamás recibió de mí promesas de que participaría yo en su campaña, ni llegué a estimular a ningún elemento para que se sumara a su candidatura. Amigos míos y colaboradores del gobierno que presidí fueron unos con el general Henríquez, otros con el PRI que lanzó la candidatura del señor Adolfo Ruiz Cortines, con el Partido Popular que postuló al licenciado Lombardo Toledano y otros con el general Cándido Aguilar, que retiró su candidatura".

La respuesta del régimen al henriquismo fue brutal. Utilizó todas las herramientas posibles para cauterizar el tumor dentro del cuerpo de la "familia revolucionaria", como lo hará con Cuauhtémoc Cárdenas en 1988. Primero, le aplica un fraude electoral. Se le reconocen 579 mil 745 votos contra los 2 millones 713 mil 745 que obtiene Ruiz Cortines, según el aparato electoral que está, pues sí, en manos del gobierno. (Aun así supera dos a uno al PAN, que se lleva 285 mil 555 votos). El general Henríquez se moviliza. Llama a un mitin en la capital mexicana para denunciar el fraude y el Estado responde con represión: le manda policías y granaderos. Hay varios muertos, decenas de heridos y 500 detenidos. Al mismo tiempo, desde la administración alemanista se hace contacto con figuras destacadas entre los rebeldes, como César Martino, Antonio Ríos Zertuche o Marcelino García Barragán, a quienes reincorpora en puestos públicos. Y luego viene el asalto al cuartel de Ciudad Delicias, Chihuahua, en enero de 1954, cuando supuestos grupos henriquistas "atacan a militares" en reacción con el fraude electoral. Y después, el 5 de febrero de 1954, el Partido Constitucionalista —aliado de Henríquez— convoca a una marcha que termina en zafarrancho. El gobierno saca de allí motivos para cancelar el registro de la Federación de Partidos del Pueblo.

A partir de 1952, con Adolfo Ruiz Cortines en la silla presidencial y confirmada la derrota del henriquismo, viene un nuevo apretón de tuercas. El régimen recurre a una bien ensayada "coreografía socialista"; los desfiles y actos de apoyo de los obreros y campesinos sindicalizados se vuelven más frecuentes; los encuentros con legisladores y gobernadores se ejecutan a la primera provocación y el culto al presidencialismo se vuelve protocolo. La clase trabajadora paga el control salarial y los ajustes económicos, pero parece más unida que nunca al presidente.

José Luis Reyna y Esteban L. Mancilla cuentan:

Las organizaciones obreras más importantes del país estaban sometidas a la política gubernamental, a pesar de que esta había incluido una contención de salarios que venía afectando el poder de compra de los obreros desde 1940. Sin embargo, la estructura de las organizaciones obreras, y la necesidad constante de legitimar a sus líderes, hacía que el manejo de los grupos proletarios fuera mucho más complejo que, por ejemplo, el de los campesinos integrados a la CNC. De ahí que, desde 1952, puedan observarse dos vías de acción del movimiento obrero: la primera destinada a unificar, y por ende a hacer más controlables, todas las confederaciones obreras del país; la segunda, dirigida a mantener vivo un vocabulario reivindicativo, ampliamente difundido por la prensa, y que da la impresión, a cualquier observador desprevenido, de encontrarse en un país de fuertes luchas proletarias.

La derrota del henriquismo, sin embargo, deja una advertencia (y agruras) en la clase política nacional. Queda claro que cuando el gobierno priista siente pasos en la azotea es capaz de aplastar a un individuo o un movimiento o a un partido político porque tiene en sus manos las reglas del juego: los órganos electorales dependen de la Secretaría de Gobernación, es decir, de él mismo. Y el aparato oficial demuestra que ha desarrollado una enorme capacidad para mantenerse en el poder comprando opositores (los henriquistas reincorporados a puestos en la administración política) o a todo aquel que muestre descontento, incluso desde adentro, por el nuevo rumbo del país, que definitivamente se ha alejado de los principios de la Revolución y ha abandonado el compromiso social que adquirieron sus precursores.

Además, el régimen cambia los guantes por las pinzas para tratar a las disidencias que tengan cualquier sabor izquierdista. En la década de 1950, en un mundo ya dividido por la Guerra Fría, la izquierda es acosada desde el gobierno y desde la prensa; desde los núcleos satelitales de poder —como el empresarial— e incluso desde la embajada de Estados Unidos. No hay tolerancia para expresiones que alteren el rumbo que lleva el país. Los medios de comunicación son utilizados para perseguir a quienes plantean una idea distinta a la del "Estado profundo". El Partido Comunista Mexicano, por ejemplo, apoya la candidatura de Miguel Alemán Valdés en 1946 pero luego, en 1951, se le retira el registro por supuestas violaciones a la incipiente ley electoral. Se une al henriquismo en su demanda de elecciones libres, pero ya es una fuerza oficialmente proscrita, en la clandestinidad, que participa en el movimiento ferrocarrilero que entre 1958 y 1959 encabezan Valentín Campa y Demetrio Vallejo y que, en 1958, vuelve a visibilizarse con la revuelta del Movimiento Revolucionario del Magisterio que dirige Othón Salazar.

México ya está en manos de una derecha dura, radical. Adolfo López Mateos se presume públicamente de izquierda y persigue a los disidentes, muchos de los cuales mueren presos o en condiciones poco claras. El mismo Salazar es detenido, torturado y acusado de recibir dinero de la Unión Soviética, y un destino simular tuvieron Campa y Vallejo, quienes pasaron largos periodos presos. La huella de Washington en las decisiones del gobierno es cada vez más clara.

Cuauhtémoc Cárdenas cuenta cómo la sociedad de la década de 1950 siente la presión de un régimen afín a Estados Unidos y abiertamente cargado a la derecha. Hasta su padre, el venerado general Lázaro Cárdenas, vive bajo constante acoso a pesar de que nunca deja de colaborar con los gobiernos que vinieron después de su presidencia. Cuenta:

> Con el inicio de la década de los años 1950, inicia también el macartismo en Estados Unidos. La persecución que el senador Joseph McCarthy logra montar desde el Senado hacia todo aquel al que se acusaba de comunista o de simpatizar con el comunismo, instaurándose la época de la llamada Guerra Fría, en lo interno y en la política internacional norteamericana. La campaña persecutoria no quedó limitada al vecino del norte. Al cobrar fuerza interna, se extendió a Latinoamérica, donde, instigados por el Departamento de Estado y organismos de espionaje del gobierno norteamericano como la CIA, se rigidizan los sistemas políticos y tiene lugar, entre otros, el golpe de Estado contra el gobierno de Jacobo Arbenz, en Guatemala, cuyas políticas reivindicatorias habían venido afectando a los sectores más conservadores y, en particular con la reforma agraria, a las plantaciones bananeras y los fuertes intereses de la United Fruit Company.

Cárdenas hijo agrega:

> La dictadura del general Jorge Ubico, que inicia en 1931, concluye con su renuncia a la presidencia el 1 de julio de 1944, provocada, como gota que derrama el vaso, por el cansancio del dictador

y las protestas y marchas de profesores y de universitarios. Lo sustituye el efímero gobierno del general Federico Ponce, quien es derrocado por la Revolución de Octubre poco tiempo después de su asunción, dando así paso a los gobiernos democráticos de Juan José Arévalo y Jacobo Arbenz. Ambos son objeto de ataques por los intereses que afecta la Revolución Guatemalteca, encabezados por la United Fruit Company, uno de cuyos abogados había sido, hasta antes de ser designado secretario de Estado del gobierno de Eisenhower en 1953, John Foster Dulles.

El general Henríquez, que estaba prácticamente desaparecido después de que el gobierno lo había derrotado, reaparece en ese momento y publica una carta en el periódico *El Universal* en la que niega tener contacto con Lázaro Cárdenas. "No soy comunista", grita. Se interpreta, de inmediato, como una claudicación. "Como diciendo al Departamento de Estado: 'si hace falta una cabeza para combatir el comunismo en México, aquí estoy yo'", dice Cuauhtémoc en *Cárdenas por Cárdenas*, libro de 2016.

Lázaro Cárdenas apunta para sus memorias en 1954:

Sus declaraciones no son una novedad. Es una clarinada en momentos en los que los espíritus entreguistas critican toda manifestación de solidaridad al gobierno y pueblo de Guatemala, agredidos en su soberanía por la intromisión del gobierno norteamericano. Y fue al calor de la agresión a un gobierno constitucional y revolucionario, que se le ocurrió al general Henríquez declarar su "anticomunismo". La campaña contra Guatemala y los mexicanos defensores de la soberanía de los pueblos, se hizo más intensa con la cínica actividad política de la Embajada norteamericana, que inventó ver "comunismo" por todas partes. A esta campaña se sumó el licenciado Antonio Espinosa de los Monteros, figura principal del henriquismo, que con sus artículos publicados en *El Universal* y otros periódicos quiso halagar al gobierno vecino del norte. ¡Triste y estéril tarea la de herir a su propia nacionalidad!

Pero "la andanada macartista" contra el expresidente no termina allí, dice Cuauhtémoc Cárdenas:

El 13 de julio [de 1954] falleció Frida Kahlo, la gran artista plástica, que fue velada en el Palacio de Bellas Artes y su féretro estuvo cubierto por un estandarte del Partido Comunista, del que era miembro. Entre quienes hicieron guardia para rendir homenaje a Frida en Bellas Artes y después fueron parte del cortejo para conducirla al Panteón Dolores, se encontró Lázaro Cárdenas. El que hubieran aparecido los símbolos del Partido Comunista dentro de Bellas Artes, recinto gubernamental, y la presencia de Cárdenas fueron motivo de fuertes ataques de la prensa reaccionaria, que tuvieron, entre otras consecuencias, el cese del director del Instituto Nacional de Bellas Artes, el escritor Andrés Iduarte.

El general Cárdenas escribe en sus notas:

> El 16 de julio de 1954 fue cesado Andrés Iduarte de su puesto de director de Bellas Artes, por haber permitido se velara en el recinto del teatro el cadáver de la artista Frida Kahlo, esposa de Diego Rivera, teniendo sobre su féretro la bandera del Partido Comunista, al que ella pertenecía. Al césarsele, la prensa especuló escandalosamente sobre el hecho, recalcando mi presencia en Bellas Artes y en el sepelio. Para entonces ya se habían sucedido ataques por mi mensaje de simpatía al gobierno de Guatemala, que venía siendo agredido en su soberanía; ataques que provenían de varios grupos políticos, entre ellos el llamado anticomunista de Prieto Laurens, alentado por la Embajada norteamericana y por las complacencias de las dependencias oficiales que ayudaron con recursos al congreso anticomunista, como lo hizo Gobernación. La embajada creía ver "comunismo" en todos los actos de personas o agrupaciones que no se prestaban a la guerra de nervios "anticomunista", que intencionalmente venían creando.

Cárdenas busca al presidente Adolfo Ruiz Cortines, quien lo recibe en Los Pinos. "Es conveniente —le expresé— retirarme [de su encargo público en la Comisión del Río Balsas] para que no moleste a usted y a su gobierno. Mi mensaje a Guatemala y mi presencia en el sepelio de la esposa de Diego Rivera, no son actos lesivos ni al gobierno ni al país; sin embargo, enemigos de la Revolución y enemigos de México y del gobierno revolucionario que usted preside, están bordando una campaña que tiene más hondas raíces, dirigida por ambiciones bastardas de gentes conocidas", declara el general.

Cárdenas del Río no reconoce en el acto que el hombre que tiene frente a él, Ruiz Cortines, no es revolucionario ni tiene un gobierno revolucionario: es parte de esa camarilla de presidentes identificados por el luchador social Valentín Campa como "los cachorros de la Revolución", individuos que empujaron México al momento de 1968 en el que la clase política es capaz de aplaudir al homicida Gustavo Díaz Ordaz por ordenar al Ejército que reprimiera, secuestrara, torturara y/o asesinara a otros mexicanos que reclamaban, simplemente, una mayor apertura democrática.

La deriva autoritaria contra la movilización social, obrera y campesina iría en aumento en las siguientes décadas. Después del episodio de Cárdenas, acosado por ir a Bellas Artes a despedir a Frida Kahlo, vino la presión de 1958 y 1959 contra líderes y más de 60 mil miembros del sindicato ferrocarrilero, al tiempo que se aplicaba mano dura contra maestros, petroleros, telefonistas, estudiantes y electricistas. El gobierno y los empresarios, con ayuda de la prensa, impulsaban la industrialización del país a costa de los salarios de los trabajadores y la vida, antes del establecimiento del modelo económico conocido como "desarrollo estabilizador", se volvió cada vez más difícil. "Se podría alegar que el monopolio del poder político, en alguna forma, se encontraba reblandecido porque coexistían un Presidente que salía [Ruiz Cortines] —con la consiguiente pérdida de poder y de control— y otro [López Mateos] que todavía no entraba y no podía asumir ni el control ni el poder que el Estado le confiere al Presidente en funciones. Desde otro punto de vista, resalta el deterioro progresivo que habían experimentado los salarios y las prestaciones en general que recibía la clase trabajadora", recuerdan José Luis Reyna y Esteban L. Mancilla en *Historia de la Revolución Mexicana*.

Los ferrocarrileros, encabezados por Demetrio Vallejo, protagonizaron una huelga nacional que puso en aprietos al gobierno. La respuesta fue, después de la cerrazón, el uso de la fuerza: Ejército y policía federal encarcelaron a cientos de obreros y dirigentes por exigir libertad sindical, respeto al derecho de huelga, el fin de la corrupción y aumento salarial. La Procuraduría procesó a la mayoría mientras los periódicos los acusaban de vandalismo y de ser parte del Partido Comunista. Al tiempo que Vallejo y otros dirigentes obreros eran calificados de "vulgares agitadores", la presidencia echaba mano de uno de sus hombres más importantes en la corrupción (e institucionalización) del movimiento obrero: Fidel Velázquez. "Con la derrota de los ferrocarrileros volvió la calma a los otros sindicatos y a los grupos obreros. Se había sofocado toda acción independiente obrera. La 'disciplina' de la clase, perdida durante varios meses, se hacía nuevamente presente y, con ella, la confianza para invertir. Un comentarista norteamericano escribía que desde que se había terminado el conflicto ferrocarrilero la moneda mexicana se había fortalecido notablemente. Empezaba la época del 'Desarrollo Estabilizador'", dicen Reyna y Mancilla.

Entre 1962, cuando el Ejército asesina al dirigente social Rubén Jaramillo, y 1968, con la masacre estudiantil, el sistema político mexicano se afianza al tiempo que reprime a todos los movimientos que intentan oponerse a su modelo económico.

Los autores agregan:

De esta manera, el decapitamiento del movimiento ferrocarrilero y la drástica sentencia impuesta a sus líderes, junto a la aniquilación de la directiva de la sección IX del magisterio, fueron el comienzo de lo que, con el tiempo, habría de convertirse en norma: extirpar todo peligro de movilización desde su misma raíz. De esta manera, la recuperación de salarios unida al fortalecimiento de los líderes fueron los dos instrumentos clave para asegurar la estabilidad política del sistema: se legitimaba la desigualdad en vista de que el éxito del Desarrollo Estabilizador había sido la multiplicación —por n veces— de la ganancia capitalista. Si en el terreno de la política laboral la administración de López Mateos marcó nuevos senderos, otro tanto puede decirse de su política en materia agraria. Por lo demás, no había otra alternativa. Habían pasado 18 años de descuido agrario en cuanto a redistribución de tierras. Se había fortalecido y más que respetado, en cambio, la propiedad privada del campo.

Más adelante, en ese mismo ensayo, cuentan cómo el asesinato de Jaramillo se vuelve ejemplo del nuevo régimen represor. "Tenían que apretarse todos los tornillos del sistema. No se podían dejar cabos sueltos, y esto dentro de la retórica oficial que proclamaba a los campesinos la 'clase predilecta del régimen'. La política sobre los sectores populares resultó ser así el elemento fundamental de la estabilidad política a partir de 1960. Sus elementos distintivos fueron: o 'se negociaba o se reprimía', pero 'no se toleraba'".

El mismo general Cárdenas se enfrentará, más adelante, a distintos modos de presión. Se le acusa de ser parte de una conspiración soviética "contra México" que quería derrocar al gobierno. "Lo sucedido en 1968 fue efecto de una conjura de 'judas, desleales y traidores a México' que involucró lo mismo a políticos mexicanos priístas y comunistas que a estadunidenses, cubanos y soviéticos, según la versión del general Luis Gutiérrez Oropeza, jefe del Estado Mayor Presidencial en el sexenio de Gustavo Díaz Ordaz, y quien es señalado como uno de los principales responsables de la matanza del 2 de octubre", cuenta Gustavo Castillo en el diario *La Jornada* el 22 de abril de 2023. El periodista localiza dentro del Archivo General de la Nación una copia de los dos libros del general señalado como operador de la matanza estudiantil.[16]

"Para él —agrega el periodista—, esa conjura fue impulsada por el general Lázaro Cárdenas al apoyar a los estudiantes y resguardar en su casa a opositores al régimen como Heberto Castillo, o bien al apoyar el surgimiento de organizaciones sociales como el Movimiento

---

[16] Gustavo Castillo, "Gutiérrez Oropeza y su justificación del 68", *La Jornada*, 22 de abril de 2003. "Así lo narra Luis Gutiérrez Oropeza, jefe del Estado Mayor Presidencial (EMP) de 1964 a 1970, en sus libros *Gustavo Díaz Ordaz. El hombre. El político. El gobernante* (marzo 1986) y *La realidad de los acontecimientos de 1968* (abril 1996), que constituyen la auténtica versión 'desde adentro' del sector más duro del gobierno de Díaz Ordaz y que es señalado como uno de los responsables de la matanza del 2 de octubre de 1968. Estas obras son de circulación restringida en círculos militares. *La Jornada* pudo obtener copia de ellos en el Archivo General de la Nación (AGN), donde un ejemplar de cada uno fue enviado como parte del material que entregó la Secretaría de Defensa Nacional (Sedena) en el 2001 a esa institución".

de Liberación Nacional en 1961, o reclamar a Díaz Ordaz que violó la Constitución al meter al Ejército a Ciudad Universitaria el 18 de septiembre de 1968".

Y luego recupera un episodio que, según el jefe del Estado Mayor Presidencial de Díaz Ordaz, sucedió en los días posteriores al 2 de octubre. Es textual, de pluma de Gutiérrez Oropeza:

El general Lázaro Cárdenas, en su empeño por servir al comunismo ruso, llegó al extremo de presentarse inesperadamente en Los Pinos pidiendo ser recibido por el presidente Díaz Ordaz, quien precisamente en esos momentos salía para asistir a una ceremonia. Como no había prevista solicitud de audiencia, se pidió a dicho militar que esperara unos momentos en tanto el señor Presidente era informado de su deseo. Cárdenas, cuando estuvo en presencia del presidente Díaz Ordaz, le manifestó la razón de su urgencia y agregó:

—Señor presidente, he sido presidente y considero que está violando la Constitución.

A esta afirmación el presidente Díaz Ordaz contestó:

—Yo soy Presidente y además abogado; el proceder de mi gobierno se ajusta a un artículo de la Constitución, señor general.

—¿Cuál es ese artículo? —replicó el general Cárdenas al presidente.

A esa pregunta la respuesta de Díaz Ordaz fue:

—El mismo artículo en que usted se apoyó para sacar del país al general Plutarco Elías Calles.

Gutiérrez Oropeza dice que Cárdenas, "visiblemente confundido", guardó silencio, y que Díaz Ordaz agregó: "Mi general, ya me acordé del artículo: ese artículo es México, ¡México, mi general! Alentar la subversión y dar asilo a los subvertidores del orden y respeto a las instituciones, eso sí es violar la Constitución, señor general. Con permiso. Queda usted en su casa".

Lo dejó y se fue.

Independientemente de que la narración viene de uno de los principales acusados de asesinar estudiantes durante el sexenio de Díaz Ordaz, el episodio muestra el México que se ha construido hasta entonces. Uno que seguirá así —y a veces será todavía más represivo— hasta finalizar el siglo XX. El último presidente ininterrumpido emanado del PRI, Ernesto Zedillo, es señalado por la Comisión Nacional de los Derechos Humanos de encabezar un gobierno que persiguió a militantes y dirigentes de la izquierda, muchos de los cuales fueron desaparecidos o asesinados, como se detalla puntualmente en el libro *Izquierda*.

En una entrevista de 1997, dentro del programa *Charlando con Cervantes* que organiza la televisora pública de la Universidad de la Ciudad de Nueva York (CUNY) y el Instituto Cervantes,[17] le preguntan a Carlos Monsiváis si se consideraba el cronista de izquierda de la capital mexicana.

—No sé, ojalá, pero hay muchos otros —respondió.

—¿Aceptarías esa definición?

—Bueno, sí. Desde luego mi voto siempre es para la izquierda y creo que la izquierda tiene un lugar importantísimo en la vida mexicana, tanto tradición como perspectiva y programa. Desgraciadamente la izquierda actual no es la mejor concebible. La derecha, sí. Es la mejor concebible. Es estúpida, arrogante, atrasada y represiva. Entonces es la mejor derecha concebible porque reúne todos los requisitos del modelo. Y luego está una zona central que nadie habita; en verdad nadie está en el centro. Todos quieren encarnar una utopía que es una actitud progresista. Pero desde luego sí me considero de izquierda, que no es algo de moda porque ahora más bien en México, como el voto tiende a ser cada vez más de derecha, dicen: "No, la izquierda y la derecha son términos atrasados, hay que buscar uno nuevo". Y mientras buscan uno nuevo, votan por la derecha.

En efecto, para finales del siglo XX, el partido que seguía en el poder era el Revolucionario Institucional, ya con una clara e indiscutible identidad de derecha. Apenas tres años después, en 2000, asume la presidencia Acción Nacional, la antítesis del cardenismo, némesis de la izquierda y portador de una tradición de derecha, de las muchas derechas, menos la que detentaba el poder. También empezaban a sonar, sin mucho sustento ideológico propio y más bien inspirados

---

[17] La entrevista de referencia fue conducida por José María Cognet y Raquel Chang-Rodríguez en 1997.

en tendencias europeas, los discursos socialdemócratas o progresistas identificados con el centro. Mal momento para el centro. La derecha estaba dispuesta a tomar por asalto el siguiente siglo, ya sin rubor o, más bien, sin máscara. Pero se le atravesó Andrés Manuel López Obrador en 2018. Una historia para más adelante.

Monsiváis deja, sin embargo, una definición clarísima para los días y los años: una derecha estúpida, arrogante, atrasada y represiva; un centro desdibujado que en realidad empuja hacia la derecha, y una izquierda que, se creía en ese momento, había pasado de moda. El influyente escritor y ensayista asoma un dejo de tristeza o desilusión (ambas, y sumaría cansancio) mientras habla de la izquierda. No hay manera de ocultarlo. No sabe que vienen 21 años más de derecha en la presidencia, la más estúpida, arrogante, atrasada y represiva: Vicente Fox, Felipe Calderón y Enrique Peña Nieto. Y han pasado apenas 15 años de neoliberalismo —tomando en cuenta 1982 como arranque—, es decir, nada. Vienen años de mucho dolor para el México de los que tienen poco o nada. Pero también llega un aire fresco, de esperanza.

Capítulo 7

La deriva neoliberal

OPERACIÓN LANSING

La idea del secretario de Estado Robert Lansing en aquella carta de 1924, en la que sugiere un trabajo de largo aliento para controlar el gobierno de México —en oposición a una invasión armada—, no se consolida tan rápido como el magnate de medios William Randolph Hearst hubiera deseado. Pero se consolida. "México necesitará administradores competentes y con el tiempo, esos jóvenes llegarán a ocupar cargos importantes y eventualmente se adueñarán de la misma presidencia", dijo Lansing. "Y sin necesidad de que Estados Unidos gaste un centavo o dispare un tiro, harán lo que queramos, y lo harán mejor y más radicalmente que lo que nosotros mismos podríamos haberlo hecho", agregó. En efecto, una generación de mexicanos de élite, educados en Estados Unidos, sí toma el poder más adelante y lo asegura durante un largo periodo; más largo aún que la dictadura porfirista e igualmente beneficioso para los capitales extranjeros —en particular: los estadounidenses— y pernicioso para las mayorías.[1] Sin embargo, expuesto así parece un desembarco, es decir, un asalto violento de la presidencia. Y no fue así.

---

[1] Para mayor compresión de lo que significó el neoliberalismo para las clases más desprotegidas se recomienda leer a Álvaro Delgado Gómez y Alejandro Páez Varela, *Izquierda. 1923-2023: La terca travesía*, México, Grijalbo, 2023.

El desplazamiento ideológico de México desde los impulsos de izquierda de la primera mitad del siglo xx y hasta depositarse en las manos de Washington —la derechización— se dio por distintas vías y en un periodo de tiempo tan largo que facilitó no sólo socializarlo —transferir la idea a las mayorías— sino también justificarlo. Durante la segunda mitad del siglo xx y entrado el xxi, México caminó hacia la integración total con el vecino del norte escoltado por una nueva clase de servidor público llamado comúnmente *tecnócrata*, que fue tomando control de zonas cada vez más amplias del gobierno. Pero ese proceso no inició con Miguel de la Madrid Hurtado, como es del común entendimiento. Empezó mucho antes. Y el arribo de la tecnocracia al poder no fue la única vía para mover al país hacia la derecha.

La *operación Lansing* (llamémosla así) desde el Estado mexicano y desde el exterior tuvo un fuerte impulso en el discurso oficial, que fue asumido por las élites intelectuales y académicas y luego transferido hacia núcleos cada vez mayores. Además fue determinante el papel de los organismos internacionales y de Washington y también los momentos coyunturales, como las crisis cíclicas que azotaron al país a finales de la segunda mitad del siglo xx. Pero fue el quiebre profundo de la economía mexicana entre las décadas de 1970 y 1980, con la ruptura del modelo de sustitución de importaciones, lo que permitió un golpe de timón: se hizo ver como inaplazable e inapelable la transición de México hacia el neoliberalismo después de una resistencia de varias décadas —incluso con Porfirio Díaz— a poner todos los huevos en la canasta estadounidense.

La abrupta devaluación del peso en 1976, acompañada por una terrible recesión, llevó al gobierno mexicano a firmar un acuerdo con el Fondo Monetario Internacional (FMI) a cambio de financiamiento. Esto forzó un cambio de enfoque en el modelo económico y un ajuste hacia políticas impuestas desde el exterior. José López Portillo (1976-1982) aceptó frenar los aumentos salariales a las clases bajas, reducir el gasto público y social, estabilizar la moneda con inyecciones de capital (para frenar la fuga de capitales) y pagar los compromisos de deuda externa. Las medidas no funcionaron y el Banco de México se vio obligado a sacar las manos de la moneda, que se hundió. Pero el proceso se había iniciado. Entonces se hizo un descubrimiento valioso: conforme la economía de México tropezaba, los gobiernos tenían que aceptar transformaciones estructurales que eventualmente tocaron la Constitución de 1917.

El primer paquete abiertamente neoliberal de reformas económicas estructurales se dio con Carlos Salinas de Gortari, pero los fracasos previos de los gobiernos del PRI lo justificaron. Luego vinieron las "reformas estructurales de segunda generación" con Enrique Peña Nieto, que tuvieron como intención —entre otras— entregar el sector energético a manos privadas. Pero si las primeras reformas se enfrentaron a una reacción nacionalista, la resistencia fue menor para las segundas: Peña logró un consenso inédito en el Congreso para lo que se conocería como Pacto por México. Y para vergüenza de la izquierda, a la firma del pacto, el 2 de diciembre de 2012 en el Castillo de Chapultepec de la Ciudad de México, el presidente se hizo escoltar por Jesús Zambrano y por Gustavo Madero, los presidentes del partido mayoritario de izquierda al momento (PRD) y de derecha (PAN). Es decir: desde la carta de Lansing hasta la firma del acuerdo para terminar la entrega a los privados uno de los símbolos del nacionalismo mexicano (sus recursos naturales), con autorización de la izquierda orgánica (o partidista), pasaron 88 años.

A partir de la Independencia, México atendió el credo de que la vulnerabilidad económica y la dependencia a los capitales foráneos debilitaban al Estado y lo ponían en desventaja frente a las constantes acechanzas de los impulsos imperialistas de Washington y de más allá, de las potencias europeas. Porfirio Díaz ejerció la prudencia con los estadounidenses y fortaleció vínculos con, por ejemplo, Gran Bretaña; su secretario de Hacienda jugó con la idea de un —literal— portafolio de países. Después, los gobiernos posteriores al estallido de la Revolución lidiaron con la amenaza permanente de Estados Unidos al tiempo que enfrentaban el feudalismo en el campo y el subdesarrollo en las ciudades, y su solución fue que el Estado participara activamente en la economía nacional, como regulador y como gerente de empresa. La amenaza externa continuó con Lázaro Cárdenas y con los posteriores presidentes, pero hubo factores internacionales que les favorecieron: así como la Gran Guerra y la entreguerra ayudaron, la Segunda Guerra Mundial permitió impulsar la industrialización y luego contener, expulsar y liquidar a los poderosos petroleros. Después vino un periodo de "desarrollo hacia adentro" que puso énfasis en el mercado nacional, la sustitución de importaciones y la industrialización, que fueron la base del modelo conocido como "desarrollo estabilizador" impuesto al país entre 1955 y 1970. Y luego, la ruptura del modelo de desarrollo hacia adentro hizo crisis en la década de 1970 y se concatenó con las crecientes exigencias de democracia.

A principios de la década de 1980 y hasta la de 1990, México apresuró el paso por la senda del liberalismo económico (el famoso "ingreso al GATT", el Acuerdo General sobre Aranceles Aduaneros y Comercio) y acentuó su integración y dependencia con Estados Unidos. Fue muerte y nacimiento al mismo tiempo. Moría de la peor manera un régimen que protegía la economía doméstica e iniciaba el neoliberalismo, con una oligarquía renovada y otra que venía de tiempo atrás. En esa coyuntura, José López Portillo se llamaba a sí mismo "el último presidente de la Revolución" para dar por terminado un periodo que, en su visión, se había iniciado en 1910. Quizá tuvo razón, en cierto sentido, porque sí fue el último mandatario de una revolución conveniente —como la llamaba Ricardo Flores Magón—, de una revolución disfrazada: la revolución que sirvió para controlar a las mayorías con el mito del bien común y para crear nuevas élites en burbujas de privilegio. El mandatario se despidió con lágrimas en los ojos del régimen al que sirvió, culpando de la tragedia nacional a un grupo de mexicanos "*sacadólares* traicioneros" y exculpando a la élite en el poder, a los "nacionalistas".

Cuando López Portillo anuncia la nacionalización de la banca —y la crisis era un estruendo que rompía cristales—, recurre, como referencia ideológica e histórica, al "México revolucionario" de Lázaro Cárdenas. Los años lo desnudan porque la revolución que invocaba no era la Revolución de 1910, sino aquella que habían privatizado los gobiernos que desde la década de 1920 se habían hecho del poder. Pero en ese momento a López Portillo le pareció conveniente mirar hacia la izquierda, aunque, como por arte de magia, la "tabla de salvación" se aparecía a su derecha. Justo en este instante, el neoliberalismo gritó: ¡dejen todo! Y con la promesa de redención se impulsaron cambios estructurales sin consulta de por medio. El discurso que validó la decisión vendría poco después: se cocinaba en los escritorios de los medios, los intelectuales y los académicos.

Carlos Salinas de Gortari tiene una gran ventaja sobre López Portillo: para cuando él impulsa la primera generación de reformas, los núcleos de pensamiento ya habían apuntalado la idea de moverse hacia el neoliberalismo. Lo que Salinas hace es simplemente darles materia para que la justificación se siguiera escribiendo en ensayos y columnas y se siguiera transmitiendo por radio y televisión.

México se acostumbró a combinar el trauma con los momentos parteaguas. Y cada uno de los modelos impuestos generó sus propios vicios, unos más notorios o dañinos que otros. El mayor peso del Estado en la economía trajo una enorme corrupción en círculos oficiales, mientras que los modelos más liberales condujeron a un aumento de la pobreza y mayor concentraron de la riqueza en pocas manos. El desarrollo estabilizador se logró apropiándose de la voluntad de los trabajadores por medio de un sindicalismo oficialista que aceptó el control de los salarios, y el posterior neoliberalismo enfatizó en lo anterior y además creó nuevas y muy poderosas élites económicas que escalaron en tiempo récord a las listas de multimillonarios de la revista *Forbes*. Los gobiernos privatizadores trasladaron enormes porciones de la riqueza nacional a manos de empresarios voraces mientras que los estatistas destruyeron la riqueza por malas decisiones, corrupción y rapiña.

Y detrás de cada modelo hubo una élite de políticos, tecnócratas y políticos-tecnócratas que lo operaron con una misma promesa: modernizar el Estado y rescatar a las clases sociales menos favorecidas. Algunos modelos tuvieron más éxito que otros, pero, en general, todos quedaron a deber; otros simplificaron su misión en la entrega de concesiones y ganancias a los grupos políticamente afines. Cada cambio de modelo trajo además el empoderamiento de nuevas élites en la política, en la economía y en los núcleos de pensamiento. Los intelectuales, los dueños de los medios de comunicación, los académicos y periodistas renombrados, siempre chiclosos frente al poder, también se acomodaron casi en coro. Hubo individuos y grupos que incluso se desplazaron entre varias de las anteriores categorías para colectar el mayor volumen de beneficios posibles.

En todos los momentos de quiebre o crisis, de cambio de modelo y de jalones hacia la derecha, el sistema tuvo la precaución de construir un discurso donde las decisiones fueran atribuidas a un "ataque" exógeno pero "contenido" por gobiernos (faltaba más) "valientes". Las mayorías fueron controladas con este discurso único: casi la totalidad de los medios, intelectuales y académicos fueron el vehículo no sólo para distribuirlo, sino también para validarlo. En esos momentos clave, cuando los distintos gobiernos de México entraron en crisis, estos núcleos de pensamiento fueron incluso más lejos: no sólo filtraron, validaron y distribuyeron el discurso, sino que se convirtieron en auténticos pilares que evitaron una implosión y prolongaron la vida del régimen en curso. Esto fue más notorio cuando las demandas de una verdadera democracia para México subieron el tono, sobre todo en las últimas décadas del siglo xx. Intelectuales, académicos y medios sirvieron como vasos reguladores que, fingiéndose independientes del poder central para abrogarse "autoridad moral", "mediaron" entre los movimientos democráticos y el régimen autoritario para garantizar transiciones en las que el *statu quo* tuviera garantías de continuar en control o simplemente para darle tiempo a recomponerse.

De la crisis de finales de sexenio entre 1981 y 1982, por ejemplo, Claudio Lomnitz escribe en *La nación desdibujada: México en trece ensayos*:[2]

> Buena parte de los intelectuales de aquel entonces coincidió con la idea de López Portillo de que la crisis era producto de una falta de patriotismo y de que la respuesta del presidente era una renovación justificada del programa revolucionario. Por ejemplo, Héctor Aguilar Camín, que habría de convertirse en uno de los intelectuales más poderosos de la transición neoliberal, pero que en ese momento todavía era una voz de la izquierda, escribió: "Es quizás una deformación profesional afirmar que la nacionalización de la banca implica para los mexicanos un *auténtico regreso de la historia*, la inesperada actualización de poderosas tradiciones políticas y jurídicas".

---

[2] Claudio Lomnitz, *La nación desdibujada. México en trece ensayos*, España, Malpaso Ediciones, 2016.

De ese mismo artículo de Aguilar Camín, Lomnitz rescata un momento *revolucionario institucional* de un intelectual que, décadas más adelante, ya sin máscara, será ideólogo (junto con otros) de la fusión del PRI y del PAN en una sola fuerza electoral de derechas: "Visto objetivamente —escribe Aguilar Camín—, lo coherente en este momento, y a la vez lo imposible, sería ingresar al PRI en masa y formar ahí una corriente de a de veras".

Lomnitz define el rol que juega, en la coyuntura de 1982, el otro intelectual destacado de la transición neoliberal:

Enrique Krauze, autor del único artículo sobre la crisis de la deuda y la nacionalización de los bancos que apareció en la revista de Octavio Paz, *Vuelta*, reflexionó sobre la figura de los *sacadólares* y concluyó que un grupo entero de ciudadanos había abandonado a México. "Lo que México vivió este sexenio no fue un saqueo: fue una deserción nacional [...] Cada mexicano tuvo la alternativa ética de apostar por el país". Haciendo referencia a una expresión acuñada por José Vasconcelos, Krauze designaba con desprecio, como los "metecos en Yanquilandia", a quienes no habían tomado aquella decisión ética. Los "metecos" eran "todo género de coloniales y extranjeros que llegaban a la Metrópoli a sumarse a sus costumbres, imitar sus gustos, pero sin producir valor alguno original que pudiese enriquecer la cultura". Para este discípulo de Octavio Paz, la burguesía norteamericanizada le había vuelto la espalda a su propia cultura y, sin embargo, no le había aportado nada a su cultura adoptiva. Por lo tanto, los sacadólares de México eran metecos, palabra adaptada por Vasconcelos a partir del término racista *métèque*, utilizado de manera peyorativa en la Francia del siglo XX para designar a los residentes norafricanos. A diferencia de su equivalente francés, que hace referencia a los inmigrantes extranjeros (colonizados), "metecos en Yanquilandia" es una expresión utilizada para denigrar a aquellos nacionales que prefieren la metrópoli colonial a su país de origen. Así pues, en su forma mexicanizada, esta palabra hace eco del término clasista "naco", que se utiliza para señalar la "vulgaridad" de los indígenas urbanizados. Al igual que el naco, el meteco ha vuelto la espalda a su noble cultura de origen en pos de beneficios materiales baratos; al igual que el naco, las marcas de su "raza" son visibles a pesar de sus intentos por "mezclarse" en otro medio. En consecuencia, el meteco burgués, al igual que el naco de clase baja, se ha vulgarizado.

Krauze, detalla Lomnitz, se une a la "reacción nacionalista de López Portillo" y culpa a los *sacadólares* de no ser buenos patriotas; sin embargo no está de acuerdo con la perspectiva histórica lopezportillista, aunque no la castiga en su texto para evitar la confrontación. "En la gran movilización política que siguió a las medidas, algunos profetas han visto una vuelta al origen del México verdadero. La verdad es un poco distinta: quien volvió a su origen no fue México sino el presidente López Portillo", dice Krauze, y Lomnitz agrega: "Krauze se cuidó de no insultar al presidente y, por lo tanto, de no perturbar la caballerosa relación entre los intelectuales públicos y los presidentes del PRI, tan característica de ese periodo. En cambio, prefirió la estrategia de azotar a un caballo muerto (en este caso, el expresidente Luis Echeverría): 'Nunca dudé de la sinceridad del presidente ni de la coherencia interna de sus actos. No es un hombre de doblez. No es —como Echeverría— un político a la mexicana'".

Luego sucede algo que no causaría asombro hoy, aunque en su momento sí: Krauze, dice Lomnitz, "dio el paso, en ese momento audaz, de rehabilitar parcialmente la dictadura prerrevolucionaria: 'De Porfirio Díaz pueden decirse muchas cosas, pero no que fuera corrupto. Cierto, dio negocios y prebendas a Los Científicos y prohijó una bárbara acumulación y un saqueo despiadado con la Ley de Baldíos. Pero lo hacía, al menos en parte, por las mismas razones ideológicas que guiaron a los liberales en la política de desamortización'".

Las maromas ideológicas de Krauze se repetirán en las décadas por venir mientras sobre él y sobre la mayoría de su generación se fue pintando una mancha indeleble: les gustó el poder y no pretendían denunciarlo o, al menos, molestarlo; abandonaron la crítica o movieron la diana para orientarla según sus intereses. Les gustó el poder porque se volvieron parte de las élites y cobraron los beneficios: durante el sexenio 2018-2024, cuando los intelectuales más reconocidos —como Krauze mismo— impulsaron la alianza de derechas

PRI-PAN,[3] López Obrador acusó a las élites intelectuales de lo más vulgar: de defender el "viejo régimen" por dinero. Exhibió contratos gubernamentales millonarios y una carta donde uno de ellos, Aguilar Camín, pide ayuda económica al "padre de la desigualdad moderna" (*dixit* AMLO), Carlos Salinas de Gortari. Usa esa carta para ejemplificar la subordinación de una generación de intelectuales al poder corruptor. López Obrador, quien para entonces lleva décadas denunciando a Krauze, a Aguilar Camín y a otros, vulgariza las intenciones de estos núcleos del pensamiento contemporáneo y los coloca junto a la peor prensa que es, por desgracia, mayoritaria.

La transición hacia el neoliberalismo significó décadas de simulación y cambios constantes de piel para las élites intelectuales y académicas. En 1982 Krauze propone un cambio de régimen y, hábil con las palabras, lo que en realidad sugiere es un "cambio" que no afecte al régimen; sugiere un "viraje" pero en realidad usa la vieja receta del control político del PRI: reformar el poder público, abrir la puerta del sistema pero que nadie se salga; que algunos, con boleto, entren y tengan acceso a las mieles que llevan una sola instrucción: lámanse directamente de la mano de quien las sirve. Frente a la crisis de Estado que significa la debacle económica de finales del lopezportillismo, Krauze se adelanta y se corrige: hay que volver al momento liberal de la República Restaurada, dice; la Revolución es culpable tanto como Porfirio Díaz de la condición que sufren los mexicanos. Él y otros como él ayudan a levantar la ola neoliberal y luego se montan en ella y la navegan.

Rafael Lemus escribe en *Breve historia de nuestro neoliberalismo: poder y cultura en México*:[4]

> Numerosos intelectuales han aprovechado coyunturas como esta para atender los conflictos políticos y sociales que se develan una vez que el relato ideológico que intentaba suprimirlos empieza a venirse abajo. Otros tantos han llamado a ocupar el vacío de

---

[3] "En desplegado, 30 personalidades critican 'la deriva autoritaria' y piden 'defender la democracia'", *SinEmbargo*, 15 de julio de 2020.

[4] Rafael Lemus, *Breve historia de nuestro neoliberalismo. Poder y cultura en México*, México, Debate, 2021.

pronto abierto con relatos populares, insurgentes. La postura de Krauze es otra [frente a la crisis de 1982]: hay que construir un nuevo relato hegemónico cuanto antes, y hay que construirlo desde el poder ya constituido. Lo apremiante es cerrar la fractura, no mirar a través de ella ni mucho menos agrandarla. Lo fundamental es asegurar la estabilidad política, garantizar la capacidad de gobernar de quienes ya gobiernan, y para ello, propone Krauze, el gobierno debe hacer dos cosas: reformar ("democratizar") algunas de sus prácticas e instituciones y formular una nueva narrativa de legitimación, que ya él mismo esboza.

En este momento, agrega Lemus, viene la renuncia de *Vuelta*, revista fundada por Octavio Paz que Krauze también dirigía, a la crítica. Se vuelve "productora de signos y discurso para las administraciones federales en turno", en la fábrica de una nueva narrativa neoliberal.

Así, después de trazar un perfil bastante favorable de [Miguel] De la Madrid ("representa una posibilidad de desagravio y democratización"), Krauze aconseja de este modo al presidente y sus ministros: "El presidente ha logrado transmitir una imagen de reciedumbre, sinceridad y limpieza. Se diría que se ve en la figura de un cirujano obligado a practicar una operación dolorosa [...] [Pero] El mensaje no puede consistir sólo en la frase de Séneca: *Soporta y renuncia*. La gente, más responsable y adulta de lo que los políticos suelen creer, necesita horizontes. La carga de la crisis sería mucho más llevadera si el presidente y sus ministros suministrasen con calor, con claridad y sin tecnicismo una amplia información: causas de la crisis, errores cometidos, proyectos, restricciones, perspectivas, plazos, comparaciones con otros países y recursos, sobre todo recursos: materiales, humanos, históricos. Pero además de la información, una mayor presencia. La sensación de que el presidente no sólo dice compartir sino que, en efecto, comparte los enormes sacrificios del pueblo. El mensaje de De la Madrid ha sido fundamentalmente estoico, pero el mexicano, desde hace siglos, alimenta su estoicismo con un poco de fe. Nada se puede sin creencias".

Los intelectuales del entorno de Krauze (nacido en 1947) y Aguilar Camín (1946), y sobre todo ellos mismos, se mueven ideológicamente con una velocidad envidiable y se acomodan en el futuro. El círculo de poder aplaude su transformación, los adopta y los promueve. Con Carlos Salinas de Gortari caminan por una delgada línea entre el viejo PRI que se desangra y el movimiento democrático emergente que encabeza Cuauhtémoc Cárdenas, y en el momento preciso —y allí está su gracia— se definen. No antes, no después. Le dan la espalda a Cárdenas y abrazan a Salinas y se vuelven, entonces, el oráculo. Y entienden bien su nuevo papel de oráculo. Acumulan un enorme poder y, ante la opinión pública, trascienden a los órganos electorales no porque compitan con ellos, sino porque son superiores, o los encarnan.

Cárdenas alega fraude, pero "el 30 de julio de 1988, Héctor Aguilar Camín escribió en *La Jornada* que las elecciones de ese año habían sido las 'menos inventadas de mucho tiempo... las más limpias... las más verdaderas'. Raúl Trejo Delarbre, Rolando Cordera y Arnaldo Córdova no coincidieron en que hubiera habido fraude puesto que las pruebas presentadas por la oposición, a su juicio, no eran suficientes (declaraciones en el semanario *Punto*, 18 y 25 de julio y primero de agosto de 1988)", como narra Octavio Rodríguez Araujo en su texto *Los intelectuales del sistema*.[5]

Luego, años más adelante, en otro momento clave de la historia reciente de México, soberbios y embriagados de poder, repiten la dosis: en las cerradas elecciones entre el derechista Felipe Calderón y el izquierdista López Obrador, cuando medio país alega que hubo fraude, ven el futuro —son el oráculo—, que es su propio futuro: el 3 de agosto de 2006, "en un desplegado publicado en *Reforma* en supuesta defensa de 'las instituciones de nuestra democracia', Aguilar Camín y Trejo Delarbre, entre otros, dictaminaron, antes que el Tribunal Electoral del Poder Judicial de la Federación (TEPJF), que no hubo fraude y que la elección fue ejemplar. A esta pléyade de *abajofirmantes*, justo es decir, no se sumaron Rolando Cordera ni Arnaldo Córdova antes mencionados", agrega el académico y escritor.

---

[5] Octavio Rodríguez Araujo, "Los intelectuales del sistema", *La Jornada*, 10 de agosto de 2006.

Los intelectuales son, en ese momento, una élite electoral que se basta consigo misma; que está por encima de *lo demás* y que califica las elecciones *desde la independencia*, aunque sean públicas sus filias por regímenes de derechas y sus fobias por todo lo que representa su némesis: Andrés Manuel López Obrador, el único que logró sacarlos del nido de plumas después de tres elecciones presidenciales (2006, 2012 y 2018) a pesar de una intensa campaña de desprestigio en la que participaron los poderes de facto en México: intelectuales y académicos a la cabeza, núcleos empresariales, partidos de derecha (PRI, PAN y PRD), los poderosos medios de comunicación, etcétera.

Octavio Rodríguez Araujo dice en *Los intelectuales del sistema*:

La única explicación que encuentro para que firmaran ese desplegado [validando el fraude electoral de 2006] es su posición en contra de López Obrador, y estarían en su derecho de expresarla. Mejor hubiera sido que así lo hubieran dicho y no que trataran de defender a "las instituciones de nuestra democracia" como si estas fueran entidades manejadas por robots autoprogramados y no por personas de carne y hueso con relaciones e intereses de diversa índole. Entiendo bien que si Pepe [José] Woldenberg hizo un buen papel como consejero presidente del IFE [Instituto Federal Electoral] no resultara atinado de su parte criticar a la institución que ahora no dirige, pero no queda claro por qué tendría que defender a los nuevos consejeros que dejaron pasar violaciones al Cofipe [Código Federal de Instituciones y Procedimientos Electorales] durante la campaña e instruyeron a los vocales ejecutivos, en oposición al artículo 247 del mismo código, para que no se abrieran los paquetes electorales dudosos durante el cómputo distrital.

Concluye:

Dejemos los eufemismos. Lo que está en juego es la continuidad de una ideología de gobierno que ha favorecido, como nunca antes, a determinados grupos de interés sin importar sus consecuencias en la mayoría de la población o, por otro lado, una revisión de esas formas de ejercicio del poder para que también sean tomados en cuenta la soberanía y los pobres del país. Una vez más, como en 1910, la lucha es entre los defensores del régimen de privilegios y los que quieren acabar con estos o, al menos, disminuirlos a niveles legítimos, legales y más o menos éticos.

El 15 de junio de 2020, alejados del poder por el triunfo de la izquierda en las elecciones presidenciales de 2018, lanzan otro desplegado con dos objetivos: uno, acusar a López Obrador de construir una dictadura —lo que nunca fundamentan—, y otro, la formalización de su llamado a crear una alianza entre PAN y PRI con los restos del PRD, que había servido como plataforma disidente a la izquierda hasta su desguace. "El presidente de la República ha concentrado en sus manos el poder del gobierno en detrimento de los demás poderes del Estado y de los estados de la federación. Al hacerlo, ha destruido y deteriorado la administración pública y las instituciones constitucionales [...] El gobierno de López Obrador ha mantenido una actitud despreciativa, no sólo hacia las instituciones autónomas, sino también hacia las esferas científicas y culturales, así como muy notoriamente hacia el movimiento de las mujeres que luchan por la igualdad", escriben, y luego proponen: "Pensamos que es imperativo corregir el rumbo y recuperar el pluralismo político y el equilibrio de poderes que caracterizan a la democracia constitucional. La única manera de lograrlo es mediante una alianza, amplia alianza ciudadana que junto con los partidos de oposición construya un bloque que, a través del voto popular, restablezca el verdadero rostro de la pluralidad ciudadana en las elecciones parlamentarias del 2021".

Y de esa manera se da la fusión de tres fuerzas que jugaban a ser contrapuestas pero que han servido, sin más, a los intereses de las derechas.[6] El manifiesto lo firma, ya sin rubor, una élite que se ha servido del poder de manera abierta o velada; élite que ha controlado los órganos electorales durante tres décadas y que se resiste a que la burbuja de beneficios se reviente. Entre los *abajofirmantes* están, claro, Héctor Aguilar Camín y Enrique Krauze; académicos que se

---

[6] "En desplegado, 30 personalidades critican 'la deriva autoritaria' y piden 'defender la democracia'", *SinEmbargo*, 15 de julio de 2020.

han presentado siempre como "neutrales" y viejos servidores públicos que se quedaron fuera del presupuesto.[7]

López Obrador aprovecha el desplegado para recordarles quiénes son, lo que han sido. Krauze y Aguilar Camín; sus revistas *Vuelta*, *Letras Libres* y *Nexos*, operaron por décadas como dos grupos intelectuales antagónicos; como el PRI y el PAN. AMLO pone énfasis en el hecho de que firmen ese desplegado juntos, aunque, se sabe, firman desplegados desde décadas atrás para defender intereses muy particulares con disfraz de demócratas. "Celebro que escritores y periodistas que han defendido desde siempre el modelo neoliberal o neoporfirista se agrupen, se definan y dejen de lado la simulación para buscar restaurar el antiguo régimen caracterizado por la antidemocracia, la corrupción y la desigualdad", dice el primer presidente de izquierda desde Lázaro Cárdenas.

Agrega más adelante, ese mismo día, durante su conferencia de prensa matutina:

Quizá lo único que pueda reprocharse a tan famosos personajes es su falta de honestidad política e intelectual manifestada en el mismo contenido de su proclama. Bastaría con preguntarles: ¿cómo contribuyeron a los avances democráticos para salir de un sistema autoritario y establecer la democracia si casi todos ellos defendieron o guardaron silencio cómplice ante los fraudes electorales de la historia reciente del país? [...] Sea por interés o por puro coraje, los conservadores, que fingían ser liberales, por fin se están quitando la máscara.[8]

---

[7] La lista completa de los abajofirmantes: Héctor Aguilar Camín, José Antonio Aguilar Rivera, María Baranda, Roger Bartra, Agustín Basave, Humberto Beck, Jorge Castañeda, Christopher Domínguez Michael, José Ramón Enríquez, Julio Frenk, Enrique Krauze, Antonio Lazcano Araujo, Soledad Loaeza, María Marván, Ángeles Mastretta, Ian Meyer, Beatriz Pagés, Ricardo Pascoe Pierce, Jesús Reyes Heroles, Rafael Rojas, Macario Schettino, Enrique Serna, Guillermo Sheridan, Consuelo Sáizar, Javier Sicilia, Fernanda Solórzano, Isabel Turrent, Francisco Valdés Ugalde, José Woldenberg y Gabriel Zaid.

[8] "'Sea interés o puro coraje, por fin se quitan la máscara...', revira AMLO a 'intelectuales orgánicos'", *SinEmbargo*, 15 de julio de 2020.

Porque, dice López Obrador, los intelectuales, periodistas y académicos *abajofirmantes* acusan "prácticas antidemocráticas" del gobierno de izquierda, aunque promueven y exploran las peores prácticas antidemocráticas; porque llaman a mantener la "estabilidad" del país cuando les conviene, y cuando no, dicen que México puede arriesgarse "incluso a la inestabilidad".[9]

El paulatino tránsito de México hacia la derecha no fue administrado exclusivamente por un discurso bien aderezado por intelectuales y académicos; por políticos y economistas; por medios y periodistas. Tampoco fue sólo producto de las crisis, que anclaron el rumbo económico del país; al mismo tiempo hubo una predisposición de los gobiernos, desde Cárdenas y hasta entrado el siglo XX, que fue preparando el terreno.

La vía que el secretario de Estado Robert Lansing soñaba en 1924, preparar una "tecnocracia" educada en Estados Unidos que asumiera después el poder, fue una vía silenciosa y sostenida por décadas. Pero, además, gobiernos priistas lograron administrar bien

---

[9] Rafael Lemus detalla en su libro *Breve historia de nuestro neoliberalismo. Poder y cultura en México*: "De regreso a 1988: mientras el Frente Democrático Nacional y numerosos intelectuales de izquierda sospechan de los resultados electorales y exigen un recuento de las actas, la constante entre los autores de *Vuelta* es —como ha visto Carlos Illades— 'evadir la discusión acerca de la inequidad de la contienda, la opacidad informativa y la manipulación de las cifras electorales' así como invitar a 'mirar hacia el futuro, asumiendo que el gran derrotado de la jornada había sido el corporativismo y el indiscutible ganador el ciudadano… Salinas'. Otra constante en los textos que publican entonces es la del tópico de la inestabilidad. En las últimas líneas de 'Por una democracia sin adjetivos' Krauze llamaba a 'no hacer un dios absoluto de la estabilidad' y, más aún, a pagar 'el posible precio de inestabilidad' que la transición a la democracia podría implicar. Cinco años más tarde, a la mitad del conflicto poselectoral, la consigna es precisamente la contraria: asegurar la estabilidad, incluso si eso supone posponer, o hasta sacrificar, la 'democracia sin adjetivos' tantas veces defendida y reclamada en las páginas de la revista. Tal como se esfuerzan en presentarla los autores de *Vuelta*, la coyuntura no es tanto un conflicto poselectoral —el cual podría resolverse, como la oposición demanda, con el recuento de los votos— como un estado de emergencia, una disyuntiva entre orden o caos, paz o violencia".

la opinión pública para hacerse ver "peligrosamente de izquierda" cuando eran exactamente lo contrario. Para lograrlo, vistieron coraza de izquierda y valores emanados supuestamente "de la fuente original: la Revolución de 1910", al tiempo que —y esto es muy importante— definían a la derecha con el dedo: está allá, es un movimiento o son varios movimientos y tienen por enemigo al Estado nacional y, por lo tanto, el bien común. Los gobiernos fueron hábiles en conducir los ojos hacia religiosos, radicales, vendepatrias o *sacadólares* a los que definieron como "la derecha", aunque ésta se había incrustado, tiempo atrás, en el tuétano mismo del Estado mexicano.

La élite dentro de la élite

El catedrático Roderic Ai Camp, un estudioso del andamiaje del poder en México, dice en un libro de 2012, *Metamorfosis del liderazgo en el México democrático*, que la característica más definitoria del tecnócrata es "una especialización cada vez mayor en credenciales educativas, representada con la mayor claridad por la adquisición de una preparación disciplinaria en economía, por un aumento del nivel de educación universitaria (típicamente, estudios de posgrado, a nivel de maestría o doctorado) y por estudios avanzados en los Estados Unidos y no en México ni en Europa".[10] Habla de "tres oleadas de tecnócratas" entre los líderes mexicanos, aunque es común que tanto en México como en Latinoamérica se ubique a una sola, de los años ochenta y noventa del siglo xx.

La primera oleada de tecnócratas, dice, está representada en Miguel Alemán Valdés, quien fuera presidente de México de 1946 a 1952. Camp ubica una segunda oleada tecnocrática en las generaciones de los años cuarenta y cincuenta, cuando los economistas llegaron a ser casi una cuarta parte de los líderes políticos, empatando al número de abogados en el poder.

Dice Roderic Ai Camp en su libro de 2012:

[10] Roderic Ai Camp, *Metamorfosis del liderazgo en el México democrático*, México, FCE, 2012.

Las generaciones de los años cuarenta y cincuenta representan claramente la segunda y más célebre oleada tecnocrática, simbolizada claramente por los presidentes Carlos Salinas de Gortari (1948) y Ernesto Zedillo (1951). Salinas es el que más manifiestamente encarna el surgimiento del tecnócrata de la economía, lo que queda sugerido por datos que demuestran que, medidos por generaciones, los economistas aumentaron en dos tercios desde la generación de los treinta hasta la de los años cuarenta, y en casi un tercio desde la generación de los cuarenta a la de la década de los cincuenta. Salinas, como Alemán, ofreció la oportunidad a muchos de sus condiscípulos y profesores de ocupar puestos prominentes en el gobierno, como funcionario de gabinete con Miguel de la Madrid (1982-1988), y como su sucesor. Así como Alemán influyó en el reclutamiento de una generación de civiles con grados universitarios de la Escuela Nacional de Jurisprudencia, de la UNAM, Salinas sacó una alta proporción de sus colegas economistas de la Facultad de Economía (UNAM), al pertenecer a la generación de 1966-1969.

Desde una perspectiva ideológica y política, la segunda oleada tecnocrática, que incluyó a [Luis Donaldo] Colosio, introdujo a un influyente grupo de economistas preparados en los Estados Unidos y que, por tanto, habían sido considerablemente *influidos* por las enseñanzas económicas de los programas de las prestigiosas universidades pertenecientes a la Ivy League a los que habían asistido, propiamente de Harvard y Yale. Existe un vínculo notable entre los mexicanos con posgrado en economía y los de los Estados Unidos. De todos los políticos mexicanos que aparecen en nuestro estudio, 357 estudiaron en programas de posgrado en los Estados Unidos. Una cuarta parte de todos los políticos en los programas de posgrado ha sido de economistas, con mucho la carrera o profesión más representada. Entre los economistas, seis de cada 10 estudiaron en programas de posgrado, la mitad de ellos en los Estados Unidos. Se puede concluir que más economistas-políticos buscaron una educación superior en los Estados Unidos que ninguna otra profesión representada entre los políticos.

La tercera oleada viene, según el académico, después de Ernesto Zedillo, aunque "el hecho de que Felipe Calderón (1961) se haya graduado en una escuela de derecho contribuyó a este resurgimiento, y hasta cierto punto moderó la que había sido una creciente dependencia de los economistas". Ai Camp agrega:

> Acaso el patrón más interesante de la tercera oleada del liderazgo político en materia de credenciales profesionales sea el considerable aumento (desde las generaciones de los años treinta y los años cuarenta) del número de políticos que se han desviado de las tradicionales carreras de derecho, ingeniería y medicina y que, además de la economía, han buscado especializaciones que rara vez atraían a los estudiantes con intereses políticos. Además de la disciplina de artes liberales de la ciencia política, muchos estudiantes con ambiciones políticas empezaron a graduarse en disciplinas como comunicaciones, ciencias "duras" y computación, reflejando las habilidades exigidas por la cada vez más compleja economía de México.

Muchos años antes de este libro, en la década de 1980, Roderic Ai Camp escribe un ensayo ("El tecnócrata en México") en el que define a una nueva clase gobernante en México que denominó como "el técnico político". Dijo que los que toman decisiones de alto nivel son políticos, pero "es posible describir ciertos tipos de políticos sobre la base de su educación, sus carreras profesionales, sus medios de reclutamiento y su fuente de influencia, todo lo cual contribuye a establecer un conjunto de valores y capacitaciones que posee el *técnico político*. El funcionario público sin esas experiencias no posee muchas de tales características ni participa en ellas".[11]

Roderic Ai Camp detalla en este mismo ensayo:

> La primera característica generalmente atribuida al tecnócrata político, como aquí lo llamaremos, es que adquirió cierto conocimiento especializado que lo capacita para la posición en la cual tiene responsabilidades. La capacidad se adquiere de diversas maneras, entre las cuales se cuentan la educación, la capacitación

---

[11] Roderic Ai Camp, "El tecnócrata en México", *Revista Mexicana de Sociología*, 1983.

en el trabajo y la carrera profesional. El supuesto de que la capacidad del individuo corresponde a la posición que este ocupa, todo al mismo tiempo, es ingenuo y de escaso valor para comprobar su importancia para definir al tecnócrata. Por lo tanto la capacidad, si es que ha de tener algún valor para comprender la función y definición del tecnócrata político, y para que pueda ser comprobada empíricamente, debe ser examinada en un largo periodo de tiempo para que se hagan visibles las tendencias en este tipo de liderazgo. Ningún observador sagaz del sistema político mexicano dirá que, aun cuando podamos definir a los técnicos políticos, e incluso cuando un individuo cumpla las condiciones que debe satisfacer ese tipo de político, ocupara siempre la posición que corresponda a sus conocimientos o capacidades especiales. Lo que diríamos, en cambio, es que desde los años treinta el especialista ha estado presente en el escenario político, que tiende a aumentar dentro del sistema político mexicano, que es poco probable que esta tendencia se invierta y que dicha especialización puede producir muchas consecuencias en el sistema político.

En su ensayo, el académico encuentra otro punto de arranque para el análisis: los sexenios de Lázaro Cárdenas al de Adolfo López Mateos. Dice que

a medida que el sistema político se moderniza, que la toma de decisiones se vuelve más compleja y que las oportunidades educativas aumentan, no es sorprendente que los líderes políticos reciban, en su conjunto, una mejor educación. La experiencia de México fundamenta esta expectativa general. De hecho, el 75 por ciento de los líderes políticos de México que estuvieron desde 1930 en el gobierno o en los partidos de oposición han recibido grados universitarios. Pero si limitamos nuestras observaciones a los secretarios de Estado y a los directores de los principales organismos del Estado, veremos que desde mediados de los años treinta se perfila una tendencia gradual pero definida en los niveles educativos de quienes ocupan esas posiciones. Esos dos grupos de posiciones fueron elegidos entre muchos otros del sistema mexicano debido a que, según la mayoría de los observadores, son los que tienen más poder y recursos.

El hecho de que la educación superior no fuera accesible para todos los mexicanos generó otro efecto: que los tecnócratas se convirtieran una élite dentro de la élite: tenían los recursos para capacitarse, pero además el acceso al poder para ejercerlo. "Mientras que los funcionarios gubernamentales norteamericanos en posiciones similares cuentan con capacitaciones educativas parecidas, en este último país el acceso a los niveles elevados de educación está generalizado. Por lo tanto, los políticos constituyen en México mucho más una élite en términos de su nivel educativo, y los jefes de organismos y subsecretarías son un grupo aun más selectivo dentro del liderazgo político general", dice.

Camp detalla que en los años treinta del siglo xx

sólo el 11 y el 16 por ciento de dichos funcionarios habían ido más allá de la obtención de un título profesional; hacia fines de los años cincuenta, la cifra para los secretarios casi se había duplicado para llegar al 21 por ciento. Durante el gobierno de Miguel de la Madrid, más de un tercio de los secretarios de Estado tuvieron ese nivel educativo, mientras que para los subsecretarios la cifra alcanza casi la mitad.

Desde 1935 hasta 1981, esta característica educativa se ha más que triplicado. También en este caso, los subsecretarios comenzaron en un nivel más alto en los años treinta y sobrepasan a sus superiores en el actual gobierno [el de Miguel de la Madrid]. Sus cifras, además, indican que, debido a que con frecuencia los funcionarios de nivel de subsecretarías pasan a ser los siguientes jefes de organismos, en la década de 1980 los miembros del gabinete tendrán un nivel educativo superior al título profesional. Las características educativas generales revelan, además, otro modelo complementario. A medida que la cantidad de individuos sin un título universitario declinaba hasta convertirse en una minúscula minoría de los que toman decisiones, aquellos que antes no tenían ninguna formación universitaria alcanzan su primer grado profesional, y, por lo tanto, en los años cincuenta, las cifras de los graduados universitarios dentro de los jefes de organismos aumentan sustancialmente respecto de los de los años treinta. Pero en los últimos veinte años [Roderic Ai Camp se refiere a los años setenta y ochenta del siglo XX] entre las cifras de aquellos que sólo tienen grados universitarios han declinado y se han nivelado, y ahora es la categoría posprofesional la que constituye el grupo en más rápido ascenso.

De regreso a la carta de Robert Lansing a Hearst en 1924: la mayor presencia de tecnócratas y/o políticos tecnócratas en los primeros niveles de decisión, ¿inclinaron los gobiernos de México hacia Washington? Sí, dice Roderic Ai Camp. Pero es apenas una parte de un proceso más complejo.

Las crisis económicas también jugaron un papel importante en el movimiento de México hacia la derecha, como se ha visto. El Fondo Monetario Internacional (FMI) participó directamente en ese proceso. En medio de la crisis de 1982, por ejemplo, el gobierno mexicano negoció un crédito por 3 mil 840 millones de dólares para responder a compromisos de deuda adquiridos en las crisis anteriores. El FMI aceptó, e impuso condiciones: México debía cerrar el gasto público y aumentar los impuestos; las dos medidas pegaron directamente en los bolsillos de las clases media y baja. El entonces secretario de Hacienda, Jesús Silva Herzog, se vio obligado a anunciar que venía un "ajuste de cinturón" para los que menos tienen: la recesión económica trajo desempleo y los sectores marginados se hundieron aún más.

El FMI aplicó las mismas medidas una y otra vez a México, pero también a otras economías menos poderosas en el mundo en desarrollo, desde Asia hasta América Latina, y el resultado siempre fue el mismo: una mayor concentración de la riqueza en pocas manos —dado que las medidas afectaban a las mayorías— y una derechización de los primeros niveles de decisión. Los tecnócratas ya no sólo eran parte importante de la administración pública, sino que ocupaban los primeros puestos de cada país. Esto, en distintos tiempos y con efectos muy variados, provocó al mismo tiempo cambios políticos que veremos más adelante.

En 1982, cuando asumió la presidencia, Miguel de la Madrid caminó hacia dos rutas: por un lado, se rodeó de una nueva tecnocracia que entendía el rumbo del plan de choque impuesto desde el extranjero; por el otro, aplicaba un recorte severo del Estado de bienestar. La palabra *austeridad* llenó los titulares de la prensa; se redujo el déficit fiscal; se puso el peso a flotar; se quitaron las restricciones a los flujos de capital y luego se tocó la Constitución de 1917.

Los tecnócratas convencieron al país de que debía iniciarse un proceso de desincorporación de las empresas públicas, y mientras, retiraba las ayudas sociales, a las que se acusó de provocar las crisis. En el lenguaje público, con ayuda de los medios, se hizo ver que todo lo que tocaba el Estado lo corrompía. Y México se transformaba, de la mano de una tecnocracia afín a Washington, en un país neoliberal.

LAS CAMARILLAS DEL PODER AUTORITARIO

Si bien las camarillas de tecnócratas en el gobierno se identifican principalmente en la segunda mitad del siglo XX, no son nuevas en el país. Quizá después del grupo que tomó el Estado con las presidencias de Miguel de la Madrid y Carlos Salinas, la otra más notoria se enquistó con Porfirio Díaz. Fue más descarada y acompañó a la dictadura hasta que fue destronada por la Revolución de 1910.

Esta camarilla fue llamada Los Científicos, "gente nacida después de 1840 y antes de 1856, hombres que en 1888 andaban entre los 32 y los 48 años de edad", como explica Luis González en *Historia general de México*.[12]

Los *cientísicos* [así les llamaba la clase media de su tiempo y Luis González lo usa como una burla] nunca fueron más de cincuenta y las figuras mayores únicamente Francisco Bulnes, Sebastián Camacho, Joaquín Diego Casasús, Ramón Corral, Francisco Cosmes, Enrique C. Creel, Alfredo Chavero, Manuel María Flores, Guillermo de Landa y Escandón, José Yves Limantour, los hermanos Miguel y Pablo Macedo, Jacinto Pallares, Porfirio Parra, Emilio Pimentel, Fernando Pimentel y Fagoaga, Rosendo Pineda,

---

[12] Luis González y González, *Historia general de México*, coordinada por Daniel Cosío Villegas, México, El Colegio de México, 2000.

Emilio Rabasa, Rafael Reyes Spíndola y Justo Sierra Méndez. Fuera de estos veinte, el dictador usaría los servicios de otros cinco hombres prominentes de la misma generación de los anteriores: Joaquín Baranda, Diódoro Batalla, Teodoro Dehesa, José López Portillo y Bernardo Reyes. En suma, veinte de la *maffia* "científica", cinco sueltos y varios supervivientes de la generación anterior serán los notables del periodo 1888-1904, si a ellos se agregan un par de obispos (Ignacio Montes de Oca y Eulogio Gillow), otro par de poetas (Salvador Díaz Mirón y Manuel Gutiérrez Nájera), y un pintor, José María Velasco. La veintena científica forma un bloque biográfico. Fuera de dos que nacieron más acá de 1856, dieciocho lo hicieron a partir de 1841 y antes del gran campanazo político de 1857. La mayoría comenzó en la única ciudad que en aquellos años tenía más de cien mil habitantes; once eran capitalinos. Había un trío de norteños (Corral, Creel y Parra), un cuarteto del sureste (Casasús, Pineda, Rabasa y Sierra). Camacho era de Jalapa y Pallares de Morelia. Con excepción de Corral y Creel, científicos honorarios, los demás fueron urbanos hasta las cachas; todavía más, capitalinos puros, y más aún, de la crema y nata de la ciudad capital. Todos, en mayor o menor cuantía, llegaron a ignorar la vida ranchera y pueblerina; de hecho, la vida provinciana, y hasta la mugrosa y pendenciera vida de los léperos capitalinos.

El historiador, que además es padre de lo que se conocerá como la "microhistoria", dice que solía atribuírseles por error que eran de "sangre azul y cunas de oro", es decir, descendientes de la nobleza europea.

Si no, ¿de dónde habían sacado tan buenos modales? Sepa Dios, pero los más de aquellos "niños bonitos" provenían de gente de pocos recursos, de gente de nivel medio. Eso sí, eran urbanos y estuvieron en la escuela; una mitad, en la Escuela Nacional Preparatoria. Autodidactos, o casi, fueron Corral y Creel, que no ignorantes. Once, ya de la Escuela Nacional de Jurisprudencia, ya de alguno de los institutos estatales, presumían de su título de abogado. Además, hubo un par de médicos (Flores y Parra) y otro de ingenieros (Bulnes y Camacho). Todos, sin excepción, fueron tribunos de primer orden. No había entonces timbre de gloria superior al de saber hablar en público. Desde la escuela primaria se les preparaba a los muchachos para *picos de oro*.

"Se apartaron en un punto de la preceptiva del viejo liberalismo: no fueron, salvo un trío de excepciones, fanáticos de la honradez", dice Luis González y más adelante, en esa obra en la que participan varios intelectuales a invitación de Daniel Cosío Villegas, agrega:

> Los más de Los Científicos merecían el membrete de ricachones. Según uno de ellos, como eran inteligentes y profesionistas notables "medraban naturalmente en el ejercicio de sus profesiones". Según esa versión aun los que "hicieron negocios que les acarrearon utilidades cuantiosas" obraron lícitamente. Según decires enemigos eran una punta de ladrones. Ralph Roeder asegura que "sirvieron de enlace entre el gobierno y el capital de fuera", como asesores en los bancos y en el fisco, y en definitiva, como satélites del ministerio de Hacienda. En suma, infiltrados en el mundo de las finanzas, dueños de la fuente de prosperidad más copiosa, salieron bien pronto de pobres, y algunos amasaron fortunas que su despilfarrada descendencia aún no consigue agotar. Su amor hacia los centavos convivió sin dificultades con sus demás amores: la sabiduría y el poder. Fue gente de talento universal con ribetes de idealismo y valentía "aunque sólo fuera en lo privado y no muy a las claras".

Como sucederá más adelante con los intelectuales durante la transición neoliberal encabezada por Carlos Salinas de Gortari, Luis González describe que Los Científicos

> se sentirán muy contentos con las palmaditas presidenciales, el saludo con fuerte apretón de manos y los encarguitos del señor presidente. Como dice don Emilio Rabasa, "el grupo científico prescindirá de toda acción propia libre". Será un apéndice decorativo y útil del poder. Decorativo porque el grupo contaba con las mejores plumas, los mejores oradores y las más exquisitas formas de comportamiento, útiles para mil cosas por su sabiduría

y ambiciones. Por lo pronto resultan buenos instrumentos para mantener la división, principal apoyo del poder absoluto de Díaz. Con las virtudes de saber dividir y saber penetrar en las intenciones de quienes lo rodean, Díaz logra manipular a su antojo a toda la elite, a los jacobinos que constituían la vieja guardia liberal; a los conservadores ansiosos de volver al mando; a los militares de la antigua ola; a los "científicos" y a los jóvenes que se oponían a ellos como Joaquín Baranda y Bernardo Reyes.

Como si hablara de las élites académica e intelectual del salinismo.

La mayoría de los intelectuales ya no está conformada por "discretos pensadores preocupados por el bien de la sociedad", escribe Víctor Roura en *Codicia e intelectualidad*, "sino convencidos protagonistas de la política práctica, defensores a ultranza de sus metamórficas posturas ideológicas, favorecedores de las clases abiertamente dominantes y, por primera vez, mecenas de sí mismos".[13] Su libro, publicado en 2004, es una denuncia contra generaciones de intelectuales mexicanos que durante todo el siglo xx se acomodaron al poder para recibir beneficios de los presidentes y para tener el privilegio de repartirlos entre camarillas. "De esos premios y estímulos, innumerables creadores se enriquecieron con prontitud. Es sencillo ser crítico pero a la vez condescendiente con el primer magistrado. Si se posee la suficiente inteligencia se pueden jugar las dos cartas sin perder ninguna", dice Roura, quien centra su trabajo en las complicidades de las élites intelectual y académica con los mandatarios desde Manuel Ávila Camacho hasta el primer presidente emanado del Partido Acción Nacional, con un fuerte énfasis en el sexenio de Salinas de Gortari. "Si la Secretaría de Educación Pública nace por una idea noble (inundar de cultura a la población ignorada e ignorante), con el paso del tiempo, y sobre todo debido al excesivo crecimiento demográfico, las instituciones culturales se van haciendo menos sensibles para caer en los precipicios (a veces insalvables) de la burocracia", expone.

El escritor y periodista detalla:

---

[13] Víctor Roura, *Codicia e intelectualidad*, México, Lectorum, 2004.

La mafia cultural, pese a no ocupar sitios públicos de relevancia, comenzó a influir desde sus modestos escritorios. Y comenzaron los intelectuales a recibir favores: cargos diplomáticos, nóminas paracaidistas por concepto de investigador, viajes por el mundo, premios novedosamente inventados, homenajes en Bellas Artes (y pronto, muy pronto, en 1988, apenas tomado el poder Carlos Salinas de Gortari, becas y recompensas monetarias por cualquier proyecto presentado sin el compromiso oficial de llevarlo a la práctica). En el periodo (1970-1976) de Luis Echeverría Álvarez se llegó al colmo. Hasta dos aviones dispuestos para la intelectualidad, para que los cultos conocieran el mundo.

Salinas de Gortari instauró el Consejo Nacional para la Cultura y las Artes (Conaculta) —recuerda Víctor Roura—, y de inmediato empezó el reparto de becas generosas a intelectuales y académicos; tan temprano como 1988, apenas tuvo acceso a un poder cuestionado por una buena parte del país que demandaba apertura democrática y lo que tuvo fue un fraude electoral. Y no sólo fueron ellos: también artistas, periodistas, dueños de medios y deportistas afamados fueron manipulados con dinero.

Durante la avalancha propagandística en las campañas para la primera gubernatura del Distrito Federal, que ganara finalmente el ingeniero Cuauhtémoc Cárdenas en 1997, estuvimos saturados de discursos de convencimiento que enriquecieron, aún más, a los medios electrónicos de comunicación. Los partidos, sin pensarlo dos veces, prácticamente entregaron millonadas a las dos empresas líderes de la televisión en México [Televisa y TV Azteca] al inundar sus programaciones con un sinfín de comerciales dirigidos a las familias en los cuales, absortos y compungidos, pudimos observar a ídolos, artistas e intelectuales participar, con denuedo y vigor, en las peroratas políticas. Ahí estaba el equipo de futbol Guadalajara, por ejemplo, instándonos a votar por el PRI. Mirar a los deportistas, con una seriedad desacostumbrada, tratar de convencernos de votar por el Partido Revolucionario Institucional fue, simplemente, una experiencia inédita, sobre todo por el involucramiento de los futbolistas con el medio político, tema del que generalmente evitan hablar por no ser, argumentan, de su incumbencia.

En 2002, dice, el portero Jorge Campos, "inculto y de lenguaje escaso, fue, junto con el cómico televisivo Adal Ramones y la actriz hollywoodense Salma Hayek, elegido por el Consejo Nacional para la Cultura y las Artes para promover, ¡diantres!, la lectura en un país saturado de leedores: analfabetas funcionales".

Roura, quien fue durante un cuarto de siglo el editor cultural de *El Financiero*, escribe:

> Pero, junto a la flora y la fauna del imperio vodevilesco y deportivo, también estaban los aguerridos intelectuales. Cómo no. Aunque no es ninguna novedad su participación proselitista en los comicios, aquella vez también dieron muestras de notable y significativa visibilidad. Ahí estaban, digamos, los intelectuales Raúl Anguiano, José Luis Cuevas, Luis Nishizawa, Sofía Bassi o Sebastián acatando los lineamientos del PRI para instruir a la ciudadanía a votar por Alfredo del Mazo. El propio partido, entonces presidido por Roque Villanueva (quien se hiciera tristemente famoso por su alegórica alegría el día en que el PRI reimpuso el IVA en el mercado mexicano), mandó imprimir cinco bellas postales de los artistas plásticos referidos para distribuirlas en las zonas culturales [...] Protegidos largamente por los políticos en el poder (Juan Gabriel fue exonerado en Hacienda de su pesarosa deuda fiscal por el solo hecho de apoyar al candidato priísta Labastida Ochoa, por ejemplo), los artistas y los intelectuales han sabido usar y desechar sus elásticas ideologías políticas —o lo que pueda entenderse como tal— para bien de sus personalísimos intereses económicos.

Roura dedica partes importantes de su libro a Héctor Aguilar Camín, "intelectual, sub-director de *La Jornada*, empleado de la Televisión Azteca con su programa *Nexos*, asesor personal de Salinas de Gortari" y su pugna con el laureado escritor Octavio Paz. Cuenta que cuando Paz se instaló en Televisa durante sus últimos años, Aguilar Camín le escribió: "Ilustra a la perfección cómo se consolida en la cultura profesional mexicana un nuevo polo ilustrado de derecha".

Luego dijo del Nobel mexicano: "En reuniones, cenas y otras oportunidades de la facilidad, he oído decir y he dicho yo mismo que Octavio Paz es un 'intelectual orgánico' de la nueva burguesía mexicana, la nueva, la que viene 'moderna' y 'técnica' por cosas como el grupo Alfa y no por las nostalgias poblanas de cosas como los Caballeros de Colón; la que maneja la televisión y se integra al 'despertar' del Nuevo sur estadounidense, la bancaria e industrial, la transnacionalizada".

El texto de Roura es importante para un país en el que los biógrafos de la izquierda y de la derecha han evitado tocar a las élites intelectual y académica, aunque fueran parte del inventario (y de las nóminas) de todos los gobiernos. Dice:

> Se podrá argüir que eran otros años, los del cierre de la década de los setenta del siglo XX, que era otro Aguilar Camín, que aún estaba a la búsqueda del idóneo trampolín para dar por fin el gran salto, que esa su aparente posición izquierdista era atemperada por los rigores de su núcleo cultural. Con los años modificaría su pensamiento (para decirlo de modo reticente: el dinero mata ideología). Aguilar Camín dijo de Octavio Paz, por ejemplo: 'Treinta años después, la mirada vidriosa, consumida en la desolación, no sabe ni quiere ver en el mundo otra cosa que una larga e irremisible noche de espanto. Con la juventud de quien miraba, se marcharon del mundo los milagros, sólo quedaron las calamidades'. ¡Ah, palabras que el viento trasladaría, con el paso de los años, hacia el mismo declarante! Palabras, nada más. Porque Aguilar Camín se convertiría, con el tiempo, en un intelectual orgánico más al formar parte del gabinete presidencial, como asesor personal de Salinas de Gortari. Y, muerto Octavio Paz, el directivo de *Nexos*, ¡quién lo hubiese pensado!, sería contratado por Televisa. Palabras, nada más.

Claudio Lomnitz toca un punto importante en su libro *La nación desdibujada: México en trece ensayos*: que la transición del país hacia el neoliberalismo no fue paralela a la transición democrática. Aunque los intelectuales y académicos intentaron hacerse pasar por fuertes defensores de la democracia. Lomnitz dice que las principales reformas económicas se dieron entre 1983 y 1992 pero que "la calibrada" transición a un sistema democrático "se completó hasta el 2000, dieciocho años después del derrumbe del modelo anterior". Hay un exceso de optimismo en su texto porque la llegada de Acción Nacional a la presidencia de México no significó el establecimiento de una normalidad democrática: vendría el fraude electoral de 2006 y la imposición de Enrique Peña Nieto en 2012, ante lo cual la izquierda debió dar nuevas y vigorosas batallas que llevarían al cambio de rumbo en 2018. Y luego vino la fusión del PRI y del PAN en 2021, cuando el magnate Claudio X. González, en representación de una élite empresarial, así como las camarillas intelectuales y académicas que venían juntas desde el salinismo y la mayoría de los medios de comunicación y los periodistas más afanados empujaron a la fusión de los dos partidos históricos y supuestamente contrapuestos en una pragmática —aunque perdedora— fuerza electoral única.

En una parte de su relato sobre su relación con las élites intelectual y académica de México, Lomnitz, antropólogo social, historiador, chileno y mexicano con estancias largas en Estados Unidos, cuenta cómo la prensa y la televisión reclutaron, como dice Roura, a varios de los más notorios historiadores.

> Como hemos visto, la historia se había convertido en la principal fuente de imágenes de archivo para el discurso público en México. A los políticos e intelectuales públicos les ofrecía un vocabulario moral sucinto y abreviado, así como un conjunto de imágenes con las que podían sustituir convenientemente argumentos de larga data o incluso doctrinas enteras. La apasionada rivalidad entre teleologías históricas alternativas en las décadas de 1980 y 1990 hizo más demandante el campo de la interpretación histórica, justo por ser este el centro de dicha disputa.
>
> En ese contexto —agrega Claudio Lomnitz—, las relaciones internas de poder en el campo intelectual de la Ciudad de México se volvieron más importantes y limitantes. De hecho, lo que yo había denunciado como la "privatización de la cultura" era una política patrocinada en gran medida por el Estado: se trataba de una privatización desde la perspectiva de la academia tradicional (cuya bandera yo había enarbolado), ciertamente no una retirada

del Estado del campo de la cultura. La crisis financiera de 1982 inauguró un prologando periodo de adversidad económica para las clases medias, acompañado de una importante concentración de poder en el campo cultural. En ese contexto, intervenir polémicamente en el campo de la historia no era una opción que estuviera al alcance de la mayoría de los académicos.

Lomnitz cuenta cómo, después de la crisis de 1982 o con el pretexto de esta, el régimen recortó los recursos a la educación pública al tiempo que les abrió la llave a los grupos intelectuales afines. El académico había calificado los textos de Enrique Krauze como "historia liberaloide" que renunciaba a la crítica del poder, lo que le valió un enfrentamiento con el cacique cultural de la transición neoliberal.

En aquel momento, los historiadores habían alcanzado cierta prominencia en los asuntos culturales de México: los editores de las revistas que representaban a los dos grupos intelectuales más poderosos de la capital eran historiadores —Héctor Aguilar Camín y Enrique Krauze—, y los historiadores ocupaban varios cargos prestigiosos en la vida pública. En mi crítica argumentaba que *Biografía del poder*, de Krauze, constituía un ejemplo apropiado de los logros de la tan anunciada privatización de la cultura y de la depreciación de la academia. Tras la crisis de la deuda de 1982, el gobierno mexicano redujo su apoyo a las universidades, pero encaminó subsidios y ayudas a un selecto firmamento de "estrellas" intelectuales que fundaron iniciativas independientes, particularmente en el mundo editorial y que, con el tiempo, se vincularían con la televisión. También argumentaba que el valor de la cultura que estaban generando estos nuevos empresarios debía juzgarse por la calidad de sus productos. Después intentaba demostrar que la *magnum opus* de Krauze, un excelente producto del nuevo sistema privatizado, terminaba siendo poco más que una historia liberaloide llena de inconsistencias y que rara vez se alejaba de las banalidades comunes de los prejuicios recibidos.

Octavio Paz habló en todos los tiempos cuando dijo que "los intelectuales en el poder dejan de ser intelectuales; aunque sigan siendo cultos, inteligentes e incluso rectos, al aceptar los privilegios y las responsabilidades del mando substituyen a la crítica por la ideología". Apasionado de la historia, refería a los que antes que él se entregaron al poder, y el poder pagó con beneficios su renuncia a la crítica. Pero al mismo tiempo advertía sobre el futuro, sobre las camarillas que él mismo ayudó a formar.

La trampa está en que, en México, no sólo el Estado ostenta el poder. Los poderes económico y mediático no son menores y han sido igualmente corruptos y corruptores que los presidentes y los gobiernos. La generación que vino después de él se abrazó de todos los poderes durante lo que Lomnitz llama "la privatización de la cultura" y él mismo, Octavio Paz, participó de la fiesta privatizadora. Rafael Lemus cuenta cómo en 1988, después de que los intelectuales apoyan "la estabilidad" (el eufemismo favorito para referirse al fraude electoral), la revista *Vuelta* de Paz da un giro completo hacia la derecha.

> Cancelado el discurso que demandaba una modernidad particular para el país, *Vuelta* comienza a definirse, a su vez, como una publicación de corte liberal y a priorizar, en sintonía con el gobierno, los reclamos de modernización económica sobre los de modernización política. Está claro: en el momento en que el Estado mexicano sustituye el principio de la razón de Estado por una gubernamentalidad neoliberal y *Vuelta* reclama como suyo el legado del liberalismo, el poder y la revista empiezan a operar dentro de una misma racionalidad política. A partir de este momento ya no es necesario leer entre líneas para identificar aquí y allá indicios del giro neoliberal en *Vuelta*: los enunciados neoliberales despuntan explícita, repetidamente por todas partes.

No es una revista *Vuelta* que está a la deriva, es la deriva neoliberal de Octavio Paz la que arrastra a *Vuelta*.

Lemus detalla en *Breve historia de nuestro neoliberalismo. Poder y cultura en México*:

> Incluso Paz aprovecha la inauguración del encuentro "La experiencia de la libertad" en 1990, transmitido en vivo y en cadena

nacional por Televisa, para suscribir el proceso de liberalización económica impulsado por el gobierno federal y apuntar que "la democracia económica es el necesario complemento de la democracia política" y que "el mercado libre es el sistema mejor —tal vez el único— para asegurar el desarrollo económico de las sociedades y el bienestar de las mayorías". Nadie, sin embargo, postula con mayor convicción la estrategia neoliberal en la revista que Mario Vargas Llosa, cuya presencia en *Vuelta* crece a la par que su involucramiento en la política peruana, primero como líder del Movimiento de la Libertad y luego como candidato a la presidencia en 1990. Es Vargas Llosa el que cita ya directamente de Milton Friedman y Friedrich Hayek y el que indica: "Reconocer que si se quiere salir de la pobreza en el más corto plazo posible —en este mundo de todos los países que es el nuestro— es preciso optar clara y resueltamente por el mercado, por la empresa privada y la iniciativa individual, en contra del estatismo, el colectivismo y los populismos, es un paso imprescindible".

El intelectual que dice que "los intelectuales en el poder dejan de ser intelectuales" festeja públicamente su pasión por el poder. En 1984 Miguel de la Madrid celebra su cumpleaños número 60 con invitados de todo el mundo y Ernesto Zedillo acude como orador al evento inaugural de la Fundación Octavio Paz. Lemus agrega:

> Pero, sin duda, la adhesión más polémica y sustantiva es la que ofrece a Salinas de Gortari, apenas tres meses y medio después de que asumiera la presidencia, cuando su legitimidad era escasa y la oposición se negaba a reconocerlo. El 2 de marzo de 1988, en la ceremonia de fundación del Fondo Nacional para la Cultura y las Artes, Paz se sienta al costado de Salinas de Gortari y, en su turno al micrófono, declara: "Señor Presidente, señoras y señores: México vive un periodo de cambios. Como todas las transformaciones sociales, estos cambios son el resultado de fuerzas y tendencias, ideas y realidades, que durante los últimos veinte años, a manera de ríos y corrientes subterráneas, han agitado y conmovido el subsuelo social. Ahora, al aparecer en la superficie, nos revelan que nuestro país penetra en una nueva época de su historia.

Damos los primeros pasos, no sin titubeos, por un territorio desconocido y al que debemos poblar con nuestros actos y, en cierto modo, inventar con nuestras obras. Las novedades más visibles
son las de orden político y económico: pluralismo democrático y
modernización económica [...] A la fecha no sólo hemos presenciado actos de gobierno: Salinas de Gortari está creando las bases
para un nuevo pacto político y social de largo alcance. Las transformaciones que se están operando son tan importantes como las
que en su momento realizó Lázaro Cárdenas: tienen el sentido de
actos de Estado y no sólo de actos de gobierno".

El premio Nobel 1990 compara a Carlos Salinas con el general Cárdenas y allí está de nuevo la trampa (la otra trampa): que la derecha mexicana ha refinado la maña de apropiarse de la identidad de
la izquierda para justificar cada jalón hacia más derecha. El sexenio de Salinas de Gortari fue, en efecto, un proceso de transformación, pero no hacia políticas que beneficiaran a los de abajo, como
el de Cárdenas. Estuvo basado en el dolor calculado de las mayorías
para el regocijo unos cuantos, contrario del pensamiento cardenista.
La apertura comercial trajo un nuevo destino para el país que ren-
diría frutos futuros, pero el abandono de sectores vulnerables, como
el agrícola —es un ejemplo—, significó básicamente la demolición
del campo. La llegada de fábricas de ensamblado por todo el país y
ya no sólo en la frontera (donde el modelo de industria maquilado-
ra fue pionero) generó empleo, pero actos de Estado como mantener los salarios deprimidos "para evitar inflación" y para evitarles la
molestia a los empresarios trajo como consecuencia una pérdida acelerada del poder adquisitivo y la pauperización de mayorías a las que
supuestamente iba dedicado el modelo "modernizador". Las fábricas abrieron oportunidades a las mujeres en zonas urbanas pero los
gobiernos no pensaron en los hijos que se quedaban en casa; generaciones de niños se criaron en las calles y esas calles se volvieron cal-
do para el cultivo de generaciones de criminales.

El analista político Roberto Morris tiene algunas buenas ideas
que abundan en lo anterior:[14]

[14] Roberto Morris, "El populismo tecnócrata", *Nexos*, junio de 2018.

El ego del tecnócrata [mexicano] depende del exterior; depende de cumplir con lineamientos y sugerencias de la OCDE [Organización para la Cooperación y el Desarrollo Económicos] y del FMI; descorchan champaña cuando avanzan en los indicadores de *Doing Business* del Banco Mundial o del World Economic Forum (WEF), pero quedan mudos ante las evaluaciones del Coneval [Consejo Nacional de Evaluación de la Política de Desarrollo Social, organismo que mide la pobreza y evalúa los programas sociales del gobierno].

En su texto publicado en la revista *Nexos* de Aguilar Camín, pone algunos ejemplos sobre cómo la tecnocracia se desligó de la realidad, o la "realidad" ha sido para ellos una hoja de cálculo. En mayo de 2016, con Enrique Peña Nieto como presidente, por presiones del empresario Claudio X. González (y uno de los autores de la fusión PRI-PAN) el gobierno despide a más de 3 mil maestros de la Coordinadora Nacional de Trabajadores de la Educación (CNTE), de ala izquierdista. "Esta decisión —dice—, sumamente aplaudida en las élites, sólo logró sumar a la descomposición del tejido social en México, dado que no tomó en consideración las repercusiones sociales de tener a tres mil familias sin fuentes de ingreso concentradas en uno de los estados más volátiles del país. El resultado inmediato fue un enfrentamiento entre maestros de la CNTE y fuerzas policiacas en la ciudad oaxaqueña de Nochixtlán en la cual fallecieron nueve personas, otras tantas salieron heridas".

Para dar un contexto global, cita a Joseph Stiglitz, Nobel de Economía, en su libro *El malestar en la globalización*.[15]

De manera resumida, ante una fuerte crisis financiera que comenzó a partir de 1997 en países como Tailandia, Filipinas y Corea del Sur, el Fondo Monetario Internacional recomendó medidas de austeridad fiscal, entre ellas, recortes en presupuestos de educación e infraestructura. Los tecnócratas asiáticos, ansiosos por cumplir

---

[15] Joseph E. Stiglitz, *El malestar en la globalización*. Tiene varias ediciones en español, la última de Taurus en Penguin Random House Grupo Editorial, 2019.

con los lineamientos del FMI, hicieron caso. El resultado fue una revuelta social. Las recomendaciones del FMI se veían atractivas en una hoja de cálculo, pero fueron desastrosas en las calles de Asia. Y un tercero, caso mexicano, cuando Salinas de Gortari reforma el artículo 27 constitucional en 1992 para privatizar las tierras ejidales. Aunque el TLCAN le ha traído importantes beneficios a la economía mexicana, también previó repercusiones negativas para campesinos e indígenas dada la supresión de las barreras de producción y precios de garantía. La falta de un plan efectivo de integración de campesinos y grupos indígenas al "Milagro mexicano" fue fundamental en lo que sería la insurgencia del Ejército Zapatista de Liberación Nacional que se dio el 1 de enero de 1994, día que el TLCAN entró en vigor. Incluso hay señalamientos que indican que este abandono a pequeños productores dio pie a la conquista del campo por narco organizaciones.

El modelo salinista se rompió en mil pedazos a finales del sexenio con una serie de eventos en cadena vinculados entre sí. Primero fue el levantamiento armado del Ejército Zapatista de Liberación Nacional en Chiapas, justo el 1º de enero de 1994, cuando entraba en vigor el Tratado de Libre Comercio de América del Norte; era la respuesta de los indígenas más abandonados, los que se mueren por enfermedades curables, al modelo que Octavio Paz comparó con el cardenismo. Luego vino el asesinato de Luis Donaldo Colosio, candidato del PRI a la presidencia, el 23 de marzo de 1994, y como una inmediata confirmación de que se trató de una *vendetta* adentro del mismo sistema podrido vino un segundo homicidio, igualmente ruidoso, de José Francisco Ruiz Massieu, cuñado del mismo presidente. Poco después, en diciembre de ese 1994, se desencadenó una crisis profunda por la insolvencia del Estado (quedaron cortas las reservas internacionales del Banco de México para el tamaño del ego de Salinas) y una consecuente devaluación del peso cuando Ernesto Zedillo asumía la presidencia. Y como si se tratara de una burla (a los mexicanos, sí, pero también a la comparación hecha por Paz), el mandatario de Estados Unidos, Bill Clinton, otorgó a México un préstamo de 20 mil millones de dólares que debió apalancarse con la factura del petróleo que Cárdenas expropió en 1938.

Los años del neoliberalismo fueron, además, de represión para la izquierda y de un profundo retroceso democrático. Carlos Salinas de Gortari llega con un fraude electoral contra Cuauhtémoc Cárdenas en 1988, y aunque se simula una transición democrática en 2000 con la llegada del primer panista a la presidencia, Vicente Fox Quesada, en 2006 se vuelve a cometer fraude contra la izquierda, ahora contra Andrés Manuel López Obrador.[16] Y durante la lucha para mantener las exigencias de elecciones libres y democráticas, ya fuera con el PRI o con el PAN en el poder, las élites intelectuales y académicas, así como las mediáticas y empresariales, se mantuvieron casi en bloque del lado de los gobiernos de derecha, aunque fingieron, como ya se ha explicado antes, una supuesta preocupación por la salud de la democracia. El colmo es cuando el neoliberalismo alcanza una zona donde anidaba el pensamiento crítico: la educación. Y sorprendentemente no hubo reacción en los núcleos intelectuales, académicos y culturales poderosos del país cuando el Banco Mundial exige políticas públicas que permitan al sector privado prestar servicios educativos a la vez que incorpora nuevos procesos de evaluación. Se crea un robusto "mercado de la educación", obviamente privado, mientras que se vende la idea de que el Estado debe sacar las manos del sector, entregar parte de la educación a los estados y permitir "la participación de la sociedad en el quehacer educativo".

Carlos Salinas impulsa en su proyecto, el llamado Programa Nacional para la Modernización Educativa, "relacionar mejor la educación con la productividad y con la organización social para la producción", es decir, educar para el nuevo modelo económico, y con ese objetivo se cambian los libros de texto y los programas educativos. Salinas había estudiado en la Facultad de Economía de la Universidad Nacional Autónoma de México (UNAM) pero su maestría y doctorado los hizo en la Universidad de Harvard en Estados Unidos,

[16] Para mayor comprensión sobre los fraudes electorales durante el periodo neoliberal y el alto precio que pagó la izquierda antes de acceder al poder (desapariciones y asesinatos de dirigentes sociales), se recomienda consultar la obra hermana de *Derecha*, también de Álvaro Delgado Gómez y Alejandro Páez Varela: *Izquierda. 1923-2023: La terca travesía*, México, Grijalbo, 2023.

algo con lo que Robert Lansing soñaba en 1924 pero que quedaba fuera del alcance de los mexicanos educados en el neoliberalismo. Salinas y sus sucesores neoliberales serían la antítesis del cardenismo, aunque Octavio Paz pensara otra cosa.

Después de abandonar la crítica, los intelectuales completan su viraje hacia la derecha en el siglo xxi. Son cultos, inteligentes, pero no rectos. Aceptan los *apapachos* y sustituyen la crítica por la ideología. Son intelectuales, pero intelectuales comprometidos con una derecha que se justifica a sí misma en el autoengaño; se dice heredera del liberalismo, que rescatan del siglo xix. Estas élites ayudan con los fraudes electorales, sirven de pata de mesa a presidentes cada vez más deslegitimados y se abrazan a los gobiernos del pri y del pan. Y les sacan provecho. Y en 2018, cuando pierden la presidencia y con más de 30 millones de votos se impone Andrés Manuel López Obrador, se vuelcan a los otros poderes, que pesan y tienen dinero: las élites económica, judicial y mediática. Y luego se meten a hacer política, ya sin la máscara, y en 2024 apuestan por Xóchitl Gálvez —una empresaria y política que ha amasado fortuna mientras funge como servidora pública— porque es un retrato de ellos mismos: miente, simula, es acomodaticia; se apropia del discurso de la izquierda; se llama trotskista, se dice defensora de la causa indígena y se pone como ejemplo del desarrollo personal.

Los intelectuales piensan, entonces, que todavía conservan el peso que tuvieron en las décadas pasadas y durante el proceso electoral se retratan con ella, le escriben loas, la defienden en debates, publican desplegados con su firma y le ayudan a diseñar una campaña fundamentada, básicamente, en el odio contra el mismo que ellos odian: López Obrador. Y dos semanas antes de la votación llaman a votar por ella. Y vuelven a perder. Son mayoría, pero allá arriba, en las élites, y arriba triunfan, pero abajo —pequeño detalle—, de donde salen los votos, pierden, y pierden mal.

Es, de hecho, una generación que ha envejecido mal. Los dos caciques culturales más poderosos de las últimas dos décadas del siglo xx y de las dos primeras del xxi, Enrique Krauze y Héctor Aguilar Camín, llegan a 2024 con casi 80 años a cuestas. Su mejor momento ha pasado cuando inicia un segundo periodo presidencial de izquierda, con Claudia Sheinbaum Pardo como presidenta. Esa es historia para más adelante, sin duda, porque sí —y gracias, Julio Cortázar—: uno de todos nosotros tiene que escribirlo, si es que esto ha de ser contado.

Una pregunta que ayuda a entender a las élites económica, intelectual y académica de 2024, cuando López Obrador deja la presidencia, es si seleccionaron a Xóchitl Gálvez como su candidata para que se resbalara, o porque se resbalaba. La primera opción era el clásico "tiro en un pie", es decir, suponer que querían que fracasara. Pero no. Realmente querían que ganara. La segunda idea implica que porque se resbalaba, alguien podría levantarla. Entonces —se puede concluir— la escogieron porque se resbalaba.

A los núcleos intelectuales, académicos y económicos de finales del siglo XX y de principios del XXI les gustaron los presidentes que se resbalaban para tener la oportunidad de ponerlos de pie, y mientras los levantaban les revisan los bolsillos, a ver qué encontraban. Ernesto Zedillo tiró el castillo de naipes que había construido su antecesor, Carlos Salinas; lo ayudan a levantarse. Vicente Fox fue básicamente un ignorante de lengua larga; allí estaban las élites para ayudarlo y en su caso más: lo eligieron, seguramente, para manipularlo. Luego vino el mandatario más cargado a la derecha en 50 años, desde Gustavo Díaz Ordaz: Felipe Calderón; a ese ya no lo acercaron al barranco: se fue derecho a él: declaró una guerra, metió al país en una campal sangrienta y luego intentaron echarle un lazo a través de los medios. No lo lograron. Su partido se fue, en 2012, al tercer lugar en las preferencias electorales. Y vino Enrique Peña Nieto, un títere que a veces mostraba voluntad propia; el payaso de las cachetadas; alguien de antemano derrotado porque olía a corrupción. Y después llegó López Obrador, de izquierda, cuando pensaban que lo habían derrotado con el fraude de 2006.

López Obrador fue el primer presidente del último medio siglo que las poderosas élites no podrían manipular. Fue el primero en salirse de su control en muchas décadas. Sin haberse graduado de Harvard o de otra universidad del extranjero; sin ser de alguna de las escuelas de pensamiento económico liberal, tomó las riendas de la economía y no causó el colapso que la derecha pronosticó durante años. El primer gobierno de izquierda desde Cárdenas aplicó una mezcla de ortodoxia en el manejo de la macroeconomía con un

Estado de bienestar más robusto para detener la precarización de las clases bajas en el campo y en las ciudades. Y así, el neoliberalismo no entraba en crisis con López Obrador: lo que expulsaba al modelo neoliberal eran las distintas crisis que provocó: desde los clásicos colapsos financieros y la insolvencia de las finanzas públicas hasta los estallidos sociales causados por la inequidad en el reparto de las ganancias nacionales.

Los núcleos intelectuales y académicos mostraron una gran habilidad de transformación durante el colapso de los llamados "gobiernos de la Revolución", a nivel local, y el derrumbe del Muro de Berlín, en lo internacional: abandonaron sus simpatías con la izquierda y, con el argumento de volver los ojos al pensamiento liberal mexicano del siglo XIX, se abrazaron del neoliberalismo económico. Una parte importante de ellos —como Aguilar Camín, Jorge Castañeda o Roger Bartra— había defendido la opción de izquierda en algún punto, pero Carlos Salinas de Gortari los engulló de un bocado. Y en masa, los supuestos pensadores de izquierda se unieron al salinismo. No todos, pero casi todos. Cuando las ideas de izquierda regresan a México y forman una ola suficientemente alta para amenazar su poder, entonces reclasificaron las tendencias ideológicas a su antojo. López Obrador sería "populista" y ellos representarían a los "demócratas". Inyectaron el término *populista* como sinónimo de *dictadura*.

Pero no todos renunciaron a lo que habían sido después del colapso de los gobiernos revolucionarios y del Muro de Berlín. Otros se mantuvieron firmes y dieron cuerpo a la esperanza, como es posible leer en el libro *Izquierda*. "Los comunistas soltaron el lastre de la Revolución Mexicana, pero otros agrupamientos de la izquierda no lo hicieron", dicen Carlos Illades y Daniel Kent Carrasco en su *Historia mínima del comunismo y anticomunismo en el debate mexicano*.[17]

Nos referimos a la izquierda nacionalista encabezada por Heberto Castillo y al Movimiento de Acción Popular (MAP), grupo de intelectuales y sindicalistas congregado alrededor del líder electricista

---

[17] Carlos Illades y Daniel Kent Carrasco, *Historia mínima del comunismo y anticomunismo en el debate mexicano*, México, El Colegio de México, 2022.

Rafael Galván. La expectativa de un desprendimiento —o cuando menos una alianza— del ala progresista (lo que ello significara) del PRI estuvo largo tiempo presente en el ánimo de la izquierda, y se reavivó con el discreto desempeño electoral del Partido Socialista Unificado de México (PSUM). La oportunidad ocurrió con la escisión cardenista del PRI y el fracaso de la campaña presidencial del ingeniero Castillo en 1988, a nombre del bisoño Partido Mexicano Socialista (PMS). Ello, añadido a la caída del Muro de Berlín el año siguiente, arrojó no sólo al comunismo, sino también a la izquierda mexicana entera, a los brazos del nacionalismo priista, empeñado en resguardar a la Revolución Mexicana de la avalancha neoliberal.

Illades y Kent Carrasco explican cómo se dio la transición de los intelectuales de izquierda: unos encontraron refugio en el gobierno salinista y la derecha, y otros se inclinaron al altermundismo, dicen.

Del leninismo duro o del estalinismo más añejo, estos intelectuales canjearon la revolución proletaria por la autonomía indígena, y el jerárquico centralismo democrático por el humilde "mandar obedeciendo". La superación de las relaciones de producción capitalistas no requeriría la toma del poder, antes bien se conseguiría creando espacios autonómicos gobernados por las comunidades indígenas en territorios ganados al Estado nacional. Sustraerse de la globalización era la manera óptima de generar enclaves "anticapitalistas", por lo que no se trataba ya de conformar una hegemonía que permitiera el cambio de rumbo cuando menos a escala nacional. La revolución mundial atisbada por el marxismo clásico devino en una geografía local, y el pensamiento estratégico de la izquierda, en una lucha de trincheras contra el capitalismo global. No se trababa más de cambiar el mundo, el proyecto era crear "un mundo donde cupieran muchos mundos".

Un caso especial: Roger Bartra, antropólogo, militante del PSM y enemigo cantado del lopezobradorismo. De ser un activo de la intelectualidad de izquierda en México evolucionó hasta convertirse en un promotor del pensamiento de la derecha e incluso de la ultraderecha. Es quien organiza el manifiesto de apoyo a la candidata Xóchitl Gálvez antes de la elección y del encuentro en el que se toman la foto con ella. Como "Los Chuchos", la corriente encabezada por Jesús Zambrano y Jesús Ortega que se quedó con los restos del Partido de la Revolución Democrática, Bartra construyó un puente de cristal desde la izquierda hasta la derecha más rancia (Ricardo Anaya, Xóchitl Gálvez) que hizo aún más visible y dramático su cambio de ropajes. Intentó, con largas disertaciones, justificar ideológicamente su transición durante el primer cuarto del siglo XXI y lo hizo a través de libros y artículos que publicó sobre todo en *Letras Libres*.

Su cambio de piel tuvo lugar en los espacios usados por los otros intelectuales para su propia transformación. Y frente a él, Aguilar Camín y Krauze se vieron incluso moderados.

Carlos Illades y Daniel Kent Carrasco escriben:

> Bartra, quien había dedicado mucho tiempo y tinta a elaboraciones alrededor del marxismo, diagnosticó su muerte clínica: "el marxismo y el socialismo comunista se encuentran en un proceso de desaparición y no parecen ser campos fértiles que podrían ser trabajados por un reformismo intelectual renovado". Las clases subalternas —reducidas a una farragosa cultura antidemocrática—, la desigualdad social —en el país de clases medias imaginado— o la guerra contra el crimen organizado —cebada en aquellas clases— serían mero paisaje en las múltiples páginas dedicadas por el antropólogo mexicano a la transición democrática, gratamente sorprendido además "por el liberalismo ilustrado que impregna muchos sectores del PAN", y no digamos por el "fenómeno extraño y novedoso" del "viraje hacia la izquierda de Ricardo Anaya".
>
> Con una inocultable animadversión política hacia el lopezobradorismo, Bartra, la sepultó más de una vez, en 2006, porque un nacionalismo trasnochado "y el estilo priista" lo hicieron sucumbir ante el candidato de la derecha moderna; en tanto que la derrota la pronosticó inminente en 2018 debido a que el espacio populista se ha ido cerrando lentamente [...] [sumado a] que López Obrador como candidato tiene una tendencia a equivocarse, a meter la pata, y no la puede refrenar, y cuando ya se ha equivocado, "trata

de dar marcha atrás, pero vuelve a caer". Esto es, el populismo iba a la baja y la personalidad del candidato lo condenaba de antemano a la derrota. También el antropólogo mexicano precavió al PRD de aliarse con Morena, al calificar el despropósito como "un suicidio político", no así la "utópica y deseable" coalición con el PAN. Ahora bien, si triunfó finalmente López Obrador, y de la manera más contundente desde que hay una real competencia electoral, ello no se debió —aventura Bartra— al carisma del candidato, la estrategia electoral o algún dato duro de la realidad, sino a una alianza espuria con el PRI, quien entregó la elección al morenista designando a un competidor gris para frenar al joven prospecto de la derecha democrática.

La transformación de activistas, intelectuales, académicos y políticos de izquierda hacia el salinismo y luego al neoliberalismo, vista en el tiempo, fue más burda de lo que ellos mismos hubieran querido. Muchos tuvieron tiempo, como Bartra, para ahondar en una justificación ideológica que resultó en ese puente de cristal que hizo todavía más visible su tránsito hacia la derecha. Otros, como Tomás Borge, un escritor y político nicaragüense que había fundado el Frente Sandinista de Liberación Nacional, escribieron loas a Carlos Salinas de Gortari y luego la edad y después la muerte les evitaron la pena de seguir visibilizando su rendición al poder.[18]

"El gobierno de López Obrador ha dejado en la intelectualidad una estela oscura de pesimismos y ha ocasionado una gran alarma. Se ha extendido la idea de que hay una erosión de la democracia y que se desprecia el Estado de derecho. Se siente que hay una anulación de la opinión pública y que están cancelados los diálogos. Se observa que el pensamiento crítico no incide en el curso de la política gubernamental. Muchos perciben que, en medio de la abundante

---

[18] En el colmo de su adhesión al salinismo, Tomás Borge publica en 1993 una serie de crónicas-loas a Carlos Salinas de Gortari. El libro *Salinas, los dilemas de la modernidad* habla de un hombre transformador, adelantado a su tiempo, visionario, sensible con los pobres. Apenas meses después de salir el libro vino el levantamiento del Ejército Zapatista de Liberación Nacional en Chiapas como para exhibir aún más a Borge.

palabrería política, el silencio se cierne sobre ellos", escribe Bartra en mayo de 2023. Claro, en *Letras Libres*.[19] Y en el reclamo hay gran parte de razón, visto desde su trinchera: en efecto, los intelectuales han perdido poder y brillo durante el gobierno de López Obrador, y se nota que lo extrañan. "Aunque hay una crítica muy activa en los medios y en las redes, ello no parece hacer ninguna mella en las políticas públicas. Pareciera que predomina una crítica ferviente que no llega a ningún lado. Se cree que hay una sociedad civil inerte y estéril. Quienes buscan una salida temen que el espíritu crítico se ha quedado sin fuerza y las esperanzas en la izquierda que creció con la transición democrática se marchitan al darse cuenta de que esta ha quedado atrapada en un enredo ideológico. ¿Qué hacer? es la pregunta que surge con cierta desesperación", agrega el fundador de *El Machete*, la revista financiada por el Partido Comunista Mexicano y, otra vez, tiene razón: las élites que apoyaron los últimos gobiernos de derecha llegan a la elección del 2 de junio de 2024 desconsolados: llevan seis años fuera del poder y del presupuesto, y se perfilan otros seis años más.

Antes, en abril de 2021, López Obrador se refirió a Bartra a propósito de la publicación del libro *El regreso a la jaula*.[20,21]

—Acaba de escribir un libro en contra mía Roger Bartra. Era marxista, fue director del periódico *El Machete* del Partido Comunista —dijo el presidente.

—Y le hace una crítica muy fuerte a usted, en ese libro —le dijo un reportero.

—Sí. Pero a lo que voy es: se cansó de ser como era. Y lo cooptó Krauze. Lo enganchó. Pero así: de director de *El Machete*, del periódico del Partido Comunista, a *Letras Libres* de Krauze.

[19] Roger Bartra, "La crítica en su espiral: la intelectualidad mexicana frente al gobierno populista", *Letras Libres*, 1° de mayo de 2023.

[20] Conferencia de prensa del presidente Andrés Manuel López Obrador, Palacio Nacional, presidencia de la República, 5 de abril de 2021.

[21] Roger Bartra, *Regreso a la jaula. El fracaso de López Obrador*, México, Debate, 2021.

Lo recuerdo porque yo estaba en la facultad en ese entonces —agregó el presidente inmediatamente después—. Él es mayor que yo, él es como contemporáneo del maestro Semo, de Enrique Semo, y entre los dos hacían una revista muy buena, mucho muy buena que se llamaba *Historia y Sociedad*, una revista teórica. Semo ahí está. Le mando un abrazo. Ese no se cansó de ser como era. Sigue siendo consecuente. En cambio, Roger, pues también tiene todo su derecho, cambió de parecer. Entonces, la vida es así. Y no hay que alarmarse y mucho menos censurar. Sólo conocer los procesos. Porque esto ayuda mucho, es didáctico. Nosotros damos por hecho a veces cosas que los jóvenes no vivieron, porque además fue un tiempo de mucha oscuridad el neoliberalismo. Querían acabar con la Historia. Entonces, imagínense cómo estaban las universidades, cómo estaba la enseñanza, qué era lo que predominaba. No eran las ciencias sociales, no había un tronco común sobre humanismo. Era: "Estudia para que llegues a ser como los neoliberales exitosos; qué vas a estar pensando en Morelos, eso ya pasó, eso ya tiene mucho tiempo. Cómo vas a estar pensando en que se modere la indigencia y la opulencia, no, preocúpate por ti". Y el clasismo a todo lo que daba, y el individualismo y el racismo, y la discriminación, al grado de que en todo ese periodo neoliberal muchos negaban sus orígenes, su identidad, sus culturas. Lo mejor que tienen o lo mejor que puede tener un ser humano. Entonces, nada más comprender que un proceso de cambio lleva aparejado también una revolución de las conciencias, un cambio de mentalidad. No se puede dar así nada más. A ver, como decía Martí: buscar el bienestar material, crecimiento económico, producto interno bruto, empleo, salario; es importante. Pero no sólo el bienestar material. El bienestar del alma se necesita, eso hay que irlo diciendo.

Bartra le revira al presidente muchas veces, en textos variados, en cuanto foro puede.

En mayo de 2024 escribe en *Letras Libres*; sí, en la revista de Enrique Krauze:

Es muy importante la idea de que la tan publicitada "revolución de las conciencias" es una revolución imaginaria. Una mera revolución declarativa que reprodujo los viejos vicios políticos, no revirtió las tendencias neoliberales, expandió la presencia de las fuerzas militares a espacios muy alejados de su competencia, fortaleció el poder ejecutivo y dejó que el crimen organizado consolidase su poder en la sombra. El conservadurismo medular y la imaginación providencialista de la historia del presidente, sumados al oportunismo de sus huestes, han evaporado las pretensiones izquierdistas que proclamó el obradorismo. La revolución ha ocurrido en el terreno de lo imaginario: la ruptura con el antiguo régimen fue una ilusión que atrajo a muchos, el impulso por la soberanía se desvaneció con la postura incondicional ante la agresiva política migratoria de Donald Trump, la solidaridad del presidente con los pobres se volvió una política clientelar y todo giró en torno de una "genuina empatía con las clases populares" al estar el presidente en campaña permanente ante el México olvidado y pobre, lo que genera esperanza en amplios sectores de la población. Una cadena de ilusiones, esperanzas, desvanecimientos y espejismos funciona con eficacia en la imaginería popular.[22]

Un final en primera persona

He escrito en tercera persona mis textos para la trilogía que componen los libros *La disputa por México*, *Izquierda* y *Derecha* y opté, para contar lo que he contado, por un estilo apegado a mi oficio. Soy periodista, mi padre fue periodista, vengo de una familia de periodistas e hice mi propia familia en los periódicos en los que prácticamente viví desde que tenía 14 años. Fui "huesitos" (o ayudante de redacción), editor y reportero; algún tiempo fui consultor. Siempre he trabajado en los medios (salvo, cuando era niño, vendiendo bolsas de cloro y detergente, chicles y un verano como obrero de maquila) y tampoco quise hacer otra cosa. Fui individuo de un solo oficio.

He procurado suficiente bibliografía y muchas citas textuales (formación o deformación profesional) porque deseo que, aunque

---

[22] Roger Bartra, "La izquierda obradorista: primero como promesa, después como farsa", *Letras Libres*, 1º de mayo de 2024.

sea una sola persona —entre los lectores potenciales de *Derecha*—, alguien se comprometa consigo mismo y profundice en la gran variedad de temas que tratamos. Aunque este libro tiene prólogo y una reflexión final que firmamos Álvaro Delgado (coautor) y yo, me obligué a utilizar la primera persona para los párrafos finales, que dedico a una reflexión breve y en voz alta sobre la prensa en México. Deseo que no se pierda la voz del que escribe justo en esta parte de un relato largo de tres obras y realizado a lo largo de varios años.

Como los libros no tienen fecha de caducidad (algunos se agrian con los años pero no se convierten en jocoque: siguen siendo libros), dejo fechadas estas líneas: es casi junio de 2024 mientras escribo, a días de acudir a votar. Pronto habrá una nueva presidenta de México, ampliamente probable que sea de izquierda, y una nueva página se abre en México. Una parte del país está parada con los pies desnudos sobre una navaja, voluntariamente, mientras que la otra, mayoritaria, se ajusta el mecapal de la frente —también voluntariamente— para que le carguen la canasta porque hay mucho por hacer.

Algunos lloran lo que perdieron con el gobierno de izquierda que termina, otros se abrazan a lo que lograron, y por la actitud y por los dientes apretados siento que no lo dejarán ir tan fácilmente; los más desprotegidos ganan poco en cada jornada; ahora han ganado un poco más y lo han hecho suyo. Creo que será difícil arrebatárselos.

Es de enorme valor para este libro dejar por escrito que en 2024, como sucedió antes, una gran mayoría de los medios estaba en guerra contra el presidente de izquierda. Lázaro Cárdenas enfrentó algo similar. Lo mismo otros mandatarios mexicanos, como Francisco I. Madero, quien intentó por distintas vías controlar a los periodistas que venían del porfiriato y eran sus opositores, y fracasó. Pero la nube de polvo que se elevó en el primer cuarto del siglo XXI por la refriega izquierda-derecha no permitió la reflexión de fondo sobre el papel histórico de la prensa mexicana, calificada siempre como "profundamente corrupta", porque los ejemplos sobran. Ligada a la derecha (al neoliberalismo y al conservadurismo) y al mismo tiempo sometida a una crisis doble por el cambio de modelo de negocios (en una era de nuevas y mejores tecnologías de la comunicación), sufre el abatimiento de su credibilidad.

La crisis de modelo de negocio de la gran prensa —televisión, radio, impresos— es global y se acentuó en el nuevo siglo. En el caso mexicano, los últimos dos presidentes del neoliberalismo, Felipe Calderón y Enrique Peña, les aligeraron la carga a los dueños inyectando fuertes cantidades de dinero en publicidad oficial (en conjunto más de 110 mil millones de pesos)[23] e invitándolos a nuevos negocios lucrativos que se transparentaron en el gobierno de López Obrador: los contratos de anuncios se acompañaron de contratos en otros sectores como la infraestructura o las concesiones para operar servicios estatales: desde penales hasta hospitales y la salud en general. Esto dio un alivio legal a las empresas de medios, pero profundamente inmoral en un país con más de 50 millones en pobreza y donde los gobiernos ponen dinero donde esperan un trato amable. El presidente de izquierda bajó los montos de publicidad oficial de manera significativa y, a mi parecer, falló al no dejar reglas claras que democratizaran su reparto, de tal forma que dos consorcios televisivos, Televisa y TV Azteca, y un diario impreso de izquierda, *La Jornada*, se llevaron gran parte del pastel publicitario.

La nube de polvo del enfrentamiento izquierda-derecha, el abrazo de los periodistas y medios a la academia y a los intelectuales con los que comparte la ideología neoliberal, y la misma (conveniente) falta de consensos a su interior, dejaron a la prensa fuera de un análisis crítico, serio y desapasionado sobre el rol que ha jugado durante los siglos xx y xxi mexicanos. Y es difícil que esto venga de afuera porque el poder de la prensa es inequívoco y reacciona como un escorpión: encaja el veloz aguijón a todo lo que considera una amenaza a su estilo de vida y es capaz de atacar a una planta porque le raspó la espalda o a un pájaro que levantaba granos del suelo. Por eso, y por su dependencia económica a otros poderes, la autocrítica ha sido casi inexistente, y por eso sus niveles de descomposición fueron en paralelo a la descomposición del sistema político mexicano en su conjunto.

[23] Organizaciones independientes calculan que Felipe Calderón destinó 48 mil millones de pesos en su sexenio para la compra de publicidad oficial concentrados en un puñado de medios, mientras que el gasto de Enrique Peña se elevó hasta 68 mil millones.

Un puñado se ha atrevido a cuestionar que la televisión priva-da, por ejemplo, ha diseminado durante décadas la idea de que los blancos nacen marcados por el éxito mientras que los indígenas y los mestizos (que son la mayoría en México) son chistosos, curiosos y folclóricos —en el mejor de los casos—, o inaceptables, feos, meno-res, mediocres, clientes de los peores productos (como la comida chatarra) y merecedores de los peores empleos. La televisión pri-vada inyectó, durante casi un siglo, que el éxito consistía en acumu-lar riqueza o en gastarla en superficialidades. Es decir: normalizó el consumismo, el racismo y el clasismo entre los mexicanos. Ahora, si la cultura del narcotráfico utiliza la pérdida de valores y el deseo desmedido de los jóvenes por el dinero fácil que les permiten "cum-plir" con los modos de vida que le exige una sociedad —y que no se sostienen con el trabajo honrado—, ¿qué tanta culpa tiene la pren-sa de la ola de violencia que ha sufrido México durante el siglo XXI? Y si fueron las políticas públicas del neoliberalismo las que no per-mitieron un sistema fuerte de televisión pública que sirviera de con-trapeso, ¿qué tanta culpa tiene, a su vez, el modelo económico en la deshumanización y la normalización de la crueldad criminal que daña hasta los tuétanos a la nación?

Lo mismo deberíamos preguntarnos con el segundo peor mal de la sociedad mexicana moderna: la pandemia de obesidad. De acuerdo con la UNAM, 75.1 por ciento de la población adulta tie-ne sobrepeso u obesidad, y en siete entidades (Sonora, Colima, Baja California, Yucatán, Tabasco, Quintana Roo y Campeche) la pre-valencia es mayor a 80 por ciento, es decir, ocho de cada 10 per-sonas.[24] El Instituto Nacional de Salud Pública de México hizo en 2020 un estudio sobre la publicidad de la comida chatarra en la tele-visión abierta y el resultado era de esperarse: es, en gran parte, cul-pable de la pandemia.[25] ¿Por qué, si el negocio de la televisión opera con concesiones, no se les retiran o simplemente se les prohíbe por

---

[24] "Más de 75 por ciento de la población presenta sobrepeso u obesidad", *Gaceta UNAM*, septiembre de 2022.

[25] "Publicidad de alimentos y bebidas", Instituto Nacional de Salud Pública, septiembre de 2020.

razones de Estado cualquier publicidad que fomente el consumo de comida chatarra?

La televisión que tenemos, además, no es producto de una evolución "natural" de la industria, sino de decisiones que se tomaron desde la tecnocracia neoliberal. En 1983, con Miguel de la Madrid, nació el Instituto Mexicano de la Televisión (Imevisión) con Canal 13, Canal 7 y Canal 22, al que se le adjudicaron repetidoras del anterior sistema, llamado Televisión de la República Mexicana (TRM). Por el malentendido en su función, Imevisión empezó a competir con Televisa en el modelo y poco tiempo después el sistema público era una mala copia del privado. Luego llegó Carlos Salinas de Gortari y marcó un antes y después, para mal: en 1993 Imevisión se disolvió y los canales 7 y 13, junto con sus repetidoras, fueron entregados a un empresario amigo de su hermano Raúl Salinas: Ricardo Salinas Pliego, quien funda Televisión Azteca con un único fin: el lucrativo. Sólo quedó Canal 22, con bajo presupuesto, en manos del Consejo Nacional para la Cultura y las Artes que, a su vez, siempre está en manos de camarillas y núcleos intelectuales.

Pero además está el daño que ha hecho la televisión a la democracia mexicana. Fue partícipe de fraudes electorales como en 1988 y en 2006, y ha tomado partido por los poderes políticos, intelectuales, académicos y económicos para imponer gobernantes a una población pobremente educada en valores democráticos. Y no sólo eso: ha presionado para el establecimiento de ciertas políticas públicas que le beneficien, ha forzado cambios en las leyes e incluso ha vetado planes de gobierno. En 2024, por ejemplo, el magnate Ricardo Salinas Pliego buscó evitar la distribución de libros de texto gratuitos porque simplemente le parecieron "comunistas" sin haberlos leído. La realidad es que el gobierno le estaba cobrando 63 mil millones de pesos que deben sus empresas al fisco y usó su poder mediático para ejercer presión.

Entonces, el problema de fondo son los gobiernos que entregaron poder hegemónico a un puñado de empresarios avariciosos, sin compromiso social o con los valores democráticos, y "la concentración de la televisión en dos grupos empresariales nos muestra un panorama ya de principio poco equitativo y plural, es decir, hasta 2003, 93 por ciento de las emisoras de la televisión comercial pertenecían a Televisa (80 por ciento) y a Televisión Azteca (13 por ciento)", como explica Carmen Patricia Ortega Ramírez en *La otra televisión. Por qué no tenemos televisión pública.*[26]

El panorama con los medios impresos y en línea o con la radio no es distinto. Son empresas más pequeñas, y entre más pequeñas, más vulnerables económicamente. Incluso diría que son compañías más propensas a ser presionadas y corrompidas por los poderes económico, político y estatal. En pueblos y ciudades de las entidades federativas esto se potencia: un legislador, un narcotraficante mediano o un empresario no tan poderosos pueden perfectamente creerse con la "autoridad" para amedrentar periodistas o para comprar silencio. Y si se considera que estos poderes de facto —como el criminal o el narcopolítico— han ganado un espacio informal dentro de las estructuras económicas formales de nuestras sociedades, entonces un pequeño medio de comunicación —mucho son incluso familiares— vive entre la precariedad y el miedo. Aquí es donde los gobiernos han fallado: sectores estratégicos como el mediático deben recibir protección —que no privilegios o apapachos— que les permita desarrollar su actividad con libertad y sin presiones externas. No se hizo en el pasado y desgraciadamente tampoco lo hizo López Obrador. Había, hay manera de hacerlo. Pero aquí suena otra alerta, una más: ¿hasta dónde debe involucrarse el Estado en la empresa privada cuya legitimidad depende de su independencia? ¿Hasta dónde, sin que se convierta en cooptación?

Algunos medios y periodistas —aquí me incluyo— hemos ganado autonomía de los poderes de facto conforme aprendimos a dominar nuevas formas de comunicación y financiamiento con la tecnología. Una mezcla de (otra vez) mucho trabajo, acercamiento directo con la audiencia, ensayo-y-error con las herramientas que ofrecen las redes sociales y búsqueda constante de periodismo de profundidad dieron un nuevo aire a periodistas viejos y nuevos. El futuro es siempre incierto pero ahora mismo, mientras escribo, vemos alternativas. A la vez entendemos que no es posible rendirse; que hay gente que nos necesita y que hay adentro, en nosotros,

[26] Carmen Patricia Ortega Ramírez, *La otra televisión. Por qué no tenemos televisión pública*, México, UAM-X, CSH, Educación y comunicación, 2006.

un deseo por mantener la dignidad y la independencia que reclaman las sociedades modernas y también nuestro viejo oficio. He recibido presiones en cada esquina que doblo y en cada decisión que tomamos como colectivo, pero ¿quién no? Lo entendemos como parte de una larga batalla por la independencia y la libertad; por defender aquello en lo que creemos y el lugar que se nos ha asignado dentro de la comunidad. Nos vemos en un maratón de resistencia con una meta que se aleja; por eso es preciso celebrar cada metro avanzado.

Pero estas pequeñas conquistas se hacen aún más pequeñas cuando se voltea hacia la realidad; hacia las montañas de corrupción e impunidad que resisten al tiempo. Al concluir tres libros que analizan al poder (o a los poderes) se hace más evidente que las redes de complicidad en México han existido siempre y se han acentuado con el "capitalismo de cuates y para los cuates", con el neoliberalismo, con la derecha en el poder. Y "no sólo se hizo cada vez más evidente sino multiplicó la tendencia a generar riquezas particulares y pérdidas públicas", como dice Edgar Morín en *Crímenes de cuello blanco. El capitalismo de amigotes y las redes en la mafia del poder.*[27]

> Así las cosas —agrega en 2019—, estos delitos de cuello blanco o criminalidad del poder con todo y su carga de dinero, estatus y rasgos culturales se han naturalizado o incorporado a la mentalidad cobijados bajo esa peculiar combinación de neoliberalismo descrito por Wacquant y un capitalismo de amigotes impulsado por todo el país desde las alturas del poder político-económico al menos durante los últimos 30 años; aunque no deja de ser curioso que esta naturalización de una mentalidad asimismo pueda ser interpretada en relación con grados de desviación, pues no conviene olvidar que es la sociedad la que da el valor de lo lícito y lo ilícito.

Morín destaca un "sistema con abundantes reglas institucionales no escritas que reflejan un esquema de prebendas donde se debe recuperar la inversión, y que aplica en política, sindicatos (algunos con usos

---

[27] Édgar Morín Martínez, *Crímenes de cuello blanco. El capitalismo de amigotes y las redes en la mafia del poder*, México, Grijalbo, 2019.

y costumbres tan torcidos como heredar puestos y plazas de trabajo a sus hijas e hijos) o cúpulas empresariales que piden al presidente en turno todo tipo de beneficios y negocios". El autor dice que

> las concesiones otorgadas por el Estado son lo más emblemático del fenómeno y las muy densas redes de relaciones entre poderes políticos y económicos son una madeja cada vez más compleja dado que se suman prestanombres, dos o tres habitualmente, empresas que ya no son personas físicas, y cuentas bancarias en lugares como Andorra o Sudáfrica, pero que antes pasaron por sociedades domiciliadas en Panamá, las Islas Vírgenes Británicas y Malasia. Sin faltar por supuesto los más pedestres, quienes no sólo conciben lo mal habido como algo natural sino que esa mezcla de ambición, desconfianza y miedo los lleva a optar por hacerse de propiedades en Texas o Miami en vez de sociedades offshore en las islas Caimán o Vírgenes Británicas, por lo que suelen ser los más rápidamente detectados y a veces a los únicos que atrapan las autoridades [sobre todo las de otros países].

Frente a esto, las tareas del periodismo se multiplican. Y, al menos en opinión de un servidor, los medios mexicanos están muy lejos de ser verdaderas fábricas de verificación de datos, aparatos de auscultación e investigación que trasluzcan el poder público y el privado; que indaguen a fondo la corrupción de altos vuelos: la que tiene origen en la entraña del Estado y la que se beneficia de la falta de mecanismos formales para atajarla. Durante los últimos años se fueron creando organismos supuestamente independientes que tendrían como objetivo vigilar al poder, pero como nadie los vigila a ellos entonces se convirtieron en validadores de actos de corrupción cada vez más vulgares y cada vez más atrevidos. Y si los medios no tienen la fortaleza para investigar y por otro lado son parte de las redes de poder cómplice, entonces los ciudadanos no tienen otra opción que resignarse a que la corrupción "es cultural" y entonces no hay nada que hacer con ella, como dijo el expresidente Enrique Peña Nieto.

Una porción importante de los mexicanos se dejó llevar hacia el neoliberalismo porque fue convencida de que el Estado es corrupto e ineficiente. Entonces autorizó a ese mismo Estado a deshacerse de "la tentación", es decir, dejar de administrar empresas y bienes nacionales. Sin ellos, fue el argumento, el Estado dejaba de ser corrupto e ineficiente y era, simplemente, *nada*. Vivan los ciudadanos, se dijo; muera el Estado. El problema es que el Estado sí es *algo*: es un Estado beneficiario de las élites y para financiarse recurre a los bolsillos de esa porción importante de los mexicanos y de la otra porción de mexicanos, ya sea gastándose su riqueza (como el petróleo) o cargándole la mano en impuestos. Esto crea otra realidad: hay ciudadanos de primera categoría y otros de tercera; los primeros son los beneficiarios del Estado "adelgazado" y los terceros, los que financian a los primeros y al Estado. Además esos, los primeros, las élites, se vuelven poderes cada vez más poderosos entre más se adelgaza el Estado. Flotan por encima de todo *lo demás*, incluyendo el Estado y las dos porciones de mexicanos juntas. Así, la estructura propuesta e impulsada por el neoliberalismo básicamente puso en manos de un grupo a todos los demás.

En la última década los mexicanos tuvimos la enorme oportunidad de ver en operación un ejemplo de estos ciclos perversos generados por los gobiernos y las élites de privilegio. Un multimillonario, hijo de una familia que ha vivido de sus relaciones con el poder y de contratos gubernamentales, lanzó una organización "de la sociedad civil" cuyo brazo musculoso, supuestamente, sería el periodismo de investigación. "Mexicanos contra la Corrupción y la Impunidad" o MCCI, le llamó Claudio X. González. Nació en el gobierno de Peña Nieto. El padre, Claudio X. González Laporte, dueño de Kimberly-Clark, había obtenido 2 mil 360 contratos por adjudicación directa por un monto de 296 millones 115 mil 818 pesos justo en el gobierno de Peña, de acuerdo con el Portal de Obligaciones y Transparencia y la plataforma Compranet. Y además se benefició con 10 concesiones recibidas entre los años 1994, 1995, 1996 y 2001, para extracción de aguas nacionales y bienes públicos inherentes para uso industrial, de acuerdo con una investigación de la periodista Guadalupe Fuentes.[28] "El grupo empresarial no tuvo que competir para ganar un solo contrato

---

[28] Guadalupe Fuentes, "Ni uno de los 2,360 contratos de Kimberly con el Gobierno de EPN pasó licitación; fueron directos", *SinEmbargo*, 18 de junio de 2018.

en este sexenio, pues a través de Diconsa recibió 2 mil 360 por adjudicación directa por un monto de 296 millones 115 mil 818 pesos. La gama de los montos de los más de dos mil contratos de Kimberly-Clark con el Gobierno va desde convenios de 745 pesos hasta los que se firmaron por más de un millón de pesos", explica la reportera en su texto.

El señor González hijo, sin embargo, recibió dinero de Kimberly-Clark y de otros corporativos para fundar la organización que supuestamente iba a vigilar la corrupción y la impunidad. ¿Cuántas veces, en una década, MCCI publicó investigaciones sobre los contratos gubernamentales sin licitación de sus patrocinadores y de su padre? Nunca. Tampoco se esperaba que lo hiciera, por supuesto. La organización de Claudio X. González había nacido como un grupo de presión que luego se fue contra el verdadero objeto de su deseo: Andrés Manuel López Obrador. Lo más llamativo de MCCI es que en sus reportes de ingresos aparecen aportaciones de la Agencia de los Estados Unidos para el Desarrollo Internacional (USAID), acusada durante décadas de participar junto con la CIA en la desestabilización y derrocamiento de gobiernos de izquierda con los que Washington simplemente no simpatiza.

En 2021 Claudio X. González, quien había trabajado con presidentes como Ernesto Zedillo, se separó de la organización supuestamente periodística y dedicó sus esfuerzos a unir al PRI, al PAN y al PRD en una sola fuerza electoral de derecha que enfrentara a la izquierda; la alianza nació en su residencia, la mansión de un multimillonario.[29] Si MCCI no hubiera sido desenmascarado —algo que muy probablemente hubiera sucedido en otros tiempos—, la élite económica habría amarrado un frente electoral de resistencia contra López

[29] En *La disputa por México*, Álvaro Delgado Gómez detalla ampliamente la manera en la que Claudio X. González reúne a toda la derecha partidista (representantes del PRI, el PAN, el PRD, Movimiento Ciudadano y México Libre, embrión de partido de Felipe Calderón y Margarita Zavala) en su mansión de la capital mexicana para acordar una fusión electoral que se concreta en 2021, durante las elecciones federales intermedias. Movimiento Ciudadano decide no participar y la pareja Calderón-Zavala fueron descubiertos por las autoridades electorales haciendo fraude con firmas y documentos falsos, por lo que el registro de su partido no se dio.

Obrador, un grupo de choque disfrazado de núcleo de periodistas y otras organizaciones que el mismo Claudio X. había articulado para combatir al presidente de izquierda: desde un despacho especializado en paralizar obras del gobierno, llamado Consejo Nacional de Litigio Estratégico, hasta falsas organizaciones "de la sociedad civil" enmascaradas con miembros de distintos partidos.

Independientemente del daño que la iniciativa de los poderosos señores González (padre e hijo) ha hecho a la organización social en México —usurpándola con logotipos y obteniendo recursos que podrían destinarse a frentes reales, como la pobreza—, lo anterior es apenas una probadita, nada exhaustiva, de cómo el periodismo en México es tan falto de principios que nadie se atrevió a denunciar a Mexicanos contra la Corrupción y la Impunidad, y todo lo contrario: medios como *Reforma* (con fuerte identificación con la derecha), e incluso la revista *Proceso*, reprodujeron los reportajes que salieron de esa fábrica de usurpación de la labor periodística, al servicio de las élites, a los pies de la derecha.

Cuando González hijo deja MCCI, lo sustituye la supuesta analista política María Amparo Casar Pérez, parte de la élite de políticos e intelectuales de derecha opositores a López Obrador. Había sido asesora de Santiago Creel, secretario de Gobernación y eterno aspirante presidencial del PAN, durante el gobierno de Vicente Fox. Apoyó la campaña de Xóchitl Gálvez, la candidata de las derechas a la presidencia en 2024. Y era —es, al momento de escribir este texto— una periodista-analista-comentarista destacada de distintos espacios en la gran prensa mexicana: desde columnista de *Excélsior* hasta comentarista de *Primer Plano*, del canal público Once. Largo etcétera.

Casar fue acusada por Petróleos Mexicanos en 2024 de haber recibido una pensión hasta entonces de 31 millones de pesos —130 mil pesos mensuales— de manera fraudulenta. De acuerdo con los datos de Pemex, su exesposo, Carlos Márquez Padilla, coordinador de asesores de la Dirección de Administración durante menos de medio año, se suicidó el 7 de octubre de 2004 al caer del decimosegundo piso de la torre de la petrolera. "Dado que los directivos le dieron trato de accidente, Amparo Casar solicitó pensión *posmortem* para sus hijos hasta que cumplieron 25 años y pensión por viudez que recibió hasta febrero de este año, lo que ocasionó un daño al erario por 31 millones de pesos, ya que la normativa no contempla esas prestaciones si la muerte fue por suicidio, como después determinó el Ministerio Público, y si el funcionario laboró menos de dos años en la dependencia", como explica la periodista Dulce Olvera.[30] Casar dijo que se le atacaba "desde el poder" por un libro que publicó, *Los puntos sobre las íes*, donde acusa a López Obrador de "incompetencia, impunidad, incongruencia, ilegalidad, desinstitucionalización y desinformación".

El pleito de la analista política con Pemex seguramente llevará años antes de que exista una sentencia en firme. Pero independientemente de lo que digan los tribunales, su caso permite ver qué es el gobierno para las élites (una fuente inagotable de dinero a repartir) y cómo el periodismo ha servido de fachada para la corrupción, el abuso y verdaderos fraudes. La "periodista Casar" había defendido el fraude electoral de 2006 como una voz "independiente", desde "la academia" o desde "la sociedad civil", y años después defendió a Genaro García Luna, secretario de Seguridad de Felipe Calderón, condenado por narcotráfico en Estados Unidos, como recuerda la periodista Dulce Olvera. Y luego, cuando le pareció conveniente, se convirtió en periodista con ingresos desde distintas fuentes que supera en un año lo que un periodista ganará en toda su vida.

El más grande problema de México es, sin duda, la corrupción; pero también la hipocresía. Los periodistas hemos permitido que el oficio toque fondo, lo rompa, y luego busque un nuevo abismo más profundo para caer en él.

* * *

Mientras meto en el librero y en cajas los libros y documentos que me sirvieron para escribir mi parte de *Derecha*, veo cuánto se ha quedado sin tocar. Era imposible agregarlo todo. No sé si quedó lo que esperaba, pero ya a estas alturas no importa: me he transformado.

---

[30] Dulce Olvera, "Los círculos del poder. Quién es Amparo Casar, en el ojo del huracán por acusaciones de corrupción", *SinEmbargo*, 5 de mayo de 2024.

Mientras leía y escribía, algo adentro de mí se modificaba. Pude sentirlo. Deseo que quien lea estos textos experimente la misma sensación o una muy parecida. Hay, por supuesto, algo de tristeza por tanto abuso, tanto sufrimiento. Pero queda también la esperanza de que nuevas generaciones de mexicanos lean más y estén mejor informadas y tomen decisiones que les sirvan a ellas y a sus familias.

La prensa mexicana como un todo les ha fallado a los ciudadanos. Pocas veces estuvo a la altura de lo que le exigían las mayorías y siempre añoró un lugar en la corte. Hay una prensa marginal en México; periodistas que se han mantenido alejados de los poderes, por supuesto, pero han sido minoría y no tuvieron alcance para generar un cambio. Generaciones de nosotros nos fuimos al bote de la basura mientras que los de élite disfrutaron del alcance de los grandes medios.

Los periódicos envolvieron pescado durante las mañanas en los mercados y las imágenes y ondas de radio se perdieron en la nada. Y a la Ginsberg, yo vi generaciones de nosotros perderse en las puertas falsas; consumirse prematuramente en la frustración y el desencanto; acomodarse en empleos de mejor paga a cambio de abandonar sus sueños. Y vi a un puñado escalar en la puntiaguda pirámide y a los advenedizos con ellos tocar la cima sin esfuerzo. Muchos periodistas hemos sido engranes de la máquina que derechizó a México, por acción o por omisión. La mayoría de la prensa corrió por un carril pavimentado mientras que los tractores se oxidaban en el campo por falta de combustible. Fortalecimos al régimen por comodidad, ignorancia o desidia; ayudamos a construir el muro entre los millones con necesidades básicas y las camarillas que se repartieron los beneficios de la nación, simulando que ese reparto era para beneficio de los abandonados.

Creo que el futuro de México está en la educación, porque entre más leo, más detalles funestos documento sobre lo que hemos sido. Y no está mal que me descubra como soy, como somos; no está mal que encontremos pistas de adónde hemos andado en estos siglos de nación independiente. Ponerle fin al gran engaño empieza justo allí, en el reconocimiento del engaño.

Mañana caerá la loza de otro año para nosotros y será un pestañeo para la patria. Pero el grano minúsculo que sembremos ahora será la sombra que dé alivio a generaciones de mañana. Confío en que este texto y estos libros caigan en las manos de algún sembrador que disculpe las erratas y entienda el fondo (con permiso de Émile Zola): que todo cambio empieza en una sola persona, la más pequeña, la que comprenda que hay que hacer rodar la semilla sobre la tierra para que descubra la humedad y explote, y germine en muchas ramas y muchas hojas, mucho verde y muchas raíces, mucha sombra y muchos frutos que alcancen hasta que alguien más, una sola persona, la más pequeña, tome la siguiente semilla y la haga germinar y la proteja hasta que esté lista para dar frutos: frutos que quizá no probará.

CUARTA PARTE

Por Álvaro Delgado Gómez

La derecha no existe, al menos como pensamiento político. Hay que repetirlo: Nuestra obtusa derecha no tiene ideas sino intereses.

OCTAVIO PAZ, 1976

En México tenemos una proclividad santurrona por las doctrinas y una penosa incapacidad para proponer soluciones concretas. En particular, al Frente Ciudadano quiero recordarle que la división entre izquierda y derecha es, a estas alturas, francamente doctrinaria y anacrónica. Los problemas de México son la corrupción, la violencia, la impunidad, la desnutrición, la pobreza, y sobre ellos hay que debatir.

ENRIQUE KRAUZE, 2017

La ultraderecha y la izquierda en general son corrientes que defienden más la ideología que la derecha […] La derecha no suele interesarse mucho en la ideología. La derecha se adecua a los cambios y en ocasiones se adelanta a hacerlos para conservar el *statu quo* (nunca estático). Para la derecha la ideología y los principios son mucho menos importantes que para la ultraderecha por una sencilla razón: La ideología de la derecha es la defensa de sus intereses y lo que representa, tenga o no el poder gubernamental.

OCTAVIO RODRÍGUEZ ARAUJO, 2004

Capítulo 8

2000-2024: la corrupta derecha del PRIAN

Pensé comenzar este capítulo final de *Derecha* que comprende casi un cuarto de siglo, del año 2000 a 2024, con la inverosímil fuga del narcotraficante Joaquín *el Chapo* Guzmán Loera del penal de alta seguridad de Puente Grande, Jalisco, en enero de 2001, porque marcó el inicio oprobioso de Vicente Fox como el presidente de la alternancia en México después de siete décadas de PRI, y porque estaban ya consolidadas dos figuras de la derecha del PAN: Felipe Calderón, quien como el coordinador de la bancada despilfarraba dinero público en la construcción de un spa con hidromasaje en las oficinas de ese partido en la Cámara de Diputados mientras tramaba componendas con las élites, y Diego Fernández de Cevallos, quien usaba el cargo como jefe de los senadores para inflar su riqueza litigando contra el Estado en el Poder Judicial de la Federación que lo tenía como de su feudo desde Carlos Salinas de Gortari.

También pensé iniciar con el inaudito acto de corrupción política que representa el Centro Fox que, al final del sexenio del primer presidente del PAN, le mandaron construir los oligarcas de México en su rancho de Guanajuato, un regalo de 250 millones de pesos por hacer un "gobierno de empresarios para empresarios", porque fueron los mismos también que en ese mismo 2006 financiaron y ejecutaron el fraude electoral para imponer a Calderón en la presidencia de la República con el fin de que sirviera a sus intereses, cuando se inició una sangrienta guerra cuyas consecuencias se han extendido por años en la patria.

Consideré arrancar este capítulo final con el encarcelamiento de Genaro García Luna en Estados Unidos por narcotraficante, en 2019, después de que como jefe de la Agencia Federal de Investigaciones de la Procuraduría General de la República (PGR) de Fox y el poderoso secretario de Seguridad Pública protegió al Chapo Guzmán y al Cártel de Sinaloa, mientras Calderón cobraba millones de pesos como empleado de Iberdrola de España, a cuya trasnacional y a otras del sector sirvió como secretario de Energía y presidente de la República.

Luego pensé que un mejor principio era exponer los contratos, concesiones y gestiones de Fox a favor del sector privado, entre ellos a su primo hermano Ignacio Quesada Suárez para que hiciera negocio instalando sensores en los ductos de Pemex, y a sus hijastros como *coyotes* de Oceanografía y otras empresas, mientras el director jurídico de la empresa del Estado, César Nava Vázquez, también favorecía con millones a las empresas energéticas como la del panista Juan Camilo Mouriño, como lo haría luego en la Secretaría de Energía encabezada por Calderón.

Y como la derecha en México abarca también al PRI neoliberal, otro principio que acaricié para este capítulo eran las complicidades entre Calderón y Enrique Preña Nieto, primero en el fraude de 2006, capturado ya para entonces el Instituto Federal Electoral (IFE) por el PRIAN, y luego cuando en 2012 ambos pactaron enviar a la candidata panista Josefina Vázquez Mota al tercer lugar y el nuevo gobierno le entregó, en otro acto de alta corrupción política, más de mil 100 millones de pesos para usarlos en lo que le diera la gana, en un esquema de sobornos del nuevo gobierno que involucró a legisladores panistas, incluido el que sería candidato presidencial Ricardo Anaya Cortés, para aprobar las reformas del Pacto por México.

Incluso pensé comenzar recordando cómo los gobiernos de Fox, Calderón y Peña entregaron a los medios de comunicación y periodistas en México más de 120 mil millones de pesos sólo en publicidad oficial —equivalentes al doble de lo que costó la reconstrucción de Acapulco tras el huracán *Otis*—, mientras los intelectuales orgánicos Enrique Krauze y Héctor Aguilar Camín, directores de *Letras Libres* y *Nexos*, recibieron también su tajada de ese pastel: más de 537 millones en 18 años como el "apapacho" que venía desde Salinas de Gortari.

Y también pensé iniciar este capítulo describiendo que una emblemática familia al servicio precisamente de Carlos Salinas de Gortari ha sido factor clave en la operación política y de los grandes intereses económicos, incluso más allá de la etapa neoliberal: Claudio X. González Laporte como representante empresarial desde Miguel de la Madrid hasta Peña Nieto y su primogénito, Claudio X. González Guajardo, prototipo del gran negocio de la filantropía y, sobre todo, el jefe de la oposición de la derecha a López Obrador y a Claudia Sheinbaum.

Finalmente decidí iniciar este capítulo sobre la derecha en México con el siguiente párrafo que resume el pacto oligárquico que instauró Salinas de Gortari desde que, fraudulentamente, llegó a la presidencia de la República en 1988:

Lo que define a la derecha del siglo XXI en México es la corrupción —corrupción, no tonterías— y, como parte de esta decadencia, las complicidades desde el aparato del Estado para que esta arraigada práctica de las élites políticas, económicas, intelectuales, mediáticas y religiosas, potenciada por el neoliberalismo, haya quedado impune y haya sido vista hasta como un fenómeno cultural.

Sí: el gran tema del nuevo siglo en México es la alta corrupción y la impunidad, transversal al PRI y al PAN, los partidos de la derecha que han gobernado en todo el ciclo neoliberal, cuando se consolidó la unidad del poder político con el poder económico en un gran pacto oligárquico. Los personajes directamente involucrados son, también, los mismos, los de la oligarquía económica y las élites partidarias, de la academia y los medios de comunicación encumbrados por Salinas de Gortari y González Laporte como figuras política y empresarial clave en las recientes cuatro décadas.

* * *

No debe olvidarse: con el triunfo de Fox, en el 2000, toda la derecha mexicana estaba exultante, no porque este personaje amoral y el Partido Acción Nacional (PAN) representasen solos el ideal conservador, sino porque su victoria legitimó también a la "derecha revolucionaria" priista, como denominó el antropólogo Roger Bartra a esa fuerza "hegemónica durante varias décadas", y garantizó la continuidad de la alta corrupción y la impunidad pública y privada en los gobiernos de Calderón y Peña Nieto, capturados también por los grandes intereses oligárquicos.

En la primera alternancia en la presidencia de la República —con Fox y Calderón— y en la segunda con Peña Nieto, en 2012, la derecha en el poder exhibió su naturaleza déspota, clasista, rabiosa, vil, racista, intolerante, tramposa, mentirosa, represiva y fraudulenta, pero a todo lo superó el ansia por robar.

Y aunque no renunció ni ha renunciado al viejo proyecto conservador de dar a México un gobierno católico ni ha dejado de combatir el laicismo, la educación sexual y la secularización de la sociedad —el retiro que hizo Fox del retrato de Benito Juárez cuando llegó a los Pinos y el oscurantismo de Calderón son señales de la tradición de intolerancia religiosa y cultural que prevalece—, la prioridad de la derecha ha sido en el nuevo siglo, tanto como en el anterior, la vigencia de los grandes intereses económicos, públicos y privados, nacionales y trasnacionales, por la vía de los negocios al amparo del Estado que profundizaron la desigualdad social y que explican en buena medida sus contundentes y consecutivas derrotas en 2018 y 2024.

El enriquecimiento de la derecha panista con Fox y Calderón, con los privilegios de la alta burocracia y con los grandes negocios, se puede contar también a partir del código postal de sus encumbrados líderes: de habitar modestos departamentos en zonas populares y de clase media, ya en el poder federal pronto se mudaron a los barrios residenciales de la élite: Polanco, San Ángel, Pedregal, Lomas de Chapultepec, Bosques de las Lomas. También dejaron de comer en fondas y locales de comida rápida para frecuentar los restaurantes y bares de lujo, facturando al gobierno hasta las borracheras con vinos de importación, y comenzaron a viajar por el mundo, siempre con cargo al erario y/o por invitación de los magnates a los que servían.

Junto con la voracidad por el erario y los negocios espurios para enriquecerse velozmente, la nueva clase política panista —que convivía con la priista que en 2012 regresó con Peña con más ímpetu depredador— muy pronto se exhibió también autoritaria: con las fuerzas militares y policiacas, así como con los órganos de inteligencia, reprimió, encarceló, torturó, desapareció y espió adversarios; intolerante ante la crítica, censuró periodistas y medios de comunicación o los cooptó con multimillonarios sobornos disfrazados de contratos: el Acuerdo para la cobertura informativa de la violencia, firmado por 715 medios en 2011, encabezado por los más encumbrados propietarios, formó parte de estas complicidades.

Y también ante su derrota política, electoral y moral, la derecha del PRIAN cometió fraudes contra la voluntad popular, entre ellos los de 2006 y 2012, gracias al control faccioso del órgano electoral desde el 2003, como parte de la coalición de intereses que prevalece hasta la actualidad, después de las tres alternancias en la presidencia de la República en el primer cuarto de siglo.

Sólo la corrupción al más alto nivel explica la fuga del Chapo Guzmán, en el segundo mes de iniciado el gobierno de la alternancia, en enero de 2001, y sólo por esa misma práctica se entiende la protección que el narcotraficante recibió del poderoso García Luna, primero como jefe de la Agencia Federal de Investigación de la Procuraduría General de la República (PGR) con Fox y luego como la mano derecha de Calderón.

En su inmensa hipocresía, y mientras simulaba que haría justicia por la guerra sucia del Estado contra los movimientos populares, Fox designó como titular de la PGR al general Rafael Macedo de la Concha, quien había sido en los setenta un agente de la siniestra Dirección Federal de Seguridad (DFS) y quien fue clave en el desafuero de Andrés Manuel López Obrador como jefe de Gobierno.

Calderón hizo algo peor: liberó de la cárcel al general Mario Arturo Acosta Chaparro, otro prominente represor en la guerra sucia, y lo envió a negociar en su nombre con los principales capos del narcotráfico para luego ser asesinado, en circunstancias nunca esclarecidas, cuando investigaba las relaciones de García Luna con jefes de la delincuencia organizada.

En paralelo a los comportamientos corruptos de la nueva clase política panista, a la que se sumó Peña con toda la astucia del Grupo Atlacomulco para el saqueo y las complicidades con el crimen organizado, desde el gobierno federal y el Congreso se dio continuidad a la política de pillaje que inició Salinas de Gortari: se renovaron y se siguieron otorgando concesiones, contratos y licencias para privatizar minas, hospitales, carreteras, electricidad, aeropuertos, agua, trenes, bosques, medios de comunicación, guarderías y hasta cárceles, que remató con lo que más se ambicionaba: el petróleo.

Y además, sólo en el periodo estudiado en este capítulo de *Derecha*, los gobiernos de Fox, Calderón y Peña mantuvieron uno de los principales privilegios del periodo neoliberal: solaparon a los delincuentes de cuello blanco y perdonaron el pago de impuestos a los grandes empresarios, comerciantes y financieros por más de 400 mil millones de pesos, con esquemas perversos de condonación aplicados después de cada elección federal de 2000, 2006 y 2012. Era el pago de los favores políticos por financiar cada uno de esos proyectos, unificados en la alta corrupción, que alentó la elusión y evasión fiscales hasta el 2018, cuando se anunció la separación del poder político del poder económico.

Así, la derecha partidaria se enriquecía porque los oligarcas encabezaban el saqueo y —unos y otros— se solapaban en el reparto de la piñata nacional.

* * *

Es fundamental, y obligado en el periodismo, identificar a los personajes y las empresas que obtuvieron beneficios económicos en su connivencia con el poder político. La condonación de impuestos lo pone en blanco y negro.

Por ejemplo, los más beneficiados por el perdón de impuestos, entre 2000 y 2018, fueron los más prominentes integrantes del poder mediático, claves en la conquista del poder público en este periodo, con los fraudes electorales de Calderón y Peña Nieto y como aparatos ideológicos: Televisa, encabezada por Emilio Azcárraga Jean, con 20 mil 488 millones de pesos, y Grupo Salinas, de Ricardo Salinas Pliego, con 7 mil 775 millones de pesos.

Los banqueros fueron también los favoritos: Banamex, que con Fox se vendió a Citigroup sin pagar impuestos, de los magnates Roberto Hernández y Alfredo Harp Helú, con 15 mil 848 millones; Inbursa, de Carlos Slim, con 7 mil 344 millones, más otros 10 mil 292 del Grupo Carso); Bancomer-BBVA, de inversionistas españoles, 5 mil 279 millones; HSBC, del clan Del Valle Perochena, con 2 mil 302 millones, y Banorte, de la familia Hank González, con mil 433 millones de pesos.

Además fueron beneficiarias de Fox, Calderón y Peña las empresas Grupo Lala, de Eduardo Tricio Haro, con 3 mil 813; Cemex, de los

Zambrano, con 12 mil 775; la constructora ICA, de los Borja Navarrete, con 7 mil 827; Alfa de Monterrey, de los Sada —y de cuyo consejo de administración es asesor José Antonio Meade, excandidato presidencial del PRI—, con 4 mil 909; El Palacio de Hierro, de los Baillères, con mil 98, y GNP, también de esta familia, con mil 77 millones; Comercial Mexicana, de la familia González Nova, con mil 229; Altos Hornos de México, de Alonso Ancira, con mil 213; Chedraui, de la familia del mismo nombre, con mil 191; Grupo Posadas, de Gastón Azcárraga, con mil 43; Sabritas, con 2 mil 32; Grupo Fármacos Especializados, con mil 953; Grupo Mexicano de Desarrollo, con mil 365.

Los enlistados aquí no son todos los beneficiarios de los perdones fiscales sexenales de la derecha, pero son los más prominentes y forman parte del grupo compacto que creó Salinas de Gortari al instalarse en el poder, tras el fraude electoral de 1988. Arquitecto de la pirámide de privilegios que creó multimillonarios y condenó al hambre a millones de mexicanos, Salinas de Gortari ha tenido personeros y operadores que han sido transversales a los gobiernos del PRI y del PAN, cuya agenda también han defendido como oposición ante quien derrumbó su hegemonía electoral en 2018: Andrés Manuel López Obrador.

Carlos Salinas, González Laporte y López Obrador son los personajes más relevantes en el más reciente cuarto de siglo, con personajes periféricos como Fox, Calderón, Peña, Fernández de Cevallos, Aguilar Camín, Krauze, Manlio Fabio Beltrones, Roberto Madrazo, Emilio Gamboa Patrón y otros menos visibles —del salinismo tardío como Roberto Gil Zuarth y Alejandro *Alito* Moreno Cárdenas— que forman parte de una estructura de poder político, económico, mediático, académico e intelectual que han defendido los intereses del conservadurismo.

Uno de estos intereses ha sido mantener, a toda costa, sus privilegios fiscales, en particular si López Obrador llegaba a la presidencia de México, lo que impidieron desde 2006. Ese año, el ministro en retiro Genaro Góngora Pimentel presidía la SCJN, y en una visita a Monterrey fue invitado a una cena por empresarios ligados a Salinas, a quienes preguntó si de verdad pensaban que López Obrador era como el presidente de Venezuela, Hugo Chávez. López Obrador cuenta este episodio en su libro *La mafia nos robó la presidencia*, publicado tras la elección de ese año:

Unos de los empresarios más, con franqueza norteña, le respondió: "Por supuesto que nosotros no creemos en las leyendas negras. Las fabricamos y alimentamos con dinero en los periódicos, en la televisión, con los correos electrónicos, donde podemos". Ante el desconcierto de Góngora, el empresario fue explícito: "Mire usted, el presidente Echeverría autorizó a nuestras mayores empresas para que difirieran el pago de impuestos sobre la renta; el régimen siguiente, de López Portillo, ratificó la medida, y así, uno tras otro, todos los presidentes hasta Fox han confirmado esa autorización. Imagínese lo que esto ha significado para nosotros, ¿usted cree que López Obrador va a aceptar mantener ese trato?". El invitado se quedó en silencio. Era obvio que yo no aceptaría mantener los privilegios fiscales, y a nadie le gusta que lo expulsen del paraíso.

Se trata de un grupo de oligarcas, que penetraron y dominan también el poder mediático, el académico el intelectual y de la sociedad civil, que han sido protagonistas de cinco momentos clave del 2000 a la fecha y que representan la defensa de los grandes intereses con los métodos más viles, incluido el uso de las instituciones del Estado —el Estado todo— para defender esos privilegios:

1) La integración del Instituto Federal Electoral (IFE), en 2003, y el Tribunal Electoral del Poder Judicial de la Federación (TEPJF). *2)* Los videoescándalos de 2004 con Televisa como punta de lanza. *3)* El desafuero de López Obrador como jefe de Gobierno de 2005, con el uso faccioso de las instituciones del Estado. 4) El fraude electoral de 2006 con todo el amasijo de intereses. 5) La imposición de Peña Nieto y las reformas del Pacto por México.

Un grupo de oligarcas en particular aparece en estos episodios de la vida de México en el más reciente cuarto de siglo: Claudio X. González Laporte, Emilio Azcárraga Jean, Carlos Slim Helú, Roberto Hernández Ramírez, Valentín Díez Morodo, Germán Larrea Mota Velasco, Ricardo Salinas Pliego, Alberto Baillères González, Eduardo Tricio Haro, Alejandro Ramírez Magaña, Agustín Coppel Luken.

EL REGALAZO A FOX

Y fueron estos oligarcas los que materializaron un acto de alta corrupción política, tras consumarse el fraude electoral de 2006 con toda una campaña de miedo y cuando todo era fiesta en la derecha: Le construyeron al primer presidente de la República no priista, a un costo de 250 millones de pesos, el Centro Fox, junto a su viejo rancho, en San Francisco del Rincón, Guanajuato, que repentinamente con él en el poder federal se convirtió en un vergel.

Esto es corrupción, alta corrupción: el 3 de noviembre de 2006, a menos de un mes de dejar el cargo de presidente de la República, se registró en la ciudad de León la asociación civil Centro Fox, con la que 45 de representantes de la derecha económica le pagaron a Fox por cumplir —a ellos sí— lo que les prometió: "Un gobierno de empresarios para empresarios".

Encabeza la lista el hombre más rico de México, Carlos Slim Helú, y los potentados de las televisoras: Emilio Azcárraga Jean, presidente de Grupo Televisa, y Ricardo Salinas Pliego, presidente de Grupo Salinas y propietario de Televisión Azteca.

Roberto Hernández Ramírez, expresidente del Grupo Financiero Banamex-Accival, compañero de Fox en la Universidad Iberoamericana y quien, en el sexenio, hizo un fabuloso negocio: la venta de ese emporio sin pagar un solo centavo de impuestos, a Citigroup.

Otros mecenas del Centro Fox son Olegario Vázquez Raña, de Imagen Televisión, hospitales Ángeles, hoteles Camino Real y la constructora Prodemex; Lorenzo Zambrano, presidente del emporio cementero Cemex; Juan Diego Gutiérrez Cortina, propietario de Grupo Gutsa; Federico Sada, accionista de la vidriera regiomontana Vitro; Carlos Bremen Gutiérrez, del Grupo Financiero Value; Eduardo Tricio Haro, dueño del Grupo Industrial Lala y de Aeroméxico.

Otra beneficiaria de la opción preferencial por los más ricos de México fue Marta Sahagún Jiménez, esposa de Fox, la apoderada legal de la asociación civil denominada Centro de Estudios, Biblioteca y Museo Vicente Fox Quesada, a cuya Fundación Vamos México también esos magnates proveyeron de carretadas de dinero.

La lista de magnates tiene otra característica: fue el puente financiero entre Fox y Calderón, símbolo de continuidad para los intereses de la plutocracia mexicana, que impulsaron el fraude de 2006 a través del CCE, Televisa y el propio IFE.

Justo dos semanas después de la elección de 2006, el sábado 15 de julio, los principales artífices del financiamiento de la guerra sucia contra López Obrador se reunieron a festejar, en Chihuahua capital, con motivo de una boda celebrada en el hotel Westin Soberano.

Ese día se casaron Lisa Fernanda Barraza, hija del entonces presidente del CCE, José Luis Barraza González, y Marcelo Margáin, nieto de Marcelo Margáin Zozaya, el orador en la ceremonia fúnebre de Eugenio Garza Sada tras su muerte en un intento de secuestro, en septiembre de 1973, por un comando de la Liga Comunista 23 de Septiembre.

En contraste con la modestia de los negocios de Barraza González, que sólo había tenido cargos gerenciales, los Margáin Berlanga fueron los principales accionistas de Banco de Oriente, una de las instituciones financieras cuyo quebranto pagan los mexicanos por haberlo absorbido el Fobaproa.

Es familia de prosapia panista: Marcelo Margáin Berlanga, padre del novio, y su hermana Bárbara son militantes del PAN de San Pedro Garza García, Nuevo León, el municipio más rico de México, cuyo alcalde es su hermano Fernando, quien aspiró a la candidatura al gobierno estatal.

En la mesa principal, junto a Barraza y su esposa Liz Llamas, estaban magnates que participaron directamente en el financiamiento y operación del fraude electoral de 2006 y antes en el desafuero y los videoescándalos: Azcárraga Jean, Díez Morodo y González Laporte, además de magnates locales Vallina Lagüera, del Grupo Chihuahua, y los Terrazas Torres, de Cementos Chihuahua, entre otras prominentes familias que también fueron convocadas a la boda religiosa, celebrada al día siguiente.

Calderón, beneficiario de la elección, también pagó bien a esos mecenas: menos de un año después de la elección, entregó Aeroméxico a Banamex, dirigido por Manuel Medina-Mora Icaza, hermano de quien era el procurador general de la República del naciente gobierno, y Barraza González se convirtió en el primer director de la aerolínea, que luego compró el magnate lagunero Eduardo Tricio Haro.

Los hermanos Medina-Mora Icaza han sido personas prominentes en el poder económico y político en el nuevo siglo: Eduardo fue director del Cisen y secretario de Seguridad Pública con Fox; con Calderón fue titular de la PGR y embajador en el Reino Unido, así como embajador en Estados Unidos y ministro de la Suprema Corte de Justicia de la Nación con Peña Nieto.

Otro hermano, José Medina-Mora Icaza, es presidente de la Coparmex desde 2021, un abierto opositor al proyecto de López Obrador y Claudia Sheinbaum en 2024.

LA RENDICIÓN DEL ESTADO A LA OLIGARQUÍA

Sí: la alta corrupción ha sido el sello distintivo de la derecha en el inicio del siglo y de toda la etapa histórica neoliberal, cuyo personaje político central es —hasta ahora— Carlos Salinas de Gortari.

Entre el amplio espectro de las derechas en México, me refiero en este capítulo a la que no es la ideológica, sino la definida por Octavio Rodríguez Araujo como la que sólo defiende intereses y privilegios. Es decir, el pragmatismo que se impone a la ideología.

"La derecha —escribe Rodríguez Araujo en *Derechas y ultraderechas en el mundo*— no suele interesarse mucho en la ideología. La derecha se adecua a los cambios y en ocasiones se adelanta a hacerlos para conservar el *statu quo* (nunca estático). Para la derecha la ideología y los principios son mucho menos importantes que para la ultraderecha por una sencilla razón: La ideología de la derecha es la defensa de sus intereses y los que representa, tenga o no el poder gubernamental".

Y la derecha en México no es solamente el PAN, sino el PRI, la "derecha revolucionaria", como Bartra la llamó en su ensayo "Los lastres de la derecha mexicana", expuesto en el seminario organizado por él, en marzo de 2008, en el Instituto de Investigaciones Sociales de la UNAM, titulado "Gobierno, derecha moderna y democracia en México".

Parafraseando a Gabriel Zaid, podríamos decir que en México hay una derecha que va en bicicleta y otra que va en Cadillac.

371

Hay una derecha conservadora y otra liberal [o incluso, si se quiere, neoliberal]. Agregaría que hay una derecha que en sus orígenes iba a caballo y que terminó viajando en el tren autoritario del nacionalismo revolucionario, un tren que acabó atropellando a los ciclistas y menospreciando a los automóviles de lujo, sin dejar de exprimir a unos y a otros. Me parece que debemos destacar la importancia de esta derecha "revolucionaria", pues ha sido hegemónica durante varias décadas. Sus personeros más emblemáticos han sido el inmensamente corrupto Miguel Alemán y el siniestramente represivo Gustavo Díaz Ordaz, quienes son sólo algunos de los hitos de la larga trayectoria de la derecha autoritaria que impidió tercamente durante decenios toda alternativa democrática en México. Esta derecha burocrática es la responsable de la erección de la imponente pirámide estatal de intereses económicos, administrativos, sindicales y corporativos que saltó del caballo al tren, para por último apropiarse de los muchos Cadillacs para transportar a los dóciles asalariados de la revolución institucionalizada.

Bartra, ubicándose en el 2008, ya en el segundo sexenio del PAN, puntualiza:

Esa otra derecha —revolucionaria y burocrática— ha perdido la hegemonía, pero controla todavía muchas regiones del país con el viejo estilo de gobernar: Oaxaca, Puebla, Veracruz, para sólo citar unos pocos ejemplos. Un típico representante de esta otra derecha, Roberto Madrazo, compitió para perder en las elecciones de 2006. Por fortuna, el PRI no es monolítico: Aloja corrientes abiertas, tecnocráticas y modernizadoras como las que fueron capaces de aceptar [incluso propiciar] la transición democrática que se inició con las elecciones del año 2000.

Enseguida, el antropólogo que en 2022 y 2024 se convirtió en uno de los catalizadores de la derecha del PRIAN, subraya: "Octavio Paz solía decir que la derecha no tiene ideas, sino sólo intereses. Esta afirmación destaca un aspecto muy importante: Los intereses de quienes poseen el poder económico son referentes importantes para definir la noción de derecha. Pero los intereses, que podemos definir sociológicamente, no permiten comprender la amplia complejidad del fenómeno político de la derecha. No es lo mismo la Unión Nacional de Padres de Familia que la Confederación Patronal de la República Mexicana (Coparmex)".

En realidad, como lo he acreditado en mis libros, la UNPF y la Coparmex no son lo mismo, pero sí operan para los mismos intereses desde que son controladas por la organización secreta El Yunque, plenamente vigente en México y en varios países de hispanoamérica. La propia coalición del PRIAN, que Bartra impulsó y ayudó a formar, unificó esos intereses.

Así, la derecha en México, en el poder o en la oposición, sólo defiende sus intereses económicos desde la política, el periodismo, la academia, la intelectualidad, más allá incluso de los partidos políticos y hasta con un disfraz progresista.

Y a esa derecha, en plena decadencia del modelo oligárquico, el Estado mexicano rindió homenaje en 2015. Ese año el magnate Alberto Baillères González, el tercer hombre más rico de México, recibió la medalla Belisario Domínguez, la máxima condecoración que otorga el Senado "a los hombres y mujeres mexicanos que se hayan distinguido por su ciencia o su virtud en grado eminente, como servidores de nuestra Patria o de la Humanidad".

La presea representó un homenaje a los empresarios de México, como el propio Baillères dijo en su discurso, pero también fue la rendición del poder constitucional al poder fáctico del dinero, una decisión que no fue fortuita: Claudio X. González Laporte, como presidente del CMN, ordenó a Peña Nieto otorgar ese reconocimiento.

Y Peña Nieto, a su vez, ordenó a las bancadas del PRI y el PAN ejecutar esa demanda, pese a todo el desaseó que se generó: por primera vez desde que se creó la presea, en 1953, se rompió el consenso, hubo notables ausencias de legisladores en protesta y además se cometió un fraude en la votación orquestado por Roberto Gil Zuarth, presidente de la Mesa Directiva, exsecretario particular de Calderón, y egresado del ITAM, uno de los negocios de Baillères González.

Los 65 votos a favor computados en la sesión del miércoles 4 —una raquítica mayoría de la mitad más uno— se convirtieron en 72. Siete sufragios de senadores aparecieron, repentinamente, en las versiones estenográfica y oficial. Eso también pasó con los votos en contra: 12 se volvieron 13. Se trata de una adulteración de la voluntad del Senado que presidía Gil Zuarth y cuya Junta de Coordinación Política estaba encabezada por el priista Emilio Gamboa Patrón, un destacado político salinista.

En su discurso ante Peña Nieto, el propietario de la minera Peñoles enfatizó que el reconocimiento que se le hacía era en realidad a los empresarios de México:

> Entiendo que en esta ocasión el Senado reconoce a los mexicanos dedicados a la actividad empresarial, que generan riqueza, empleos y contribuciones para el erario público [*sic*]; a quienes buscan fortalecer a nuestra patria, construyendo y dirigiendo establecimientos que producen y distribuyen bienes y servicios para satisfacer las necesidades de la sociedad; a quienes se empeñan en respetar la ley y privilegian el respeto a las personas; a quienes ofrecen un espacio idóneo a sus colaboradores para que consigan el lícito sustento de sus familias y su desarrollo como seres humanos; y a aquellos mexicanos que consideran que la retribución por su actividad empresarial debe ser acorde al provecho que recibe la sociedad y no el fruto de privilegios, prebendas o abusos.

Entre tantos elogios a su generación empresarial y a la de su padre que fundó el ITAM en 1956, Baillères aplaudió las reformas del Pacto por México y, en particular, la reforma educativa que tanto ambicionó por años el sector privado y que se materializó por otro representante de la oligarquía: Claudio X. González Guajardo.

Destacó Baillères ante Peña:

> Recientemente, esta administración, en concierto con los partidos políticos, convino medidas trascendentes para cimentar el futuro de México. Los ciudadanos fuimos gratamente sorprendidos por una clase política que mostró que, cuando hay visión compartida, diálogo, voluntad y amor a México, es posible lograr los cambios estructurales que hasta hace poco eran inimaginables. Con la reforma educativa, el Estado retomó con ahínco las riendas del tema más importante de la agenda de desarrollo del país: la educación. Educación que cultiva los valores cívicos y humanos, que forma, informa,

capacita y sustenta la reivindicación económica, social y humana de los mexicanos. La educación de buena calidad es el instrumento más poderoso para reducir las desigualdades que padece nuestro país. Esta y otras reformas trascendentales emprendidas acelerarán el desarrollo económico y social de México. ¡Enhorabuena, señor presidente Peña Nieto e integrantes del Congreso de la Unión!

Y sí: la reforma educativa fue la primera de las estructurales del Pacto por México, impulsada precisamente por González Guajardo, pero la más ambicionada era la energética, que también se aprobó.

De hecho, unos meses antes de ser premiado, en febrero, Grupo Bal, propiedad de Baillères González, creó la compañía Petrobal para dedicarse a la exploración y explotación de petróleo y gas. El director de la flamante firma es Carlos Morales Gil, quien un año antes había renunciado a la dirección de Pemex Exploración y Producción (PEP) cuando era investigado por presunta corrupción el caso Oceanografía, ligada a los hijastros de Fox.

Los negocios de Baillères, fallecido en 2022, incluyen las mineras Peñoles y Fresnillo, GNP Seguros, el fondo de pensiones Profuturo, casa de bolsa Valores Mexicanos, la cadena de tiendas departamentales El Palacio de Hierro y decenas de empresas más que conforman el poderoso Grupo Bal, cuyo director, Alejandro Díaz de León, fue funcionario del gobierno de Peña Nieto y gobernador del Banco de México de 2017 a 2021.

En 2018 este magnate se agrupó con otros para volver a imponer al presidente de México. Les daba lo mismo Ricardo Anaya o José Antonio Meade, la personificación dual del PRIAN. Pero Peña Nieto ya no fue el elemento articulador y a ambos los venció López Obrador, a quien ese grupo oligárquico identificó como "un peligro para México" desde que él ganó, en el 2000, la jefatura de gobierno de capital del país.

SALINAS-CLAUDIO X: PURA CORRUPCIÓN

Y 24 años después de la primera alternancia con Fox, la imagen es hasta triste: un hombre de 90 años está sentado en un sillón, cabizbajo y solo, en un salón desierto. Sostiene un papel en la mano y está en espera de ser recibido por la presidenta electa de México, Claudia Sheinbaum Pardo. Es informado que no se cumplirá su petición y en su retirada busca a los reporteros para enviar un mensaje: "Ella tiene una gran oportunidad de ser una muy buena presidenta y todos tenemos que contribuir a ello".

Este hombre vencido es Claudio X. González Laporte, presidente de Kimberly-Clark de México, el principal fabricante de papel higiénico, pañales, toallas sanitarias y otros productos de limpieza, pero también el más veterano líder empresarial de México, con una poderosa influencia política durante al menos cuatro décadas. Es, además, el padre de Claudio X. González Guajardo, su primogénito que se convirtió en el jefe de la oposición al presidente López Obrador y a Sheinbaum Pardo, autodescrito como "activista social", pero con la misma agenda que su padre y el grupo de oligarcas que han hecho política transversal a los partidos históricos de México.

La extraordinaria fotografía de Luis Castillo, fotorreportero de *La Jornada*, que la destacó en primera plana, fue tomada el miércoles 20 de junio de 2024, cuando Sheinbaum Pardo se entrevistó con decenas de integrantes del CCE, el organismo que dos veces ha presidido González Laporte.

Apenas cinco días antes de esta fotografía de su padre, el sábado 15, el propio González Guajardo había desmontado la infamia que él y otros empresarios crearon hace más de dos décadas y que toda la derecha, con el apoyo de publicistas y periodistas, dio como cierta: que con López Obrador México se convertiría en Venezuela, Cuba o Nicaragua.

—¿Podemos ser Venezuela?

—México tiene una complejidad y una diversidad que hace muy frustrante —respondió González Guajardo—, aunque sea para un proyecto autoritario, dictatorial, salirse con la suya, porque es un país muy grande, con una frontera de 3 mil kilómetros, con la economía más potente en la historia de la humanidad, que necesita estar invirtiendo en México para construir el bloque comercial más importante del siglo XXI, que es Norteamérica. Entonces no creo que vamos ser Venezuela, Nicaragua o Cuba, pero sí digo que el costo de oportunidad de tener un gobierno tan inepto como éste, es decir, no pudieron parar la economía de México, porque tiene una resiliencia muy grande, porque está abierta al mundo, porque hay exportadores, porque hay empresarios fregoncísimos y porque hay gente muy trabajadora, etcétera. Pero si dependiera de ellos la economía estaría deshecha.

El embuste de que México se convertiría en Venezuela con López Obrador en el gobierno se hizo pedazos, como el gran poder de González Guajardo por tantos años.

Es el mismo magnate que, tras el fraude de 2006, hablaba con desprecio de López Obrador:

—Para mí no es Andrés Manuel. Es el Pejito, así, chiquito.

La imagen del magnate vencido deja atrás cuatro décadas como el principal operador del grupo oligárquico de México y uno de los principales artífices del modelo neoliberal desde que Miguel de la Madrid asumió la presidencia de la República en 1982, cuando él era el director del Centro de Estudios Económicos del Sector Privado (CEESP). Luego sería el coordinador de la Comisión de Inversiones Extranjeras en el equipo de campaña de Salinas de Gortari —en el Instituto de Estudios Políticos, Económicos y Sociales (IEPES) del PRI, que presidió Enrique González Pedrero—, de quien fue asesor personal durante todo el sexenio, de 1988 a 1994, cuando colapsó la economía y ese grupo de oligarcas fue rescatado con fondos públicos por Ernesto Zedillo mediante el Fobaproa.

Qué paradoja: desde De la Madrid, el iniciador del neoliberalismo, ningún presidente de México había obtenido tantos votos como Sheinbaum Pardo, con quien se termina de sepultar el modelo oligárquico que agonizó con López Obrador y cuyo creador, Carlos Salinas de Gortari, es el gran derrotado en la elección del 2 de junio de 2024 y con él González Laporte.

"Es salinista a morir", decía Juan Sánchez Navarro, el ideólogo por décadas del sector privado, de González Laporte. En 1997, cuando fue expulsado por este del Consejo Mexicano de Hombres de Negocios, que él fundó en 1952, hablaba de la relación que trabó con Salinas: "Claudio era del gobierno, asesor. Su situación era equívoca. Es excelente empresario, pero como tal no podía pertenecer al Estado... Era casi una simbiosis que no es aceptable".

Esa simbiosis, poder político con poder económico, la creó Salinas de Gortari y González Guajardo la condujo con los presidentes de México hasta que, en 2018, López Obrador proclamó la separación, conforme a una recomendación de un humilde migrante.

Lo contó el propio López Obrador: "Hace relativamente poco, un migrante poblano, un hombre mayor en San Quintín, Baja California, se acercó y me dijo: 'licenciado, así como Juárez separó la Iglesia del Estado, usted busque, procure con el apoyo del pueblo, separar al poder económico del poder político'".

Desde la presidencias del CMHN —que luego se llamó Consejo Mexicano de Negocios (CMN)— y del Consejo Coordinador Empresarial (CCE), el organismo cúpula del sector privado, la influencia de González Laporte en la alta política y de los negocios fue notable en los gobiernos de De la Madrid y Salinas, pero también en los de Zedillo, Fox, Calderón y hasta Peña Nieto, cuando su primogénito, Claudio X. González Guajardo, adquirió un protagonismo al más alto nivel, hasta que asumió la conducción de los partidos y organismos de oposición ante López Obrador y luego ante Claudia Sheinbaum.

Aunque no posee una de las mayores fortunas de México, la de González Laporte tampoco es despreciable: es la número 42 del país, con más de 463 millones de dólares. Y aunque es el accionista mayoritario de Kimberly-Clark de México, que ya dejó a cargo de su hijo Pablo, sus negocios están además en los principales conglomerados nacionales y extranjeros.

Es consejero de Grupo Alfa de los Garza Sada de Monterrey, de Grupo México de Germán Larrea Mota Velasco, de Grupo Carso de Carlos Slim y por años también del Grupo Televisa de Azcárraga Jean. Es además director emérito de General Electric, Company, miembro del consejo de Home Depot, Unilever y JP Morgan Chase Internacional. Y también consejero de The Baker Institute for Public Policy, con sede en Houston, Texas, un centro académico desde donde se generan estrategias contra sus enemigos; de The Salzburg Global Seminar, en Washington, D. C., y de The New York Philharmonic.

González Laporte es el líder empresarial más veterano de los dos principales organismos del sector privado, y quien más trato personal ha tenido con los más recientes siete presidentes de México, hasta López Obrador: presidió el CMN en 1983, con Miguel de la Madrid;

luego en 1996, con Zedillo; después en 2007, con Calderón en su último año hasta 2015, con Peña Nieto.

Y presidió el CCE entre 1985-1987, también con De la Madrid, previo a la elección de Salinas, de quien fue asesor personal, y entre 2000 y 2002, con Fox. Es el único empresario en la historia de ambas instituciones que ha sido elegido en tantas ocasiones, lo que le ha permitido influir directamente en los gobiernos, incluidos beneficios personales.

Por eso no es fortuito que el primogénito de González Laporte se haya convertido en el jefe de la oposición en México, un papel que asumió abiertamente en la segunda parte del gobierno de López Obrador, en 2021, luego de que organizó la coalición PRI-PAN-PRD en su mansión de las Lomas de Chapultepec, un año antes. Ha sido este abogado, artífice de la reforma educativa de Peña Nieto, el articulador también de los grupos intelectuales de Krauze y Aguilar Camín para dar el sustento ideológico y político a esa alianza y a la candidatura presidencial de Xóchitl Gálvez Ruiz en 2024.

Los Claudio X. González, padre e hijo, son sólo los rostros visibles y protagónicos de la oligarquía consolidada por Salinas de Gortari, el personaje clave también en los principales acontecimientos de la política en lo que va del siglo XXI, aunque desde las sombras: la alternancia en el 2000 con Fox, los videoescándalos de 2004, el desafuero de López Obrador en 2005, el fraude electoral de 2006, la imposición de Peña en 2012, la candidatura de Ricardo Anaya en 2018 y la de Gálvez en 2024.

Y mientras los Claudio X. hacen política y dicen combatir la corrupción, otro miembro del clan, Pablo Roberto González Guajardo, ha sido literalmente un ladrón y abusivo con los más vulnerables: entre 2008 y 2014, en los gobiernos de Calderón y Peña Nieto, Kimberly-Clark de México, la empresa familiar que dirige, se amafió con otras dos empresas fabricantes de pañales desechables para bebés, toallas sanitarias femeninas y artículos para la incontinencia que usan sobre todo los adultos mayores, con el fin de manipular los precios y encarecer los productos.

La investigación de la Comisión Federal de Competencia Económica (Cofece), que inició en 2017 en el expediente IO-004-2017, acreditó que Kimberly-Clark de México pactó con las empresas

Productos Internacionales Mabe y Essity Higiene y Salud México el encarecimiento de los precios de esos productos, cuyo "autor intelectual" del plan fue Pablo Roberto González Guajardo y la empresa que dirige. Fue hasta octubre de 2021 que los implicados confesaron que se reunían en secreto para tramar ganancias ilegales: "Aceptamos la totalidad de los hechos y evidencias que se nos atribuye".

El daño aproximado por González Guajardo y sus cómplices en el mercado de estos productos de higiene fue de mil 567 millones 36 mil 589 pesos, según la Cofece, y por ello les aplicó las multas máximas: un total de 100 millones 935 mil pesos a Kimberly-Clark de México y 2 millones 18 mil 700 a González Guajardo, quien reconoció que conocía "la ilegalidad de sus actos" que afectaron la economía de población vulnerable, como los bebés, las mujeres y las personas de la tercera edad.

Ante tamañas ganancias extras de más de mil 500 millones del clan González Guajardo, los 103 millones de multa son un rasguño para él y su clan.

Un tercio de esta cantidad, 36 millones de pesos, Kimberly-Clark de México lo obtuvo del gobierno de Calderón como un obsequio en 2009, cuando el Conacyt, dirigido por Juan Carlos Romero Hicks, se lo entregó para mejorar la fabricación de pañales para bebé. El gobierno de Peña Nieto, a su vez, le asignó 2 mil 360 contratos por asignación directa.

Ésta es la estatura moral de los Claudio X. González. Corrupción, no tonterías.

EL OTRO CLAUDIO X, EL "ACTIVISTA SOCIAL"

La biografía de Claudio X. González Guajardo, por su parte, está sometida a la agenda de su padre, aunque con un sello filantrópico mediante el cual ha creado una extensa red de organizaciones de la sociedad civil financiadas por organismos empresariales, entre ellos el CMN, y del gobierno de Estados Unidos.

Con base en esta amplia estructura intermedia es que González Guajardo se colocó en la punta de la pirámide de la oposición a López Obrador, en particular desde marzo de 2020, cuando en plena pandemia de covid-19 reunió en su mansión de las Lomas de Chapultepec a los presidentes del PRI, el PAN y el PRD, Alejandro Moreno Cárdenas, Marko Cortés y Jesús Zambrano, respectivamente, para armar lo que se llamó, en las elecciones de 2021, la coalición Va por México, como lo revelé a detalle.

"Cuando me planteé esto de buscar a los partidos de oposición, allá en marzo del año pasado, sabía que la coalición iba a ser imperfecta, iba a estar formada por partidos con todo un historial y con problemas", reveló González Guajardo a un grupo de simpatizantes, en noviembre de 2021, sobre cómo creó Va por México mientras presidía la asociación civil Mexicanos contra la Corrupción y la Impunidad (MCCI), en abierta violación a los estatutos de esta organización civil que fundó en 2016, cuando su padre rompió con Peña Nieto.

En la creación de la coalición de derecha participaron, también, Margarita Zavala y Felipe Calderón, que impulsaban el partido México Libre, así como Clemente Castañeda y Jorge Álvarez Máynez, del partido Movimiento Ciudadano. Los Calderón no lograron el registro y los de MC, liderados por Dante Delgado, optaron por no sumarse a la coalición desde la elección de 2021.

Autodefinido como "activista social", González Guajardo decidió, desde joven, no asumir la conducción del negocio familiar, Kimberly-Clark de México, y se lo dejó a su hermano Pablo Roberto, que encabeza también los negocios con Slim, Tricio, Díez Morodo…

Él prefirió seguir los pasos de su madre, Teresa Guajardo de González, creadora de fundaciones y consejera del Centro Mexicano para la Filantropía (Cemefi), pero también optó por la política en el PRI desde el sexenio de Salinas, sobre cuyo fraude electoral de 1988 no ha expresado jamás ni una sola palabra.

Entusiasta del modelo neoliberal, que se instauró con De la Madrid como presidente de México, Salinas como secretario de Programación y su padre como ideólogo empresarial, González Guajardo era en esos años estudiante de la Escuela Libre de Derecho y presidió la Sociedad de Alumnos de 1985 y 1986, cuando conoció a Margarita Zavala y Calderón en esa institución.

Y tras egresar de la carrera, en 1987 —a los 24 años de edad—, se volvió colaborador del PRI en la campaña presidencial de Salinas, en 1988, y luego en la de Zedillo, en 1994, de cuyo coordinador,

Luis Téllez Kuenzler, fue jefe de asesores, y ya en el gobierno trabajó en la Oficina de la Presidencia como jefe de Unidad de Prospectiva y Proyectos Especiales, para luego desempeñarse como funcionario en las secretarías de Agricultura y del Trabajo.

Prosélito también de la campaña priista de Francisco Labastida, en el 2000, González Guajardo supo acomodarse a los nuevos tiempos políticos con los gobiernos panistas de Fox y Calderón, cuando profundizó sus negocios en la filantropía, sobre todo en el campo de la educación, que ha sido su agenda desde entonces para impulsar la privatización del sector energético.

La trayectoria de González Guajardo como "activista" ha estado acompañada, siempre, de los mismos oligarcas que han actuado en momentos clave de la historia de México para mantener sus privilegios y combatir a quienes los ponen en riesgo.

Así ha sido en las elecciones presidenciales de 2006, 2012, 2018 y 2024, cuando articuló acciones políticas junto a los partidos políticos y una amplia red de organizaciones financiadas por los oligarcas y algunas por el gobierno de Estados Unidos.

Fue en el sexenio de Fox cuando González Guajardo creó la Fundación Televisa, cuando era vicepresidente corporativo del grupo empresarial presidido por Azcárraga Jean y su padre era miembro del consejo de administración de esa televisora.

Otros consejeros, amigos también de él, eran Roberto Hernández, Carlos Slim, Baillères González, Tricio Haro, José Antonio Fernández Carbajal y, entre otros, el historiador Enrique Krauze.

Junto con su amigo Fernando Landeros, hijo de otro integrante del consejo de administración de Televisa, creó también las fundaciones Teletón, Lazos, México Unido y Unión de Empresarios para la Tecnología en la Educación (Unete). Este último organismo, del que es presidente honorario vitalicio, solía nutrirse, como tantas de sus iniciativas, de dinero público: en su inicio, en 2004, recibió, gracias a sus vínculos políticos con Fox, 44.7 millones de pesos de la Lotería Nacional. También cofundó, en 2006, el programa Bécalos para estudiantes mexicanos.

También durante el gobierno de Fox, en 2005, González Guajardo creó Mexicanos Primero, una asociación civil para impulsar, según él, la educación pública. En esta nueva iniciativa aparecen, otra vez, los mismos oligarcas que han financiado sus proyectos filantrópicos y de la sociedad civil con donativos deducibles de impuestos.

El primer presidente de Mexicanos Primero fue Azcárraga Jean y luego él la presidió hasta 2017, cuando la heredó a Alejandro Ramírez Magaña, el dueño de Cinépolis que era el presidente en turno del CMN, un personaje ligado a los gobiernos del PAN. El patronato de esa asociación ha estado integrado, desde entonces, por los empresarios más ricos de México: Alejandro Baillères Gual, del Grupo Bal; Agustín Coppel Luken, de Grupo Coppel; José Antonio Fernández Carbajal, de Grupo Femsa; Carlos Hank González, de Grupo Banorte; Sissi Harp Calderoni, de la Fundación Alfredo Harp Helú; Fernando Landeros Verdugo, su amigo de Fundación Televisa; Alicia Lebrija Hirschfeld, de la Fundación Televisa; Alejandro Ramírez Magaña, de Cinépolis, y Carlos Slim Domit, del Grupo Carso.

Como él mismo lo dijo, Mexicanos Primero, A. C., fue clave en la reforma educativa de Peña Nieto, en 2013, la primera aprobada por el Pacto por México, gracias a sus relaciones amistosas con Luis Videgaray, secretario de Hacienda y canciller, y Aurelio Nuño, secretario de Educación.

De hecho, tras la elección que ganó Peña Nieto con un multimillonario uso de dinero para comprar votos, González Guajardo lo emplazó a romper con Elba Esther Gordillo, la lideresa del sindicato magisterial: "Creemos que es condición necesaria de la reforma a fondo de la educación, que se cambie el arreglo político-corporativo actual en materia educativa. Con las trabas que actualmente establece el sindicato a todas las transformaciones educativas, es muy difícil transitar hacia una reforma más rápida y más sistémica".

Para entonces, González Guajardo ya había hecho una profusa difusión del documental *De panzazo*, dirigido por Carlos Loret de Mola, lo que provocó la reacción del SNTE.

"¿Cómo pretende erigirse en paladín de los recursos públicos y de la educación en México quien elude el pago de impuestos a través de esquemas como Bécalos (cuyos ingresos aporta la sociedad y él los aprovecha convirtiéndolos en deducibles de impuestos para dicha organización); quien, además, respalda programas televisivos donde se ridiculiza a los maestros y se humilla a los estudiantes, representándolos con personajes burdos y tontos?", cuestionó el SNTE.

En 2013, cuando estaba en marcha la reforma educativa, el periodista Luis Hernández Navarro describió en *La Jornada* las contradicciones de González Guajardo: le gusta presentarse como un empresario y activista social que lucha por elevar el nivel educativo de los mexicanos, apuntó, pero su actividad central es la política.

> No es esa su única contradicción. Se asume como representante de la sociedad civil, pero aboga en favor del mundo empresarial. Pontifica desde el púlpito de una supuesta superioridad moral ciudadana sobre políticos, maestros y sindicalistas, pero impulsa una agenda claramente patronal. Presume ser garante de lo público, pero invariablemente defiende intereses privados. El empresario asegura que "ninguna reforma es más importante como la reforma estructural educativa que requiere imperiosamente México". Pero, en nombre de ella, se dedica a hacer grilla en favor de intereses ajenos a la enseñanza. Su caso es emblemático de cómo hacer de la filantropía un buen negocio y de la educación una plataforma política.

Hernández Navarro, editor de Opinión de *La Jornada*, recordó que el 10 de septiembre de 2012, siendo Peña Nieto presidente electo, González Guajardo demandó en el siguiente gobierno realizar cuatro cambios en el terreno de la enseñanza.

> El primero consiste en recuperar la rectoría de la educación por parte del Estado. "Con el arreglo político-corporativo actual —expresó—, no es posible abordar las transformaciones necesarias". Para lograrlo sugirió establecer la condición de empleados de confianza a directores y supervisores. "Si no se recuperan las plazas, no se recupera la plaza", dijo. La segunda condición que exigió fue la profesionalización docente, con base en que todas las plazas, y no únicamente las de nueva creación, se concursen; asimismo, pidió instaurar la obligatoriedad legal de la evaluación universal de maestros y desprender de ella consecuencias en la permanencia en el empleo. El tercer requisito fue dotar de mayor autonomía a las escuelas y mucha mayor participación de los padres. Finalmente, pidió que en el siguiente Presupuesto de Egresos no se contemplen recursos para cubrir las plazas sindicales. Escasos tres

meses después, el Presidente propuso al Congreso una contrarre-
forma educativa en la que incorporó muchos de los requerimien-
tos hechos por el empresario.

Después de la campaña de denigración contra los maestros, no sólo se
aprobó la reforma educativa, la primera del Pacto por México, sino
que Peña Nieto encarceló, en febrero de 2013, a Elba Esther Gordillo, un doble triunfo para González Guajardo en el proyecto de privatizar la educación pública.

En febrero de ese año, con Gordillo en la cárcel, la Constitución ya estaba modificada conforme al plan: los cambios a los artículos 3° y 73 de la carta magna garantizaban la "calidad", concepto de
origen mercantil y empresarial de la enseñanza.

El propio magnate se ufanó de ese triunfo ante empresarios
de la Confederación de Cámaras Nacionales de Comercio (Concanaco), el lunes 25 de enero de 2016, cuando recordó que él fue el
artífice de la reforma educativa de Peña Nieto y también de la represión gubernamental que dejó presos y asesinados.

"¡Son unos pinches delincuentes!", expresó con desprecio sobre
los maestros en la videograbación que revelé, en una reunión con
integrantes de la Concanaco que presidía Enrique Solana Sentíes,
un personaje que militó en el Frente Universitario Anticomunista de Puebla.

González Guajardo recordó que para impulsar la reforma educativa financió, primero, el documental *De panzazo*, dirigido por
Carlos Loret de Mola, que se comenzó a difundir en febrero de 2012
para influir, dijo, en la elección presidencial, y cuando Peña Nieto
ganó se procedió enseguida a discutir la reforma para su aprobación
antes que la energética, como se lo confesó Luis Videgaray, secretario de Hacienda.

Se juntaron las estrellas, se alinearon las estrellas, se dice. Pero
se alinearon porque se trabajó muy duro para que se alinearan,
para que durante las elecciones no hubiera otra más que pelear
la Reforma Educativa. Y en septiembre estábamos sentados con
Aurelio Nuño cada 15 días. A confesión del secretario Videgaray, tiempo después, me preguntó por qué se aprobó la Reforma

Educativa y no la Energética, la de Telecomunicaciones, la fiscal. Yo le saqué una teoría muy elaborada: es que como decidieron gobernar en consenso, esta era aceptable para el PRI, para el PAN, para el PRD, porque había consenso entre los partidos… Se me quedó viendo como si fuera un marcianito y me dijo: "No, maestro, es más sencillo: Porque estaba lista".

En esa reunión, González Guajardo también se atribuyó el encarcelamiento de los líderes magisteriales de Oaxaca y Michoacán, y además contó que el Chapo Guzmán ayudó a la reforma educativa cuando se fugó del penal del Altiplano, en julio de 2015: "En mayo del año pasado nosotros presentamos una denuncia penal en contra del líder sindical de la sección 22 de Oaxaca —nuestro brazo jurídico Aprender Primero, firmada por mí y por David Calderón— y también en contra el líder de Michoacán. ¿Para qué? Para forzar al gobierno a atender Oaxaca y Michoacán, que eran los polos de resistencia a la Reforma Educativa". Contó enseguida que se empezó a recuperar la relación con el secretario de Educación, Aurelio Nuño, sucesor en el cargo de Emilio Chuayffet, pero no había voluntad. Y entonces, asumiéndose como "bocón", habló sobre el Chapo Guzmán:

Aquí estoy de bocón: El parteaguas es "El Chapo". Se les va "El Chapo". Y entonces sí, se va acabar el mundo, se viene abajo esto. Ahora sí tenemos cero legitimidad. ¿Qué hacemos? Pues tenemos que arriesgar, tenemos en algún lugar que mostrar capacidad de gobierno, legitimidad, fuerza, nos tenemos que mostrar en algún lado. Pues, ni modo, Oaxaca. ¡Así fue, así fue! Yo ahí sí estaba cercano, leyendo las cosas. Todavía me habló Aurelio en la noche anterior: "Mañana entra, y va a ser así, así y así el parteaguas". Ahí se vuelven a alinear las estrellas para la Reforma Educativa.

En efecto, después de la fuga del capo del narcotráfico, en octubre de 2015 se libraron órdenes de aprehensión contra líderes del magisterio, una persecución que continuaría hasta después de la conferencia de González Guajardo, cuando, el 19 de junio de 2016, intervienen las fuerzas federales en Oaxaca, con saldo de al menos ocho muertos en Nochixtlán.

En la reunión con la Concanaco, Claudio X. González refirió una analogía que, adelantó, le plantearía a Nuño que dejara de hacer fintas y metiera goles:

No más fintas, Aurelio, goles; no es de gambeteros, es de goles. Los partidos no se ganan con gambetas, se ganan con goles. Hay que intervenir Michoacán y Chiapas, no veo otra salida. Demasiado poderosos los grupos sindicales ahí, demasiado radicales, demasiado contaminados con fenómenos delincuenciales. Yo he hablado abiertamente de la Sección 22, de la sección de Chiapas, la 18 como delincuencia organizada. No de los maestros de Michoacán, de Oaxaca y de Chiapas, de las secciones sindicales. Eso es delincuencia organizada. Están organizados para delinquir. No trafican quizá droga, trafican con el dinero nuestro y con el futuro de los niños. Y eso, en mi opinión, es tan grave como traficar drogas. ¡Son unos pinches delincuentes! ¡Y hay que intervenir y no es autoritarismo, es estado de derecho!

González Guajardo no ha revelado nunca las razones de su rompimiento con el gobierno de Peña Nieto, pero en esa misma reunión, con la vista puesta en la elección presidencial de 2018, anunció que fundaría MCCI, una más de las asociaciones civiles que le han permitido vivir como millonario, gracias a los altos honorarios que él mismo se ha asignado.

Y sí, una vez más quienes han financiado MCCI han sido los oligarcas que creó Salinas de Gortari, tal como también lo documenté antes que nadie.

Tres meses después de la reunión de González Guajardo en la que llamó "pinches delincuentes" a los maestros, el jueves 28 de abril de 2016, su padre le regaló dos millones de pesos para iniciar ese proyecto y ese mismo día Kimberly-Clark de México, la empresa familiar, le hizo otro obsequio de tres millones de pesos.

Luego vendrían en cascada las millonadas para el nuevo juguete del oligarca que se hace llamar "activista social", pero que vive —y vive muy bien— del negocio de la filantropía con la que deduce impuestos.

LA FILANTROPÍA COMO NEGOCIO

En efecto, González Guajardo se autoasignó como presidente de MCCI un sueldo superior a los 300 mil pesos al mes, casi el triple de lo que ganaba en ese entonces el presidente López Obrador, según una investigación del autor.

Desde que González Guajardo fundó esta asociación, en 2016, y hasta su salida de esa organización, en julio de 2020, tuvo un ingreso mensual bruto promedio de 171 mil pesos cada quincena, aunque en ocasiones se asignó ingresos más elevados, según declaró al Servicio de Administración Tributaria (SAT).

En el mismo año de 2016, su ingreso anual total ascendió a 3 millones 639 mil pesos, para un promedio mensual de 303 mil 250 pesos brutos. En 2017 recibió 3 millones 54 mil 321 pesos; en 2018, 3 millones 83 mil 673 pesos, y en 2019 disminuyó a un millón 374 mil 393 pesos.

En 2020 González Guajardo dejó la presidencia de MCCI en María Amparo Casar Pérez, quien fue la coordinadora de asesores de Santiago Creel en la Secretaría de Gobernación de Fox y quien, como presidenta ejecutiva, tuvo ingresos superiores a los 250 mil pesos mensuales. Para 2023 recibió un total de 5 millones 714 mil 360 pesos para un ingreso mensual de 476 mil 196 pesos.

Con Casar Pérez en la presidencia de MCCI se mantuvieron los principales benefactores económicos como Valentín Díez Morodo, Antonio del Valle Ruiz, Agustín Coppel Luken, Madariaga Lomelín y la familia Chedraui, así como el gobierno de Estados Unidos, pero los ingresos de esta organización comenzaron a registrar una incesante caída.

De los 136 millones de pesos que recibió en donativos el primer año de su funcionamiento, en 2016, MCCI obtuvo sólo 32 millones de pesos en 2022, una pérdida de 104 millones de pesos en seis años, cuatro de ellos ya en el gobierno de López Obrador.

Pero además de sus ingresos con MCCI, Casar Pérez también recibía ingresos millonarios de Pemex desde 2004, cuando fue beneficiaria de un esquema de corrupción que fue denunciado por el propio López Obrador dos décadas después: comenzó a cobrar ese año una pensión vitalicia por viudez de más de 125 mil pesos al mes, después de haber cobrado 17 millones de pesos del seguro de vida de su marido, Carlos Fernando Márquez Padilla García, quien se suicidó el 7 de octubre de 2004 y sólo porque se hizo pasar como un accidente obtuvo esos beneficios.

Casar Pérez era coordinadora de asesores del secretario de Gobernación cuando ocurrió el suicidio de su esposo y desde entonces ha cobrado 17 millones 600 mil pesos por la pensión vitalicia por viudez, además de las colegiaturas de la carrera de sus dos hijos en el ITAM, privilegios que aún están en litigio en medio de victimización de la exfuncionaria de Fox.

La academia Claudio X.

Alrededor de González Guajardo gravita una extensa red de organizaciones de la sociedad civil, algunas creadas hace dos décadas y otras recientemente, que potencian las iniciativas políticas de él, del grupo oligárquico, de partidos políticos bajo su control y de toda la derecha.

Muchos de los integrantes de esas agrupaciones supuestamente apartidistas son personajes que, en realidad, han formado parte de los gobiernos del PRIAN.

Se trata de organizaciones y personajes que comenzaron a agruparse desde el gobierno de Fox y que organizaron, en 2004, la marcha contra la inseguridad, organizada entre otros por la organización de ultraderecha El Yunque, y que se enfocó en López Obrador como jefe de Gobierno. Uno de los convocantes a esa manifestación es Guillermo Velasco Arzac, uno de los principales jefes de ese entramado secreto y quien se volvió asesor de González Guajardo en la creación de Sí por México, un enjambre de organizaciones que gravitan en torno a él y que, muchas de ellas, son sólo membretes. Son los mismos que se opusieron a crear la Guardia Nacional, en un desplegado publicado el 20 de noviembre de 2018, a 10 días de la toma de posesión de López Obrador. Y en septiembre de 2020 publicaron el desplegado "Esto tiene que parar. En defensa de la libertad de expresión", que firmaron 667 personas. "El Presidente López Obrador utiliza un discurso permanente de estigmatización y difamación contra los que él llama sus adversarios. Al hacerlo, agravia a la sociedad, degrada el lenguaje público y rebaja la tribuna presidencial de la que debería emanar un discurso tolerante", acusaron.

También el 31 de marzo de 2021 firmaron el desplegado "En defensa del INE", que sumó a 2 mil 387 personas de las comunidades política, académica, intelectual, artística y de otros ámbitos que exigieron terminar con las "expresiones difamatorias que buscan desacreditarlo".

En 2020, justo cuando González Guajardo creó la coalición Va por México con el PRI, el PAN y el PRD, irrumpió Signos Vitales, que reunió a personajes y organismos que han combatido siempre a López Obrador desde el año 2000. De hecho, uno de los primeros informes que elaboró, en octubre de ese año, fue acerca del embuste que sobre el gobierno de López Obrador ha utilizado reiteradamente: "México enfermo, con indicios de un régimen totalitario".

Signos Vitales es presidido por Enrique Cárdenas —quien en 2018 quería ser candidato de Morena a gobernador de Puebla—, en cuyo "comité nacional" están María Amparo Casar Pérez, mano derecha de González Guajardo, y María Elena Morera Mitre, fundadora de Causa en Común, partidaria y amiga de García Luna y contratista del gobierno de Calderón y Enrique Peña Nieto. A ese comité pertenecen también Julio Frenk, secretario de Salud de Fox; Valeria Moy, directora del Instituto Mexicano para la Competitividad (Imco) y antes de México ¿cómo vamos?, que dirige Sofía Ramírez Aguilar, directiva del Cisen de Calderón; Federico Reyes Heroles, exmiembro de Transparencia Mexicana; Jorge Suárez Vélez, colaborador de *Letras Libres*, de Krauze, y Duncan Wood, director del Instituto México en el Wilson Center y consejero en el sector energético.

El "Comité asesor de especialistas" de Signos Vitales incluye a otros exfuncionarios de los gobiernos de Fox, como Eduardo Sojo, secretario de Economía; Rogelio Gómez Hermosillo, funcionario de la Sedesol con Josefina Vázquez Mota, y Carlos Elizondo Mayer-Serra, embajador, y de Calderón, como Alejandro Poiré, secretario de Gobernación; Salomón Chertorivsky, secretario de Salud; Alejandro Hope, directivo del Cisen y colaborador de Margarita Zavala; José Antonio Polo Oteyza, coordinador de asesores de García Luna, y Héctor Villarreal Ordóñez, funcionario de medios de Fox, Calderón, Emilio Álvarez Icaza y portavoz del Grupo México del magnate minero Germán Larrea Mota Velasco.

Un personaje destaca en este elenco de la derecha: Tony Payan, personero de Instituto Baker que financia González Laporte.

El Instituto Baker, donde Payán dirige el Centro de Estados Unidos-México, es relevante porque ahí se generó un informe de 2023 que ligó a Morena con el crimen organizado y aseguró, sin presentar pruebas, que en 2024 este partido y el presidente López Obrador harían un fraude electoral.

El Baker Institute, financiado por el CMN, publicó en diciembre de 2023 en su "perspectiva de México 2024", un reporte dirigido sólo para empresarios que buscan invertir en México, que "las organizaciones criminales pueden convertirse en un importante aliado electoral de Morena en las elecciones de junio de 2024; demostraron su capacidad para intimidar, e incluso matar, a candidatos de la oposición y trabajadores electorales en 2021, y es probable que sigan adelante en 2024".

Este informe marcó el inicio de una campaña que arreció, en febrero de 2024, con la publicación de reportes de *The New York Times* y *Pro Publica* del periodista Tim Golden que sugirieron, sin aportar pruebas, que López Obrador tiene vínculos con el crimen organizado desde 2006, de lo que hizo eco también la mexicana Anabel Hernández. Con base en estas filtraciones de la DEA se orquestó la campaña en redes sociales, potenciada con nodos en varios países del mundo, que imputó al presidente de México conductas delincuenciales, que al final resultaron estériles.

También son asesores de Signos Vitales Lourdes Melgar Palacios, subsecretaria de Energía en el gobierno de Peña Nieto; el vocero de Fox, Rubén Aguilar; el ministro en retiro José Ramón Cossío; la exconsejera del IFE Jaqueline Peschard, expresidenta del Instituto Federal de Acceso a la Información (IFAI), y Edna Jaime, directora de México Evalúa, un organismo fundado y presidido por Luis Rubio Freidberg, quien fue asesor de Vázquez Mota en la campaña de 2012.

Es asesor también Luis Carlos Ugalde Ramírez, consejero presidente de Instituto Federal Electoral (IFE) en la fraudulenta elección de 2006; quien también fue colaborador de Jesús Reyes Heroles en el PRI y en la embajada de México en Washington en el gobierno de Zedillo, dirige Integralia, empresa de consultoría que abastece de información a Signos Vitales, como lo hace también la organización

SPIN-TCP, dirigida por Luis Estrada Straffon. Con base en información de SPIN-TCP, que a su vez utiliza Integralia, Signos Vitales elaboró, en abril de 2021, el informe "El valor de la verdad, a un tercio del sexenio", en el que concluyó que "el presidente ha mentido en 80 ocasiones durante cada una de sus conferencias matutinas". Estrada Straffon trabajó como asesor de Juan Camilo Mouriño en la Oficina de la Presidencia de la República y en la Secretaría de Gobernación con Fernando Gómez Mont, en el sexenio de Calderón.

Por su parte, Ugalde creó su empresa consultora tras ser destituido como consejero electoral tras el fraude de 2006 y cuyos "aliados" desde entonces —así llamados por él mismo— lo arroparon para crear su negocio de consultoría son Claudio X. González Laporte y su hijo González Guajardo, así como Alberto Baillères, el propietario del ITAM, de cuya institución es egresado. Otros "aliados" de Ugalde, como lo revelé, son el expresidente Zedillo; Pedro Aspe, secretario de Hacienda de Salinas, y el publicista Issac Chertorivski, padre de Salomón Chertorivski Woldenberg, secretario de Salud de Calderón y candidato a jefe de Gobierno del partido Movimiento Ciudadano en 2024.

Se trata de los mismos personajes de las élites económica, académica e intelectual que respaldaron la actuación de Ugalde en la elección de 2006 en un desplegado, publicado el 3 de agosto de 2006 —antes del fallo del Tribunal Electoral del Poder Judicial de la Federación (TEPJF) que declaró presidente electo a Calderón y que acusó una intervención indebida de Fox—, en el que aseguraron que "no hubo fraude" en esa elección. Entre los 135 abajofirmantes de ese desplegado estaban Krauze y Aguilar Camín —quien escribió en *La Jornada*, el 30 de julio de 1988, que las elecciones de ese año que ganó Salinas habían sido las "menos inventadas de mucho tiempo… las más limpias… las más verdaderas"—, así como un extendido grupo de seguidores de ambos en *Letras Libres* y *Nexos*.

En ese desplegado estaban los nombres de María Amparo Casar Pérez —para entonces excoordinadora de asesores de Creel—, la académica del ITAM Denise Dresser, Jacqueline Peschard, José Woldenberg, Federico Reyes Heroles, Roger Bartra, Raúl Trejo Delarbre, Leo Zuckerman y Jorge G. Castañeda, canciller de Fox y coordinador estratégico de la campaña del panista Ricardo Anaya en 2018.

Son también los mismos nombres que, tres lustros después, firmaron el desplegado del 30 de marzo de 2021 para exigir respeto a la autonomía del Instituto Nacional Electoral (INE), presidido por Lorenzo Córdova, precisamente uno de los firmantes del desplegado de agosto de 2006, lo mismo que el consejero Ciro Murayama, ambos asesores de Woldenberg cuando éste presidió el IFE entre 1996 y 2003.

Varios de estos personajes son también los abajofirmantes del desplegado "Contra la deriva autoritaria y por la defensa de la democracia", publicado el 15 de julio de 2020, en el que, como estrategas políticos, propusieron a todos los partidos de oposición unirse contra Morena para "corregir el rumbo y recuperar el pluralismo político y el equilibrio de poderes que caracterizan a la democracia constitucional". Para vencer al partido de López Obrador, plantearon estos ideólogos, no había más opción que formalizar el PRIAN: "La única manera de lograrlo es mediante una amplia alianza ciudadana que, junto con los partidos de oposición, construya un bloque que, a través del voto popular, reestablezca el verdadero rostro de la pluralidad ciudadana en las elecciones parlamentarias de 2021".

Como se ve, se trata de los mismos organismos y personajes que se articulan en coyunturas específicas o en iniciativas de González Guajardo y que son financiadas por los oligarcas con donativos que se deducen de los impuestos.

El Consejo Mexicano de Negocios, por ejemplo, financia al Instituto Mexicano para la Competitividad (Imco), que fue fundado en 2003 por Valentín Díez Morodo, quien ha sido presidente de ese organismo que agrupa a los más ricos de México.

Díez Morodo, vicepresidente de Grupo Modelo y propietario entre tantos negocios del equipo de futbol Diablos Rojos de Toluca, es presidente del Consejo Empresarial Mexicano de Comercio Exterior, Inversión y Tecnología (Comce) y fue él quien nombró como director del Imco a Juan Pardinas, sobrino del exrector de la UNAM Jorge Carpizo.

Tras el triunfo de López Obrador, en 2018, Pardinas pasó del Imco a dirigir el diario *Reforma*, y al ser despedido en 2023, se convirtió en consejero de Xóchitl Gálvez en su campaña presidencial de 2024. La acompañó a su gira por Estados Unidos para reunirla con los principales medios, entre ellos *The New York Times*, un medio que ha sido también muy cercano a las élites mexicanas y en especial a González Guajardo.

Otro patrocinador de iniciativas de la "sociedad civil" es la familia de Antonio del Valle Ruiz, exdueño del banco HSBC y presidente del Grupo Kaluz, padre del expresidente del CMN Antonio del Valle Perochena; un mecenas más es Alejandro Ramírez Magaña, presidente de Cinépolis y quien también presidió el CMN en la elección de 2018 y quien, junto con González Laporte y otros expresidentes del organismo, apoyó la candidatura presidencial del panista Ricardo Anaya, cuando se frustró la declinación de Meade que el grupo oligárquico le planteó a Peña Nieto.

Ramírez Magaña trabajó en la Sedesol cuando la secretaria con Fox era Josefina Vázquez Mota y después, en el gobierno de Calderón, fue su asesor en la SEP.

Otros miembros de la élite empresarial que financian a MCCI son Eduardo Tricio Haro, accionista mayoritario de Grupo Lala y de Aeroméxico, y Carlos Álvarez Bermejillo, dueño del Grupo Pisa, que controla los medicamentos contra el cáncer y que fue una de las empresas de medicamentos vetadas por el gobierno de López Obrador, ambos miembros del CMN.

El grupo que financia a González Guajardo lo integran además el exdirector de Bancomer Ricardo Guajardo Touché, los hermanos Torrado, de Grupo Alsea, que controlan las franquicias Starbucks, Domino's y Vip's, entre otras, y los dueños de tiendas Chedraui, estos dos últimos también son integrantes del CMN.

González Guajardo también es el fundador del Consejo Nacional de Litigio Estratégico, agrupación que se dedicó a litigar contra obras del gobierno federal y que defendió a Xóchitl Gálvez y a la Unión Nacional de Padres de Familia (UNPF) contra los libros de texto gratuitos.

En este organismo participan Gustavo A. de Hoyos Walther, expresidente de la Coparmex y fundador de la coalición del PRIAN —aunque en 2024 será diputado federal del partido Movimiento Ciudadano—, el académico Luis Carbonell y el litigante Fernando Gómez-Mont, secretario de Gobernación con Calderón, miembro de Signos Vitales y abogado entre otros clientes del Grupo México de Germán Larrea Mota Velasco.

Hasta el Centro de Investigación y Docencia Económicas (CIDE), dirigido por Sergio López Ayllón, cedió ante González Guajardo:

Entre 2016 y 2021 este organismo firmó convenios de colaboración con MCCI para elaborar el plan de estudios del Diplomado en Periodismo de Investigación, que impartió González Guajardo.

LA OBSCENA CORRUPCIÓN DEL PAN

Mientras González Guajardo y otros miembros de las élites económicas, académicas e intelectuales operaban para mantener privilegios, en el PAN, el partido gobernante desde el 2000, se gestaban fortunas mediante la corrupción.

Aunque la pudrición venía de antes, como parte de la corrupción institucionalizada que acrecentó el neoliberalismo con De la Madrid, Salinas de Gortari y Zedillo, la alternancia en el año 2000 detonó nuevas riquezas de altos funcionarios de los gobiernos de Fox y Calderón, cuando el PAN consumó su histórica derrota moral. El financiamiento ilegal de la campaña presidencial del 2000, con dinero incluso del extranjero mediante los Amigos de Fox, marcó el inicio de la corrupción panista en el gobierno, que ya en los estados tenía tiempo.

Primero como altos funcionarios de los gobiernos con el sello del PAN y luego como legisladores entregados al de Peña Nieto, los panistas no terminaban de asumir el cargo cuando se dedicaron literalmente a robar. Se hartaron en los sexenios de Fox y Calderón, pero cuando regresaron los priistas, en 2012, actuaron igual y terminaron por volverse tan iguales, que hasta formalizaron su unidad en 2021 y 2024.

El PAN mismo tuvo que admitir, después de los dos sexenios que gobernó México, que la corrupción pudrió a la institución fundada por Manuel Gómez Morín, en 1939, para combatir a Lázaro Cárdenas. Después de perder la presidencia de la República con Vázquez Mota, en 2012, y su desplome a tercera fuerza electoral, entre otras razones porque Calderón actuó como uno de los operadores de Peña Nieto, la Comisión de Evaluación y Mejora de ese partido concluyó que la debacle obedeció a la corrupción de casa. Por más que intentó matizar el drama, la respuesta no podía ser otra: "La parte más importante de los problemas que vive [el PAN] son [sic] de naturaleza ética y esto se manifiesta en una pérdida de congruencia en su acción partidista y de gobierno a través de hechos percibidos como corrupción".

En la segunda alternancia por la derecha con Peña Nieto, un hombre formado en la educación privada y en el inescrupuloso Grupo Atlacomulco, sólo se profundizó la descomposición del régimen, con tantos casos de corrupción e impunidad que tuvo que huir a España, donde también se fue a esconder Calderón después de que García Luna, su mano derecha, fue detenido y declarado culpable de narcotráfico en Estados Unidos, en febrero de 2023. A ellos se sumó Salinas de Gortari, ya con ciudadanía española, el iniciador del ciclo neoliberal tan devastador para las mayorías.

Con Fox, los guanajuatenses muy pronto se instalaron en departamentos y casas de las mejores zonas de la capital, para imitar a los capitalinos, y con Calderón se consolidó esa tendencia.

El prototipo de los nuevos ricos al amparo del poder es Germán Martínez Cázares, secretario de la Función Pública y presidente nacional del PAN con Calderón: al inicio de ese gobierno no tenía casa propia, y en 2012 compró una residencia en 16 millones 200 mil pesos en la mejor zona de San Ángel Inn.

Roberto Gil Zuarth es otro de los prominentes panistas que ascendieron vertiginosamente en el sexenio de Calderón, de quien fue secretario particular: de residir en un modesto departamento en Tlalpan y no poseer ni auto, compró una casa también en San Ángel Inn y luego en las Lomas de Chapultepec.

Ya para 2018, sin tener otro trabajo más que servidor público, Gil Zuarth tenía una fortuna. Entre 2013 y 2018 reportó 45.3 millones de pesos, pero sus gastos por consumo fueron de 173 millones de pesos, entre 2015 y 2020, tan sólo en una tarjeta American Express.

Maximiliano Cortázar Lara, vocero de Calderón y de la excandidata presidencial Xóchitl Gálvez, vivió en casa ajena toda su vida en Las Águilas, pero en 2009 se mudó a la residencia que compró en Jardines del Pedregal.

Y su sustituta en la Coordinación de Comunicación Social de la Presidencia de la República, Alejandra Sota Mirafuentes, también ascendió: vivía en un modesto departamento de la colonia Del Valle, y en 2008 compró una mansión de 660 metros cuadrados en Bosques de las Lomas, una de las áreas residenciales más lujosas de la Ciudad de México.

César Nava Vázquez, quien pasó de secretario particular de Calderón a presidente del PAN, tampoco poseía casa propia y repentinamente se hizo de un departamento en Polanco y una casa en San Antonio, Texas.

El ascenso tenía que ver no sólo con los sueldos y prestaciones de la alta burocracia federal, sino con los negocios, muchos de ellos en el ambicionado sector energético.

Nava Vázquez, un juramentado de la organización de extrema derecha El Yunque, fue abogado general de Pemex en el gobierno de Fox y el jurídico de la Secretaría de Energía (Sener), con Calderón como secretario, y desde esos cargos se volvió emblema de la alta corrupción panista con la asignación de millonarios contratos a sus amigos, correligionarios y cómplices.

Impulsado por su amigo Calderón, que era el coordinador de la bancada del PAN en la Cámara de Diputados, Nava Vázquez asumió la dirección jurídica de Pemex en octubre de 2001 y comenzó a asignar contratos millonarios.

Uno de los primeros contratos que otorgó, a dos meses de tomar posesión, fue a Transportes Especializados Ivancar, S. A. de C. V., propiedad de la familia de Juan Camilo Mouriño Terrazo, en ese momento presidente de la Comisión de Energía de la Cámara de Diputados y mano derecha de Calderón.

Ese primer contrato de Nava a la familia Mouriño, en diciembre de 2001, fue por 7 millones 859 mil 627 pesos, para transportar hidrocarburos, y lo renovó al año siguiente. Y en 2003 le entregó a la empresa otro contrato por 16 millones 600 mil pesos. Posteriormente se le autorizó un pago de 8 millones 300 mil pesos para que cubriera nuevas rutas de distribución.

Y cuando Nava pasó de Pemex a ser el director de la Unidad del Área Jurídica de la Sener, encabezada por Calderón, de octubre de 2003 a mayo de 2005, volvió a beneficiar a Mouriño: en ese lapso, Ivancar recibió otros dos contratos por 18 millones de pesos.

Ivancar formaba parte en ese momento del Grupo Energético del Sureste, cuyo representante legal era Mouriño Terrazo, quien ostentaba la nacionalidad española y ascendió con Calderón como subsecretario de la Sener, jefe de la Oficina de la Presidencia y secretario de Gobernación hasta su muerte, en 2008.

Como jurídico de Pemex, Nava hizo notario favorito a José Manuel Gómez del Campo López, padre de la exsenadora del PAN Mariana Gómez del Campo y tío de Margarita Zavala, esposa de Calderón.

Gómez del Campo López, notario público 136 de la Ciudad de México, es padre de José Manuel Gómez del Campo Gurza, a quien Peña Nieto les entregó una notaría en 2011, dos días antes de terminar su mandato de gobernador del Estado de México, y es primo de Virginia Gómez del Campo, exesposa de Luis Videgaray Caso.

Entre tantos contratos que asignó, Nava Vázquez favoreció también a allegados a Fox: en marzo de 2002 asignó de manera directa un contrato por 31 millones 500 mil pesos al despacho MYT Penalistas, S. C., para litigar ante la PGR la malversación de más de mil millones de pesos que fueron desviados de Pemex, que dirigía Rogelio Montemayor Seguy, a la campaña presidencial del priista Francisco Labastida Ochoa a través del sindicato encabezado por Carlos Romero Deschamps.

Como lo revelé en su oportunidad, el 15 de marzo de 2002 Nava Vázquez firmó el contrato SC-20-140/2002 a favor de MYT Penalistas, S. C., que en nueve meses cobró 31.5 millones de pesos por "coadyuvar al Ministerio Público en la integración de las averiguaciones previas y apoyo en la defensa de asuntos litigiosos en materia penal".

El jefe del despacho beneficiado es Marco Antonio del Toro Carazo, un abogado costarricense radicado en México que fue asesor de Fox en su campaña presidencial y después formó parte de su equipo de transición.

Otro caso: entre 2003 y 2005 Pemex asignó de manera directa tres contratos al despacho Jáuregui, Navarrete, Nader y Rojas, S. C., por un total de 75 millones 520 mil 19 pesos, aunque extraoficialmente se informó que la firma recibió uno más, con lo que el monto total sería de 85.5 millones.

Estos contratos tuvieron como objeto la defensa de la paraestatal durante 15 meses en el juicio que interpuso en su contra el consorcio Conproca, S. A. de C. V., encargado de reconfigurar la refinería de Cadereyta.

Pese a pagar tal cantidad de dinero por un trabajo que debió realizar el abogado general de Pemex, se perdió el litigio por cerca de 700 millones de dólares.

Entre 2002 y 2003 Nava les adjudicó de manera directa contratos por un total de 32 millones 450 mil pesos a los abogados Alfonso López Melih y a Javier Quijano Baz.

Otro despacho beneficiado fue el de Creel, García-Cuéllar y Müggenburg, S. C., del que era socio el secretario de Gobernación, Santiago Creel Miranda.

En el colmo, como reveló la periodista Ana Lilia Pérez, Nava dio por terminado un litigio en el que presuntamente incurrió en prevaricato, ya que en 2003 ordenó pagar un adeudo por 241 millones de pesos de Pemex con el municipio de Coatzacoalcos.

Cuando todavía estaba vigente el litigio, Marcelo Montiel, en ese entonces presidente del municipio veracruzano, informó que destinaría el dinero a la construcción de un túnel subterráneo, cuya obra era promovida por Emilio Baños Urquijo, entonces suegro de Nava y esposo de la también panista Cecilia Romero Castillo, comisionada del Instituto Nacional de Migración de Calderón.

En otro caso vinculado también a Nava Vázquez, el director de Pemex-Refinación, el panista Juan Bueno Torio, canceló el convenio que esta subsidiaria tenía desde 1993 con la Cámara Nacional de Autotransportes de Carga y la Asociación de Transportistas al Servicio de Pemex y Empresas Sustitutas, A. C.

El objetivo, como lo reveló la periodista Jesusa Cervantes, era integrar en el padrón de proveedores a nuevos empresarios del ramo, como Autotransportes Flensa, de la que era socio Javier Fox, hermano del presidente de México.

La anulación de este contrato le costó a Pemex 9 millones 439 mil 500 pesos, que fue el pago al abogado Abelardo Antonio Ayala García para que hiciera frente a los exproveedores inconformes.

Aun sin ninguna reforma energética, en el sexenio de Fox se hicieron grandes negocios en Pemex, incluyendo algunos familiares de Marta Sahagún Jiménez y hasta el propio director, Raúl Muñoz Leos, cuya esposa, Hilda Ledezma Mayoral, se sometió a tratamiento para reducir su volumen corporal con una liposucción que sacó la grasa de su cuerpo, se quitó las bolsas de los ojos y los párpados caídos con una bilefaroplastía, pero también eliminó las arrugas de su rostro. El abuso se materializó también a raíz de la trágica muerte de Carlos Fernando Márquez Padilla García.[1]

Ya en el sexenio de Calderón, la corrupción siguió en auge. Como Nava, otros integrantes del mismo grupo actuaron de manera facciosa: Cortázar y Sota dispusieron de 40 mil millones de pesos para medios de comunicación en el sexenio de Calderón, cuando los medios claudicaron de informar sobre la violencia.

Como con Fox, que gastó 16 mil millones de pesos en el sexenio, Calderón privilegió a Televisa y TV Azteca en los contratos de publicidad oficial y a las grandes cadenas radiofónicas, como Grupo Radio Centro, Radio Fórmula e Imagen.

En el prólogo de mi libro *El engaño. Prédica y práctica del PAN*, que documenta la incongruencia y la corrupción del PAN del sexenio de Fox y el inicio del gobierno de Calderón, así como en los estados que gobiernan, el historiador Lorenzo Mayer escribió sobre la mutación de ese partido:

> Al ser tocada la naturaleza íntima de Acción Nacional por los efectos del ejercicio del poder, esa naturaleza cambió. La transformación era inevitable pero no así su dirección y sus formas. En efecto, a partir de finales del siglo pasado, la lucha interna y externa del PAN tuvo que ver cada vez menos con sus principios originales y formales —esos desarrollados a lo largo de una travesía por el duro y árido terreno de la oposición—, y cada vez más con las disputas internas y externas en el terreno de lo que es la política real: esa que tiene que ver con quién obtiene qué, cómo y cuándo, según la definición clásica de Harold D. Lasswell. Se trata de una lucha entre individuos y grupos por el ejercicio y los frutos del poder: puestos de dentro de la dirección del partido, puestos de elección popular, puestos en las administraciones municipales, estatales y

---

[1] Caso que se destacó en la página 388 de este mismo libro.

federal, contratos, permisos, etcétera. Estos intereses y choques han llevado a que el PAN se mueva cada vez menos por motivos ligados a sus principios y discurso —principios altruistas— y cada vez más por razones descarnadamente materiales. A nadie puede extrañar que con el ejercicio del poder resalte la contradicción —y finalmente la sordidez de la pugna— entre lo que el PAN pretendió ser y lo que efectivamente es.

Pero el deterioro fue cada vez más pronunciado en el sexenio de Calderón, no sólo en su vida interna sino en los intereses que defendía.

Tras la contundente derrota de 2009, que llevó a la renuncia de Germán Martínez, la Comisión de Análisis y Reflexión del PAN concluyó que el tema principal que condujo a esos adversos resultados fue la corrupción.

El documento, que se mantuvo en secreto hasta que lo revelé, establece que el PAN dejó de representar el cambio y "se han tolerado actos de corrupción de funcionarios y militantes". Añadió: "En el comportamiento de los panistas no aplica la fuerza de las ideas, sino la fuerza del interés, la nómina y el poder"; "no hay agenda para y con la sociedad"; "se ha privilegiado el arribismo y el oportunismo", y "se permite la democracia simulada", son algunas de las consideraciones que se hacen como partido. El diagnóstico reconoce que "no ha habido congruencia entre la democracia exigida y las prácticas del partido", que los militantes y dirigentes del PAN "perdimos el valor de la ciudadanía hasta en la integración del IFE" y la conclusión es lapidaria: "Ya no somos el partido del cambio".

Pero el PAN como gobierno, según el documento, también es un fracaso, porque, reconoce, "no hemos construido un modelo de gobierno panista", "algunos funcionarios hacen negocios desde el gobierno", "no se redujo el dispendio", prevalece el "nepotismo", "hay comportamientos públicos vergonzosos que quedan impunes", y "se manda un mensaje contradictorio al ejecutar programas contra la pobreza manteniendo el despilfarro y lujo de políticos".

Desde el PAN y desde el gobierno nada se hizo. Y luego de la otra derrota de 2012, cuando el PAN retrocedió al tercer lugar con Vázquez Mota, la conclusión fue la misma: la causa principal del desastre fue corrupción.

La Comisión de Evaluación y Mejora que analizó las causas del desastre de 2012 trató de matizar lo que internamente era un escándalo por tanta corrupción en el PAN y en el gobierno de Calderón: "La parte más importante de los problemas que vive [el PAN] son [*sic*] de naturaleza ética y esto se manifiesta en una pérdida de congruencia en su acción partidista y de gobierno a través de hechos percibidos como corrupción".

El documento, fechado el 10 de octubre de 2013, no detallaba los "hechos percibidos como corrupción", pero advertía que tras obtener la presidencia de la República, en el año 2000, comenzó el deterioro del PAN por causas que no fueron atendidas oportunamente: "Los resultados electorales recientemente vividos no fueron un suceso inesperado, son parte de un largo devenir desde la exitosa campaña de 2000. Durante este lapso hubo señales no atendidas a pesar de que cada proceso electoral nos arrojó un deterioro mayor que su precedente".

Esta comisión, creada por el Consejo Nacional del PAN, proponía una serie de cambios que debían hacerse para "recuperar el proyecto ético y político" que dio origen a ese partido y que, advertía, implicaría atentar "contra nuestros propios intereses creados".

El informe detallaba: "Con este listado de temas que deben atenderse, esta comisión afirma que una reforma estatutaria ayuda pero es insuficiente, que el trabajo no será fácil, pues deberemos avanzar en una reforma contra nuestros propios intereses creados y que debemos actuar de manera inmediata y sostenida para recuperar el proyecto ético y político que dio origen a Acción Nacional y que nos permitirá ser nuevamente competitivos".

La excandidata presidencial Josefina Vázquez Mota escribió en noviembre de 2013 que su partido se volvió tan corrupto como el PRI. Pero ella misma protagonizó "el soborno y la rendición": Peña Nieto, a través del canciller Videgaray, le entregó mil 100 millones de pesos para su Fundación Juntos, que trabajaba con migrantes. Nadie sabe a dónde fue tanto dinero.

Y con Gustavo Madero al frente del PAN, tras la infecunda dirigencia de Nava, sólo se profundizó la descomposición: él mismo estuvo involucrado en la corrupción de los casineros que financiaron su campaña y solapó los "moches". No sólo: él fue responsable de la postulación como diputada de Sinaloa de Lucero Guadalupe Sánchez López, novia del Chapo Guzmán.

El escándalo de los "moches" estalló en la legislatura 2012-2015, cuando el coordinador de los diputados federales panistas era Luis Alberto Villarreal y Jorge Villalobos, vicecoordinador, con Madero como presidente y Anaya miembro de la bancada, pero continuaron en la siguiente legislatura, cuyo coordinador fue Marko Cortés, presidente del PAN.

Este esquema de corrupción política se generalizó con Peña: nació de un acuerdo de la Secretaría de Hacienda y Crédito Público (SHCP), que encabezaba José Antonio Meade, y la Junta de Coordinación Política de la Cámara de Diputados para transferir recursos del Ramo 23 para cultura, deporte y pavimentación de los municipios del país. A cada uno de esos renglones se le asignaron 5 mil millones de pesos para un total de 15 mil millones, por lo que a cada uno de los 500 diputados le correspondieron 30 millones de pesos para que decidiera a qué municipio darle apoyo. Hubo diputados que dispusieron transferir los 30 millones a un municipio, a través de los gobiernos estatales, pero otros prefirieron incurrir en corrupción, condicionando la entrega de esos recursos a cambio de una comisión y a qué constructoras contratar.

El PAN creó una Comisión Anticorrupción, presidida por Luis Felipe Bravo Mena, pero fue un fiasco. Ernesto Ruffo, el primer gobernador del PAN, investigó los "moches" de diputados y concluyó, con base en evidencias, que en el esquema estaban involucrados Madero, Marko Cortés y Ricardo Anaya, quien sería el presidente y candidato presidencial en 2018.

Ruffo investigó específicamente el caso de Yucatán, cuyo presidente estatal, Raúl Paz, fue identificado como uno de los operadores de los moches, pero aunque presentó el resultado de su investigación a la comisión presidida por Bravo Mena y a la Comisión Permanente, ese personaje fue postulado como candidato a senador y lo fue todo el sexenio de Peña. "Le entregué un documento a la Comisión Anticorrupción y las conclusiones de esa investigación las comenté en la Comisión Permanente, precisamente cuando se estaba integrando la lista de los candidatos plurinominales", reveló Ruffo.

—¿Y no pasó nada?

—No, yo se lo narré: el señor Raúl Paz aparecía en todas las líneas de investigación como la parte central de todas las conexiones en Yucatán. Se lo dije porque estaban haciendo consideraciones para integrar a esa persona a la lista de candidatos.

De hecho, recuerda el actual diputado federal, en esa sesión de la Comisión Permanente, presidida por Damián Zepeda, estuvo presente Paz, pero nada dijo.

—¿Entonces la Comisión Anticorrupción y la Comisión Permanente supieron que este personaje estaba implicado en los moches y no pasó nada?

—Exactamente, no pasó nada. Estaba implicado desde el punto de vista de que el fenómeno de los moches, en el rastreo de toda la operación que se realizó, indicaba a todos los integrantes de la red. Inclusive algunos de ellos exalcaldes que eran integrantes del comité directivo estatal del PAN de Yucatán, que presidía Raúl Paz.

—¿Así se compensó a los que votaron en el Pacto por México?

—Sí, por eso digo yo que Madero se hizo el occiso, el muertito. Pero tanto peca el que mata la vaca como el que le agarra la pata.

Y como Fox y tantos panistas, Calderón se acomodó también a los negocios privados. La trasnacional Iberdrola lo contrató como consejero independiente de su filial estadounidense, Avangrid, y en sólo dos años, entre 2016 y 2018, Calderón recibió 9 millones 617 mil pesos (465 mil dólares) por sus servicios.

Tras el triunfo de Fox, algunos miembros de las élites se afiliaron al PAN. El cambio era moda. Pero muy pronto decidieron salirse, asqueados de la corrupción en ese partido.

Por ejemplo, se afilió al PAN la mujer más rica de México y de América Latina, María Asunción Aramburuzabala Larregui, exvicepresidenta de Grupo Modelo, y quien fue, en los años del foxismo, esposa de Antonio Óscar *Tony* Garza Quintana, embajador de Estados Unidos en México, político republicano y amigo íntimo de George Bush.

Su hermana Lucrecia también se hizo militante adherente del PAN, como la madre de ambas, la pintora Lucrecia Larregui González, viuda de Pablo Aramburuzabala Ocaranza, fundador del emporio cervecero.

Otra familia vinculada al PAN es la de Lorenzo Servitje Sendra, el fallecido patriarca de Grupo Bimbo, que monopoliza la producción y distribución de pan de caja y golosinas. Servitje y otros miembros de su familia se hicieron también militantes del PAN y entregaron recursos. María del Pilar Servitje Montull, hija de Lorenzo, aportó hasta recursos; sus primos Arantzatzú, Estíbaliz, Marisa y Francisco Laresgoiti Servitje e Íñigo Mariscal Servitje también donaron. Roberto Servitje Sendra, hermano de Lorenzo, también aportó dinero y un socio de Grupo Bimbo, Ángel Gotzón de Anuzita Zubizarreta, también. Ninguno milita ya en el PAN. Ya tampoco dan dinero.

LA ESTRUCTURA DEL FRAUDE DE 2006

Muerta la promesa de cambio de su gobierno y fracasado el PAN en las elecciones intermedias de 2003, cuando pidió a los mexicanos darle mayoría legislativa con la imploración de "quítale el freno al cambio", Fox fue obligado por sus dueños, los oligarcas, a frenar al aventajado López Obrador hacia el 2006.

El depuesto canciller Jorge G. Castañeda convocó, en mayo de 2004, a ganarle a López Obrador "como sea, para evitar que siga ofreciendo una plataforma populista, que es una estafa para el pueblo". Y enseguida lanzó la frase que justificaba todo: "Creo que hay que ganarle a la buena, a la mala y de todas las maneras posibles". Y entonces se echaron a andar maniobras de la derecha del PRIAN para descarrilar a López Obrador, incluida la elección de 2006, que enseguida se acreditan:

A) La toma del IFE de 2003

Desde que asumió la coordinación de los diputados federales del PAN, en el 2000, Calderón trazó su ruta para sustituir a Fox en la presidencia de la República: al concluir la legislatura, se hizo nombrar director de Banobras y luego secretario de Energía.

Aunque en Banobras fue un asunto menor otorgarse ilegalmente un crédito hipotecario, marcó la lógica del abuso que en la Sener se materializó con el favoritismo a sus allegados y a las empresas del sector, como la española Iberdrola que lo contrataría años después. De hecho, la propia Auditoría Superior de la Federación identificó que la participación en la capacidad de generación de energía eléctrica de la Comisión Federal de Electricidad disminuyó respecto del total del Sector Energético Nacional, en beneficio de las empresas extranjeras.

Separado del cargo por Fox, Calderón maniobró con el apoyo de personajes como Elba Esther Gordillo y Miguel Ángel Yunes para vencer en la lucha por la candidatura presidencial del PAN a Santiago Creel, quien también tenía hasta por herencia una estrecha relación con el poder oligárquico.

En la bancada del PAN en la Cámara de Diputados, Calderón había dejado a personeros como su esposa, Margarita Zavala, y Germán Martínez, quienes operaron dos elementos clave para la elección presidencial de 2006: la integración del Consejo General del IFE, en noviembre de 2003, y la ley Televisa, aprobada en marzo de 2006, en medio del proceso electoral. En ambos casos, las maniobras resultaron eficaces.

Excluida la izquierda, el PRI y el PAN se repartieron el Consejo General del IFE, que sería clave para el fraude en la elección de julio. Los operadores de esa integración facciosa fueron Martínez y Roberto Campa Cifrián, operador de Elba Esther Gordillo, entonces secretaria general del PRI.

"Yo puse a los consejeros electorales. Entre Roberto Campa y yo los amarramos", me confesó Martínez, en un episodio oscuro de la historia de México en el que, otra vez, ejerció influencia el poder oligárquico.

Una de las nueve consejeras electorales, Alejandra Latapí Renner, fue promovida por Claudio X. González Laporte, por ser ella el enlace del CCE con el Congreso, y otro fue Andrés Albo Márquez, personero de Roberto Hernández Ramírez como director del Departamento de Estudios Sociopolíticos de Banamex.

El PAN impuso también a Arturo Sánchez Gutiérrez, compadre del diputado federal Juan Molinar Horcasitas; María Teresa González Luna Corvera, nieta del fundador de ese partido, y Rodrigo Morales Manzanares, amigo de Calderón. El PRI, a su vez, colocó como presidente a Luis Carlos Ugalde, asesor Jesús Reyes Heroles González Garza; Lourdes López, consejera de Coahuila cercana al PRI; Marco Antonio Gómez Alcántar, representante de ese partido ante el órgano electoral en 1994, y Virgilio Andrade Martínez, un egresado del ITAM como Albo Márquez y parte de una camada de egresados de esa institución encabezada por Luis Videgaray Caso, el más influyente funcionario en el gobierno de Peña Nieto.

La composición facciosa del IFE era tan obvia que hasta Bernardo Ardavín, el jefe general de la organización secreta El Yunque y asesor del secretario de Gobernación, Carlos Abascal Carranza, lo advirtió en un documento fechado el 5 de octubre de 2005, como parte del análisis de la renuncia como secretaria ejecutiva del IFE de María del Carmen Alanís, amiga desde la infancia de Margarita Zavala: "En el IFE renunció la secretaria técnica [*sic*]), Carmen Alanís. El Consejo sigue dividido: Cuatro por el PRI, cuatro por el PAN, con ventaja siempre para el PRI, porque el consejero presidente, Luis Carlos Ugalde, es proclive. Además debemos recordar que no tiene ningún consejero promovido por el PRD".

En efecto, esta integración propició las condiciones para la adulteración de la voluntad popular en la elección de 2006, con la participación definitiva de los principales medios de comunicación, encabezados por Televisa, y las organizaciones del sector privado.

B) Los videoescándalos

El 2004 fue el año en que los grupos de poder de la derecha, encabezados por Fox, Salinas de Gortari y Fernández de Cevallos, lanzaron un obús contra López Obrador a través de Televisa: los videoescándalos.

El primero fue difundido el 1º de marzo en el noticiero conducido por Joaquín López-Dóriga, donde aparece el secretario de Finanzas del gobierno de la capital, Gustavo Ponce, apostando en el casino del hotel Belaggio de Las Vegas, y el segundo, emitido el 3 de marzo en el noticiero conducido por Víctor Trujillo, que personifica el payaso Brozo, en el que aparece René Bejarano recibiendo fajos de billetes de Ahumada, autor de todas las videograbaciones.

El "cerebro" de la estrategia fue Salinas de Gortari y sus operadores fueron el senador Diego Fernández de Cevallos, Santiago Creel, secretario de Gobernación, y el subsecretario Ramón Martín Huerta; el general Rafael Macedo de la Concha, procurador general de la República; Eduardo Medina Mora, director del Centro de Investigación y Seguridad Nacional (Cisen); la coordinadora de asesores de Creel, María Amparo Casar Pérez, y Rosario Robles, expresidenta del PRD, entre otros prominentes políticos y funcionarios. Y de todo estuvo enterado, siempre, Vicente Fox.

El empresario de origen argentino Carlos Ahumada detalló la trama en su libro *Derecho de réplica. Revelaciones de la más grande pantalla política en México*, en el que describe a los empresarios y abogados que participaron en la difusión de los videos, en marzo de 2004, en los que aparecen políticos y funcionarios cercanos a López Obrador recibiendo dinero, entre ellos René Bejarano, Carlos Ímaz, exesposo de Claudia Sheinbaum, Ramón Sosamontes, Graco Ramírez y Armando Quintero.

En su libro, Ahumada escribió que, a cambio de entregarle los videos, pactó con Carlos Salinas y Fernández de Cevallos recibir 400 millones de pesos, para a su vez pagar las deudas que había adquirido por financiar campañas del PRD de Rosario Robles, su pareja, pero sólo recibió 35 millones de pesos que, por orden de Salinas de Gortari, le entregaron los gobernadores Manuel Andrade, de Tabasco, y Arturo Montiel Rojas, del Estado de México, así como el diputado local mexiquense Enrique Peña Nieto, Elba Esther Gordillo y Jorge Kahwagi.

"Todos ellos intervinieron, formaron parte, realizaron alguna tarea en especial, pero concretamente negocié con Carlos Salinas y Diego Fernández", escribió Ahumada en su libro.

> Salinas fue el cerebro de los videoescándalos. Yo fui el de los videos, él fue el del escándalo. En cuanto a Diego Fernández de Cevallos, él fue el coordinador. Hago un paréntesis para hablar de una actitud que me impresionó y es el hecho de que en esos días descubrí que Diego realmente era un títere de Carlos Salinas. Respondía de tal manera a sus peticiones, a sus instrucciones, que en verdad era impactante que el presidente del Senado y coordinador de los senadores por parte del PAN, se sometiera con tanta facilidad a Salinas. No dialogaban. Salinas le daba órdenes cuando hablaban; claro, de manera amable, pero con su voz le daba órdenes.

Desde que entregó los videos a Salinas, Ahumada fue testigo de toda la operación para difundirlos a través de Televisa, cuyo operador fue Bernardo Gómez, aunque también se pensó en TV Azteca de Ricardo Salinas Pliego, quien era asesor financiero de Raúl Salinas.

"Fue Salinas quien dijo que era mejor darlos a conocer a través de Televisa, porque era la cadena de televisión con la mayor cobertura y audiencia. Sin embargo, manifestó que también existía la posibilidad de que los videos fueran difundidos en TV Azteca. Salinas decidió la estrategia no la decidí yo".

El empresario escribe: "Carlos Salinas me confió que una de las cuestiones que había negociado con el presidente Fox a cambio de los videos, a través de Diego Fernández de Cevallos, era la exoneración de todos los cargos, inclusive el del homicidio, que mantenían en ese momento a Raúl [Salinas] en la cárcel, además de la devolución por parte de la Procuraduría General de la República de todos sus bienes, incluyendo los millones de dólares congelados por la PGR. Y así sucedió finalmente... Raúl fue liberado y exonerado el 14 de junio de 2005".

Al final, Salinas de Gortari y Fernández de Cevallos, así como todos los implicados políticos y empresariales, abandonaron a Ahumada. Se sintió traicionado.

> Sin duda, concretamente por Carlos Salinas, Diego Fernández y en general el gobierno federal, Juan Collado, Santiago Creel y que me disculpen, y que en paz descansen, pero tengo que mencionarlos, Ramón Martín Huerta y José Luis Santiago Vasconcelos, quienes estuvieron en contacto conmigo de manera directa en los días previos a la difusión de los videos, junto con Diego, Juan, Rafael Macedo de la Concha, el procurador general de la República en ese entonces, para definir toda la estrategia. Y qué decir de Televisa, a través de Bernardo Gómez, quien estuvo de acuerdo con toda la situación y después se lanzó sin misericordia con una campaña de desprestigio, de escarnio sobre mi persona y no sólo eso, sino sobre mi familia. Por ejemplo, en el programa *El privilegio de mandar*, y con la necedad de Loret de referirse a mí como el Señor de los sobornos, respondiendo así, total y absolutamente, a los intereses de Televisa.

Aunque Televisa fue la vía para los videoescándalos, Ahumada escribió que TV Azteca también se consideró, porque Salinas ahí tiene poder. En su libro cuenta que Jorge Mendoza, vicepresidente de la televisora de Salinas Pliego, lo invitó a su casa y al pasar por donde vivía Salinas expresó: "Ahí vive el jefe".

C) El desafuero de López Obrador

El desafuero de López Obrador como jefe de Gobierno, consumado en la Cámara de Diputados el 7 de abril de 2005, fue otro mecanismo mediante el cual se le quiso liquidar para ser candidato presidencial al año siguiente.

Sobre este episodio escribió también Carlos Ahumada en su libro *Derecho de réplica*:

> Lo del desafuero fue una situación desatinada. Me acuerdo que Juan Collado me lo comentó en la celda del Reclusorio Norte, unos días antes de que se diera. Fue un asunto de soberbia por parte del gobierno federal, fue otra idea de la que nuevamente participaron Diego Fernández y Carlos Salinas porque, repito, para Carlos Salinas efectivamente el 6 de julio de 2006 y la sucesión presidencial eran muy importantes. Para él, por lo menos durante todo ese tiempo que yo lo traté, era la liberación de su hermano Raúl, así me lo expresó repetidamente y, finalmente, lo logró. Creo que lo del desafuero fue una maniobra más, pero que otra vez resultó inmanejable para todo el mundo, fue muy complicado y creo que no esperaban que resultara así.

En efecto, Raúl Salinas de Gortari fue liberado el 14 de junio de 2005, consumado el desafuero, pero también el repudio popular que impidió encarcelar al jefe de Gobierno y neutralizarlo como candidato presidencial.

El desafuero de López Obrador fue literalmente una operación de Estado con sus tres poderes: Fox como jefe del Ejecutivo, con la PGR y la Secretaría de Gobernación como arietes; el Congreso dominado por el PRIAN, con el salinista Manlio Fabio Beltrones al frente, y la Suprema Corte de Justicia de la Nación (SCJN), presidida por

Mariano Azuela Güitrón. Pero también intervino, de manera definitiva, el Consejo Mexicano de Hombres de Negocios con todo su poder económico, intelectual y mediático vinculado a Salinas de Gortari.

El más tenaz impulsor del desafuero fue Claudio X. González Laporte, quien declaró que el país "no puede ser rehén del desafuero de López Obrador" y que, si era inocente, debía probarlo en los tribunales. Hasta expresó su respaldo a Cuauhtémoc Cárdenas para la candidatura presidencial de 2006, porque se había convertido en un político "maduro y abierto". Lo comparó con Luiz Inácio Lula da Silva, quien había logrado la madurez después de cuatro campañas por la presidencia de Brasil: "A él se le hizo a la cuarta, el ingeniero Cárdenas sólo ha tenido tres".

Un año antes, el 10 de junio de 2004, en medio de los videoescándalos, se celebró una reunión de los más ricos de México, a la que asistió también Fox para planear el desafuero de López Obrador.

El director del CMHN, Emilio Carrillo Gamboa, convocó a una sesión ordinaria cuya invitación decía textualmente:

> Muy estimado y fino amigo: Me permito recordar a usted que la próxima Sesión Ordinaria del Consejo, a la que asistirá como invitado el Sr. Presidente de la República, Lic. Vicente Fox Quesada, tendrá lugar el próximo jueves 10 de junio a las 14:30 horas en el domicilio de nuestro socio Don Rómulo O'Farrill Jr, ubicado en Ave Contreras número 229, San Jerónimo Lídice, delegación Magdalena Contreras de esta ciudad. Con el fin de tener oportunidad de conversar previamente los asuntos a tratar con el Sr. Presidente, la sesión plenaria se iniciará a las 13:00 horas. Igualmente me permito informarle que Lic. Francisco Gil Díaz, Secretario de Hacienda y Crédito Público ha confirmado estará con nosotros en la sesión a celebrarse el jueves 8 de julio [sic].

El anfitrión, Rómulo O'Farrill, había sido dueño del diario *Novedades* y también presidente del consejo de administración de Televisa.

El primero en llegar fue Antonio del Valle Ruiz, en ese momento presidente del CMHN, y luego el resto de los invitados: Carlos Slim Domit, Emilio Azcárraga Jean, Alberto Baillères, Germán

Larrea Mota Velasco, Valentín Díez Morodo, Lorenzo Servitje, Joaquín Vargas, Lorenzo Zambrano, Roberto Hernández, y José Antonio Fernández, Gastón Azcárraga, Antonio Madero Bracho y Luis Téllez, quien había sido el jefe de la Oficina de la Presidencia con Zedillo y jefe de Claudio X. González Guajardo.

Informado por alguno de los asistentes, que nunca ha identificado, el propio López Obrador fue el que se refirió a ese cónclave en su alegato de defensa en la Cámara de Diputados, cuando se aprobó el desafuero, el 7 de abril de 2005: "Un empresario me contó que el 10 de junio del año pasado, en una reunión en casa de Rómulo O'Farrill, ese grupo compacto de intereses creados le dijo al ciudadano presidente, palabras más, palabras menos: 'Nos has quedado mal, no has podido llevar a cabo las privatizaciones y la reforma fiscal, pero eso ya no es lo que nos importa. Ahora lo único que te pedimos es que por ningún motivo permitas que ese populista de Andrés Manuel llegue a la Presidencia'".

El desafuero se consumó con el PRIAN en la Cámara de Diputados presidida por Manlio Fabio Beltrones, pero no logró neutralizar a López Obrador como candidato presidencial. Por eso, al año siguiente de la elección, en febrero de 2007, Fox declaró en Estados Unidos que fue derrotado por no frenar el desafuero a López Obrador, pero que en la elección se desquitó: "Tuve que retirarme y perdí. Pero 18 meses después, me desquité cuando ganó mi candidato [Felipe Calderón]", declaró Fox a la prensa en Washington.

La SCJN, involucrada en la trama del desafuero, trató de limpiar su imagen. Entre otras maniobras, ese mismo año de 2005 pagó 2 millones 600 mil pesos más IVA a Clío, de Enrique Krauze, para elaborar dos programas que se transmitirían dentro de la serie "México, nuevo siglo", en Televisa.

El Comité de Comunicación Social y Difusión, integrado por los ministros José Ramón Cossío Díaz, Sergio Valls Hernández y Mariano Azuela Güitrón, el presidente de la SCJN, avaló el 1° de agosto, luego de que en la sesión de ese mismo comité un mes antes, el 1° de julio, "se sugirió realizar un video en relación a la Suprema Corte de Justicia de la Nación con la empresa Clío", propiedad de Krauze, amigo de Cossío Díaz.

D) El fraude de 2006, Salinas y Madrazo

Aparte de Fox, quien puso a disposición de Calderón la estructura gubernamental, no sólo sus declaraciones, en la elección de 2006 intervinieron, otra vez, los mismos poderes de la derecha que tramaron los videoescándalos y el desafuero de López Obrador, antes, durante y después de la jornada electoral.

Y no sólo fueron las estructuras de gobierno, de los tres poderes y del IFE, para entonces ya controlado por el PRIAN —como ya se ha acreditado—, sino los medios, con Televisa al frente, la Iglesia católica, los periodistas y los intelectuales encabezados por Krauze y Aguilar Camín. Salinas de Gortari, otra vez, estuvo presente.

La mayoría de los gobernadores del PRI, incluyendo al que desde entonces perfilaba su candidatura presidencial, Enrique Peña Nieto, operaron para Calderón, y por su parte Roberto Madrazo Pintado, su candidato presidencial, validó todo el proceso como limpio.

Madrazo pudo haber cambiado la historia de México en 2006 si hubiera apoyado la demanda de López Obrador de contar voto por voto y casilla por casilla. Y sí: tuvo la enorme tentación de tomar esa decisión, dijo tiempo después: "Tan grande que, si la hubiera tomado, se hubiera caído Calderón".

En *La traición*, un libro que le dictó a su asesor Manuel S. Garrido tras la elección de 2006, el salinista Madrazo admitió que, de haber impugnado él la elección, se habría anulado, pero luego aclara por qué, en los hechos, validó el triunfo de Calderón. Este testimonio, poco conocido, explica los intereses políticos y económicos que se movieron en esa elección, a la que Madrazo llegó después de haber sido presidente nacional del PRI y gobernador de Tabasco en la elección de 1994, la más documentada en el gasto de 241 millones de pesos —cuando el tope de gasto era de 5 millones— para instrumentar el fraude electoral.

En el libro, Madrazo insiste sobre la relevancia que habría tenido su decisión de impugnar la elección presidencial: "¡Que sí era una tentación! Se habría la posibilidad de anular la elección y pelear de nuevo, bajo nuevas condiciones. Por lo demás, había elementos suficientes, hechos irrefutables y preceptos jurídicos para anularla por la intromisión del presidente Vicente Fox. Pero se hubiera incendiado el país".

—Me queda claro que se hubiera caído Calderón, pero ¿por qué se hubiera incendiado el país? —le pregunta Garrido a Madrazo.

—Porque el priismo de base, la militancia respaldada por esos casi 11 millones de votos de Madrazo, se hubiera alzado en masa, con todo y contra todo, y también las huestes de López Obrador hubieran arremetido con todo. Y no sólo eso: Hubiera yo enfrentado al priismo con la sociedad, hubiera enfrentado a los priistas entre sí, porque los gobernadores presionaban para que Madrazo le levantara la mano esa misma noche a Felipe Calderón.

—¿Pero no era anulable la elección? El propio Vicente Fox confesó abiertamente su intervención en el proceso contra sus adversarios. Como candidato, ¿no estabas en tu derecho de sumarte a la revisión voto por voto?

—Sin duda, y con dos fuerzas políticas de base tan importantes, el PRI y el PRD, y sobre todo con dos candidatos, Madrazo y Obrador, pidiendo la apertura paquete por paquete, más la intromisión real del Presidente de la República, reconocida por el Trife, más la inequidad y la irresponsabilidad del propio IFE, sin duda hubiera sido obligado a abrir paquete por paquete.

—Bueno, ¿y por qué no lo hiciste?

—Porque Roberto Madrazo sabía, por sus propios números y por los números del partido que, aun abriendo paquete por paquete, no alcanzaba a los dos punteros. Ese fue el punto para mí, no otro, en esas circunstancias. Un dilema político y moral, y después de sopesarlo con toda responsabilidad decidí no pasarlo por alto. Sentí que no podía involucrar el precepto legal, o mis derechos, sabiendo que los números no me daban. Ese fue el punto para mí. Sentir que con la invocación del derecho le daba la vuelta a lo que no tenía vuelta y era claro para mí esta noche: nos habían ganado la elección.

Madrazo también recordó que todo el poder del Estado y los poderes fácticos estaban alineados para que no hubiera otro resultado que el Calderón triunfante:

"Hoy es otra cosa, pero esa noche, sobre todo la noche del lunes 3 de julio, el poder en México se encontraba en vilo, si bien estaba alineado para justificar la victoria de Felipe Calderón. Esa noche, el aparato del Estado y los medios no hubieran dejado pasar ni el agua contra

Calderón, como sucedió hasta con el fallo del Trife que consignó la intromisión y el delito de Fox. Esa noche no estaba para aventuras".

El testimonio de Madrazo —cuyo clan es propietario del portal *Latinus* y ligado también a los Claudio X. González— es relevante para la historia de la elección de 2006, aunque también se le atribuye haber pactado con Calderón desde antes de la elección. El jefe general operativo de la organización ultraderechista El Yunque, Guillermo Velasco Arzac, así lo aseguró en una fiesta familiar, celebrada el 20 de mayo en su casa de Parque San Andrés, en Coyoacán: "¡No nos hagamos bolas! En la semana se reunieron Roberto Madrazo y Felipe Calderón, y el acuerdo fue: López Obrador no llega, tope donde tope".

Otra versión sobre la validación de Madrazo a la elección es su relación con Carlos Salinas de Gortari, quien lo hizo candidato a gobernador de Tabasco, en 1994, y financió su campaña con la ayuda del banquero salinista Carlos Cabal Peniche, quien además le prestó la casa de campaña, como en su momento lo documenté.

El propio Madrazo reconoce, en el libro *La traición*, la relación política y de amistad con Salinas de Gortari, que incluye a su hermano Raúl, pero también afirma que la mayoría de los gobernadores del PRI negoció con Fox a través del secretario de Gobernación, Carlos Abascal, para reconocer a Calderón como ganador.

El segundo párrafo del documento que negociaban los gobernadores del PRI con Abascal, entre ellos Peña Nieto, Eduardo Bours, Natividad González Parás, Ismael Hernández Deras, Fidel Herrera, Eugenio Hernández, Ulises Ruiz y Mario Marín, decía lo siguiente:

"Los gobernadores del PRI reconocemos el resultado electoral de la elección presidencial que ha computado el Instituto Federal Electoral, en el que la mayoría de los votos es para Felipe Calderón [Hinojosa], con quien al concluir el proceso, habremos de establecer las relaciones de coordinación, colaboración y apoyo que demanda el Pacto Federal".

De hecho, Madrazo revela, el operador del acuerdo con Abascal era González Parás, de Nuevo León, quien incluso quería publicar el documento como un desplegado firmado por los gobernadores el lunes siguiente de la elección.

"Conozco los alcances del compromiso de algunos gobernadores, encabezados por Natividad González Parás, con el secretario de Gobernación, a fin de publicar un desplegado en favor de Felipe Calderón después de la negativa que recibieron de Roberto Madrazo la noche del 3 de julio".

—Poco se sabe de este episodio...

—Sí, porque al final abortó, no se sostuvo entre la mayoría de los gobernadores. No había cómo publicar un desplegado como ese sin entrar en conflicto con la base del partido, ya que mostraba abiertamente las entretelas de la tradición que algunos gobernadores habían fraguado en su contra. Pero el episodio está ahí, fue real.

—Aseguras que conoces todo, toda la trama. ¿Algún as bajo la manga? ¿Qué tiene o qué sabe Roberto Madrazo?

—Nada que no sepan los propios actores. La reconstrucción precisa de los ires y venires de Natividad entre la Secretaría de Gobernación, la consulta con otros gobernadores priistas, la preocupación de éstos ante el presidente del partido, la carta que hablaba del reconocimiento anticipado a Felipe Calderón.

Una "papa caliente", por eso tanto cabildeo, tanta consulta de un lado y otro, porque el proceso electoral no había terminado en lo legal, y no obstante a algunos gobernadores del PRI, sobre todo a los del norte, les urgía sacar adelante el compromiso con el gobierno de Fox, a fin de capitalizar el momento vendiéndose bien, según la conocida frase de Elba Esther Gordillo a esos mismos gobernadores. Madrazo asegura que González Parás "había consensuado el texto del desplegado con Enrique Peña", gobernador también muy cercano a Salinas: "Les urgía levantar la mano a Felipe".

La relación política de Madrazo con Carlos Salinas viene de la relación de los padres de ambos, Carlos Alberto Madrazo y Raúl Salinas Lozano, quienes iban a Tabasco cuando el primero fue gobernador de 1959 a 1964.

Madrazo padre presidió el PRI y murió en un avionazo en 1969, en medio de acusaciones de que él había orquestado el movimiento estudiantil liquidado el 2 de octubre del año anterior por Gustavo Díaz Ordaz. Madrazo hijo hizo carrera en el PRI al lado de Carlos Hank González y cobró fama de *mapache* electoral, sobre todo en el gobierno de Salinas con Luis Donaldo Colosio.

Soy de los que cree que Salinas hizo un buen gobierno y que falló el último jalón —dice en su libro—. Mi opinión, también muy personal, es que Manuel Camacho lo llenó de miedos. A Salinas le impactó la muerte de Colosio. No tengo duda de que quería que Colosio fuera el presidente. Ninguna duda. Pero le impactó mucho lo que pasó. En ese momento, quizá el país se le salió de las manos. No puedo afirmarlo en forma categórica porque todo era una complejidad muy grande. Me pregunto: ¿Por qué en tales circunstancias no se le deshizo el país? Y la respuesta que encuentro es sencilla: ¡Salinas tenía el control! Por eso mismo después ganó Zedillo. Por eso tampoco hubo devaluación del peso cuando ocurrió la muerte de Colosio. Y me digo: México tenía gobierno. Eso ahora se ha perdido. México después del PRI carece de orden, de control, carece de gobierno.

Sobre si Salinas estuvo detrás de su campaña presidencial, Madrazo respondió: "Es parte del mito afirmar —desde luego sin ningún elemento— que Carlos Salinas estuvo detrás de mi campaña. Lo cierto es que lo conozco y que hablo con él, como lo hice cuando la muerte de Enrique, su hermano. También es cierto que tengo una relación de respeto con toda la familia, incluyendo a Raúl, por supuesto, para ser claro. Pero el mito es el mito, funciona a pesar de todo, terco como mula. De ahí viene el célebre aforismo de Einstein, ese que dice que es más fácil desintegrar el átomo que deshacer un prejuicio".

Y acerca de si durante la campaña vio y habló con Salinas, respondió:

¿Que si lo he visto? ¡Claro que lo veo! ¿Que si me interesan sus puntos de vista? ¡Cómo no! Cuando yo discutía sobre la competitividad me interesaba mucho su punto de vista. Voy a ir más lejos, me interesaba también el de Zedillo, pero él es "inalcanzable". Me interesaba el de Salinas, porque logró el acuerdo con el mercado más grande del mundo. ¡Cómo no me iba a interesar saber cómo le hizo! Quería conocer su opinión sobre el conflicto de Chiapas. Me interesaba saber qué pensaba sobre el manejo de la economía. Me importaba alguna clase de pronóstico acerca de qué tan rápido iba alcanzar el pueblo de México el bienestar con una política económica, como la que estábamos planeando nosotros. Salinas había dejado experiencias muy rescatables durante su gobierno. Yo nunca dejé de utilizar el programa de Solidaridad en Tabasco. La filosofía, el concepto de solidaridad es lo mejor de ese proyecto, y por cierto también sus resultados. Me pareció un error que lo quitaran del resto del país. Por eso en Tabasco se mantuvo. Porque las cosas buenas hay que mantenerlas. Así que tengo una relación de respeto personal y de reconocimiento, y una valoración crítica de su gobierno, sobre todo con respecto a la perspectiva neoliberal en una sociedad como la mexicana. Lo demás es un mito que se ha ido haciendo con el tiempo. Salinas no es mi enemigo.

De hecho, el propio Madrazo refiere que el proyecto de gobierno que tenía era favorable a los grandes empresarios. "Creo que sabían que conmigo ganaban, que Madrazo iba apoyar para competir en el mundo. Así estaba establecido en el proyecto y les daba confianza".

Entre sus amigos empresarios enumeró otra vez a los mismos: Valentín Díez Morodo, Alberto Baillères, Salinas Pliego, Gastón Azcárraga, Germán Larrea, Carlos Hank Rhon, Lorenzo Zambrano y, entre otros, José Antonio Fernández Carbajal, el famoso Diablo.

PEÑA Y EL PACTO POR LA CORRUPCIÓN

Tras los mediocres y corruptos gobiernos de Fox y Calderón, y con la complicidad manifiesta de ambos, Peña Nieto llegó a la presidencia de la República para consolidar la misma agenda neoliberal de sus antecesores mediante el Pacto por México —el PRIAN todavía sin formalizarse—, que comenzó a negociar antes incluso de ser declarado ganador por el TEPJF.

Peña Nieto nunca engañó a nadie. Jamás ofreció un gobierno honesto. Todo lo contrario: si como gobernador del Estado de México el sello fue la corrupción, con abundante dinero público y privado para su proyecto presidencial que comenzó apenas asumió el cargo local, en 2005, y luego si esa fue también la característica de su campaña para comprar voluntades en políticos y medios, así como millones de votos, no podía esperarse otra cosa. Él era corrupto y corrupto fue su gobierno.

Con la astucia del Grupo Atlacomulco y de manera acelerada obtuvo los votos del PRI, el PAN, el PVEM y el PRD —de quien López Obrador se había separado— para aprobar en el Congreso 11 reformas estructurales, entre ellas la educativa, que fue la primera que ya tenía preparada González Guajardo, la de telecomunicaciones, la de competencia económica, la fiscal y la energética, la más ambicionada por la oligarquía y que Calderón preparó desde 2008.

La reforma energética se aprobó con sobornos de más de 80 millones de pesos a legisladores del PAN, entre ellos Ricardo Anaya, quien presidió la Cámara de Diputados cuando se consumó, y los senadores calderonistas Ernesto Cordero, Francisco Domínguez Servién, Salvador Vega Casillas, Francisco Javier García Cabeza de Vaca y Jorge Luis Lavalle Maury, el único que estuvo en la cárcel por ese episodio que la Fiscalía General de la República de Alejandro Gertz Manero no logró acreditar ni con la ayuda de Emilio Lozoya Austin, el confeso corrupto director de Pemex de Peña Nieto.

De hecho todos los senadores del PAN aprobaron todas las prioridades de Peña Nieto en el sexenio, incluido el Sistema Nacional Anticorrupción, pactado con Madero y Anaya como dirigentes nacionales, una reforma que sólo generó una estructura burocrática y que no tocaba al presidente de la República, fuente histórica de la corrupción.

Los senadores del PAN, que coordinó Cordero, el secretario de Hacienda y de Desarrollo Social de Calderón, avalaron con el PRI y el PRD también la reforma electoral vigente que convirtió al IFE en INE, gracias a lo cual Lorenzo Córdova extendió su presidencia de 2011 a 2023, y eligieron a los actuales magistrados del TEPJF, pero también avalaron las propuestas de Peña como ministros de la SCJN: Norma Piña Hernández, Javier Láinez Potisek y Eduardo Medina Mora Icaza.

Por dinero no había problema. Vázquez Mota, a quien Fox expresamente cambió por Peña Nieto, también se benefició del esquema de corrupción, con los mil 100 millones de pesos que obtuvo para su fundación Juntos Podemos, que para Anaya no fue sinónimo de corrupción política, sino un "esfuerzo de gestión" en favor de los migrantes.

Peña también premió a Fox por haber sido su matraquero en la campaña de 2012: su Centro Fox recibió contratos por 39 millones de pesos por impartir cursos a funcionarios del gobierno federal.

Sí: el sello del gobierno de Peña fue la corrupción. Lo han señalado así hasta quienes se beneficiaron de ella, como los magnates, encabezados por los Claudio X. González, padre e hijo.

Nunca ha quedado claro por qué rompieron los Claudio X. González con Peña Nieto. No se sabe si la ruptura fue porque el hijo creó Mexicanos contra la Corrupción y la Impunidad (MCCI) en 2016, supuestamente para investigar la corrupción de su gobierno, o creó esta asociación civil porque rompieron.

Una versión es que a los oligarcas no les gustó la reforma fiscal, que terminó con el régimen de consolidación fiscal que, desde Echeverría, permitía a los corporativos evadir impuestos. Aunque se mantuvo el régimen de condonación de impuestos, los magnates quisieron cobrarle a Peña su osadía, criticando, a trasmano, la corrupción de su gobierno.

De hecho, el gobierno de Peña Nieto terminó muy pronto, una vez que se aprobaron las reformas que le interesaban a él y a sus patrocinadores, pero sobre todo por el escándalo de su Casa Blanca de las Lomas y la crisis social por la desaparición de los 43 normalistas de Ayotzinapa, ambos en 2014, el segundo año de su gobierno y que marcaron el sexenio.

Pero desde 2017 era muy claro que los oligarcas preferían al pragmático político Ricardo Anaya como candidato presidencial, aunque la candidatura priista del tecnócrata del ITAM José Antonio Meade era también su ideal como presidente de la República. Cualquiera, eso sí, menos López Obrador.

En su libro *Gracias*, López Obrador cuenta varias de reuniones de los oligarcas para hacerle la guerra sucia, como en 2006 y 2012, y hasta para pedirle a Peña Nieto hacer declinar a Meade a favor Anaya, y luego le plantearon lanzar a Slim y hasta al cómico Eugenio Derbez.

Los conspiradores eran, otra vez, Claudio X. González, Germán Larrea, Roberto Hernández, Carlos Slim, Alberto Baillères, Valentín Díez Morodo, Daniel Servitje, Alejandro Ramírez Magaña y Agustín Coppel Luken, entre otros.

Unos meses antes de las elecciones, como manteníamos una amplia ventaja en las encuestas, el grupo oligárquico, en su desesperación, volvió a visitar a Peña para decirle que contaban con sondeos según los cuales me ganaría el comediante Eugenio Derbez; una de mis gargantas profundas me contó que Peña respondió: "Señores, por favor, sean serios". También supe que intentaron convencer a Carlos Slim para participar como candidato único del PRIAN, ofreciéndole la declinación de Meade y Anaya; la veracidad de esta propuesta me la confirmó el propio Slim, quien no aceptó el desafío argumentando que él tenía otro oficio.

La versión de Peña Nieto es la que consigna el periodista Mario Maldonado en su libro *Confesiones desde del exilio: Peña Nieto. Los secretos y escándalos del último gobierno del PRI*, en la que confirma la versión de López Obrador sobre la petición para la declinación de Meade por Anaya y la candidatura de Slim.

Cuenta Maldonado:

En mayo de 2018, un grupo de empresarios pertenecientes al Consejo Mexicano de Negocios pidió una cita con el todavía presidente para proponerle una eventual candidatura del magnate Carlos Slim Helú. Puntualmente, Peña Nieto no trae en la memoria los detalles, pero fuentes cercanas al priista aseguran que fueron Alejandro Ramírez Magaña, propietario y director general de Cinépolis, y Eduardo Tricio Haro, accionista principal del Grupo Lala, quienes pidieron al entonces mandatario hablar con el multimillonario para proponerle que se lanzara como candidato. Al parecer, Peña Nieto transmitió el mensaje "por no dejar", aunque les anticipó a los empresarios que era una locura. Finalmente, Slim declinó la postulación y se cerró el tema.

Escribe Maldonado: "'Sí me llegaron a insinuar algunos empresarios que bajara a Meade, que declinara por Anaya', recuerda el expresidente. 'Evidentemente no iba a dejar a mi candidato para apoyar a Anaya', señala y esboza una frase desde lo más profundo de su memoria a manera de conclusión: 'La verdad de las cosas es que la elección ya la tenía ganada López Obrador. Muchos me recriminan, porque querían que evitara a toda costa que ganara, pero ¿qué querían que hiciera?'".

Al final, en efecto, ganó López Obrador con 53% de los votos, mientras que Anaya obtuvo 22% y Meade 16%, que ni sumados, como querían los magnates del salinismo, habrían triunfado.

Los intelectuales "apapachados" del PRIAN

Si toda esta corrupción del PAN y del PRI no les importó a los oligarcas ni a los principales medios de televisión, radio y prensa, tampoco a los intelectuales. Estaban también involucrados en el reparto: los multimillonarios contratos para sus empresas les quitaron ímpetu ante los abusos de poder público y privado.

Eso sí, desde el 2000 se alinearon ante el enemigo formidable y peligroso: López Obrador.

Ante la elección de 2018, por ejemplo, el director de *Letras Libres*, Enrique Krauze, dirigió un año antes una comunicación a Margarita Zavala para decirle que él y Gabriel Zaid pensaban que ella debía "tomar la bandera contra los corruptos del PAN", sobre los que públicamente guardaron silencio, pese a que —subraya— "nada dañó más al PAN que tolerar la corrupción, porque le dio banderas a AMLO".

Calderón, en ese momento consejero de la trasnacional energética Iberdrola, impulsaba el proyecto presidencial de su esposa —"es una candidatura muy fresca"— y Krauze se convirtió en asesor de esta política de derecha. Le aconsejó: "También hace falta una narrativa que explique el tema del crimen y narco y por qué Felipe actuó así".

Concluyó Krauze su mensaje a Zavala con arrojo y con amor: "Yo por supuesto daré una tremenda pelea como en el 2006. Te abrazo mucho y también a mi amigo Felipe".

Esta identificación política y personal de Krauze con los Calderón explica la adulación que él y su grupo de *Letras Libres* han hecho del personaje y del gobierno que nació del fraude electoral de 2006 contra López Obrador —"el mesías tropical"— y que optó por "una guerra necesaria", como definió el historiador a la estrategia que ensangrentó a México.

En el libro colectivo *Historia de México*, coordinado por Gisela von Wobeser y editado en 2010 con motivo del bicentenario de la Independencia, Krauze justificó la guerra de Calderón y la elección fraudulenta de 2006 le pareció impoluta.

En los meses anteriores al 6 de julio de 2006 el país se polarizó entre los partidarios del *Peje* y sus críticos. El propio político tabasqueño, creyendo que su ventaja era definitiva, cometió varios errores tácticos que a la postre, para sorpresa general, determinaron su derrota ante Calderón por estrechísimo margen. Durante el último semestre 2006 [el periodo entre la elección y la toma de posesión] el país vivió momentos de peligrosa tensión, pero la civilidad privó sobre la provocación y las amenazas de violencia. El 1º de diciembre de 2006 Felipe Calderón tomo posesión y dio inicio al segundo periodo presidencial del PAN. De un estilo discreto, serio y ejecutivo que contrasta vivamente con el de su antecesor, Calderón se propuso asumir y enfrentar una guerra que México había postergado por demasiado tiempo: la lucha frontal contra el crimen organizado.

En este libro, editado por el Fondo de Cultura Económica, ni en ninguno de sus escritos Krauze dijo algo sobre la guerra sucia contra López Obrador ni las múltiples irregularidades del IFE y menos de la intervención de los grupos de poder económico y mediático en la elección. Nada.

Tras esa elección, le pregunté a Krauze sobre la intervención de organismos de la extrema derecha contra López Obrador, que gastaron 30 millones de pesos, y también de los spots del CCE. La entrevista se publicó íntegra en mi libro *El engaño. Prédica y práctica del PAN*, publicado en 2007, que por cierto pretendió censurar.

—¿Fue legítima esa estrategia cuyo gasto fue de 30 millones de pesos, según el propio monitoreo del IFE, considerando que el artículo 48 del Cofipe prohíbe expresamente la contratación de propaganda electoral?

—No, no me pareció correcta, como tampoco me pareció correcto el uso de recursos públicos por parte del gobierno del Distrito Federal, antes y después de la elección, en apoyo a López Obrador. Con la diferencia, no menor, de que en un caso se emplearon recursos privados y en el otro públicos. Me parece que en el futuro deberían corregirse ambas faltas.

—¿Por qué si esa misma disposición legal es muy clara, el IFE permitió también al Consejo Coordinador Empresarial involucrarse en el proceso electoral mediante la compra de spots? ¿Usted omitió una opinión al respecto sólo porque coincidía esa estrategia con lo que piensa?

—No comenté nada al respecto porque me pareció que ambas facciones empleaban estrategias semejantes. Lo mismo ocurrió con la llamada publicidad negativa, de la que se valió tanto el PAN como el PRD [ambos partidos fueron sancionados por el IFE y obligados a retirar sus promocionales].

En 2018, luego de que Zavala fue aplastada en el PAN, Krauze no dudó en adherirse a Ricardo Anaya, quien ya tenía reputación de corrupto y de tener complicidades con Peña Nieto. Hasta bendijo la unión del PAN, el PRD y el partido Movimiento Ciudadano que lo postuló: "Al Frente Ciudadano quiero recordarle que la división entre izquierda y derecha es, a estas alturas, francamente doctrinaria y anacrónica".

Y como lo anticipó a Zavala, el director de *Letras Libres* emprendió "una tremenda pelea como en el 2006" contra López Obrador: Se colocó al frente de una operación financiada por los magnates Germán Larrea Mota Velasco, Agustín Coppel Luken y Alejandro Ramírez Magaña, en ese momento presidente del CMN.

Tatiana Clouthier, coordinadora de la campaña de López Obrador, documentó en su libro *Juntos hicimos historia*, publicado por Grijalbo en 2019, la trama que inició en 2016 para evitar la llegada de aquel a la presidencia de la República, cuyo centro de operaciones fue una casona ubicada en Berlín 245, en Coyoacán, entre otros domicilios.

El contenido del libro coincide, en parte, con la publicación, en el periódico *Eje Central*, del reportaje la "Operación Berlín", que identifica a Krauze y a Fernando García Ramírez, su ayudante, en la difusión de noticias falsas contra López Obrador, con el financiamiento de los empresarios Coppel, Larrea y Ramírez Magaña.

Se trata de una trama distinta a la que denunció, por su parte, el jefe de la Unidad de Inteligencia Financiera de la SHCP, el exfiscal electoral Santiago Nieto Castillo, sobre el financiamiento del documental *El populismo en América Latina*, que supuestamente provino del CMN, presidido por Ramírez Magaña, que destinó 96 millones 900 mil pesos para la producción.

Según Nieto Castillo, quien presentó la denuncia ante la Fiscalía General de la República, también financiaron el documental la trasnacional española OHL México, con 186 millones de pesos, y Grupo Peñoles, propiedad de Alberto Baillères González, así como Alejandro Quintero Íñiguez, expublicista de Peña Nieto y exdirectivo de Televisa.

Otro frente contra López Obrador fue el Consejo de la Comunicación, creado por prominentes empresarios dedicados a las campañas publicitarias, que fabricaba materiales para la campaña sucia contra López Obrador y evitar su triunfo. Escribe Clouthier: "El paquete es contra el mismo personaje, pero hay diferentes frentes y no son los mismos necesariamente. Pueden parecer, porque se parecen en el mismo odio. No sé si entre ellos se coordinaban o no, pero sé que había tres frentes".

En el capítulo "El manejo de la crisis", Clouthier describe cómo se desató una guerra sucia en contra de López Obrador ante su posible triunfo: "Hombres de negocios muy poderosos e intelectuales influyentes, contratados y sufragados por los primeros, elaboraron una feroz campaña en redes sociales y medios de comunicación, con el fin de desinflar a nuestro candidato. De hecho un amigo publicista me confesó al inicio de la campaña que Germán Larrea había contratado a Francisco Ortiz con 70 millones de pesos para destruir la campaña de AMLO por atreverse a nombrar como senador a Napoleón Gómez Urrutia".

Clouthier se concentra en la trama de Krauze, según la cual, a mediados de 2016, Agustín Coppel le encargó a su amigo Jesús Ramón Rojo Mancilla, exdiputado federal del PAN, que coordinara los esfuerzos para "habilitar una oficina de 'inteligencia' que tuviera como objetivo frenar el avance de López Obrador. Y si la estrategia requería denostarlo, entonces lo harían". Rojo Mancillas convocó, a su vez, a su amigo Ricardo Rojo, director de la empresa Expertaria, que se convirtió en una agencia para "acechar y denostar" a López Obrador, cuyo objeto era menoscabar su imagen pública y la de sus amigos y familiares.

El trabajo sucio arrancó el noviembre de 2016. Expertaria, contratando a una granja de trolls cibernéticos, se encargó de incubar perfiles apócrifos y páginas de apoyo a Ricardo Anaya en diferentes redes sociales como Facebook, Twitter e Instagram. Cerca de 100 empleados —entre publicistas, diseñadores gráficos, editores de video y un nutrido equipo de *Community Manager*— se encargaban de reproducir alrededor de 20 guiones diarios que, en cuestión de minutos, se traducían en videos y memes contra el tabasqueño. De acuerdo con algunos testimonios, me enteré de que los encargados de pautar los contenidos en redes sociales, ordenados y vigilados por Rojo, llegaron a pagar hasta 50 mil pesos para que un video o un informante meme se viralizara.

Sin embargo, dicha empresa no trabajaba sola, sino que otras células lo hacían en Guadalajara, Santa Fe y aun España, "trabajaban infatigablemente en aquella descarnada guerra sucia". Hasta marzo de 2018, el equipo tenía su principal centro de operaciones en la calle de Berlín 245, colonia Del Carmen, en Coyoacán. Tras la etapa de memes, se pasó a una etapa de contenidos más elaborados contra López Obrador. "Se presume que Agustín Coppel se reunió con Enrique Krauze para encargarle que prepararan contenidos intelectuales más refinados. La encomienda le fue asignada a Fernando García Ramírez, columnista de *El Financiero* y miembro del consejo editorial de *Letras Libres*, publicación dirigida por Enrique Krauze. La amistad entre el historiador mexicano y el empresario sinaloense era añeja y reconocida públicamente. En varios de sus libros, Krauze le agradece a Coppel su apoyo financiero".

Según el libro de Clouthier, García Ramírez, personero de Krauze, participaba como asesor en el *war room* de Ricardo Anaya, candidato presidencial de la alianza PAN-PRD-Movimiento Ciudadano, cuya participación "consistía en preparar las investigaciones especiales contra López Obrador y su círculo cercano".

Clouthier dice en su libro que el equipo de García Ramírez desarrollaba tópicos maniqueos como la supuesta injerencia rusa a favor de López Obrador, que él mismo publicaba, y los contenidos sin soporte periodístico iban a Pejeleaks, una página anónima que, en realidad, era financiada por empresarios mexicanos, igual que otras seis. "Otro de los cometidos que tenía el equipo Krauze-García Ramírez era realizar 'investigaciones especiales' que posteriormente eran publicadas, en formato de artículos de opinión, por diferentes columnistas que se presume fueron Fernando García Ramírez, Pablo Hiriart, Julio Madrazo y Ricardo Alemán, siempre caracterizados por su pensamiento antilopezobradorista".

Pero cuando Clouthier creyó "haber dado en el blanco" del involucramiento de Krauze en la guerra sucia, recibió un mensaje el 5 de junio, tras difundir en Twitter información sobre los contratos publicitarios que éste había recibido de gobiernos: era León Krauze, su hijo, que le escribió de madrugada.

Me extrañó que el hijo mayor del historiador decidiera escribirme a esa hora y que, en un tono irritado, asegurara que yo hablaba de él y de su padre con Andrés Manuel. No veía yo el nexo entre un tema y otro, y así se lo dije. No obstante, en una respuesta todavía más impetuosa, me dijo que eso era falso y que yo, en mi calidad de coordinadora de la campaña, no debería compartir esa clase de contenidos. En ese momento supe que mis investigaciones iban por el camino correcto. Mis indagaciones comenzaron a hacerse cada vez más nítidas pues, desde hace años, Enrique Krauze ha prestado servicios a los gobiernos de Vicente Fox, Felipe Calderón y Enrique Peña Nieto, realizando metódicos y persistentes ataques contra López Obrador.

Publicado el libro de Clouthier, Calderón fue uno de los personajes que salió en defensa de Krauze y afirmó que perseguirlo lo convertirá en líder en México.

"Paradójicamente, si lo hacen, harán de él —aunque él no lo quiera— un líder visible y aglutinador de la libertad y la democracia amenazadas hoy en México —cosa que en el gobierno no quieren y temen—. Estamos con él", escribió Calderón, a quien Krauze agradeció esas "palabras de aliento".

Y sí: Krauze, tras el triunfo de López Obrador, se convirtió en el líder intelectual, junto con Aguilar Camín, de la coalición PRI, PAN y PRD, creada en su domicilio por Claudio X. González Guajardo, en 2021 primero, y luego en 2004 con la candidatura de Xóchitl Gálvez, que ambos vaticinaron que sería un fenómeno.

El 20 de mayo, a casi dos semanas de la elección del 2 de junio, los miembros de la comunidad cultural que jefaturan Krauze y Aguilar Camín se reunieron con Gálvez, la candidata del PRIAN, para darle su apoyo explícito y llamar a votar por el PRIAN.

Fue Aguilar Camín quien resumió la razón no sólo de esa reunión, sino de la conducta de los intelectuales por décadas: sólo el interés económico.

Montserrat Antúnez, reportera de *SinEmbargo*, entrevistó a Aguilar Camín al final de esa reunión del 20 de mayo, y con habilidad extrajo una declaración para la historia, en un diálogo diáfano en el que contrasta los gobiernos del pasado con el de López Obrador:

"Esto es una manifestación de la comunidad cultural, de una parte muy significativa de la comunidad cultural, y tiene que ver con el momento que esta comunidad vive y que ve en Xóchitl Gálvez un poco lo que están viendo muchos mexicanos: La oportunidad de devolverle a la comunidad cultural la atención, el cuidado, a veces hasta el apapacho que tenía del gobierno".

—¿Cuando habla de ese "apapacho" que ya no sintió en este gobierno se refiere a las críticas que han recibido intelectuales de este grupo [el que respalda a Xóchitl Gálvez] por querer defender ciertos privilegios? ¿Eso podemos entender como apapacho?

—No, había una política en materia de cultura profundamente generosa y profundamente libre en el sentido de que, por ejemplo, películas brutalmente críticas al gobierno del régimen del PRI eran financiadas por fondos gubernamentales a través de instancias en las que esos proyectos se ganaban ese fondo. No había este condicionamiento que hay no sólo con la comunidad cultural, sino quizá más gravemente con los beneficiarios de los programas sociales que es: "te doy para que votes por mí, y si no votas por mí, te lo voy a quitar o te lo van a quitar".

En realidad, el "apapacho" sí tiene que ver con el dinero. Con López Obrador se frenaron, de golpe, los multimillonarios presupuestos para los dos grupos culturales jefaturados por ambos "capos" de la intelectualidad, como los llamó Roger Bartra, el articulador de ambos grupos.

Expuso Bartra en entrevista con Antúnez: "El origen es ese grupo en el que yo juego un papel importante, porque soy amigo cercano de los diferentes capos, vamos a llamarlos así, o dirigentes de grupos intelectuales, que normalmente los intelectuales son complicados, si les va bien tienen envidias, cosas normales, eso pasa en todo el mundo, pero ante la situación yo impulsé mucho esto, recibí mucho apoyo y en muy pocos días conseguimos las 250 firmas".

El propio López Obrador difundió en su libro *A la mitad del camino*, que las empresas de Krauze y Aguilar Camín recibieron 537 millones de pesos en los gobiernos de Fox, Calderón y Peña Nieto sólo en publicidad oficial.

Según información oficial, las empresas que Krauze dirige, Clío y *Letras Libres*, recibieron más de 370 millones de pesos en publicidad oficial, venta de ejemplares para bibliotecas (7 mil 500 de un tiraje de 14 mil), la impresión de libros y la elaboración de documentales.

Aguilar Camín, por su parte, recibió en los gobiernos de Fox, Calderón y Peña 166 millones de pesos para la revista *Nexos*, editada por la empresa Grupo Editorial Nexos, Ciencia, Sociedad y Literatura, S. A. de C. V.; la editorial Cal y Arena, y Política digital, y fue el priista el que más recursos le otorgó en su sexenio: un total de 99 millones 100 mil pesos.

Pero este modelo de negocios de Krauze y Aguilar Camín con Fox, Calderón y Peña, que ya venía desde Carlos Salinas —amigo de ambos—, se acabó en el gobierno de López Obrador. Y tuvieron que diversificar sus ingresos y depender ambos de recursos, por ejemplo, del Consejo Mexicano de Negocios, el organismo que agrupa a los multimillonarios de México.

Entre 2018 y 2020 Aguilar Camín recibió 11 millones 500 mil pesos de este organismo que agrupa a los oligarcas de México, mientras que Krauze obtuvo 6 millones 600 mil pesos, más otros 4 millones 200 mil de la Coparmex y 2 millones 900 mil de la Cámara de la Industria de la Transformación de Nuevo León. Son sólo ejemplos.

No es fortuito el financiamiento del Consejo Mexicano de Negocios a Krauze y Aguilar Camín, sino parte del mismo proyecto de Claudio X. González Laporte, cuyo primogénito armó la coalición de la derecha que resultó electoralmente estéril y quien, tras la contundente victoria de Sheinbaum Pardo, reconoció que fue un embuste decir que con López Obrador México se convertiría en Venezuela.

El resultado de la elección de 2 de junio fue devastador para toda la oposición que agrupó la oligarquía y sus intelectuales. Además de la presidencia de Sheinbaum con casi 60% de los votos, Morena obtuvo la mayoría calificada en las dos cámaras del Congreso. Morena y sus aliados del PT y del PVEM ganaron el Senado en 30 de los 32 estados, en 16 estados ganaron todos los distritos y en 23 la oposición sólo ganó un distrito. El fenómeno Xóchitl, que tanto pregonaron los intelectuales, fue otro embuste. Uno de tantos.

Concluyo este capítulo, con el que termina este libro, con una certera sentencia del escritor Carlos Monsiváis que, a mi juicio, resume lo que ha vivido México en los años recientes: "Una de las grandes virtudes de que exista la ultraderecha —la derecha, digo yo— es que, en virtud de sus propios fracasos, va señalando los progresos de la sociedad".

BIBLIOGRAFÍA

Ahumada, Carlos, *Derecho de réplica. Revelaciones de la más grande pantalla de México*, México, Grijalbo, 2009.

Arriola Woog, Carlos, *El miedo a gobernar. La verdadera historia del PAN*, México, Océano, 2008.

————, *Ensayos sobre el PAN*, México, Miguel Ángel Porrúa, 1994.

Barajas Durán, Rafael, *Breve historia de una derecha muy chueca*, México, El Chamuco y los Hijos del Averno, 2018.

Bartra, Roger (coord.), *Gobierno, derecha moderna y democracia en México*, México, Herder, 2009.

Clouthier, Tatiana, *Juntos hicimos historia*, México, Grijalbo, 2018.

Delgado, Álvaro, *El engaño. Prédica y práctica del PAN*, México, Grijalbo, 2007.

————, *El amasiato. El pacto secreto Peña-Calderón y otras traiciones panistas*, México, Proceso, 2016.

Durazo, Alfonso, *Los saldos del cambio*, México, Plaza y Janés, 2006.

González Ruiz, Edgar, *La sexualidad prohibida. Intolerancia, sexismo y represión*, prólogo de Carlos Monsiváis, México, Plaza y Janés, 1998.

López Obrador, Andrés Manuel, *A la mitad del camino*, México, Planeta, 2021.

————, *Gracias*, México, Planeta, 2024.

Maldonado, Mario, *Confesiones desde el exilio: EPN. Los secretos y escándalos del último gobierno del PRI*, México, Planeta, 2024.

Madrazo, Roberto, *La traición. Conversación con Manuel S. Garrido*, México, Planeta, 2007.

Meyer, Lorenzo, *El espejismo democrático. De la euforia del cambio a la continuidad*, México, Océano, 2007.

Paredes Moctezuma, Luis, *Los secretos de El Yunque. Historia de una conspiración contra el Estado mexicano*, México, Grijalbo, 2009.

Rodríguez Araujo, Octavio, *Derechas y ultraderechas en el mundo*, México, Siglo XXI Editores, 2004.

Vargas, Hugo, *La derecha mexicana, historia y desafíos*, México, Ediciones EyC, 2015.

Von Wobeser, Gisela (coord.), *Historia de México*, México, FCE, 2010.

Esta obra se terminó de imprimir
en el mes de septiembre de 2024,
en los talleres de Litográfica Ingramex S.A. de C.V.
Ciudad de México.